AF318823

DESCRIPTION DES TRAVAUX

QUI ONT PRÉCÉDÉ, ACCOMPAGNÉ ET SUIVI

LA FONTE EN BRONZE D'UN SEUL JET

DE LA STATUE ÉQUESTRE

DE LOUIS XV,

LE BIEN = AIMÉ.

Dreſſée ſur les Mémoires de M. LEMPEREUR, *ancien Echevin,*
Par M. MARIETTE, Honoraire Amateur de l'Académie Royale de Peinture & Sculpture.

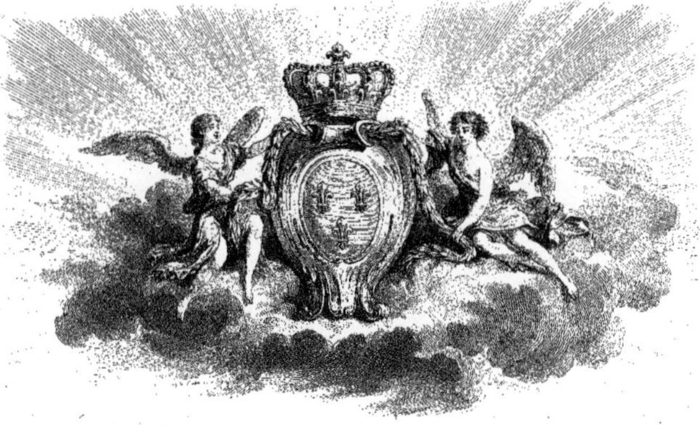

A PARIS,

DE L'IMPRIMERIE DE P. G. LE MERCIER.

M. DCC. LXVIII.

AVANT-PROPOS.

L'ART de fondre les métaux a eu des commencemens qui se perdent dans l'antiquité la plus reculée, & l'on n'en doit pas être surpris; il est du nombre de ceux qui entrent dans les besoins les plus essentiels de la Société, il en est peu qui réunissent un aussi grand nombre d'utilités réelles. On ignore comment s'en est fait la découverte; mais, que ce soit un fruit de la réflexion ou qu'elle ait été simplement amenée par le hasard, il n'est point douteux que les premiers hommes qui s'y appliquèrent, eurent à surmonter de très-grandes difficultés : la nécessité, le travail leur apprirent à les vaincre, & la réussite en fut la récompense. Cet Art utile, auquel le besoin seul avoit donné naissance, prit dans la suite de nouvelles forces, il s'étendit & devint un Art de pur agrément. Le luxe s'en empara, & n'en abusa que trop fréquemment, les métaux les plus précieux furent mis dans le creuset & en sortirent sous mille formes différentes; mais, conduit avec plus de sagesse & soumis à des vûes plus nobles, l'Art de la Fonte eut cependant l'avantage de se voir, non seulement destiné au culte des Autels, il fit encore passer aux siècles futurs les images des Hommes illustres que leurs belles actions rendoient en quelque façon dignes de l'immortalité.

La première figure qui fut fondue suivit d'assez près le moment qui vit éclore la Sculpture, & l'un & l'autre Art se prêtant un mutuel secours, on vit naître une multitude d'ouvrages dont on a peine à concevoir la possibilité. Ce que les Egyptiens & les anciens Peuples de l'Orient, ce que les Grecs & les Romains ont osé exécuter en sculpture par le moyen de la fonte, nous est attesté, il est vrai, par des Auteurs dignes de foi; ils nous parlent de choses qui leur étoient présentes, & cependant l'on est tenté de les soupçonner d'exagération, tant ces ouvrages font immenfes & femblent furpaffer les forces humaines. Il y avoit dans les feules villes de la Grèce une fi prodigieufe quantité de Statues de bronze, qu'on eût pu dire d'elles ce qu'on difoit de celles qu'on voyoit à Rome, qu'elles égaloient le nombre des habitans.

Je m'éloignerois trop de mon fujet, fi j'entreprenois de tracer l'hiftoire & de faire le dénombrement de ces Monumens fameux; qu'il me fuffife, & c'eft à quoi je dois me borner, de décrire avec le plus de détails & de développer le plus exactement qu'il me fera poffible les différens procédés de la fonte, tels que je les ai vû pratiquer : j'aurai affez fait, fi je remplis paffablement cet objet important, & fi je fuis affez heureux pour fuppléer à un travail que nous aurions dû attendre des Anciens, & dont nous aurions tiré de grands fecours. Nous leur devons les principes généraux de cet Art difficile, cela n'eft point douteux; des ouvrages de fonte qui, de fiècle en fiècle, fe font fuccédés d'affez près, en ont perpétué la pratique; le fil n'a point été rompu, nous fondons les métaux comme ont dû les fondre les Anciens : mais nous ne devons pas nous flater d'être actuellement en poffeffion de toutes les pratiques de détail qui rendoient entre leurs mains cette grande opération, peut être moins rifquable, & plus prompte qu'elle ne l'eft dans les nôtres, & qui leur faifoient affronter l'exécution de coloffes d'une taille énorme.

De fréquens travaux ne pouvoient qu'augmenter l'expérience des Artiftes; les difficultés naiffoient, & la dextérité du Fondeur les faifoit auffitôt difparoître. Rien ne fe perdoit pour eux : un nouvel expédient qu'un Artifte intelligent avoit imaginé, étoit faifi fur le champ par un fecond Artifte non moins expert, qui, profitant de la découverte, n'avoit à s'occuper que du foin de la perfectionner. Ainfi le travail, dégagé de fes épines, fe faifoit plus fûrement, plus tranquillement, & par-là il invitoit à le répéter plus fouvent.

Mais lorfque la barbarie & l'ignorance eurent fait difpa-

roître les occafions, & que les Fondeurs renfermés dans la
fonte des chofes les plus communes, & les feules néceffaires,
n'eurent plus les mêmes obftacles à furmonter ni la même
réputation à foûtenir, l'Art, fans fe perdre entièrement, dé-
clina & reprit place parmi les fimples métiers : s'il en eft forti
dans ces derniers fiècles, à la faveur de ces heureux génies
qui aidèrent les beaux Arts à fe relever de leur chûte, il s'eft
montré fous l'afpect d'un Art en quelque manière tout neuf,
& qui, pour redevenir ce qu'il étoit autrefois, demandoit de
nouvelles recherches & de nouvelles tentatives : il a fallu
devenir créateur ; & comme les ouvrages de Sculpture en fonte
qui fe firent pour lors furent exécutés dans des lieux & dans des
tems affez diftans les uns des autres, & que de plus les Artiftes,
loin de communiquer aux autres leurs moyens, en faifoient
un fecret, affectoient d'opérer prefque fans témoins, il en eft
réfulté un défaut d'uniformité dans les opérations, les mé-
thodes ont varié ; il a fallu deviner ce qui avoit été pratiqué
précédemment, aller, pour ainfi dire, à tâtons : tout cela a jetté
dans le travail une incertitude, & y a mis des longueurs que le
manque d'exercice n'a fait qu'accroître.

On en fit l'expérience lorfqu'il fut queftion, il y a quelques
années, de fondre d'un feul jet la Figure Equeftre du Roi, que
M. Lemoyne, Sculpteur ordinaire de Sa Majefté, étoit chargé
d'exécuter pour la Ville de Bourdeaux, & qui a rendu fon
nom fi célèbre. Cinquante années s'étoient à peine écoulées
depuis le tems que s'étoit faite la fonte de la Statue Equeftre de
Louis XIV (a), qu'on voit à Paris dans la Place qui porte le nom
de ce Prince à jamais mémorable, & déjà l'on avoit prefqu'entièrement perdu le fouvenir de ce qui s'étoit pratiqué en cette
occafion. Le fieur Balthazar Keller, le plus habile Fondeur
de l'Europe, y avoit préfidé, & s'en étoit acquitté avec un
fuccès qui faifoit fouhaiter d'avoir une pleine connoiffance

(a) Elle fut jettée en fonte en 1692.

A ij

de fa façon d'opérer; mais ni lui, ni aucuns des ouvriers fu-
balternes, qui, chacun dans fon diftrict, avoient concouru à
ce grand ouvrage, n'étoient plus ; leurs talens paroiffoient
avoir été enfevelis avec eux. Un Fondeur, fur la dextérité
duquel on pouvoit compter, le fieur Varin, promettoit bien
la même réuffite ; mais il n'étoit pas certain qu'il fe gouvernât
de la même façon, ni qu'il employât les mêmes moyens que
l'excellent Keller, & il étoit permis de douter & de craindre.

M. Boffrand, fameux Architecte, fe rappella pour lors que
dans fa jeuneffe, le defir de s'inftruire lui avoit fait fuivre avec
affiduité les différentes opérations du fieur Keller, qu'il en
avoit tenu des notes, & qu'il y avoit joint des deffeins faits
pour fon unique & propre fatisfaction ; il ouvrit fes porte-
feuilles, il raffembla tout ce qu'il pouvoit avoir recueilli fur
ce fujet, il en fit part à M. Lemoyne ; & tout de fuite, fe
regardant comme le dépofitaire d'un bien dont il étoit refpon-
fable envers le Public, il mit ce qu'il avoit écrit en état de
voir le jour, & en 1743 il le fit imprimer en latin & en fran-
çois, accompagné de Planches, qu'il crut néceffaires pour
une plus parfaite intelligence de ce qu'il expliquoit, & pour le
rendre plus fenfible.

Si cet ouvrage étoit auffi parfait qu'on pouvoit le fouhaiter
& qu'on devoit l'attendre d'un homme auffi éclairé que l'étoit
M. Boffrand, il y auroit de l'inutilité, pour ne pas dire de la té-
mérité, de s'occuper encore une fois d'un femblable travail ; mais
lorfqu'on l'examine avec attention, il eft aifé de voir que depuis
long tems l'Auteur avoit perdu de vûe fon objet, qu'obligé
de recourir à fa mémoire il n'en avoit pas toujours été fidèlement fervi, & que n'ayant jamais pratiqué lui-même l'Art
qu'il fe propofoit de faire connoître, il s'en falloit beaucoup
qu'il fût entré dans tous les détails qui en font inféparables,
& dont aucun n'eft indifférent ; ajoutez à cela que fes deffins
manquent de précifion, & ne font pas en nombre fuffifant : on ne

peut

peut donc regarder l'ouvrage de M. Boffrand que comme l'efquiffe & le prélude d'un traité complet. S'il eft louable de l'avoir tenté & d'en avoir fait appercevoir le befoin & l'utilité, il a fait connoître en même temps qu'une telle entreprife furpaffe les forces d'un fimple particulier : il n'en eft aucun qui pût ou qui voulût fe prêter aux dépenfes confidérables qu'elle exige.

Il eft certain que fi la Ville de Paris ne s'en fût pas occupée, on ne devoit point s'attendre à voir jamais cette matière bien difcutée ni traitée dans toute fon étendue; mais elle a toujours eu tellement à cœur le bien général, qu'elle n'avoit garde de laiffer échapper cette occafion de fe rendre utile au Public. Elle a même penfé qu'après tous les foins qu'elle s'eft donnés pour faire arriver à fa perfection le Monument qui, devenu le gage de fon amour & de celui de fes Citoyens pour la Perfonne facrée de Sa Majefté, eft auffi celui des bontés du Prince qui a bien voulu le permettre (*a*), on étoit en droit de lui demander compte de tout ce qui s'étoit paffé à cette occafion.

Il ne lui avoit pas été difficile de fe déterminer fur le choix du Sculpteur auquel feroit commis le foin d'exécuter la Figure Equeftre de Sa Majefté, ainfi que les autres figures & ornemens (*b*) qui devoient en enrichir le piédeftal. Les talens fupérieurs de M. Edme Bouchardon, Sculpteur ordinaire du Roi, lui étoient fuffifamment connus ; cet excellent Artifte, dont elle avoit déjà emprunté la main, lui en avoit fourni les preuves dans la décoration de la magnifique Fontaine de la rue de Grenelle au fauxbourg Saint-Germain, & les deffeins qu'il préfenta

(*a*) La permiffion en fut accordée par le Roi en 1745.

(*b*) Ces figures & ces ornemens feront achevés par M. Pigalle, Sculpteur ordinaire du Roi, fur les modèles qu'en avoit préparés M. Bouchardon, & la réuffite n'eft point douteufe. Cet habile homme ne peut manquer de répondre pleinement à la confiance que lui a témoignée l'illuftre Confrère qui, n'ayant aucune liaifon avec lui, touché de fon feul mérite, lui remettoit entre les mains un fi précieux dépôt. Car c'eft fur la préfentation de M. Bouchardon & après avoir pris lecture d'une lettre qu'il avoit écrite à ce fujet au Bureau de la Ville, auquel elle fut remife immédiatement après fon décès, que les Magiftrats alors en place ont dirigé leur choix.

B

pour le nouveau Monument ne furent pas moins goûtés. Le Roi les agréa, il y donna son approbation ; & tandis que le Sculpteur, jaloux de bien faire, s'épuisoit en études d'après le naturel, & travailloit avec toute l'ardeur & toute l'application dont il étoit capable au modèle en plâtre de la Figure Equestre (*a*), dans la grandeur où elle devoit être fondue, M. Gor, Commissaire général des Fontes de l'Artillerie à l'Arsénal de Paris, sur qui rouloit cette dernière opération, présidoit à la construction du fourneau & de la fosse, voyoit avancer celle du moule qui étoit entre les mains d'un Mouleur intelligent, faisoit ses préparatifs & les amas de matières, remédioit d'avance à tous les accidens qui se pouvoient prévoir, & en conféroit, pour marcher d'un pas plus sûr, avec M. Maris, Inspecteur général des Fontes du Royaume & Chevalier de l'Ordre de Saint Michel, homme d'une expérience consommée, & de qui l'on ne pouvoit recevoir que des conseils salutaires.

Ces différentes opérations étant sur le point d'être portées à leur terme, après huit années d'un travail assidu, M. de Bernage, Prevôt des Marchands, dont l'attention infatigable pour le progrès des Arts dans cette Capitale ne s'est jamais démentie, Messieurs les Echevins & M. le Procureur du Roi & de la Ville qui composoient le Bureau en l'année 1757, se proposèrent, comme une chose vraiment utile, & honorable à la Ville de Paris, de transmettre à la postérité, au moyen de planches gravées & de mémoires exacts & instructifs, la marche de toutes les opérations, de quelque nature qu'elles fussent, qui avoient précédé ou qui accompagneroient la fonte de la Figure Equestre du Roi, qui se préparoit.

Ils m'avoient fait l'honneur, dès le mois d'Août de l'année précédente & dès l'instant de mon élection à l'Echevinage, de me charger personnellement de la conduite de ce grand

(*a*) Ce modèle, commencé dans les derniers mois de 1748, a été terminé en 1756.

ouvrage, & comme j'avois fuivi depuis les travaux pied à pied, & qu'il ne s'étoit rien paffé dont je n'euffe été un témoin attentif & furveillant, ils crurent que je ferois plus en état qu'un autre de dreffer les Mémoires dont ils vouloient faire ufage. L'amour des Arts, qui a toujours fait ma paffion dominante, me fit accepter fans difficulté cette double commiffion, & j'ai eu la fatisfaction de voir mes foins fecondés par tous ceux fur lefquels je les étendois; tous ont concouru, par leur activité & par des travaux bien concertés, à affurer la réuffite des différentes parties d'ouvrages qui dépendoient de chacun d'eux. Je leur dois cette juftice, qu'abftraction faite des moyens ingénieux qu'ont fournis M. Bouchardon & les principaux Conducteurs de l'entreprife, & des précautions fagement multipliées dont aucune ne parut petite, ni ne fut cenfée devoir être négligée, c'eft à leur parfaite union & à leur docilité qu'eft dû le fuccès de la fonte de la Figure Equeftre du Roi, qui s'eft faite le 5 Mai 1758, dans l'efpace de cinq minutes & quatre fecondes.

Elle eut pour témoins M. le Duc de Chevreufe, Gouverneur de Paris, M. le Comte de Saint Florentin, & plufieurs perfonnes de diftinction que Monfieur le Prevôt des Marchands & le Bureau de la Ville, qui étoient pareillement préfens, avoient invitées; & il n'eft aucun d'eux qui ne fe rappelle avec plaifir cette acclamation générale, ce cri de joie fubit, qui furent le fignal d'un événement fi heureux.

Plus je m'y étois porté avec zèle, plus il dût me fembler doux d'être enfin délivré des allarmes que me caufoit depuis long tems une entreprife fi périlleufe, & à laquelle j'étois particulièrement intéreffé. Malgré cela, je ne puis le diffimuler, il me refte une autre forte d'inquiétude dont je ne fuis pas encore tout-à-fait remis : je me fuis chargé d'expofer les différentes opérations qui fe font paffées par degrés fous mes yeux, elles me font encore très-préfentes, elles fe peignent vivement à mon imagination ; mais quand il a fallu prendre la plume & rendre aux autres ces opérations en quelque façon palpables, le travail s'eft préfenté à moi avec toutes fes difficultés, & ne m'a laiffé que la crainte de ne pouvoir les vaincre. J'ai eu beau me dire, pour me raffurer, que dans un traité purement didactique, l'élégance du ftyle n'étoit point néceffaire ; qu'un ouvrage de ce genre ne demandoit que de l'exactitude, de l'ordre & de la clarté ; & que plus je mettrois de fimplicité dans le difcours, plus je ferois fûr d'être entré dans le véritable caractère de la chofe : mais cela, quoiqu'exactement vrai, ne rendoit pas à beaucoup près le travail moins épineux ni moins embarraffant ; car rien n'eft fi difficile que d'être méthodique, &, en parlant le langage des Arts, de fe rendre intelligible aux perfonnes qui ne font pas entièrement verfées dans les matières qu'on met fous leurs yeux & qu'on leur veut faire comprendre. Il arrive auffi qu'on fe flatte & qu'on s'aveugle foi-même ; parce qu'on s'entend, on s'imagine devoir être généralement entendu ; l'on dit trop, ou l'on dit trop peu, & celui qui réuffit le mieux laiffe toujours beaucoup à defirer.

Dans cet état de perplexité où je me trouvois, M. Mariette, qui m'honore de fon amitié, eft venu à mon fecours ; il m'a offert de m'aider de fa plume, & de rédiger mes Mémoires, ce que j'ai accepté d'autant plus volontiers, qu'avec le vif amour que je lui connois pour les Arts, je ne pouvois pas ignorer fes liaifons étroites avec M. Bouchardon ; liaifons qui, du moment que l'entreprife a commencé à prendre forme, lui ont procuré la facilité de fuivre tous les genres d'opérations dont j'avois à rendre compte ; je fçavois d'ailleurs qu'il étoit inftruit de certaines circonftances qu'il tenoit de la bouche de fon ami, & fur lefquelles il m'étoit permis de ne me point expliquer, puifqu'elles font d'une date antérieure à celle de ma commiffion. L'ouvrage que je donne

aujourd'hui

aujourd'hui a donc été travaillé de concert avec lui, & ce qui doit achever de me tranquillifer, c'eft que rien n'y a été mis fans un mûr examen, & qu'après avoir pris les avis de toutes les perfonnes qu'il étoit à propos de confulter.

J'ai de plus l'avantage que les difcours feront accompagnés d'un nombre fuffifant de Planches, encore plus néceffaires pour la parfaite intelligence des opérations, que les difcours mêmes qui les expliquent : le chemin des yeux, dans ces occafions, eft toujours le plus fûr & le plus court ; il n'égare jamais, fur-tout quand les yeux fe promènent fur des deffeins où regnent autant de foin & de précifion qu'il y en a dans ceux-ci. Ils ont été réduits fur une échelle qui, dans une grandeur convenable, laiffe appercevoir très-diftinctement jufqu'aux plus petites parties, & l'on peut ainfi reconnoître facilement le rapport & les liaifons que toutes ont entre elles. Comme on s'eft adreffé à un Graveur qui poffédoit la matière, les Planches ont été rendues avec une exactitude qui ne le cède point aux deffeins dont elles font des copies fidèles ; & pour ce qui regarde l'impreffion du livre, on ne craint point de le dire, elle s'eft faite dans toute la magnificence dont elle étoit fufceptible.

Monfieur Camus de Pontcarré de Viarmes, qui a rempli fi dignement la place de Prevôt des Marchands, s'étoit pris d'une affection fingulière pour cet ouvrage dès l'inftant qu'il en avoit eu connoiffance, & Monfieur Bignon qui lui a fuccédé dans ce pofte éminent, ne s'y eft pas moins intéreffé ; fes lumières lui en ont fait fentir l'importance, il a bien voulu oublier que ce n'étoit pas lui qui en avoit fait naître l'idée, & ne s'occupant que du bien qui en devoit réfulter, il a mis dans l'exécution la même vivacité & le même zèle que fi l'ouvrage eût été conçu & ordonné dans fa Prevôté.

On a choisi pour sujet de la Vignette qu'on a mise en tête de cet Ouvrage, la Cérémonie de l'inauguration de la Statue Equestre du Roi, dont il est fait mention au Chapitre XIV, page 150.

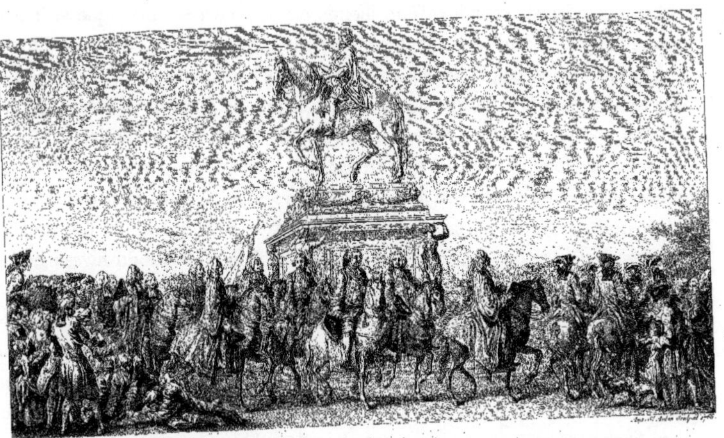

DESCRIPTION DES TRAVAUX

QUI ONT PRÉCÉDÉ, ACCOMPAGNÉ ET SUIVI

LA FONTE EN BRONZE D'UN SEUL JET

DE LA STATUE ÉQUESTRE

DE LOUIS XV,

DIT LE BIEN-AIMÉ.

CHAPITRE PREMIER.

Des Atteliers, & en particulier de la Fonderie.

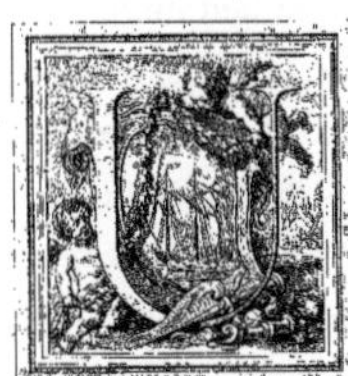

NE fonte auſſi conſidérable qu'eſt celle dont on ſe propoſe d'expoſer ici les divers procédés, ne peut réuſſir qu'à proportion des ſoins qu'apportent à l'exécution de tout ce qui en dépend les perſonnes qui la conduiſent. Il n'eſt rien, dans une opération de cette importance, qui ne mérite de leur part une attention ſingulière ; mais il eſt ſur-tout eſſentiel de s'établir en un endroit où le travail ſe puiſſe faire commodément & ſans riſque, & c'eſt de quoi il faut s'occuper très-ſérieuſement, avant que de rien entreprendre. Un lieu ſpacieux, ouvert, uni, & autant iſolé qu'il eſt poſſible, doit obtenir la préférence ſur tout autre ; il eſt néceſſaire outre cela que

A

l'abord en foit aifé, & qu'affis en bel air, fur un côteau peu éminent, non-feulement on ne puiffe jamais craindre d'être inondé par des ravines, mais que le lieu foit même éloigné de tout ce qui pourroit faire contracter au terrain de l'humidité.

Un affez grand emplacement à l'extrémité du Fauxbourg du Roule, près de la barrière, & dans le voifinage de celui où s'eft faite la fonte de la Statue Équeftre du Roi, qui fe voit à Bourdeaux, a paru remplir toutes ces conditions, & l'on s'y eft fixé. Le fond du terrain s'eft trouvé être un fable fin, très-compact & très-folide, auffi fec qu'on pouvoit le defirer. On l'a fondé, & après avoir creufé plus de vingt-trois pieds, qui eft la profondeur que devoit avoir la foffe où l'on projettoit de faire la fonte, l'on s'eft trouvé dix à douze pieds au-deffus du niveau de l'eau des puits voifins dans fa plus grande crue, & par conféquent fans appréhenfion de voir jamais filtrer le moindre filet d'eau dans la foffe; avantage réel, & dont on ne peut trop relever le prix, qui, en éloignant les rifques, diminue la dépenfe, &, ce qui eft beaucoup plus précieux, qui épargne du tems, & rend le fervice infiniment plus aifé. Pour le mieux fentir, il ne faut que comparer ce qui s'eft paffé en cette occafion, avec ce qui fe pratiqua autrefois, lors de la fonte de la Statue Équeftre de la place de Louis le Grand; car n'étant pas également maître du terrain, on fut obligé de conftruire la foffe & le fourneau en contre-haut, & de les établir fur la furface même du terrain fur lequel le Sculpteur avoit fait fon modèle, ce qui devint extrêmement couteux & eut fes dangers.

Affuré, comme on l'étoit, de la bonté & de la folidité du terrain dont on avoit fait choix, il ne fut plus queftion que de loger commodément, dans fon étendue, les hangars, les magafins & tous les atteliers néceffaires, tant pour le travail, que pour y mettre à couvert & en fureté les matériaux, les outils, les équipages, & tout ce qui regardoit le fervice; mais l'attention fe porta principalement fur la diftribution de l'attelier où fe devoit faire la fonte. On ne pouvoit fe difpenfer de le rendre fpacieux, parce qu'outre la foffe & le fourneau qui en devoient occuper le plus grand efpace, c'étoit encore fous le même toît que fe devoient faire l'application des cires dans les creux du moule de plâtre, & bien d'autres opérations auxquelles un grand nombre d'ouvriers ne pouvoit vaquer en même tems & travailler fans fe nuire, à moins qu'ils n'euffent de quoi s'étendre. Il n'étoit pas moins néceffaire que le lieu fût fuffifamment exhauffé, non-feulement afin qu'on eût affez d'échappement pour l'extraction de la Statue hors de la foffe, lorfqu'il faudroit l'en faire fortir après la fonte, mais encore pour empêcher la flamme qui s'échapperoit de tems en tems de la chauffe, & même l'exceffive chaleur du fourneau, de gagner la charpente du comble & de l'embrafer.

Sur ces confidérations, il fut décidé que le plan de l'attelier prendroit la figure d'un quarré long, qui, dans fa longueur & dans œuvre porteroit quatre-vingt-neuf pieds, fur trente-huit pieds fix pouces de large; que les murs qui en formeroient l'enceinte auroient deux pieds & demi d'épaiffeur, & feroient conftruits, les encoignures & les jambes fous poutres en pierres dures d'Arcueil, & le furplus en moëllons piqués; que les parties de murs aux deux extrémités du bâtiment formeroient deux pignons, & que ceux des parties latérales s'éleveroient quarrément, & de quinze pieds, à prendre depuis le fol jufqu'à la naiffance du toît & à l'établiffement de la charpente du comble. Ce comble à deux égouts & couvert de tuiles, pareillement élevé de quinze pieds depuis fa naiffance jufqu'au faîtage, étoit porté par une charpente folide, de cinq travées, dont celle du milieu, qui fe rencontroit précifément au droit de la foffe, s'élevoit dans un efpace de vingt-deux pieds en manière de pavillon, & furmontoit le comble de huit pieds; ce qui fe fit pour la facilité de l'extraction de la Statue hors de la foffe, & pour l'établiffement des machines néceffaires, lorfqu'on en viendroit à cette opération. Mais il réfultoit encore de cet exhauffement du comble un fecond avantage; c'étoit une augmentation de jour dans la partie de l'attelier qui en avoit un plus grand befoin, c'eft-à-dire la foffe, qu'il étoit difficile de bien éclairer, vû fa profondeur: ce fut encore dans l'intention de procurer le plus de jour qu'il étoit poffible en cet endroit, & de le faire venir de haut, qu'on tint ouvertes les deux parties latérales du mur en face de la foffe, dans la longueur de vingt pieds fur vingt-quatre de hauteur. Il s'y forma pour lors deux hautes & larges baies, fermées de chaffis à verre qui fe démontoient, & dont un fut effectivement levé en entier dans la fuite, pour donner paffage à la Statue, lorfqu'on la fit fortir de l'attelier. D'autres fenêtres pratiquées aux endroits convenables ont fervi à répandre la lumière dans le même lieu, & l'on y ménagea plufieurs iffues pour la plus grande commodité du fervice.

Quoique les planches qui vont à la fuite de ce Chapitre, & qui contiennent les plans, coupes & élévations de l'attelier, & celles en particulier de la foffe & du fourneau, prifes dans tous les fens, fuffent feules capables d'en donner l'idée la plus complette, tant elles font détaillées, & qu'on ait eu l'attention d'y joindre, par forme de renvoi, des explications raifonnées de chaque objet, nous ne laifferons pas néanmoins d'en fuivre la defcription, & lorfqu'il en fera befoin, nous l'accompagnerons d'obfervations relatives au fujet. Nous ferons remarquer que la foffe, à laquelle on a donné la figure d'un quarré long, échancré dans fes quatre encoignures, doit être proportionnée au volume & à la grandeur de l'ouvrage qu'on a deffein d'y couler en bronze; qu'ainfi la forme du plan en eft affez arbitraire, & qu'elle peut être tantôt quarrée, tantôt ovale, & quelquefois ronde: mais il eft indifpenfable que cette foffe foit conftruite au devant du fourneau, & qu'elle foit affez profonde pour que le métal, en fortant du fourneau, aille, par une pente qui ne foit pas trop précipitée, fe verfer dans les ouvertures des jets du moule, qui eft enterré dans la foffe.

Il a paru que neuf pouces de pente fuffifoient, vû la diftance que le métal avoit à parcourir depuis fa fortie du fourneau, jufqu'à fon introduction dans les jets du moule: partant de-là, & calculant la hauteur à laquelle devoient monter le moule de potée & la tête des jets, il a été réglé que la foffe auroit vingt-deux pieds neuf pouces de profondeur, à prendre depuis le deffus du maffif de pierre qui devoit en faire le plancher, jufqu'au niveau du terrain du rez-dechauffée de l'attelier. Cette même hauteur a donné celle du fourneau, & l'ouverture par laquelle le métal mis en fufion devoit en fortir, s'eft ainfi trouvée placée à neuf pouces au deffus de la furface extérieure de la foffe, après qu'elle eût été entièrement comblée.

Cette foffe a occupé intérieurement un efpace de vingt-huit pieds & demi de long, fur dix-neuf pieds fix pouces de large; & pour foûtenir les terres dans lefquelles elle avoit été fouillée, on a conftruit au devant de ces terres un mur en moëllons piqués, de deux pieds fix pouces d'épaiffeur, couronné par une affife de pierre. Ce mur, qui a été monté à plomb, ne s'étendoit que fur trois côtés; car la partie latérale contre laquelle étoit appuyé le fourneau, fut en partie conftruite en pierre dure d'un très-bel appareil, ainfi qu'on l'expliquera dans la fuite, en parlant de la bâtiffe du fourneau.

On pofa au fond de la foffe un maffif de trois affifes de pierre dure, liées avec des tirans & des ancres de fer, & enterrées de quatre pieds d'épaiffeur; maffif qui formoit un parallélogramme de dix-huit pieds fix pouces de long, fur dix pieds neuf pouces de large, & qui fut jugé être un efpace fuffifant pour y dreffer le moule de la Statue qu'on avoit à fondre, & un corps affez ferme & affez folide pour recevoir le fcellement des arbres de fer qui devoient foûtenir ledit moule & le tenir en état. D'autres maffifs, ou dés de pierre, enterrés de dix-huit pouces d'épaiffeur, & deftinés aux fcellemens des chevalets de fer fur lefquels devoient venir s'appuyer les traverfes de fer de l'armature du moule, furent adoffés aux murs de la foffe, dans les deux parties latérales; après quoi tous les intervalles ou vuides entre lefdits maffifs furent remplis de briques pofées de champ, & d'arrafement avec les maffifs de pierre, ce qui produifit une aire unie & parfaitement de niveau.

Un feul efcalier de defcente n'eût pas été fuffifant; le grand nombre d'ouvriers que différens travaux appelloient dans la foffe, & qui étoient à chaque inftant obligés d'y tranfporter de dehors ce qui étoit néceffaire à leur travail, fe fuffent embarraffés l'un l'autre, en montant & en defcendant par le même efcalier, & les opérations en euffent été retardées. On jugea donc à propos de pratiquer trois defcentes différentes, l'une dans l'intérieur même de l'attelier, qui fe partageoit en deux rampes, & les deux autres au dehors, à droite & à gauche de la principale entrée de l'attelier; toutes trois enfoncées dans les terres eurent chacune des iffues particulières, & leurs débouchés dans la foffe fe firent par fix arcades percées dans le mur qui en formoit l'enceinte.

Telles furent les précautions dont on ufa dans la conftruction de la foffe, & l'on n'en apporta pas de moins grandes dans celle du fourneau. On en établit les fondemens fur un maffif de pierre dure d'Arcueil, auquel on donna vingt-un pieds de face, & feize pieds de profondeur; & pour ne pas employer de la pierre inutilement, fans néanmoins faire rien perdre à ces fondemens de leur folidité, l'on ménagea dans le centre un vuide ou caveau voûté de dix à onze pieds en quarré,

&

& de quinze pieds d'élévation fous voûte, dans l'intérieur duquel on pouvoit entrer par une grande arcade ayant fon iffue dans la foffe. Le devant du maffif faifoit parement avec le mur de moëllons fervant d'enceinte à la foffe : dans tout le furplus de fon étendue, il étoit enterré de toute la profondeur de la foffe.

On jetta en même tems, & à la même profondeur, les fondemens de la chauffe qui, voifine du fourneau, ne devoit faire avec cette partie qu'une feule maffe ; & parce que l'extrême vivacité du feu qu'on devoit y entretenir pendant tout le tems de la fufion, auroit indubitablement calciné la pierre qu'on y eût employée, ces fondemens furent faits en brique. On y pratiqua un cendrier, des galeries foûterraines & tournantes, & tout ce qui fut jugé néceffaire pour le bien du fervice, ainfi qu'on le peut voir dans la Planche V, qui en donne le plan, & qu'il fera plus particuliérement expliqué à la fin de ce Chapitre.

Le maffif de pierre fervant de fondement au fourneau ayant été porté à la hauteur de dix-huit pieds & demi, & la bâtiffe de la chauffe étant parvenue à une égale hauteur, on coucha fur une dernière affife de pierre dure, mife parfaitement de niveau dans toute l'étendue dudit maffif, de même que dans la partie de la chauffe conftruite en brique, qui lui étoit arrafée, feize tirans de fer de deux pouces & demi de gros, deux pofés diagonalement & formant une croix de faint André, les autres fe croifant quarrément, & tous traverfant d'un bout à l'autre la maffe entière du fourneau & de la chauffe.

On éleva enfuite fur les bords de ce maffif un mur de pierre dure de deux pieds d'épaiffeur, qui fervit d'enveloppe extérieure tant au fourneau qu'à la chauffe. Ce mur devoit monter à la hauteur de quatorze pieds, prife du deffus du maffif; & avant qu'il fût hors de terre, lorfqu'on en eut pofé le premier cours d'affife, qui le mettoit à deux pieds plus haut que la dernière affife du grand maffif, on établit un fecond rang de tirans de fer en même nombre & dans la même difpofition que les premiers. Une femblable & troifiéme diftribution de tirans de fer fe fit neuf pieds plus haut ; & tous ces tirans, qui, pour les mieux ajufter & les faire agir avec plus de force, furent compofés chacun de deux piéces de fer, retenues à leur jonction par une double bride, portoient à leurs extrémités des yeux ou boucles, dans lefquelles on fit paffer en ligne perpendiculaire des ancres ou groffes barres de fer. Celles-ci étoient appliquées & comme collées fur les parois extérieures du mur, elles embraffoient la maffe totale du fourneau & de la chauffe, en lioient étroitement toutes les parties, les retenoient & empêchoient qu'aucune ne s'écartât.

Les murs fervant d'enveloppe au fourneau laiffoient entre eux un efpace vuide, dans la partie que devoit occuper le fourneau même. Le fond de cet efpace fut rempli de briques pofées de plat, & lorfqu'on les eut montées à la hauteur de trois pieds & demi, l'on commença par affeoir fur cette plate-forme de briques de Bourgogne, un double rang de briques de Saint-Sanfon pofées de plat, qui devant fervir de bafe à celles qui étoient deftinées à former l'âtre du

B

fourneau, fuivirent exactement dans leur pofition les mêmes pentes que l'âtre même : c'étoient celles qu'il étoit néceffaire d'y donner pour l'accélération de l'écoulement du métal après la fufion. Les briques de l'âtre furent pofées de champ & en épi en quatre fens différens, formant par le plan la figure d'une croix de faint André, ainfi qu'on le voit exprimé Planche VI, figure deuxiéme. On fit prendre à l'âtre une forme exactement ronde, & il eut en fuperficie onze pieds de diamètre. Cet âtre faifoit le fond d'un baffin, dont les bords allant en glacis & conftruits pareillement en briques de Saint-Sanfon pofées fur leur plat, furmontoient le fond de l'âtre de la hauteur d'un pied, & outre-paffoient de quelques lignes celle à laquelle on favoit que la matière arriveroit, lorfque tout le métal qui devoit être fondu feroit mis dans le fourneau, & y auroit acquis le degré de fufion.

La voûte ou calotte du fourneau faite en cul-de-four, prit naiffance à l'endroit où fe terminoient les bords du baffin, & on lui donna quatre pieds quatre pouces de bombement, à compter depuis le fond de l'âtre jufqu'au point où la voûte s'élevoit davantage. Un double rang de briques de Saint-Sanfon pofées de champ, & toutes dirigées vers un centre commun, en fit l'enveloppe, interrompue en quatre endroits différens, favoir, 1°. par les ouvertures des deux portes latérales en plein ceintre par où le métal étoit jetté dans le fourneau, 2°. par une autre ouverture auffi en plein ceintre ayant fa communication avec la chauffe, & enfin par le trou du tampon. Il fut néceffaire d'avoir pour toutes ces différentes coupes, des briques diverfement configurées ; & ce fut fur des calibres en bois tracés fur le tas avec une extrême précifion, que ces briques de formes fingulières furent travaillées dans les tuileries de Saint-Sanfon, & employées depuis avec le plus grand fuccès. La voûte achevée, on établit deffus un plancher de deux pieds & demi d'épaiffeur, conftruit en briques ordinaires.

La bouche extérieure de l'ouverture au fond de laquelle étoit le trou du tampon, prit la figure d'une petite niche ; & revêtue dans tout fon contour par des briques de Saint-Sanfon, elle fut affujettie au dehors par des bandages de fer qui en empêchoient l'écartement.

Les deux portes latérales du fourneau demandant à être, pendant le tems de la fufion, quelquefois ouvertes, & le plus fouvent fermées, on mit au devant de chacune une porte de fer, compofée d'un chaffis de gros fer, lié dans fon milieu par une croix de même gros fer ; & fur ce chaffis fut appliquée & retenue avec des clous à tête ronde, rivés par derrière, une double couche de bandes de fer plat de fept à huit lignes d'épaiffeur & de deux pouces de large, qui anticipoient un peu l'une fur l'autre. Ces portes étoient branchées & fufpendues en trois endroits à une triple chaîne de fer, qui fe réuniffant à une pareille chaîne fimple, s'alloit accrocher plus haut à une bafcule de fer ; & cette bafcule chargée de poids à fon autre bout, & roulant fur un chevalet où elle pofoit en équilibre, donnoit à des ouvriers qui la faifoient mouvoir, plus de facilité pour faire monter ou defcendre la porte de fer, fuivant qu'il en étoit néceffaire. Il n'avoit pas été difficile de prévoir que toutes les fois qu'on ouvriroit les portes durant le tems de la fufion, la flamme en fortiroit & fe porteroit avec beaucoup de vivacité vers le plafond des deux ouvertures extérieures du fourneau ; auffi les avoit-on revêtues en cet endroit d'un double rang de briques de Saint-Sanfon, & l'on en avoit mis autant pour fervir de feuil auxdites ouvertures, avec la précaution d'y appofer au devant deux bandes de fer afin de les foûtenir.

Toutes les briques de Saint-Sanfon dont on fit emploi, furent liées & maçon-nées, au lieu de mortier, avec de la terre même de Saint-Sanfon qu'on fit venir exprès, & qu'on gâchoit comme on fait le plâtre ; ce qui produifit, lorfqu'on y eut donné le recuit, un corps d'autant plus ferme & folide, que ce qui fervoit de liaifon aux briques étant de même matière que les briques mêmes, le tout ne fit enfemble qu'une feule & même maffe abfolument impénétrable.

Pour donner le recuit dont il vient d'être fait mention, l'intérieur du fourneau fut rempli de morceaux de briques caffées, nommés briquaillons, & tout de fuite l'on en boucha les entrées, ainfi que l'ouverture du tampon, avec des briques ma-çonnées. On fit dans la chauffe le même feu que pour fondre du métal, le donnant dans le commencement avec modération, & allant toujours en augmentant par degré, jufqu'à ce qu'on jugeât que les briquaillons étoient abfolument rouges : on le laiffa pour lors éteindre, & les briquaillons étant refroidis & les portes débouchées, l'on put s'affurer, après une vifite exacte & rigoureufe, qu'il ne s'étoit fait aucun fil ou lézarde, & que la conftruction étoit parfaite.

Ce ne fut pas fans y avoir murement réfléchi que, quelque couteufes que fuffent les briques de Saint-Sanfon, l'on n'en voulut point employer d'autres dans la conftruction du fourneau ; toutes les autres efpéces de briques fe vitrifient lorf-qu'elles font expofées à un feu trop violent & trop continu, tandis que celles de Saint-Sanfon (a) y réfiftent pendant fort long-tems, & c'eft une épreuve dont on fait journellement l'expérience à Saint-Gobin, qui eft le lieu où fe fondent les glaces, & où le feu, auffi animé pour le moins qu'il l'a été dans cette fonte, ne fouffre prefque aucune interruption.

Les mêmes raifons qui déterminèrent à faire ufage des briques de Saint-Sanfon pour la conftruction du fourneau, firent qu'on les employa encore, & toujours à double rang, dans ce qui formoit l'enveloppe intérieure de la chauffe. Ce réduit, qui occupoit un efpace de quatre pieds en quarré, étoit adoffé au fourneau, & voûté. C'étoit le lieu où fe devoit faire la confommation du bois, qu'on y jettoit par un trou ou foupirail au haut de la voûte, & qui tomboit de là fur une grille de fer placée en contre-bas, à fix pieds & demi du deffous de ladite voûte. Cette grille, compofée de treize barreaux de fer, étoit affujettie, dans la crainte que la force du feu ne la fît plier, par d'autres barres de fer mifes tranfverfalement au

____

(a) Les tuileries de Saint-Sanfon fe trouvent dans le Beauvaifis près de Gerberoi ; elles font fituées fur la rivière de Terain qui paffe à Beauvais.

deſſus & au deſſous de ladite grille , dont les barreaux poſoient ſur une de leurs carnes, afin que les cendres puſſent paſſer plus librement.

Le feu violent qui devoit ſe faire dans la chauffe, ne pouvoit manquer de s'échapper par le trou deſtiné à jetter le bois ; mais ce trou, hors le moment qu'il falloit néceſſairement l'ouvrir, reſtoit fermé par le moyen d'une pelle de fer mobile, dont le manche de ſeize pieds de long étoit entre les mains d'un ouvrier, qui le tiroit à lui ou le repouſſoit toutes les fois qu'il en étoit beſoin ; & comme à chaque fois qu'on ouvroit le trou il falloit s'attendre qu'il en ſortiroit une pointe de flamme, qui eût immanquablement porté le feu ſur la charpente qui n'en étoit pas éloignée, l'on conſtruiſit tout auprès une manière de niche en briques, ce qui la mit hors de danger.

N'y ayant donc aucune iſſue dans la chauffe par où la flamme pût ſe perdre, en ſe répandant au dehors , celle qui s'y formoit, paſſoit toute entière dans l'intérieur du fourneau par une ouverture ou canal de communication, qui étant un peu incliné en devant & ſans aucun reſſaut, faiſoit que la flamme, entrant dans le fourneau par un chemin facile & court, ſe portoit d'elle-même , & avec la plus grande rapidité, vers le trou du tampon qui ſe trouvoit vis-à-vis ; de là ſe partageant en deux branches, elle ſe répandoit en tournoyant dans la totalité du fourneau ; & les extrémités de la flamme, où réſide la plus grande action de la chaleur, revenant ſur elles-mêmes, tomboient directement ſur le métal dont le baſſin du fourneau étoit rempli, & faiſant l'effet d'un feu de réverbère , elles accéléroient & précipitoient la fuſion.

Un feu ſi vif, joint au poids que la matière acquéroit en ſe fondant , devoit faire craindre que le mur de ſéparation entre le fourneau & la chauffe, quoiqu'épais de près de trois pieds, ne ſe bouleverſât, ou qu'il ne s'y fît quelque fente par laquelle une partie du métal auroit pu fuſer & ſe perdre dans la chauffe. Pour y obvier , ce mur fut fait de trois rangs de briques de Saint-Sanſon, poſées les unes debout & les autres de champ, & dans le cœur ou milieu de ſon épaiſſeur il fut mis une plaque de fer fondu de trois pieds ſix pouces de large, de deux pieds & demi de haut & de deux pouces d'épaiſſeur ; on la fit deſcendre juſqu'à l'endroit ſur lequel le mur de ſéparation étoit aſſis , & de cette façon l'on put ſe promettre qu'il feroit une ſuffiſante réſiſtance.

Le feu n'ayant , comme on ſait , d'action qu'autant que l'air frappe deſſus & lui donne la vie, il étoit néceſſaire d'introduire dans la chauffe un air extérieur , & toujours nouveau, qui paſſant par des conduites étroites & dans leſquelles il étoit comprimé, fût comme l'air qui ſort d'un ſoufflet. Cela s'exécuta au moyen de trois ventouſes, dont les ouvertures ou bouches extérieures étoient placées hors de l'Attelier, dans trois expoſitions différentes, une au midi, une ſeconde au couchant, & la troiſiéme tournée vers le nord , & par cet arrangement l'on mit à profit la meilleure partie des vents : ſur quoi l'on obſervera en paſſant que le vent le plus
favorable

favorable eft celui du Nord, il eft le plus fec; & lorfqu'il fouffle, la matière eft beaucoup plus promptement mife en fufion.

Avant que de pénétrer jufqu'à la chauffe, l'air qui entroit par les trois bouches, circuloit le long d'un pareil nombre de defcentes rampantes, & fe portoit dans des galeries foûterraines & voûtées qui embraffoient le cendrier de trois côtés. Ce dernier lieu, dont il n'a pas encore été fait mention, étoit un réceptacle de forme quarrée & auffi profond que la foffe ci-devant décrite, lequel étoit deftiné à recevoir les cendres & les charbons que la chauffe fourniroit continuellement. Ils y devoient tomber le long d'un paffage qui, s'élargiffant un peu par le bas, remontoit quarrément jufqu'à la grille de la chauffe, où il fe terminoit.

C'étoit auffi par ce même paffage que l'air de dehors devoit communiquer avec la chauffe; mais avant que d'y arriver, & afin que ce fût avec toute l'activité poffible, cet air étoit contraint de paffer par des trous percés dans des languettes de briques qui fermoient de trois côtés le cendrier, & qui étoient placées chacune vis-à-vis de la ventoufe qui fervoit de véhicule à l'air extérieur. Les trous étoient obliques, remontant de bas en haut : par cette direction l'air trouvoit plus de facilité à s'élever; & parce qu'en fe raréfiant il pouvoit forcer les conduites qu'il avoit à traverfer, des évents ou foupiraux pratiqués dans les voûtes des galeries & ayant leur iffue dans l'attelier, remédioient aux inconvéniens qui en auroient pu réfulter.

Après y avoir pourvû, il falloit encore s'occuper de la façon dont fe feroit l'échappement de la fumée, qui durant le tems de la fufion fortiroit avec abondance de dedans le fourneau. On y avoit donc pratiqué, au pied de la voûte & dans l'intérieur, fix petites ouvertures quarrées de fix pouces de large fur neuf de haut, répondantes à autant de conduites ou tuyaux auffi quarrés, lefquels montoient perpendiculairement & avoient leurs iffues au droit du plancher qui couvroit le fourneau : elles y devoient porter la fumée accompagnée de flamme que fourniroit le fourneau; & l'une & l'autre étant reçues dans autant de petites cellules quarrées & voûtées qu'il y avoit de tuyaux, l'on pouvoit compter que l'air qui pafferoit par les portes dont ces cellules étoient percées des deux côtés, diffiperoit bientôt la flamme; qu'il ne refteroit plus que de la fumée, qui montant en haut fuivant fa direction naturelle & gliffant le long de tuyaux rampans, fe réuniroit pour être portée au dehors par le moyen de deux grands tuyaux de cheminée, l'un à droite & l'autre à gauche, qui furmontoient le comble.

Ces mêmes tuyaux, qui defcendoient en contre-bas jufque fur les ouvertures latérales du fourneau, fervirent à en recevoir les portes de fer lorfqu'on les hauffoit : les chaînes & les bafcules auxquelles elles étoient fufpendues, y étoient logées; & comme il pouvoit arriver qu'on eût à y travailler, & qu'il étoit au moins néceffaire de voir s'il n'y manquoit rien, des ouvertures pratiquées à deffein dans les languettes à trois pieds du deffus du plancher qui couronnoit le fourneau, en donnoient la facilité, quand le befoin le requéroit.

C

Cet attelier, la fonderie & toutes ses dépendances, tels qu'on vient de les décrire, furent construits pendant que M. Bouchardon travailloit dans un attelier séparé à son modèle de la Statuë Équestre du Roi. Les deux opérations, loin de se croiser, allèrent d'un pas égal, & l'on verra régner le même accord & la même intelligence dans toutes les autres opérations dont on va donner les détails.

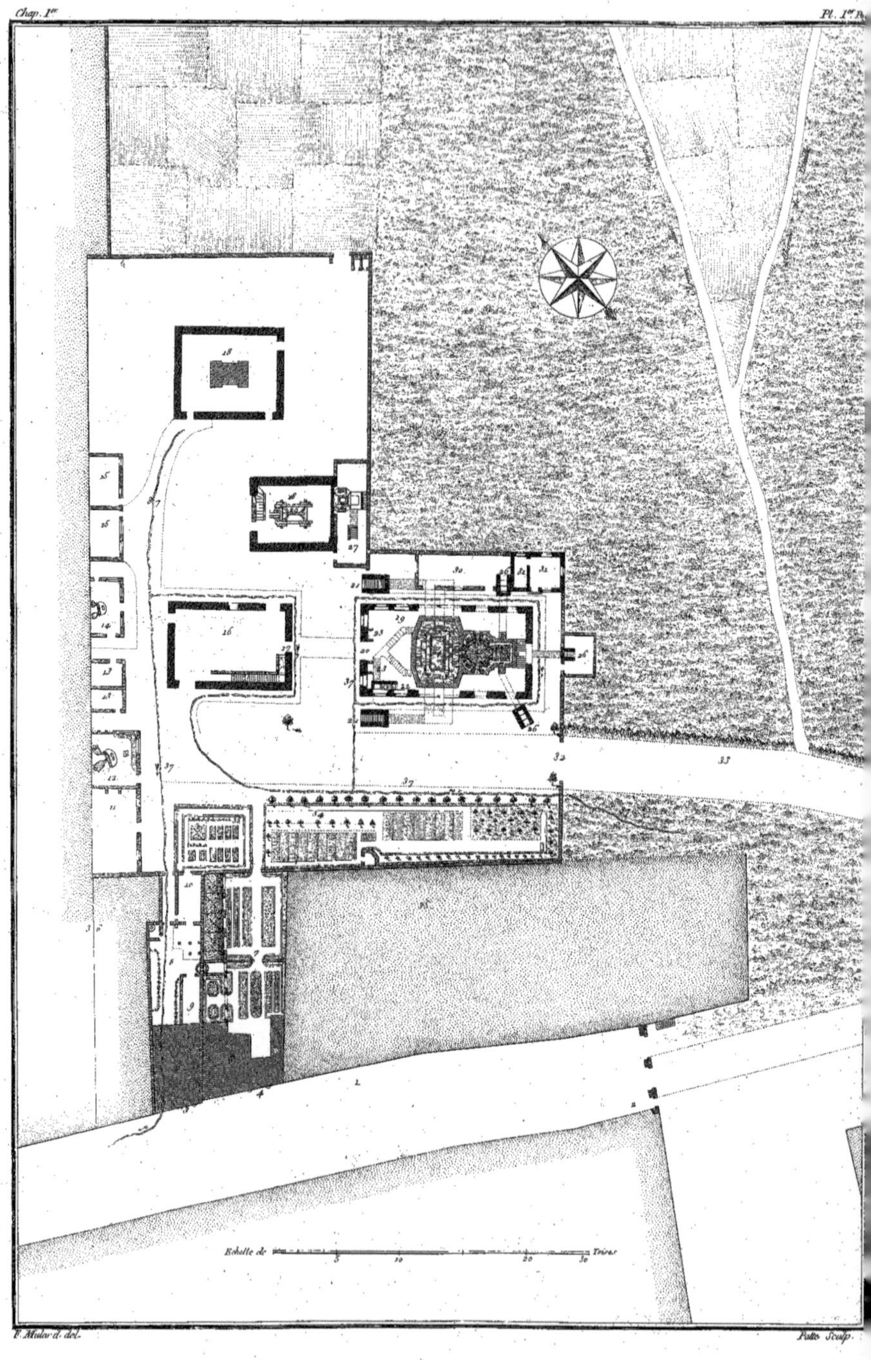

F. Mulard del.

Patte Sculp.

EXPLICATION

DES PLANCHES RELATIVES AU CHAPITRE PREMIER.

PLANCHE I.

Plan général du terrain où se font exécutés le modèle, la fonte & les autres travaux de la Statue Équeſtre de Sa Majeſté Louis XV, sous les ordres de la Ville de Paris.

1 *Grande rue du Fauxbourg du Roule.*
2 *Barrière où se fait la perception des droits d'entrée dûs au Roi.*
3 *Porte d'entrée servant de paſſage pour arriver aux Atteliers.*
4 *Porte d'entrée du logement occupé par M. Bouchardon.*
5 *Logement du Concierge & du Portier.*
6 *Logement de M. Bouchardon.*
7 *Jardin dépendant dudit logement.*
8 *Cour & paſſage conduisant aux Atteliers.*
9 *Magaſin aux outils.*
10 *Magaſin dans lequel étoient en réſerve les cuivres & autres métaux.*
11 *Autre magaſin pour la conſervation des cires, des huiles & autres matières analogues.*
12 *Grande forge.*
13 *Petits magaſins pour les charbons de bois & de terre.*
14 *Petite forge.*
15 *Lieux où le plâtre étoit en réſerve, & où on le gâchoit.*
16 *Attelier dans lequel le grand modèle de la Figure Équeſtre a été travaillé.*
17 *Porte qui fut ouverte pour établir une communication plus entière entre l'attelier du modèle & celui de la fonderie.*
18 *Attelier séparé dans lequel le grand modèle du piedeſtal a été conſtruit.*
19 *Grand Attelier dans lequel la Figure Équeſtre a été jettée en bronze.*
20 *Principale porte d'entrée dudit attelier.*
21 *Iſſues extérieures des deux deſcentes ſouterraines par lesquelles on arrivoit de droite & de gauche au fond de la foſſe.*
22 *Autre pareille deſcente pratiquée dans l'intérieur de l'attelier.*
23 *Cheminées où les cires ont été fondues.*
24 *La foſſe.*
25 *Le fourneau & la chauffe.*
26 *Les trois ventouſes.*
27 *Petite fonderie & petit fourneau dans lequel l'eſſai de l'alliage du métal s'eſt fait; ce lieu ſervit auſſi à mettre à couvert les tonneaux qui contenoit la potée préparée.*
28 *Autre attelier dans lequel la Figure Équeſtre a été réparée après être ſortie de la fonte.*
29 *Chariot sur lequel la Figure Équeſtre a été tranſportée dans le précédent attelier.*
30 *Magaſin où l'on piloit, paſſoit au tamis & conſervoit les terres propres à être mêlées avec la potée.*
31 *Petit cabinet à l'uſage de M. Bouchardon.*
32 *Grande porte chartière deſtinée pour le paſſage de la Figure Équeſtre, lors de ſon tranſport hors des atteliers.*
33 *Chauſſée conſtruite en gros pavé, par laquelle la Figure Équeſtre fut conduite depuis les atteliers juſqu'au grand chemin.*
34 & 35 *Parties de l'emplacement employées en jardinages.*
36 *Maiſons & terrains appartenans à différens Particuliers.*
37 *Ruiſſeau pour l'écoulement des eaux pluviales.*

C ij

PLANCHE II.

Plan de l'Attelier dans lequel s'est fait la fonte.

1 *Principale porte d'entrée de l'attelier.*
2 *Portes latérales pour le service du fourneau.*
3 *Grandes baies garnies dans toute leur ouverture d'un vitrage servant à répandre le jour sur la fosse, & par l'une desquelles, dégarnie de ses chassis, l'on a fait l'extraction de la Statue après la fonte.*
4 *Fenêtres garnies de chassis à verre servant à éclairer l'attelier.*
5 *Cheminées destinées à la fonte des cires.*
6 *Fosse dans laquelle la Statue Équestre a été coulée en bronze, & qui étoit enfoncée en terre de vingt-deux pieds neuf pouces au dessous du sol de l'attelier.*
7 *Mur en pierre & en moëllons piqués de deux pieds & demi d'épaisseur, soûtenant les terres au pourtour de la fosse.*
8 *Massif de pierre, construit au fond de la fosse, pour le soûtien & l'établissement du moule de la Statue; il étoit enterré en contre-bas d'épaisseur de quatre pieds.*
9 *Autres massifs ou dés de pierre adossés aux murs de la fosse dans les quatre parties latérales, & enterrés de dix-huit pouces d'épaisseur, sur lesquels ont été scellés les chevalets de fer servant de supports aux traverses de fer de l'armature du moule.*
10 *Intervalles entre les susdits massifs de pierre, remplis de briques posées de champ, & formant avec les massifs une aire parfaitement arrasée de niveau.*
11 *Emplacement du fourneau.*
12 *Emplacement de la chauffe.*
13 *Escalier à double rampe par lequel on arrive sur le fourneau.*
14 *Orifices extérieurs des évents, des galeries, des ventouses.*
15 *Les trois ventouses ayant leurs bouches ouvertes hors de l'attelier, & disposées suivant les différentes directions du vent.*
16 *Escalier de descente pris dans l'intérieur de l'attelier, & qui conduit au fond de la fosse.*
17 *Deux pareils escaliers de descente pratiqués au dehors, pour une plus grande commodité du service.*

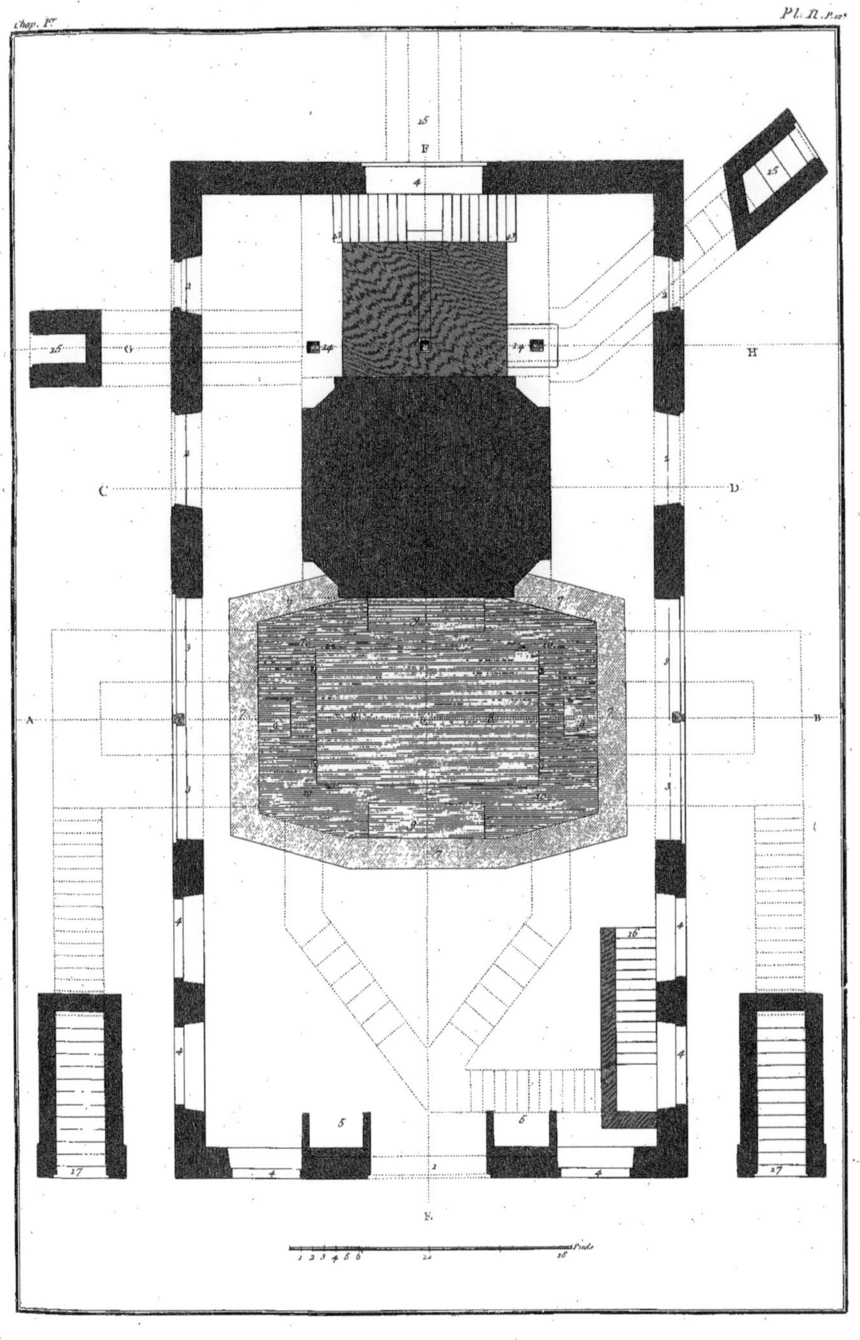

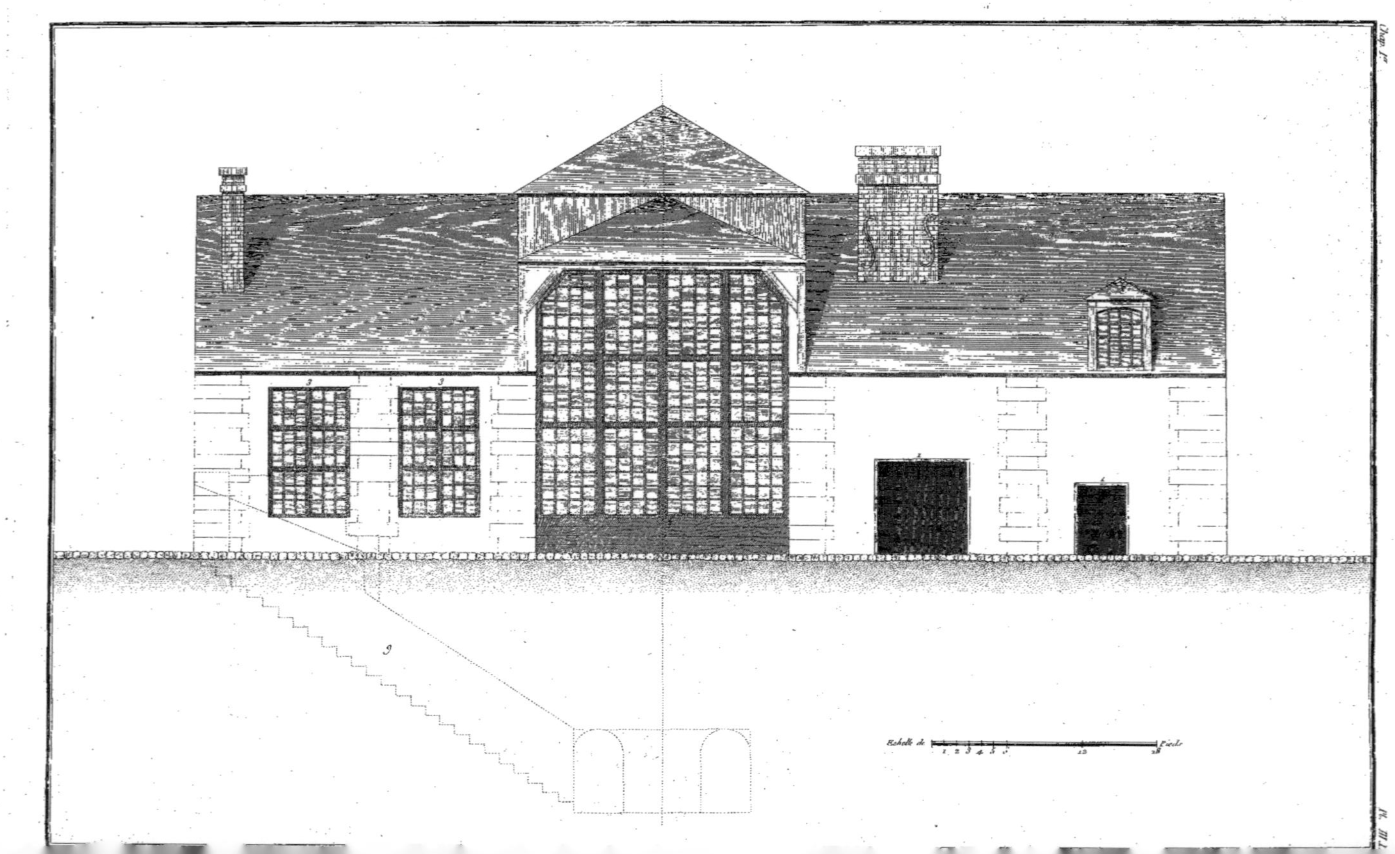
Echelle de 1 2 3 4 5   10   20 Pieds

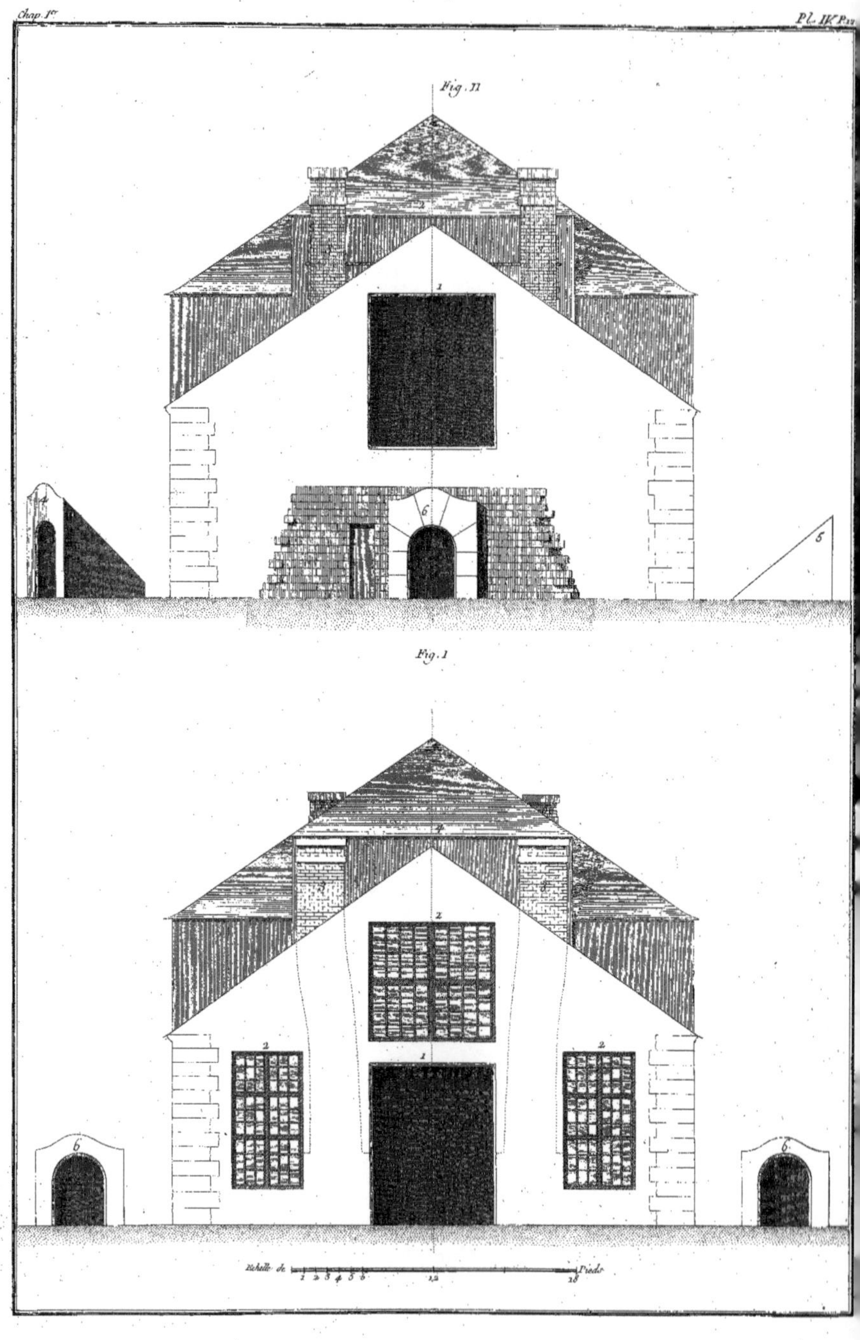
Fig. II
Fig. I
Echelle de 1 2 3 4 5 6   12   18 Pieds

PLANCHE III.

Élévation de l'une des façades extérieures de l'Attelier, sur sa longueur.

1 Portes latérales.
2 Haute & large baie, fermée d'un grand vitrage, lequel ayant été levé, la baie est devenue une ouverture d'une capacité suffisante pour la sortie de la Statue de dedans l'Attelier après la fonte.
3 Fenêtres garnies de chassis à verre.
4 Tuyau de l'une des cheminées qui ont servi à la fonte des cires, vû de côté.
5 Tuyau de l'une des cheminées du fourneau, se présentant par le flanc.
6 Comble à deux égouts, couvert de tuiles.
7 Partie de l'attelier s'élevant en manière de pavillon de huit pieds au dessus du faîtage du grand comble, pour la facilité de l'extraction de la Statue de dedans la fosse.
8 Lucarne.
9 Profil, exprimé par de simples lignes ponctuées, d'un des escaliers de descente par lesquels on arrive extérieurement au fond de la fosse.

PLANCHE IV, *Figure première.*

Élévation du Pignon de l'Attelier du côté qui regarde le Levant.

1 Principale entrée, qui se fermoit avec une porte de menuiserie à deux venteaux.
2 Fenêtres garnies de chassis à verre, au dessus & aux deux côtés de la porte d'entrée, portant le jour dans l'attelier.
3 Tuyaux des deux cheminées pour la fonte des cires, vûes par le flanc ; les lignes ponctuées marquent le chemin qu'ils parcourent.
4 Comble du pavillon, couronnant la fosse.
5 Fermetures des deux tuyaux de cheminées du fourneau.
6 Entrée des deux escaliers de descente extérieurs.

Figure seconde.

Élévation du Pignon de l'Attelier du côté qui fait face au Couchant.

1 Grande fenêtre fermée par de simples contrevents, & qui, en éclairant les derrières de la chauffe & du fourneau, sert à laisser échapper les vapeurs qui s'en exhalent.
2 Comble du pavillon au dessus de la fosse.
3 Tuyaux des cheminées du fourneau, s'élevant au dessus du comble, & se présentant de côté.
4 Bouche extérieure de la ventouse du côté du nord, laquelle se présente de biais, pour mieux saisir le vent qui vient de ce côté.
5 Bouche de la ventouse exposée au sud-ouest, vûe de profil.
6 Bouche de la ventouse du milieu, recevant en ligne directe le vent du nord-ouest.

D

PLANCHE V.

Premier plan du fourneau pris au droit de la fondation.

1   *Murs en pierre de taille , contre lesquels viennent s'appuyer les reins de la voûte en plein cintre du caveau , ou espace vuide , qui se trouve immédiatement sous l'âtre du fourneau.*

2   *Espace vuide & voûté sous l'âtre du fourneau.*

3   *Murs construits en briques dans toutes les parties qu'occupe sous terre la chauffe , ainsi que dans celle qui la joint au fourneau.*

4   *Cendrier ou réceptacle des cendres & des charbons que fournit la chauffe.*

5   *Languettes construites en briques , & percées dans leur épaisseur de plusieurs trous en abbat-jour, pour l'introduction & la circulation de l'air dans la chauffe.*

6   *Galeries voûtées & soûterraines des ventouses, par lesquelles l'air de dehors est conduit dans la chauffe.*

7   *Évents desdites galeries , faits en manière de soupiraux.*

8   *Galerie rampante de la ventouse tournée vers le sud-ouest.*

9   *Autre pareille ventouse regardant le nord.*

10 *Troisième ventouse exposée au nord-ouest.*

11 *Remplissage dans les angles , faits en pierres & en moëllons , & y faisant l'office de contre-forts.*

12 *Partie de la fosse.*

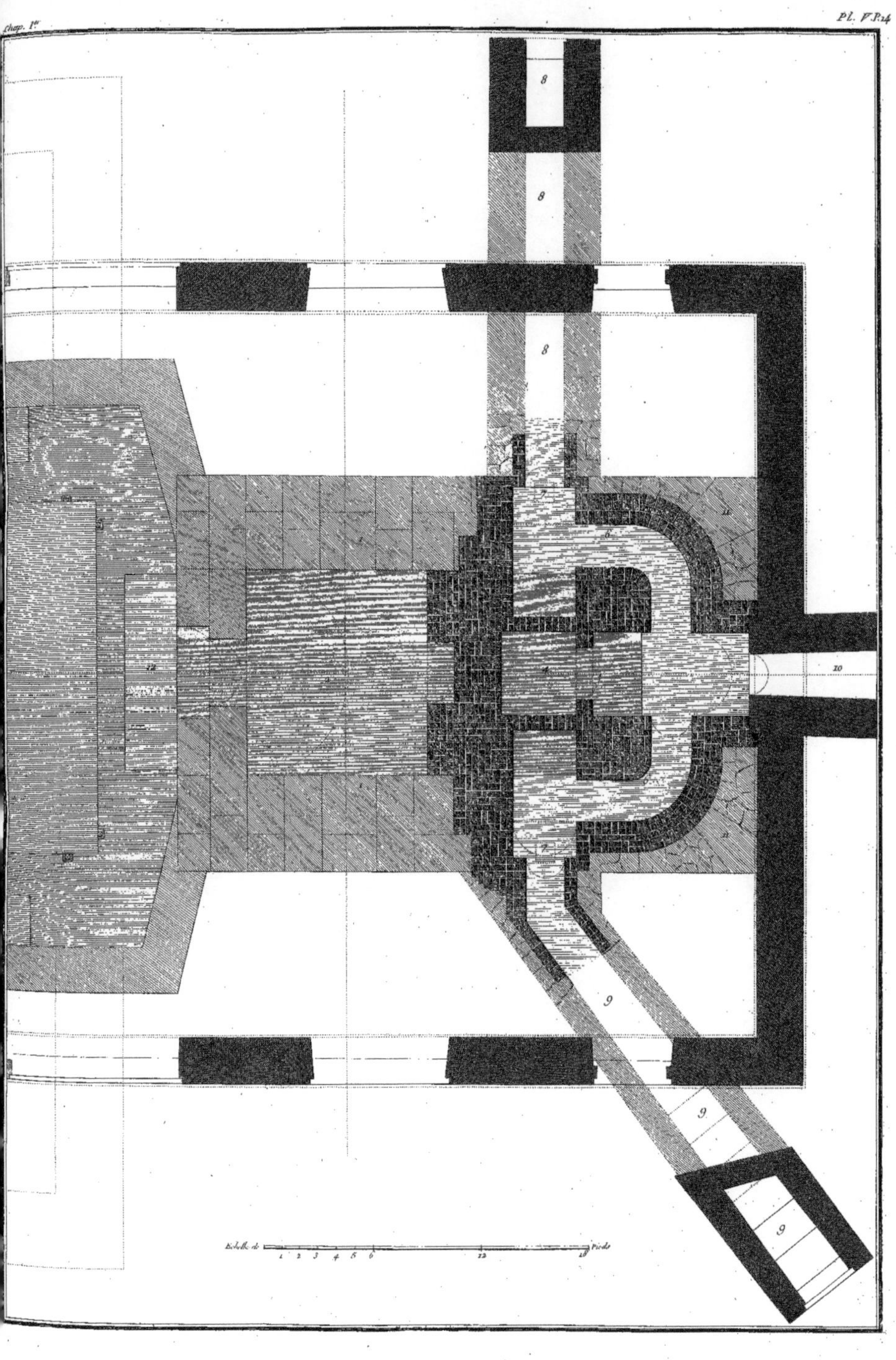
Echelle de
1 2 3 4 5 6
12
Pieds

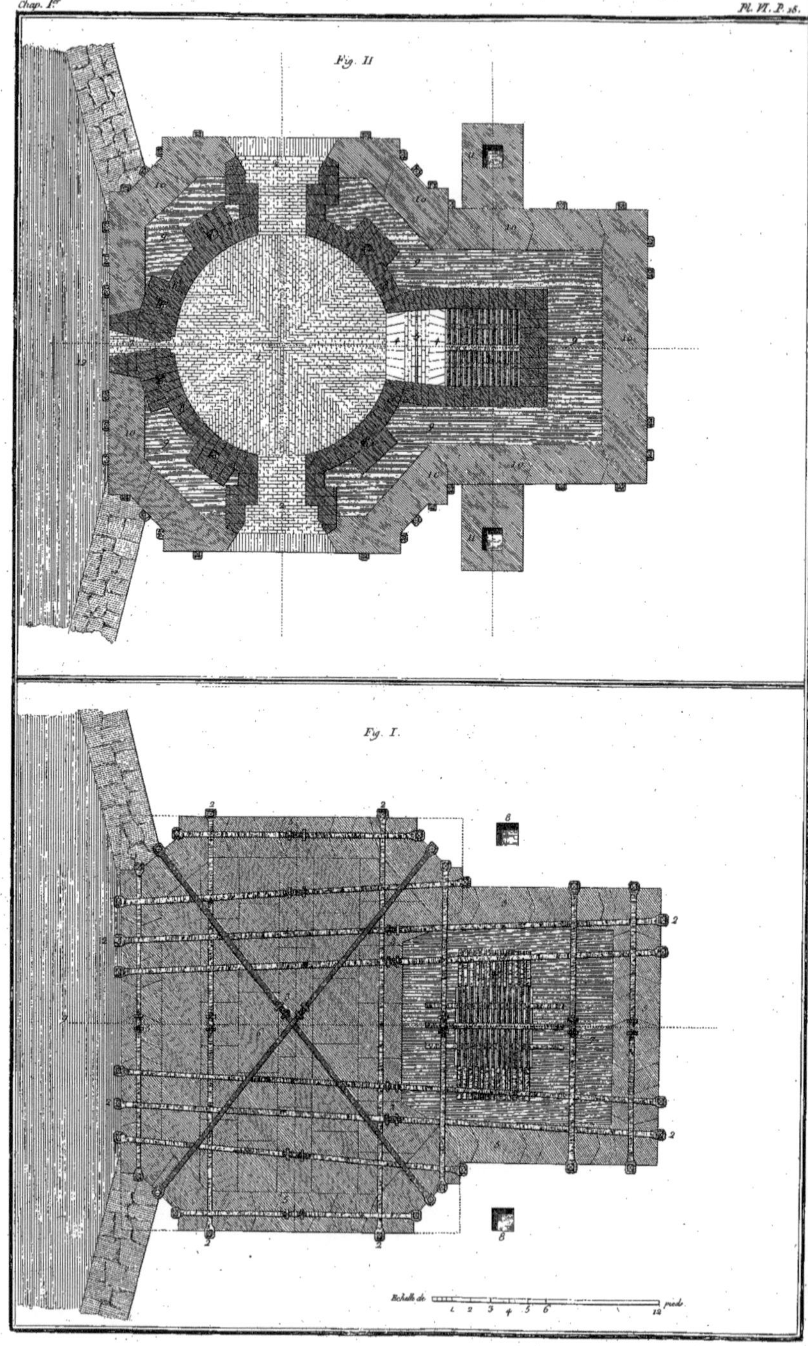
Fig. II
Fig. I
Echelle de
1 2 3 4 5 6
18
pieds

PLANCHE VI, *Figure première.*

Second plan du fourneau pris au droit du premier rang des armatures de fer.

1. Tirans de fer composés chacun de deux pièces, ayant deux pouces d'équarrissage, & couchés dans tous les sens, à l'effet de lier toutes les parties du fourneau & de la chauffe, & d'en empêcher l'écartement : il y en avoit trois rangs pareils, à différentes hauteurs, ainsi qu'on le peut voir dans les deux coupes du fourneau prises sur sa largeur & sur sa longueur, planches X, & XI.
2. Ancres de fer de deux pouces & demi d'équarrissage, appliquées sur les surfaces extérieures des murs de pierre qui enveloppent le fourneau & la chauffe, & passant de bout en bout dans les yeux ou boucles qui sont aux extrémités de chaque tiran.
3. Doubles brides servant à contenir les tirans à l'endroit où les deux pièces se joignent.
4. Grille de la chauffe, composée de treize barreaux de fer, posés sur leurs carnes à l'embouchûre du cendrier, pour la facilité de l'écoulement des cendres, & soûtenus à distances égales par trois barreaux de fer de deux pouces de gros, qui l'assujétissent en place & l'empêchent de plier.
5. Mur en pierre de taille servant d'enveloppe, tant au fourneau qu'à la chauffe. Pour plus de solidité & pour résister davantage à l'écartement, les joints montans de chaque pierre forment alternativement des angles saillans & des angles rentrans, & les pierres s'emboîtoient ainsi les unes dans les autres de la façon qu'il est exprimé sur le plan.
6. Assise de pierre sur laquelle l'âtre du fourneau est établi.
7. Espace entre la chauffe & son enveloppe de pierre, rempli de briques.
8. Bouches des évents des galeries des ventouses.
9. Partie de la fosse.

Figure seconde.

Troisiéme plan du fourneau pris au droit de l'âtre.

1. Atre du fourneau, construit en briques de Saint-Sanson posées de champ & en épi, & formant par leur disposition une croix de Saint André.
2. Ouvertures à droite & à gauche par lesquelles la matière a été introduite dans le fourneau, & qui, dans le tems de la fusion, servirent de passage aux perches avec lesquelles elle se brassoit ; elles sont pareillement revêtues dans tout leur pourtour de briques de Saint-Sanson.
3. La chauffe ou cellule quarrée dans laquelle le bois tombe & se consume.
4. Petit mur en briques de Saint-Sanson entre le fourneau & la chauffe, par dessus lequel la flamme passe dans le fourneau, à travers une arcade.
5. Plaque de fer traversant de part en part & dans son milieu le mur précédent, à l'effet de le soûtenir contre la violence du feu.
6. Six ouvertures quarrées en manière de soupiraux ou de petits tuyaux de cheminée s'élevant perpendiculairement, & ayant leurs bouches dans les parois intérieures du fourneau, & leurs issues dans des tuyaux de cheminée supérieurs, pour l'échappement de la flamme & de la fumée.
7. Trou fermé d'un tampon de fer pendant le tems de la fusion, & par lequel, lorsqu'on l'eût débouché, la matière est sortie & s'est répandue dans les différentes parties du moule.
8. Briques de Saint-Sanson posées sur leur plat & en glacis, faisant le tour de l'âtre, qu'elles surmontent à la hauteur d'un pied.
9. Vuides remplis en briques ordinaires de Bourgogne.
10. Enveloppe du fourneau & de la chauffe, construite en pierre de taille.
11. Events des galeries de la chauffe.
12. Partie de la fosse.

Planche VII, *Figure première.*

Quatriéme plan du fourneau pris au droit du plancher qui en couvre la voûte.

1 *Plancher au deſſus de la voûte du fourneau, conſtruit en briques ordinaires, & ayant deux pieds neuf pouces d'épaiſſeur à l'endroit où la voûte bombe le plus.*
2 *Bouches ſupérieures des petits tuyaux ſervant à l'échappement de la flamme & de la fumée qui ſortent de l'intérieur du fourneau dans lequel leſdits tuyaux ont leurs ouvertures inférieures.*
3 *Cellules voûtées & ouvertes de deux côtés, dans leſquelles la flamme & la fumée ſortant du fourneau par les petits tuyaux ci-deſſus décrits, ſe rendent & repaſſent enſuite, à droite & à gauche, dans deux grands tuyaux de cheminée, y étant conduites par des tuyaux rampans exprimés par les lignes ponctuées.*
4 *Places qu'occupent leſdits tuyaux rampans.*
5 *Les deux grands tuyaux de cheminée latéraux dans leſquels ſe raſſemble toute la fumée, & qui deſcendent en contre-bas juſque ſur les deux portes du fourneau.*
6 *Baſcules de fer paſſant dans l'intérieur des ſuſdits deux grands tuyaux de cheminée, & ſervant à lever ou à baiſſer les portes de fer des deux entrées du fourneau, ſelon le beſoin.*
7 *Plancher au deſſus de la chauffe, conſtruit en briques, & contenu par une enveloppe en pierre de taille.*
8 *Trou quarré en façon de ſoupirail, pour l'introduction du bois dans la chauffe.*
9 *Canal en manière de couliſſe, ſervant à la conduite de la pelle de fer qui, poſée ſur le trou de la chauffe, le bouche exactement dans les intervalles où l'on n'y jette pas de bois.*
10 *Petit mur de briques formé en niche, fait pour garantir la charpente du toit qui en eſt voiſine, contre les accidens du feu.*
11 *Eſcalier à double rampe par lequel on monte ſur le fourneau.*
12 *Grande fenêtre au derrière du fourneau.*
13 *Murs de l'Atelier.*
14 *Côté qui regarde la foſſe.*

Figure ſeconde.

Cinquiéme plan au droit de la réunion des tuyaux de cheminée.

1 *Les deux grands tuyaux de cheminée de droite & de gauche, conſtruits en briques.*
2 *Tuyaux rampans, pareillement conſtruits en briques, & portant dans les deux grands tuyaux latéraux qui montent de fond & en ligne droite, la fumée que leur fourniſſent les petits tuyaux qui ont leurs iſſues dans l'intérieur du fourneau.*
3 *Ouvertures pratiquées dans les languettes des grandes cheminées, pour avoir, dans le beſoin, la facilité de rétablir ce qui pourroit manquer aux chaînes des portes de fer du fourneau qui paſſent dans l'intérieur deſdites cheminées.*

Figure troiſiéme.

Sixiéme plan, qui fait voir la couverture des tuyaux rampans.

1 *Tuyaux des deux grandes cheminées.*
2 *Couvertures en talus des tuyaux rampans.*
3 *Epaiſſeurs auxquelles ſe réduiſent les languettes des deux grands tuyaux de cheminée, dans la partie qui s'élève au deſſus du comble.*

Planche VIII.

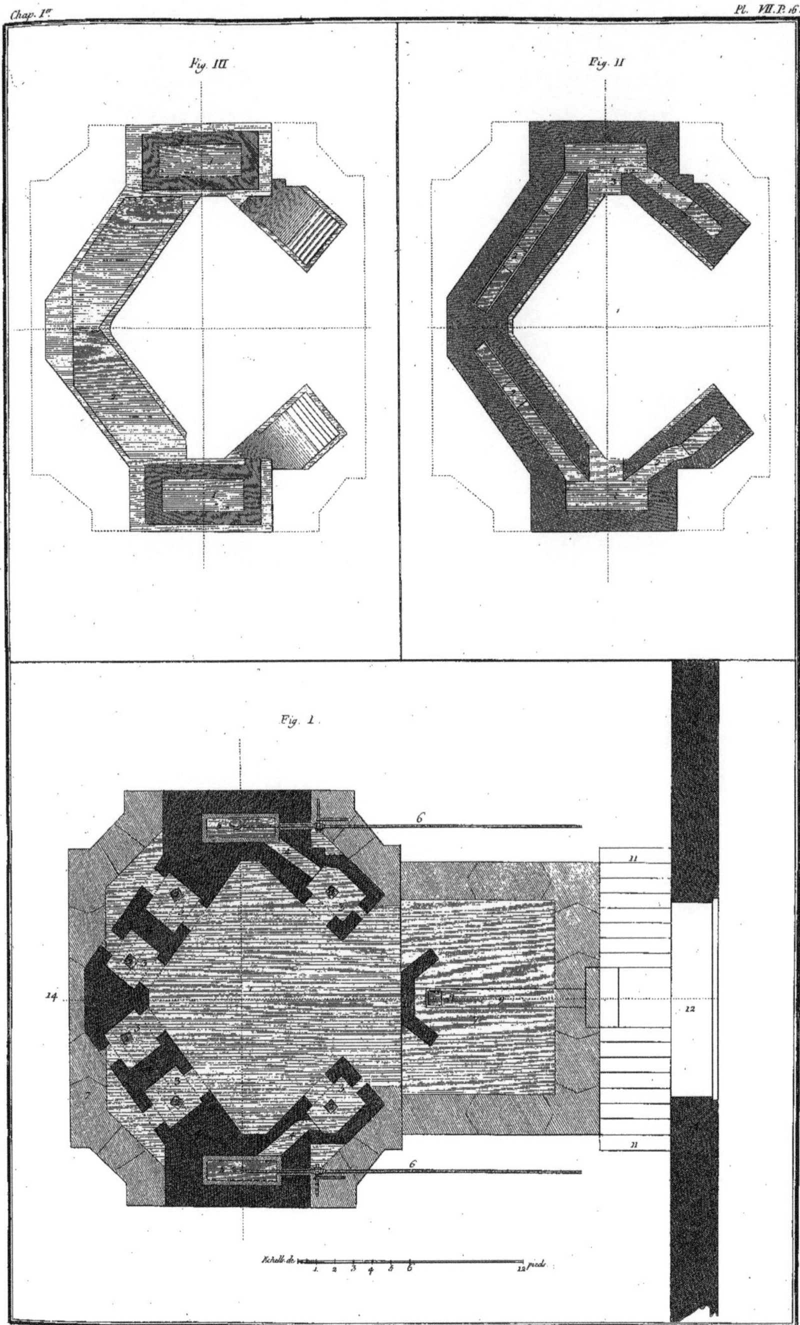
Fig. III.
Fig. II.
Fig. I.
6
11
14
12
11
6
Echelle de
1 2 3 4 5 6
12 pieds.

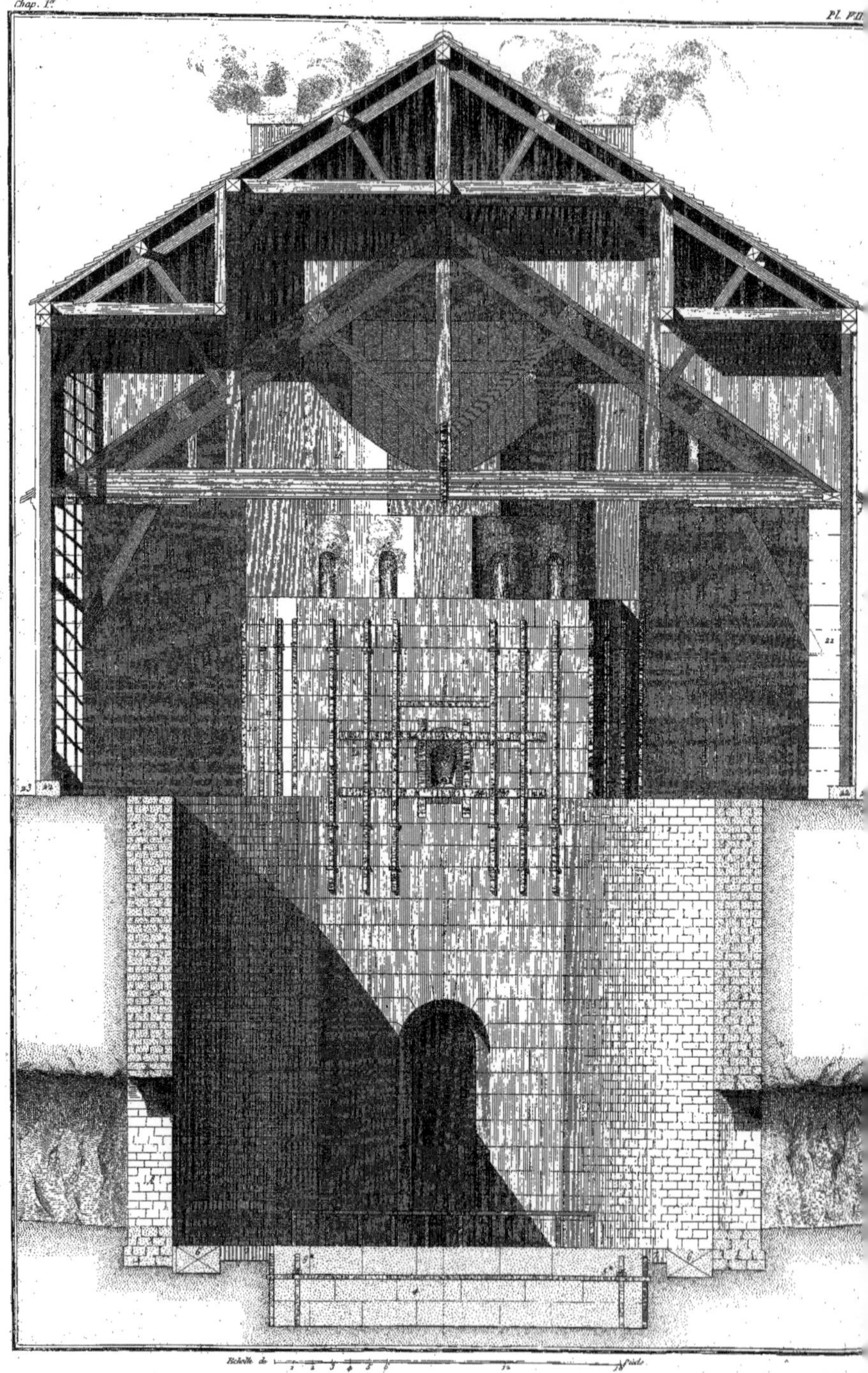
Chap. 1.er
Pl. VII.
Echelle de 1 2 3 4 5 6   12   Pieds.

PLANCHE VIII.

Coupe de l'Attelier fur fa largeur & par le travers de la foffe, fuivant la ligne marquée A. B. fur le plan dudit Attelier, *planche II.*

1 La foffe revêtue dans tout fon pourtour de murs de vingt-trois pieds de hauteur, & de deux pieds fix pouces d'épaiffeur, conftruits en moëllons & en pierres, qui foûtiennent les terres & forment l'enceinte de ladite foffe.

2 Les fufdits murs coupés & vûs de profil.

3 Portion defdits murs dans la partie qui touche au fourneau, conftruite entièrement en pierres de taille.

4 Maffif de trois affifes de pierre de taille enfoncées en terre de quatre pieds de profondeur, fur lequel a été établi le moulé de la Figure Equeftre.

5 Ancres & tirans de fer liant toutes les parties dudit maffif, & les empêchant de s'écarter.

6 Petits dés de pierre de dix-huit pouces d'épaiffeur, & d'environ deux pieds & demi en quarré, mis en tête & en queue du grand maffif de pierre pour y établir, en cas qu'il fût néceffaire, des chevalets de fer deftinés au foûtien du moule.

7 Briques pofées de champ dans les efpaces que laiffent entr'eux les maffifs & les dés de pierre, & formant avec eux une aire exactement de niveau.

8 Coupes des portes en arcade auxquelles aboutiffent les defcentes extérieures, & qui donnent entrée dans la foffe.

9 Entrée du caveau voûté fous le fourneau.

10 Face antérieure de l'enveloppe du fourneau conftruite en pierre.

11 Pans coupés fur les angles de ladite enveloppe.

12 Ancres paffant dans les yeux ou boucles des trois rangées de tirans de fer, qui traverfent en tout fens la maçon-nerie & tiennent en état toutes les parties du fourneau & de la chauffe.

13 Ouverture tapiffée de briques de Saint-Sanfon, par laquelle la matière fondue s'eft échappée, après que le tampon de fer qui la fermoit à fon orifice intérieur, pendant le tems de la fufion, en a été chaffé.

14 Bandages de fer mis au devant de la précédente ouverture pour plus grande folidité, & pour empêcher l'écar-tement des briques qui la revêtiffent.

15 Ouvertures extérieures des petites cellules dans lefquelles ont leur iffue les tuyaux des petites cheminées du fourneau, & qui laiffent voir la flamme & la fumée qui s'en échappent.

16 Tuyaux rampans portant la fumée dans les deux grandes cheminées latérales.

17 Les deux grands tuyaux des cheminées latérales auxquels aboutiffent tous les autres tuyaux.

18 Affemblage de la charpente du comble de l'Attelier.

19 Charpente du pavillon, s'élevant au deffus du comble dans la partie feulement où eft la foffe.

20 Grande fenêtre au fond de l'Attelier fermée de fes contrevents.

21 Profil des murs de l'Attelier.

22 Seuils des deux grandes baies pratiquées dans les deux faces latérales, au droit de la foffe.

23 Surface du terrain extérieur.

E

PLANCHE IX.

Élévation du fourneau & de la chauffe sur une des faces latérales.

1   *Mur en pierres de taille enfoncé en terre , & servant de fondement & d'appui au fourneau.*

2   *Mur en pierres de taille , échancré dans les angles , formant en dehors l'enveloppe du fourneau.*

3   *Pareil mur en pierres de taille , faisant l'enveloppe de la chauffe.*

4   *Ancres qui , avec les tirans de fer , dans les yeux desquels elles passent , affermissent la maçonnerie du fourneau & de la chauffe.*

5   *Une des ouvertures latérales du fourneau , cintrée en briques de Saint - Sanson , & dont le seuil en pareilles briques est encore fortifié par devant sur les arrêtes , par deux fortes plate-bandes de fer couchées horizontalement.*

6   *Porte de fer au devant de chacune des deux ouvertures latérales du fourneau , qui se lève & se baisse , selon qu'il est nécessaire , au moyen de bascules qu'on fait agir , & à l'extrémité desquelles elle est suspendue avec des chaînes de fer.*

7   *Chaîne de fer se partageant par le bas en trois branches , qui vont s'attacher à la partie supérieure de la porte de fer susdite. Comme ces chaînes ne sont pas apparentes , étant cachées par le mur du tuyau de cheminée dans lequel elles sont logées , elles ne sont exprimées que par des lignes ponctuées.*

8   *Bascule de fer posée en équilibre sur un chevalet aussi de fer , où on la fait balancer , & qui est chargée de poids à l'extrémité de sa plus longue branche , pour en accélérer le mouvement.*

9   *Tringle de fer attachée sur un des entraits de la charpente du comble , & qui , descendant en contre-bas , empêche la bascule de s'écarter de la ligne droite.*

10   *Ouvriers tirant à eux la bascule avec des cordages , & se disposant à lever la porte de fer du fourneau.*

11   *Ouvrier jettant le bois dans la chauffe.*

12   *Autre ouvrier ouvrant & fermant le trou de la chauffe , en tirant à lui ou repoussant la pelle de fer qui en bouche l'ouverture.*

13   *Escalier par où l'on monte sur la chauffe & sur le fourneau.*

14   *Petit mur en forme de niche , servant à garantir la charpente voisine , du dommage que pourroit y causer la flamme qui s'y porte naturellement , lorsque le trou de la chauffe est ouvert.*

15   *Groupe des grands & petits tuyaux de cheminée , par lesquels la fumée s'échappe au dehors.*

16   *Le mur de l'Attelier du côté du couchant , coupé par le milieu , & vû de profil.*

17   *Côté du fourneau qui regarde la fosse.*

18   *Coupe & profil de l'entrée de la ventouse , tournée du côté du nord - ouest.*

19   *Galerie & autres soûterrains de la chauffe , exprimés par des lignes ponctuées , & qu'on trouvera plus détaillés dans la planche XI.*

20   *Caisse de bois garnie de son couvercle , servant de chapeau à l'évent de la ventouse , qui a son ouverture vers le nord.*

21   *Ouvertures extérieures des petites cellules dans lesquelles débouche la fumée au sortir du fourneau.*

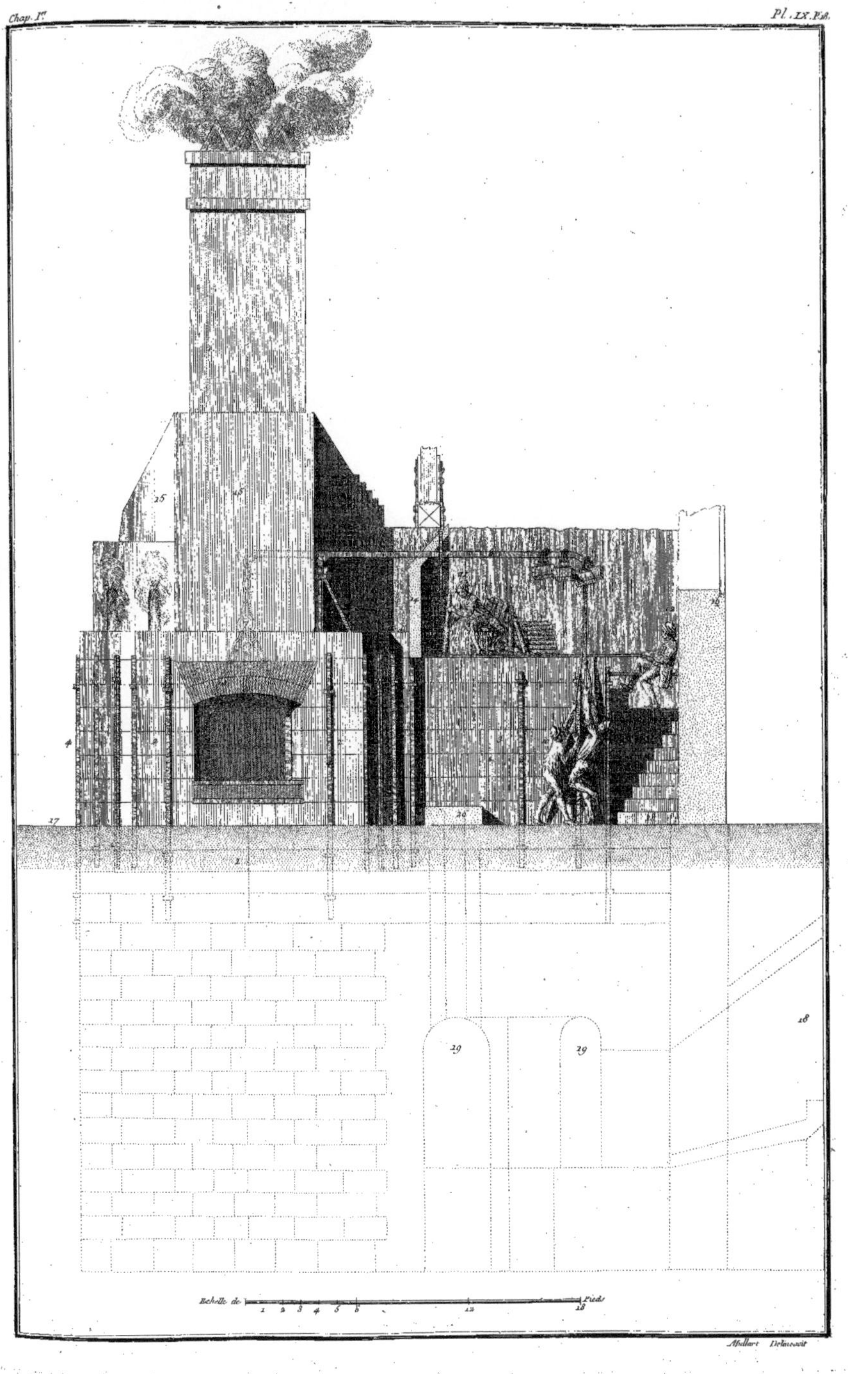

Aballart Delineavit.

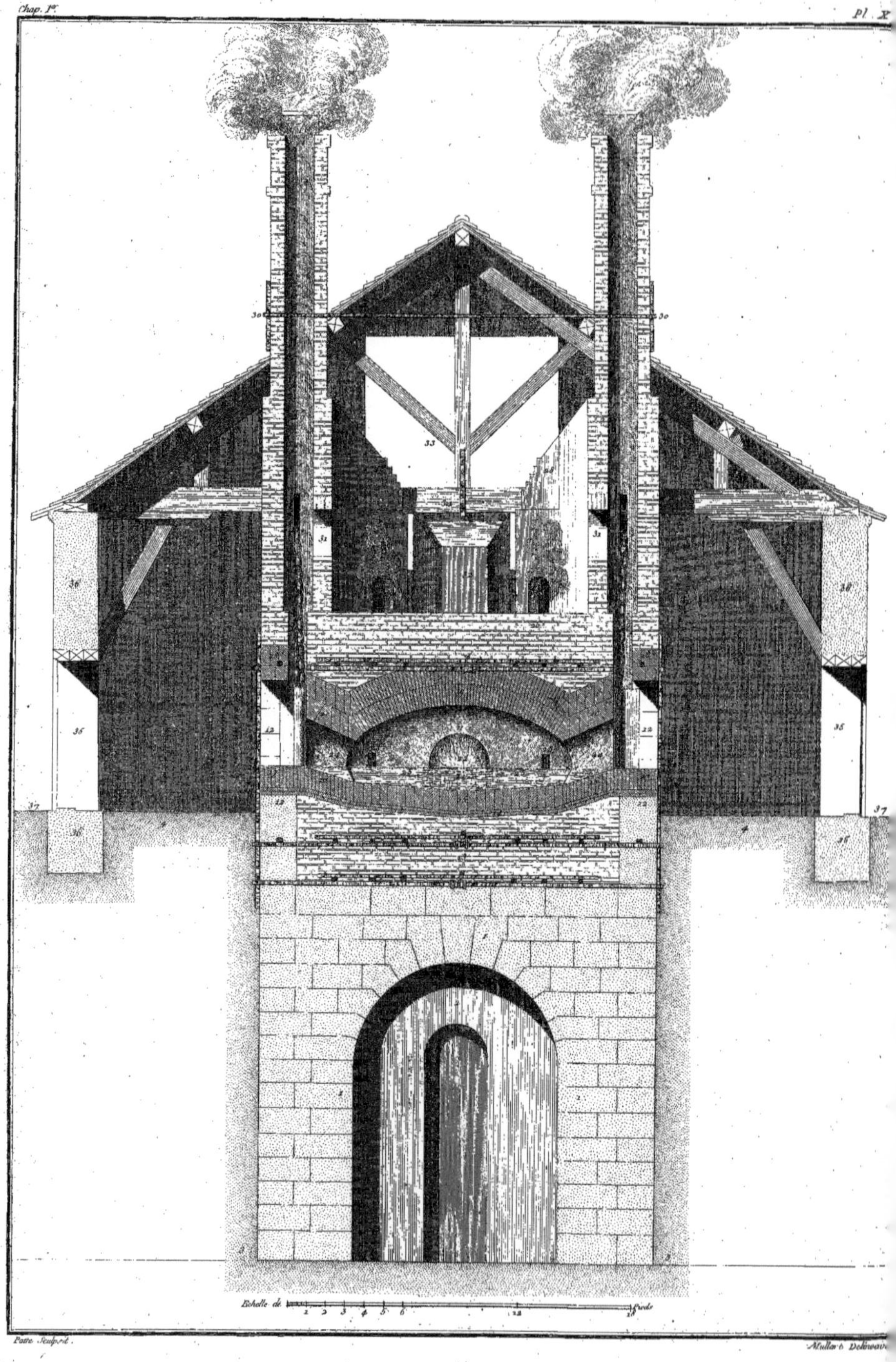

Echelle de
2 3 4 5 6   12   pieds

PLANCHE X.

Coupe de l'Attelier prise dans sa largeur, au droit & par le milieu du fourneau, suivant la ligne C. D. tracée sur le plan, *Planche II.*

1   *Murs en pierres de taille, formant un caveau voûté pratiqué sous le fourneau.*

2   *Mur avec renfoncement au milieu, construit en briques au fond du caveau, & auquel est adossé le cendrier.*

3   *Niveau du fond de la fosse.*

4   *Terreplein de l'Attelier.*

5   *Les trois rangs de tirans de fer qui traversent la masse entière de la maçonnerie, tant au dessous qu'au dessus du fourneau & de la chauffe, à l'effet d'en lier étroitement toutes les parties; les uns sont vûs dans toute leur longueur, & les autres sont coupés par leur travers, suivant leur direction.*

6   *Point de rencontre où les deux pièces dont est composé chaque tiran de fer posé en ligne diagonale, s'unissent & se lient, au moyen d'une double bride qui les retient en état.*

7   *Ancres de fer appliquées extérieurement contre les murs, & passant dans les yeux ou boucles des tirans.*

8   *Les deux portes de fer des deux ouvertures du fourneau abbaissées & vûes de profil.*

9   *Chaînes de fer auxquelles les précédentes portes sont suspendues, & qui remontent jusqu'à la tête des bascules qui les font mouvoir.*

10   *Têtes des bascules logées dans l'intérieur des tuyaux des deux grandes cheminées latérales, & qui y passent par une ouverture longue & étroite, pratiquée dans le côté le moins large de ces tuyaux.*

11   *Coupe du fourneau prise par le milieu, qui en laisse voir toutes les parties internes, la courbure de sa voûte en cul-de-four surbaissé, & les différentes lignes de pente de son âtre.*

12   *Murs en pierre de taille, servant d'enveloppe au fourneau dans les parties latérales, vûs de profil & en coupe.*

13   *Espace renfermé entre les susdits murs, rempli par un massif de briques de Bourgogne, & servant de base à l'âtre du fourneau.*

14   *Les deux premières assises de l'âtre en briques de Saint-Sanson posées de plat, & suivant les pentes dudit âtre.*

15   *L'âtre construit en briques de Saint-Sanson posées de champ & en épi, en quatre sens différens, qui lui font prendre par le plan la figure d'une croix de Saint André, ainsi qu'il est exprimé dans le plan du fourneau, planche VI. fig. 2.*

16   *Plusieurs rangs de briques de Saint-Sanson posées pareillement de champ, en sens contraire aux précédentes, dans tout l'espace qu'occupent la partie rampante & le seuil des deux ouvertures latérales du fourneau.*

17   *Deux rangs de briques de Saint-Sanson posées de champ dans leur moindre hauteur, lesquels font parement au pied de l'entrée de chaque ouverture du fourneau, & servent, par cette position contraire, à contenir les briques voisines.*

18   *Deux rangs de briques de Saint-Sanson, servant de cintre aux deux ouvertures latérales du fourneau.*

18 * Profil des deux plate-bandes qui, mises au devant des deux susdits rangs de briques, servent à les contenir.*

19   *Double assise de briques de Saint-Sanson posées en coupe, & formant la voûte du fourneau.*

20   *Double assise de pareilles briques de Saint-Sanson, formant le cintre & les deux piédroits des deux arcades qui donnent entrée dans l'intérieur du fourneau; elles sont encore posées de champ, mais en sens contraire aux briques de la voûte qui viennent heurter & mourir contre, & comme elles étoient de sujétion & de configurations différentes, elles ont été travaillées conformément aux calibres qui en ont été fournis.*

21   *Petit mur de briques entre le fourneau & la chauffe.*

22   *Ouverture percée en arcade, par laquelle la flamme passe de la chauffe dans le fourneau.*

23   *Orifices de deux des six petits tuyaux quarrés qui, montant en ligne directe dans l'épaisseur des parois du fourneau, portent dans les tuyaux de cheminée supérieurs la flamme & la fumée qui, après s'être introduites dans l'intérieur dudit fourneau, demandent à en sortir.*

24   *Les deux ouvertures ou entrées latérales du fourneau, exprimées de profil.*

25   *Ligne ponctuée qui donne le niveau de la superficie du métal après la fusion.*

26   *Massif construit en briques de Bourgogne, lequel couronne la voûte du fourneau, & forme au dessus un plancher de niveau, où sont établies les cheminées qui chassent au dehors la fumée.*

27   *Entrées de deux des petites cellules dans lesquelles ont leur débouché les petits tuyaux par où la flamme & la fumée s'échappent de dedans le fourneau.*

28   *Les rampans des tuyaux de cheminée aboutissant dans les deux grands tuyaux latéraux.*

29   *Les deux grands tuyaux des cheminées latérales, s'élevant au-dessus du comble.*

30   *Tirans de fer qui les lient.*

31   *Coupe & profil des deux ouvertures ménagées dans les languettes des tuyaux des grandes cheminées latérales, pour pouvoir s'assurer de l'état des chaînes de fer auxquelles sont suspendues les deux portes de fer des deux entrées du fourneau, & remédier au désordre qui pourroit y arriver.*

32   *Derrière de la niche construite en briques au droit du trou de la chauffe.*

33   *Grande fenêtre ouverte dans le mur du pignon du côté du couchant.*

34   *Coupe du comble & développement de sa charpente.*

35   *Les portes latérales de l'Attelier, coupées par le milieu & vûes de profil.*

36   *Coupe des murs de l'Attelier & celle de leur fondation.*

37   *Niveau du terrain extérieur.*

E ij

P L A N C H E XI.

Coupe de l'Attelier priſe ſur ſa longueur & par le travers de la foſſe, du fourneau & de la chauffe, ſuivant la ligne marquée E. F. ſur le plan, *Planche II.*

1   *La foſſe telle qu'elle a été décrite précédemment.*

2   *Portes en arcade revêtues en pierre de taille & ſervant de débouchés aux eſcaliers qui deſcendent de dehors dans la foſſe.*

3   *Aire de la foſſe à vingt-trois pieds de profondeur du niveau du plancher de l'Attelier.*

4   *Maſſif de pierre lié avec des tirans, & retenu avec des ancres de fer, ſur lequel doit être établi le moule de la Statue.*

5   *Maſſifs de pierre vers les deux parties latérales de la foſſe, dans leſquels ont été faits les ſcellemens des chevalets de fer qui ont ſervi de ſupports aux traverſes de fer du moule.*

6   *Rempliſſage des vuides que laiſſent entre eux les maſſifs de pierre, fait en briques poſées de champ.*

7   *Caveau voûté conſtruit en pierre, ſous le fourneau.*

8   *Coupe & profil de la porte en arcade par où l'on entre de la foſſe dans le ſuſdit caveau.*

9   *Coupe & profil du mur conſtruit en briques, ſéparant ledit caveau d'avec la chauffe.*

10   *Maſſif de briques de Bourgogne appuyé ſur l'extrados de la voûte en pierre de taille du caveau précédent, & qui ſert d'aſſiette à l'âtre du fourneau.*

11   *Tirans de fer poſés à trois hauteurs différentes, & dans tous les ſens, les uns vûs dans toute leur longueur, & les autres coupés par le travers eu égard à leurs directions.*

12   *Ancres de fer paſſant dans les yeux que portent à leurs extrémités les tirans, & contribuant enſemble à l'affermiſſement de la conſtruction du fourneau.*

13   *Points de rencontre où les deux pièces des tirans ſe joignent & ſont liées, au moyen de deux brides qui les tiennent aſſujéties.*

14   *Intérieur du fourneau, qui en fait voir la communication avec la chauffe, le trait de la voûte en cul-de-four ſurbaiſſé, la pente de l'âtre vers le trou du tampon, & la hauteur à laquelle eſt arrivée la totalité du métal à l'inſtant de la fuſion.*

15   *L'âtre du fourneau formé de deux rangs de briques de Saint-Sanſon poſées de plat, & d'une autre aſſiſe de pareilles briques poſées de champ, ainſi qu'il a été expliqué aux renvois quatorze & quinze de la planche précédente.*

16   *Voûte du fourneau formée de deux rangs de briques de Saint-Sanſon poſées en coupe.*

17   *L'une des deux ouvertures ou entrées latérales du fourneau, montrant de face la diſpoſition des briques de Saint-Sanſon dont elle eſt revêtue, tant dans ſes piédroits que dans ſon cintre, ce qui, joint à ce qu'on en voit développé dans la coupe de cette ouverture, Planche précédente n° 20, donne une idée ſuffiſante & diſtincte de la conſtruction de cette partie du fourneau.*

18   *Profil de l'ouverture par laquelle s'eſt échappée la matière après la fuſion; elle eſt entièrement revêtue de briques de Saint-Sanſon poſées de champ, & contenue à ſon extérieur par des bandes de fer qui l'empêchent de pouſſer au vuide.*

19   *Coupe par le travers du trou qu'occupoit un tampon de fer pendant le tems de la fuſion.*

20   *Orifices des tuyaux ſervant à porter au dehors la flamme & la fumée renfermées dans l'intérieur du fourneau.*

21   *Maſſif au deſſus de la voûte du fourneau, conſtruit en briques de Bourgogne.*

22   *Cendrier qui deſcend à la même profondeur que la foſſe, & qui reçoit les charbons & les cendres dont la chauffe ſe vuide, à meſure que le bois qu'on y jette ſe conſume.*

23   *Intérieur de la chauffe dont la voûte & les parois ſont formées par un double rang de briques de Saint-Sanſon dans différentes directions & poſitions, ainſi qu'il eſt indiqué, tant par cette coupe que par le plan, Planche VI. Fig. 2.*

24   *Trou par lequel le bois eſt jetté dans la chauffe.*

25   *Mur de ſéparation, de trois pieds d'épaiſſeur, coupé tranſverſalement, par deſſus lequel la flamme paſſe de la chauffe dans le fourneau par une ouverture formée en arcade : ce mur eſt compoſé de trois rangs de briques de Saint-Sanſon poſées en ſens contraires, dont celui du milieu eſt traverſé par une plaque de fer qui ſe voit ici de profil, & qui ſert à maintenir le mur & à le garantir des efforts & de la violence du feu.*

26   *Grille de fer au fond de la chauffe ſoutenue & aſſujétie par des barres de fer tranſverſales.*

27   *Maſſif de briques de Bourgogne rempliſſant les intervalles qui ſe trouvent entre la chauffe & les murs en pierre de taille dont elle eſt enveloppée extérieurement.*

28   *Murs en pierre de taille formant l'enveloppe tant du fourneau que de la chauffe.*

29 Iſſue

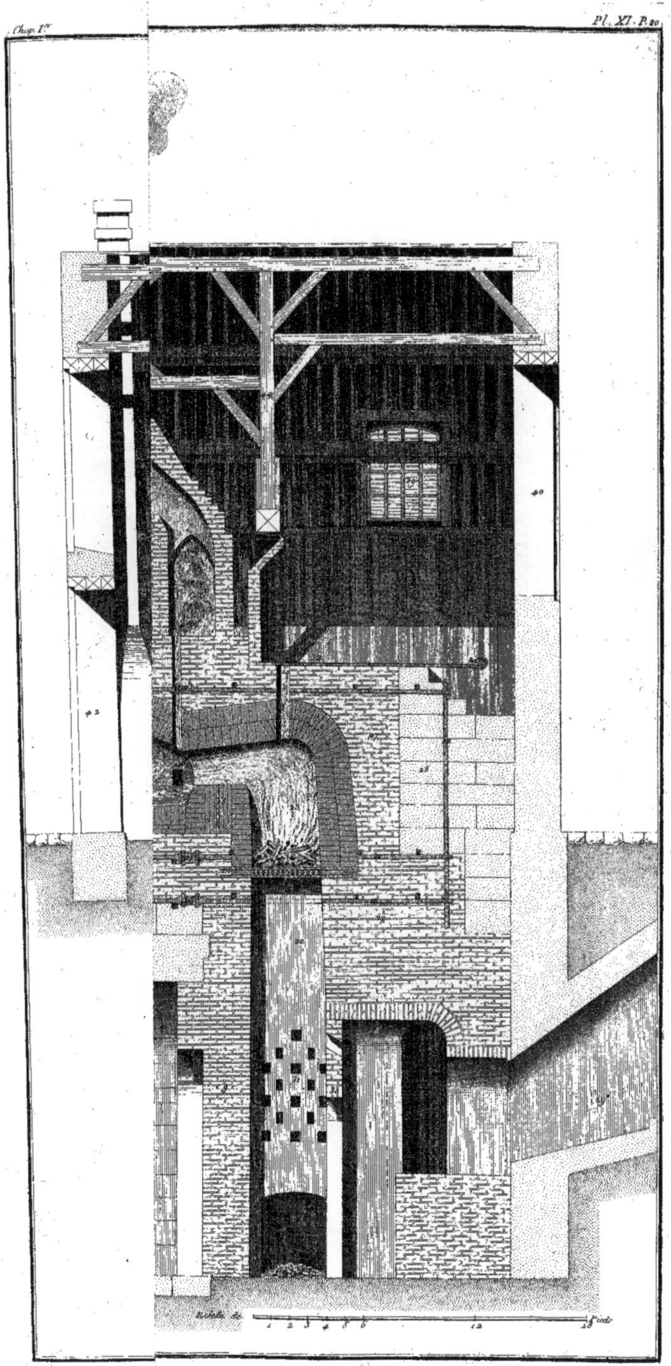
40
Echelle de
1 2 3 4 5 6
12
18 Pieds

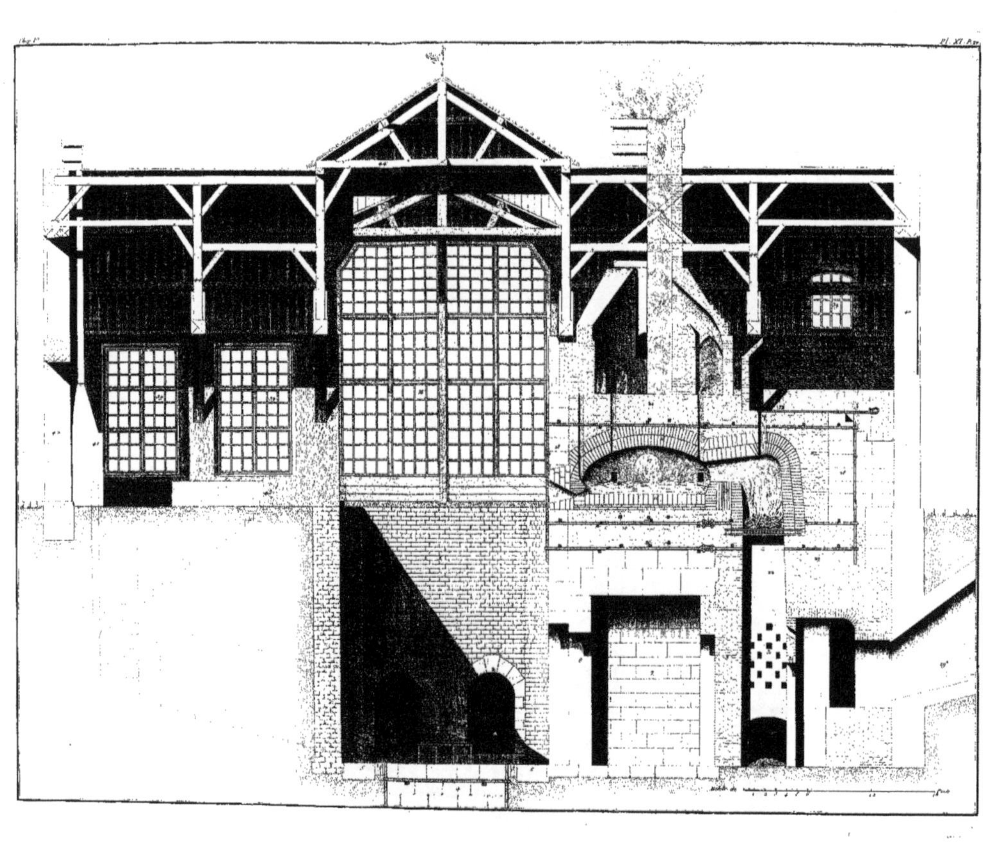

29 *Iſſue de la galerie ſoûterraine de la ventouſe qui a ſon entrée au Sud-Oueſt.*

29 * *Profil de la galerie rampante de la ventouſe dont la bouche eſt tournée vers le Nord-Oueſt.*

30 *Profil de la languette de brique qui fait face à la précédente ventouſe, & qui eſt percée de trois ouvertures en abbat-jour, au travers deſquelles l'air extérieur porté par ladite ventouſe entre & circule dans la chauffe, anime le feu & produit le même effet qu'un ſoufflet.*

31 *Autre languette de brique percée d'un plus grand nombre de trous, par leſquels l'air venant du côté du Sud-Oueſt eſt pareillement introduit dans la chauffe & tient lieu de ſoufflet.*

32 *Deſſus de la chauffe & profil de la pelle de fer qui en bouche le trou.*

33 *Profil de la niche conſtruite en brique & miſe en cet endroit pour garantir la charpente voiſine contre les accidens de la flamme qui s'échappe de la chauffe.*

34 *Entrées des cellules dans l'intérieur deſquelles ſe fait l'échappement de la flamme & de la fumée qui ſortent de dedans le fourneau par les petits tuyaux qui y ont leurs iſſues.*

35 *Une partie deſdites cellules, dont il faut ſuppoſer qu'on a ſupprimé le mur qui les clôt, pour en laiſſer voir l'intérieur & la façon dont ſe dévoyent les tuyaux rampans qui portent la fumée dans les deux grands tuyaux de cheminée latéraux.*

36 *L'intérieur des deux grands tuyaux de cheminée, dans leſquels ſe raſſemble la fumée, & qui la portent au dehors.*

37 *Ouverture pratiquée dans la languette d'un deſdits tuyaux, pour ſe procurer la commodité de travailler, en cas de néceſſité, au rétabliſſement des chaînes auxquelles ſont ſuſpendues les portes de fer des entrées du fourneau.*

38 *Un des grands vitraux qui éclairent la foſſe, & qui occupent, depuis le bas juſques en haut, tout l'eſpace qui au milieu de l'Attelier forme une manière de pavillon.*

39 *Fenêtres & Lucarnes de l'Attelier, garnies de chaſſis à verre.*

40 *Profil de la fenêtre derrière la chauffe, laquelle n'étoit fermée que de contrevents, pour faciliter la ſortie des mauvaiſes vapeurs.*

41 *Coupe & profil de l'une des cheminées dans leſquelles s'eſt faite la fonte des cires, lorſqu'on en formoit des gâteaux & qu'on les appliquoit dans les différentes pièces des creux du moule.*

42 *Coupe de la principale porte d'entrée de l'Attelier.*

43 *Entrée de l'eſcalier pratiqué dans l'intérieur de l'Attelier, & par lequel on arrivoit au fond de la foſſe ; le chemin qu'il parcouroit & les marches en ſont exprimées par des lignes ponctuées.*

44 *Charpente du comble.*

PLANCHE XII.

Coupe de l'Attelier prise dans sa largeur , au droit & par le milieu de la chauffe , suivant la ligne marquée G. H. sur le plan , *planche II.*

1   *Maffif des murs dont la chauffe est environnée , & qui , ainsi que les voûtes & les cloisons des galeries pratiquées sous terre dans l'étendue de ladite chauffe , sont en briques de Bourgogne.*

2   *Enveloppe extérieure de la chauffe construite en pierres de taille liées & retenues par un triple rang de titans de fer.*

3   *Le Cendrier.*

4   *Profils des deux languettes de briques qui font face aux deux ventouses tournées vers le Nord & vers le Sud-Ouest, lesquelles languettes, à la faveur des trous en abbat-jour dont elles sont percées , portent l'air extérieur dans la chauffe & font l'office de soufflets.*

5   *Profil de la galerie rampante de la ventouse dirigée vers le Sud-Ouest.*

6   *Profil de la ventouse opposée , qui regarde le Nord.*

7   *Portes de communication des galeries soûterraines des ventouses.*

8   *Languette de brique percée de trous , ainsi que les précédentes (n°. 4.) & placée en face de la ventouse dont la bouche regarde le Nord-Ouest.*

9   *Soûpiraux ou évents des ventouses mentionnées ci-dessus sous les n°. 5 & 6.*

10   *Deffous de la chauffe appellé chapelle.*

11   *Intérieur de la chauffe voûté en plein cintre , & enveloppé dans toute sa capacité par un double rang de briques de Saint-Sanfon posées en coupe & de champ.*

12   *Grille de fer sur laquelle le bois tombe & se consume.*

13   *Trou en manière de soupirail par lequel on jette le bois dans la chauffe , & qui dans tout autre tems est exactement bouché par une pelle de fer mobile.*

14   *Le deffus de la chauffe formant un plancher.*

15   *Mur du pignon de l'Attelier.*

16   *Coupe des murs sur les faces latérales de l'Attelier, & celle des portes par lesquelles se faifoit le service de la chauffe.*

17   *Grande fenêtre au derrière du fourneau , percée dans le mur du pignon de l'Attelier.*

18   *Charpente du comble.*

19   *Niveau du terrain extérieur.*

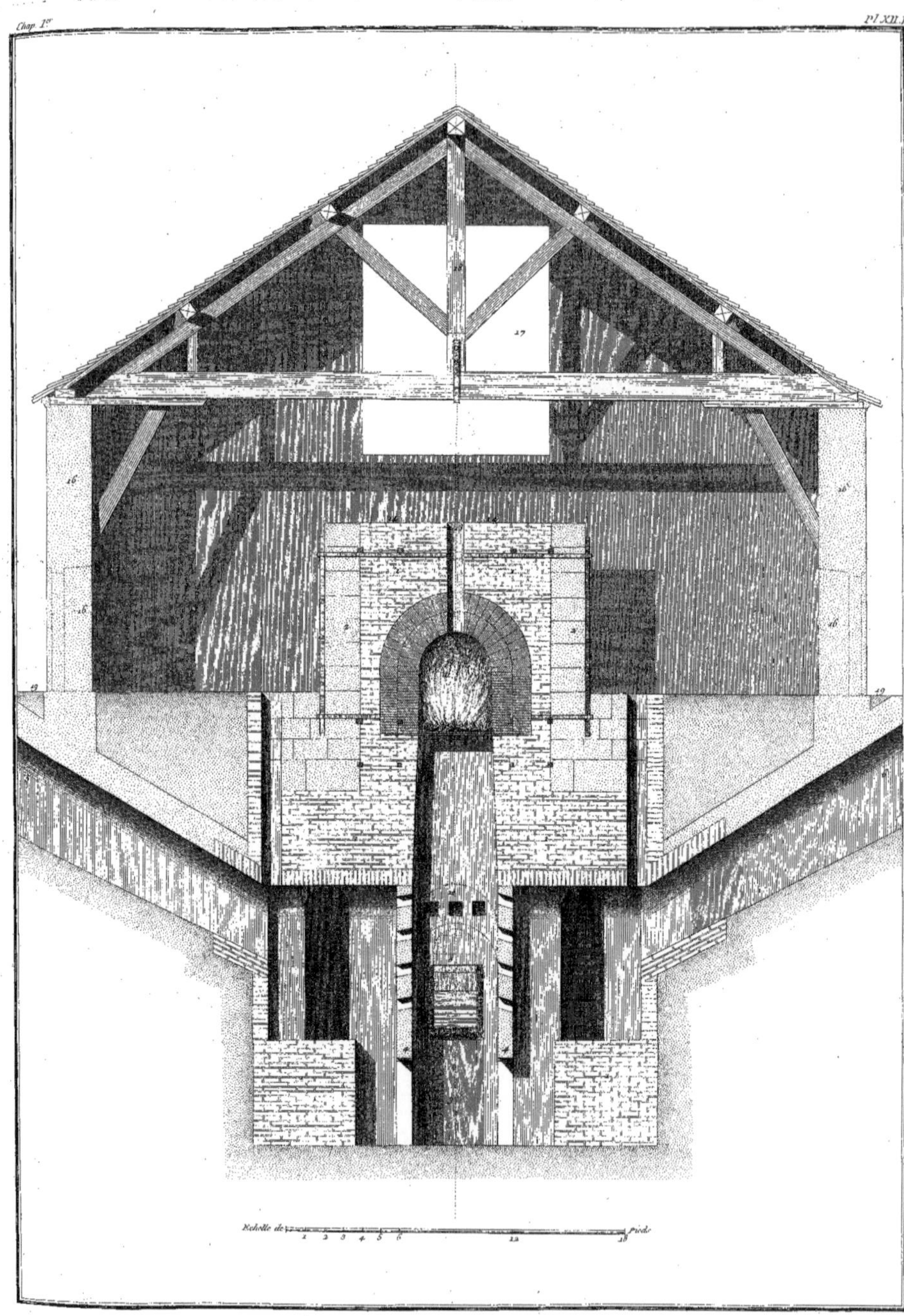
Echelle de 1/... de Pied.
1 2 3 4 5 6   12   18 Pieds.

CHAPITRE DEUXIEME.

Du Modèle.

CE feroit s'épuifer en longs & vains difcours, que de vouloir faire fentir combien il eft important de choifir ce qu'il y a de plus habile parmi les Artiftes, lorfqu'il eft queftion d'élever quelque monument public, qui, par l'intérêt qui y eft attaché, doit fixer l'attention de tout un peuple, mériter fes fuffrages & ceux des fiècles à venir. C'eft le premier devoir que fe doivent impofer les Magiftrats chargés de ces grandes & magnifiques entreprifes ; & la Ville de Paris, à qui le Roi a bien voulu accorder la permiffion de lui ériger une Statue Équeftre dans une de fes places publiques, n'a point à fe reprocher d'y avoir manqué. Elle s'eft adreffée, ainfi qu'on l'a déjà dit, à M. Edme Bouchardon, Sculpteur ordinaire de Sa Majefté & Profeffeur en fon Académie Royale de Peinture & de Sculpture, & elle a dû fe perfuader avec raifon, que flatté de la préférence qu'on lui accordoit en cette occafion fur un grand nombre d'excellens Sculpteurs qui font l'ornement de notre École, non-feulement il s'efforceroit de répondre à la bonne opinion qu'on avoit conçue de fes talens, mais qu'il tâcheroit même de fe furpaffer.

La Ville de Paris n'a point été trompée dans fon attente ; M. Bouchardon a recherché tous les moyens qui pouvoient concourir à la perfection de fon ouvrage. Pour marcher d'un pas plus fûr dans une route qui lui étoit en quelque façon nouvelle, il a voulu connoître dans toutes fes parties le fujet qu'il avoit à traiter ; & perfuadé qu'il ne pouvoit bien affeoir les mufcles du cheval qu'il devoit repréfenter, ni juger de leur jeu & de leurs refforts, qu'après avoir étudié la charpente des os & la ftructure intérieure de ce bel animal, il en a deffiné le fquelette avec grand foin ; puis étendant fes études fur toutes les parties extérieures du même animal, il n'en eft aucune qu'il n'ait pareillement deffinée dans tous les afpects, fuivant leurs différens mouvemens & dans leur grandeur naturelle : aucun détail ne lui a paru indifférent, ni devoir être négligé. Il a eu cet avantage, que pendant long tems il a pu difpofer à fa volonté d'un cheval qui réuniffoit, à peu de chofes près, tout ce qu'on peut defirer dans ce qu'on appelle un beau cheval, & que d'excellens Écuyers n'ont pas dédaigné de lui fervir de modèle, de l'aider de leurs avis, & de faire briller à fes yeux cette nobleffe & cette aifance qu'un bon Cavalier fait mettre dans fon attitude & dans fa pofition.

Mais avant que de préparer ainfi fes études, il avoit déjà fait une efquiffe, ou petit modèle en cire, de toute fon ordonnance, c'eft-à-dire, de la Statue Équeftre, & des figures & ornemens qui devoient enrichir le piedeftal. Cette première opération eft non-feulement néceffaire à tout Artifte pour arrêter fa penfée, mais il ne lui feroit même guère poffible de fe faire entendre autrement des perfonnes qui lui ordonnent l'ouvrage, & fans l'approbation defquelles il ne lui eft pas permis de s'y engager.

C'eft pour lors que mettant fes études à profit, & fe fervant de terre glaife qu'on a eu foin de dépouiller de tous les petits grains de fable & des ordures qui pouvoient s'y rencontrer, qu'on a pêtrie & amollie, & qui eft tenue dans un degré d'humidité capable de la rendre maniable & docile à toutes les formes qu'on lui veut faire prendre ; c'eft pour lors, dis-je, que l'Artifte parvient à donner la dernière main à un fecond modèle, qui, dans une grandeur médiocre, repréfente avec précifion, & dans les plus exactes proportions, l'objet qui dans la fuite doit être reporté en grand d'après ce même petit modèle.

Comme tous les momens font précieux, il eft cenfé que pendant le cours de ce travail l'on a préparé l'attelier dans lequel fe doit conftruire le grand modèle. Cet attelier, dont on a le plan dans la planche première du précédent Chapitre, doit être un hangar fpacieux & couvert, où la lumière puiffe entrer de tous les côtés par de grandes ouvertures fermées de vitrages qui, pour donner au Sculpteur la facilité d'étendre ou de modérer les jours fuivant fes befoins, doivent être garnies en dedans de rideaux de toile ou de coutil. On a dû, avant qu'il s'y foit établi, y conftruire au milieu & fonder fur le fol un maffif en pierres de taille, de la hauteur d'environ quatre pieds, & des longueur & largeur qu'exige le plan du grand modèle auquel ce maffif doit fervir de bafe & de foûtien.

Il faut auffi que l'aire de cet attelier foit exactement de niveau, afin que le modèle en plâtre qui doit fervir de guide au Sculpteur, & qu'a fourni le moule du petit modèle exécuté en terre, fe foûtienne, pofé fur fa felle, dans un parfait équilibre durant tout le tems qu'on travaille au grand modèle ; car c'eft fur ce petit modèle que fe prennent toutes les mefures dont le Sculpteur a befoin pour la confection du grand modèle, au moyen d'équerres, de règles & d'échelles de réduction, qui, dans une égale correfpondance de proportions, quoique fort différentes en grandeur, font appliquées fur le grand ainfi que fur le petit modèle, & ont entre elles une telle relation, que le moindre diverfement qui s'y feroit, entraîneroit dans des erreurs énormes, & qui pourroient égarer l'Artifte même le plus vigilant & le plus expert.

Le grand modèle, toutes les fois qu'il excède cinq à fix pieds de hauteur, fe fait avec le plâtre préférablement à toute autre matière. La terre glaife, dont on pourroit faire ufage, & qui peut-être fe manieroit plus aifément que le plâtre, n'eft point faite pour des ouvrages de longue haleine ; il eft difficile de la conferver long tems dans un égal degré d'humidité ; fon propre poids l'entraîne & la fait déverfer, quelque précaution qu'on prenne pour la foûtenir ; & fi quelques parties déjà travaillées viennent à fécher avant que les autres ayent reçu la dernière main, elles diminuent de volume & ne fe trouvent plus dans leurs véritables proportions.

Il n'en eft pas ainfi du plâtre, qui, après avoir été gâché, durcit prefque auffi-
tôt

tôt qu'il a été employé, & laisse cependant à celui qui le travaille avec la gouge & le cifeau, tout le tems néceffaire pour opérer & le réduire aux formes qu'il convient de lui faire prendre. Il en doit entrer une prodigieufe quantité dans un modèle auffi confidérable que celui qui fait le fujet de ce traité : le poids d'une telle maffe eft énorme ; & comme il eft très-important que rien de ce qui la compofe, ne fe tourmente & ne forte de fon aplomb, on ne fauroit ufer de trop de précautions, pour éviter, par le moyen d'une conftruction folide, qu'il ne fe faffe aucune fracture ni aucune lézarde, & pour maintenir chaque chofe en fa place.

Voulant obvier à des inconvéniens dont les fuites étoient redoutables, il a paru que ce qu'on pouvoit faire de mieux étoit d'imiter la ftructure du fquelette; & fe conformant à cet ingénieux méchanifme de la Nature, l'on a imaginé une armature de fer qui fît fur le grand modèle précifément le même effet que produit l'affemblage des os dans tout corps animé. Cette armature, dont la principale pièce confiftoit en un gros barreau de fer pofé horizontalement au cœur du modèle, a été prolongée le long de l'encolure, & jufque dans la place que devoit occuper la tête du cheval ; on l'a fait remonter en ligne perpendiculaire, en y ajuftant une barre de fer, qui fut deftinée à maintenir la figure équeftre, & lui fervir de noyau ; & faifant prendre d'autres directions à plufieurs autres branches pareillement de fer, on les a fait defcendre dans les quatre jambes & dans la queue de l'animal : le tout a été pofé fur un pointal de fer qui, placé au centre du modèle & fous le ventre du cheval, & fortifié dans le bas par quatre morceaux de fer plat qui y faifoient l'office d'arcboutans, a été fcellé, ainfi que les branches de fer qui foûte-noient les jambes & la queue du cheval, dans le maffif de pierre dont il a été fait mention ci-deffus.

On ne fauroit trop appuyer fur la néceffité dont il eft que les différentes branches de fer qui entrent dans cette armature, fe trouvent placées de façon, qu'elles foient toujours au centre des diverfes parties du modèle qu'elles affer-miffent, & qu'elles ne s'en écartent en aucun endroit. Le Sculpteur éprouveroit un vrai fupplice, fi en travaillant à fon modèle il étoit continuellement dans la crainte de rencontrer fous fon outil quelque portion de fer qui le dérangeroit entièrement, & qui peut-être feroit telle, qu'elle l'obligeroit à recommencer l'ou-vrage dans fa totalité ; mais c'eft ce qui ne lui arrivera point, fi toutes les pièces de fon armature font difpofées avec autant d'exactitude & de précaution que l'ont été celles dont on s'eft fervi en cette occafion : auffi avoit-on eu l'at-tention, avant que de les mettre à la forge, de deffiner fur les murs de l'attelier un trait précis de la Statue Équeftre dans toute fa grandeur, & de répéter le même trait fuivant les trois principaux afpects qu'offroit la Statue, c'eft-à-dire, celui dans lequel elle fe préfente de front, & ceux qu'elle offre dans les deux parties latérales. A l'aide de cette épure, l'on a pu commodément difpofer les

fers qui devoient composer l'armature, leur faire prendre les coudes & les contours nécessaires, les forger en conformité & les assembler avec une facilité qui ne
pouvoit manquer d'être accompagnée du plus heureux succès. Nous n'entrepren-
drons point de suivre le Sculpteur dans les opérations multipliées de son savant
ciseau ; les productions où l'esprit a pour le moins autant de part que la main,
ne se décrivent point : l'ouvrage d'ailleurs s'explique assez lui-même, il ne faut que
considérer, & l'on est suffisamment convaincu que le maître y a mis tout son
savoir.

CHAPITRE TROISIEME.

Du Moule de Plâtre, & comment les Cires y ont été appliquées.

LORSQUE le grand modèle s'eſt trouvé porté à ſa perfection, l'on a fait
les diſpoſitions néceſſaires pour le mouler & en avoir un creux, dans les pièces
duquel on pût appliquer des cires qui, comme on le verra dans la ſuite, font
reparoître en relief & en cire tout ce que le modèle en plâtre exprimoit avant
qu'il fût moulé : mais il étoit une opération préliminaire & indiſpenſable ; il s'agiſſoit de déterminer & de fixer ſur le modèle même les places par où devoient paſſer,
lorſque le moule feroit établi dans la foſſe, les pointals & les autres fers, ſans
le ſecours deſquels le moule ne pouvoit ſe ſoûtenir, ni ſe maintenir dans un
équilibre invariable.

Il étoit de la dernière importance, en cherchant ces places, de ſaiſir le véritable
point & de ne s'en pas écarter ; auſſi l'opération ſe fit-elle avec toute la préciſion
imaginable. On y parvint à la faveur d'un petit modèle, où tous les fers de l'armature étoient proportionnellement arrangés comme ils devoient l'être en grand :
on fit un relevé de ceux dont il importoit de connoître la diſpoſition & la groſſeur,
& s'en étant ſuffiſamment aſſuré, l'on fut en état de marquer juſte ſur le grand
modèle en plâtre les points qu'on vouloit avoir, & voici comment on s'y prit.

On traça avec du crayon, à tous les endroits où tomboient les points donnés,
des quarrés, les uns de deux pouces d'ouverture pour les paſſages des quatre
traverſes ſur les flancs du cheval, & les autres de trois pouces & demi ſous le ventre
& au devant du poitrail, pour les paſſages des trois pointals & pour celui de la
grande traverſe qui devoit parcourir dans toute ſa longueur le corps du cheval,
& en déborder le poitrail d'environ quatre pieds ; quatre autres quarrés moins
ouverts furent tracés aux endroits par où devoient paſſer les deux fers deſtinés à
entretenir dans ſon aplomb la tête du cheval, & qui à cet effet la traverſeroient,
ainſi que l'encolure. On appliqua enſuite le long des contours extérieurs de tous
ces traits de crayon, de petites bandes de cire en forme de cadre, ainſi qu'on
le voit exprimé ſur la planche **III** de ce Chapitre, fig. 2, & dans l'intérieur de
chaque cadre furent appoſées de pareilles bandes de cire ayant la figure d'une
croix, dont les branches outre-paſſoient de quelque choſe les cadres, & qui
portoient avec cela des numeros particuliers, afin de pouvoir retrouver plus facilement chaque pièce après la fonte, & les mieux adapter aux places qui leur
appartenoient, lorſqu'on répareroit la Statue.

Cette opération finie, l'on a tracé ſur le deſſus du maſſif de pierre ſervant de
baſe au grand modèle, un plan exact des trois pointals & de tous les fers ci-deſſus
décrits. Des aplombs pris d'après tous les différens petits cadres de cire dont il a

G ij

été fait mention, ont aidé à former ce plan ; & lorfqu'il fut entièrement arrêté, & qu'on y eut joint celui des fers qui dans le modèle traverfoient les jambes & la queue du cheval, on reporta trait pour trait l'un & l'autre fur une table en planches de fapin, dont l'étendue étoit relative à celle qu'avoit au fond de la foffe où fe faifoit la fonte, le maffif de pierre qu'on y avoit déjà conftruit. On marqua fur d'autres tables, & avec la même précifion, les hauteurs auxquelles arriveroient les différens fers, & toutes ces tables ainfi tracées furent mifes en réferve, pour y avoir recours dans les opérations fubféquentes, & fur-tout dans celle où il s'agira du fcellement des fers dans le fufdit maffif au fond de la foffe.

Il a enfuite été établi dans l'attelier, & au pied du modèle, un chaffis de charpente deftiné à recevoir le premier cours d'affife des pièces du moule, & à fervir d'appui & comme de bafe à toutes les autres affifes du même moule. Sa largeur & fa longueur ont été déterminées fuivant des aplombs qui ont été tirés d'après le nud extérieur des parties les plus faillantes de la Statue, étant effentiel qu'il n'y en ait aucune qui, lorfqu'elle fera moulée, déborde ledit chaffis. Quatre groffes pièces de bois de chêne, de quinze à feize pouces d'équarriffage, retenues & jointes enfemble à leurs extrémités par le moyen de boulons de fer entrans à vis dans des écrous, ont formé ledit chaffis, qui étant monté, s'eft trouvé avoir extérieurement la figure d'un quarré long, & intérieurement celle d'un octogone allongé, à caufe de quatre pièces de bois de même équarriffage que les premières, lefquelles étant pofées diagonalement, ont été mifes à tenon & à mortaife, & en manière de lien, aux quatre angles dudit chaffis.

Elles avoient pour principal objet de tenir affujetti au pourtour du maffif de pierre qui fervoit de bafe au grand modèle, & étoit de niveau avec lui, ledit grand chaffis de charpente ; & pour y mieux parvenir, ces pièces de bois diagonales ont été logées, lors de la pofe du chaffis, dans des entailles ou échancrures de leur épaiffeur, faites aux quatre angles faillans du maffif de pierre, de façon que s'y trouvant encaftrées & comme adhérentes, le grand chaffis a embraffé étroitement le maffif de pierre, & n'a plus fait qu'un feul corps avec lui. Et parce que la tête du cheval avoit une faillie qui débordoit de beaucoup le contour extérieur dudit chaffis, & qu'il étoit néceffaire de lui procurer, comme à tout le refte, un point d'appui, on ajouta au chaffis dans cette partie une pièce de bois cintrée, qui fut mife en dehors au droit de la tête du cheval, & qui fut foûtenue par des moëllons maçonnés en plâtre. On en fit autant dans les vuides que laiffoient entre eux le deffous du chaffis & le deffus du plancher au pourtour du maffif de pierre, & l'on acheva, en ufant de cette précaution, de mettre dans toute cette bâtiffe la folidité requife.

Le grand chaffis de charpente n'a pas été plutôt mis en place & à demeure, qu'on y a fait dans tout le pourtour & fur la furface qui fe trouvoit d'arrafement avec celle du maffif de pierre, des entailles d'un grand pouce de profondeur, au nombre de

trente

trente ou environ, afin que les pièces du moule qui compofent le premier cours d'affife, fe logeant d'elles-mêmes, lorfqu'on le formoit, dans ces enfoncemens, & s'y emboîtant comme un tenon dans fa mortaife, elles ne puffent s'écarter de leur place, & qu'elles devinffent pour celles qui les fuivroient un fondement fûr & invariable. Ces entailles ont reçu chacune à cet effet des formes différentes, & l'on a eu de plus l'attention d'y appofer des numeros qui correfpondans à de pareils numeros mis fur les pièces du moule qui s'y encaftroient, ont procuré dans la fuite, lorfqu'on a rétabli dans la foffe le moule de plâtre garni de fes cires, la facilité de retrouver lefdites pièces de la première affife du moule, & de leur faire reprendre à chacune leur ancienne & véritable place.

Ce fut dans cette idée qu'avant que de rien mouler il fut pofé tranfverfalement & à plat, fur le chaffis de charpente, fix barres de fer quarrées de deux pouces & demi de gros, qui par leur diftribution à des diftances convenables & parallèles formèrent enfemble une grille, dont on comprendra mieux l'utilité & même la néceffité, lorfqu'on expofera l'ufage qui en a été fait, tant pour l'établiffement des différens blocs qui fervirent comme de plancher & de foûtien aux pièces du moule deffous le ventre du cheval, que pour leur rétabliffement aux mêmes places dans la foffe.

N'y ayant plus pour lors d'autres opérations préliminaires à exécuter, on a conftruit autour du moule & à quatre à cinq pieds de diftance, un échaufaud à trois étages ; & le fieur Levaffeur, habile Mouleur, qu'une dextérité & une expérience reconnues avoient fait choifir, a mis la main à l'œuvre & eft parvenu en affez peu de tems à former un moule de plâtre, qui, compofé de parties féparées & détachées l'une de l'autre, devoit donner en creux, fans en rien excepter, la totalité de ce qui étoit exprimé en relief dans le modèle, ainfi que le fait voir la Planche III, à la fuite de ce Chapitre, laquelle expofe l'élévation & la coupe dudit moule.

Toutes les places où l'on avoit appofé des croix en cire, & qui, comme on l'a vû ci-devant, étoient circonfcrites fur le modèle avec de petits cadres de cire, ont été moulées premièrement & féparément de tout le refte, & le Mouleur mettant à part ces petites pièces du moule pour les charger de cire & les employer lorfque le tems en feroit venu, a fait tout de fuite dans le modèle de plâtre, aux mêmes places, & feulement dans ce qui étoit encadré par de la cire, autant d'entailles de deux pouces & demi de profondeur. C'étoit pour y loger des tringles de bois, qui devant être la repréfentation fidèle des fers des traverfes & des pointals, avoient les mêmes figures & les mêmes proportions : il leur fit traverfer les pièces du moule, pour avoir les ouvertures néceffaires au paffage defdits fers, lorfqu'on rétabliroit dans la foffe le moule garni de fon armature.

Le moule en plâtre, tant du cheval que du Cavalier, s'eft tout de fuite élevé partie par partie : la première affife, fi on excepte les pièces qui embraffoient les trois pieds du cheval qui pofent à terre, n'étoit compofée que de blocs mis à plat

H

ſur la grille de fer & ſur le chaſſis de charpente, dans l'ordre à peu près que le montre la Planche I de ce Chapitre. Trois aſſiſes peu différentes de la première ſe ſont ſuccédées; celles-ci en ont amené d'autres, & le travail s'eſt ainſi conduit par dégrés toujours en remontant depuis le bas juſqu'aux parties ſupérieures de la figure.

Peu d'opérations manuelles exigent autant d'adreſſe & d'intelligence que celle-ci; mais il en faut ſur-tout infiniment dans la conſtruction & la diſtribution des différentes pièces qui doivent compoſer la totalité du moule; elles doivent toutes être rangées de façon qu'une pièce ne nuiſe point à celle qui en eſt voiſine, & que, lorſqu'il faudra les enlever l'une après l'autre de deſſus le modèle, on n'y éprouve pas plus de difficulté que lorſqu'il s'agira de les rejoindre & de les raſſembler après qu'elles auront été garnies de leurs cires. Ces deux opérations doivent ſe faire ſans éprouver le moindre obſtacle, & l'on n'en aura point à craindre, ſi l'on a uſé de prévoyance dans la diſtribution des premières aſſiſes, & ſi l'on y a mis de la juſteſſe; car c'eſt là véritablement ce qui fait la baſe de l'ouvrage du Mouleur, & la réuſſite en dépend en quelque façon.

On donne à chaque pièce du moule des coupes différentes, & l'on a ſoin que les panneaux de lit de chacune, au lieu d'être unis & d'aller droit, ſoient de biais & préſentent une ſurface raboteuſe, des redents, des hoches & des entailles correſpondantes à de ſemblables traits, & quelquefois même à des tenons pratiqués dans le panneau vis-à-vis, afin que les pièces s'enclavant les unes dans les autres, s'en ſoûtiennent mieux, & que l'ouvrage en devienne plus ferme & plus ſolide.

Il eſt bon de les rendre les plus maniables & les plus aiſées à enlever qu'il eſt poſſible, & c'eſt une précaution utile de faire en ſorte que les joints de toutes les différentes pièces du moule, tant les grandes que les petites, tombent ſur des endroits peu chargés d'ouvrage : le travail, lorſqu'il faudra abbattre & réparer à la ſortie des creux, les balèvres des cires qui auront fuſé à travers ces joints, en devient moins pénible.

Il faut encore ques les joints ſoient coupés net & quarrément, & que les lits des différentes aſſiſes ſuivent la ligne horizontale, autant que l'ouvrage le peut permettre. Pour opérer plus ſûrement, & afin que les pièces du moule s'enlèvent facilement de deſſus le modèle & ne courent point le riſque de s'éclater par quelqu'effort ſur leurs tranchans & ſur leurs bordages, en démontant le moule ou en le remontant, on ne fera aucune pièce du moule avant que d'y avoir murement réfléchi & d'être convenu avec ſoi-même de la forme & de la grandeur qu'il eſt à propos d'y donner. Il faut pour cela ſe preſcrire des bornes, & n'en jamais excéder les limites; elles ſeront marquées ſur le modèle qui ſe moule, par des lignes tracées au crayon : & pour en fournir un exemple, ſuppoſons qu'il ſoit queſtion de mouler une des jambes du cheval; deux lignes partageant la jambe en deux portions égales ſeront tracées, l'une ſur le devant depuis le haut de la jambe juſqu'à l'extrémité de la pince du ſabot, l'autre ſur le derrière, encore depuis le haut de la jambe jufqu'au bas de la fourchette ; & le Mouleur établiffant la bafe de fon travail fur ces deux lignes, y fera aboutir, fans jamais les outre - paffer, toutes les pièces du moule de ladite jambe, ce qui fera pareillement obfervé à l'égard de toutes les autres parties de l'ouvrage. De cette façon, toutes les pièces du moule feront régulièrement taillées, elles s'arrangeront fans fe gêner, & c'eft ce que l'on appelle, en termes de l'art, être parfaitement de dépouille.

Dans l'arrangement & la diftribution qui fe firent des pièces du moule, on eut cette attention, qu'il s'en trouvât quelques-unes dans les parties fupérieures, qui, fans qu'on fût obligé de toucher aux pièces adhérentes, puffent s'enlever commodément de leur place & y être remifes, par la raifon qu'il faudroit dans la fuite les en faire fortir, pour avoir des ouvertures en manière de trappe, par lefquelles on pût faire le coulage du noyau, ainfi qu'il fera expliqué ci-après dans un Chapitre particulier. On en ménagea une fur la tête & une fur le bras droit de la Figure Équeftre, d'autres fur la tête, fur le flanc droit & fur l'épaule gauche du cheval, une au droit de la queue & une dernière fur la crouppe ; celle-ci devoit feule embraffer un efpace d'environ quinze pouces en quarré, parce que l'ouverture qu'elle devoit donner étoit encore deftinée à fervir de paffage pour l'extraction du noyau & des fers de l'armature après la fonte.

Toutes les fois que le modèle préfente une fuperficie large & d'un contour coulant, la partie qui fe moule fe prend toute entière d'une feule pièce dans une même chape ; mais rencontre-t-on des furfaces inégales & traverfées par des finuofités profondes & tortueufes, telles qu'offrent en général les plis des draperies, les touffes des cheveux & des crins, & d'autres parties auffi fouillées & auffi excavées que peuvent être celles-là, on ne peut parvenir à les mouler qu'en multipliant dans une même chape les pièces du moule ; il faut les former & les tailler de manière qu'elles puiffent fe retirer chacune à part, fans s'éclater & fans fe brifer, de dedans les creux, appellés les *poches*, où elles fe feront logées, & qu'elles puiffent fe ranger enfuite fans aucun intervalle ni vuide dans la chape qui eft faite pour les contenir & leur fervir d'enveloppe.

La jufteffe de cette opération dépend de l'habileté du Mouleur, & il ne faut point s'attendre qu'une defcription, quelque détaillée qu'elle foit, en donne jamais une idée fuffifante & précife. Il vaut mieux en confidérer le méchanifme dans une repréfentation figurée ; encore n'ofe-t-on trop fe flatter de le rendre fenfible, ni de bien faire comprendre la conduite du Mouleur & en combien de petits mor-ceaux de coupes & de calibres différens fe fubdivife fouvent la partie que renferme une des pièces du moule. C'eft pourtant à cette intention qu'on a fait graver la planche qui eft à la fuite de ce Chapitre, & qui repréfente le moule entier coupé par le milieu au droit du ventre du cheval : on y voit la combinaifon & l'arrangement de toutes les pièces du moule dans cet afpect ; mais comme cela n'a pas encore paru fuffifant, & n'offroit pas affez de détails, on a donné dans la Planche IV, la repréfentation d'une pièce particulière du moule. On a

H ij

choisi celle qui a été prise sur le visage du Roi, comme étant un des morceaux du moule qui contient un plus grand nombre de petites pièces détachées, toutes rangées dans une chape commune ; on en a fait paroître quelques-unes hors de leur place, & l'on peut remarquer comment, pour les assujétir & les empêcher de s'écarter du lieu qu'elles doivent remplir, il a été mis au dos de celles qui approchent le plus près des plus petites, & qui leur servent de point d'appui, un petit anneau de fil d'archal tortillé qui y a été scellé en moulant : cet anneau reçoit une double ficelle, laquelle passant à travers un trou pratiqué dans la chape, va se joindre à un petit morceau de bois appellé *Bilboquet*, autour duquel on la fait rouler ; & elle s'y dévide, jusqu'à ce que la pièce à laquelle elle est attachée & qu'elle attire à elle, soit arrêtée & fixée en place. Il est cependant des parties si délicates & tellement isolées, qu'il est impossible de les mouler en place, on ne pourroit jamais en faire la dépouille ; elles doivent donc être détachées du modèle, & moulées chacune à part, pour les remettre dans la suite chacune à leur place, lorsqu'on réparera les cires ; & telles ont été les feuilles de laurier de la couronne du Roi, les oreilles du cheval, les branches du mors, la poignée du sabre, les extrémités des lanières ou lambrequins de la cuirasse, le bâton de commandement & les doigts qui sont le plus en l'air.

Comme il n'est pas possible de rien déterminer sur les grandeurs qu'on doit donner aux pièces du moule, puisque c'est l'ouvrage même qui le dicte & qui en décide, il n'est pas non plus facile de fixer leur épaisseur ; cela dépend du plus ou du moins de profondeur des excavations qu'occasionnent dans le moule les parties saillantes qui s'y impriment. En général il est dans l'usage de faire en sorte que dans les endroits les plus minces, ces pièces ayent environ deux pouces d'épaisseur : on y doit employer du plâtre très-fin, pilé dans le mortier & passé au tamis de soie ; mais pour les chapes & les blocs, le plâtre ordinaire passé au sas, celui dont on se sert dans les bâtimens, suffit, & il n'y a pas d'autre précaution à prendre en employant l'un & l'autre, que d'enduire auparavant, avec une brosse trempée dans de l'huile d'œillet, les parties qu'on a dessein de mouler ou contre lesquelles il en faut appuyer d'autres ; si l'on y manquoit, les plâtres se colleroient ensemble, & il n'y auroit plus moyen de les diviser.

On est obligé, par la même raison, d'imbiber encore avec de l'huile généralement tous les joints de toutes les parties du moule, ainsi que les joints des chapes ; & comme le plâtre, en séchant, travaille & augmente considérablement de volume, & que ce gonflement ne pouvoit manquer de produire un dérangement sensible & dangereux dans les pièces du moule, en les faisant sortir de leur place & quitter le modèle auquel il étoit important qu'elles demeurassent adhérentes & comme si elles y fussent collées, on a paré à cet inconvénient, en mettant de distance en distance entre tous les joints des chapes, des languettes ou espèces de cloisons de terre glaise, de sept à huit lignes d'épaisseur : cette terre, par sa

mollesse

molleffe, fe prête aifément aux efforts du plâtre qui, en renflant, la chaffe au dehors, & il ne fe fait plus d'écartement.

C'eft en ufant de tous ces moyens qu'on a fait arriver le moule à fon entière perfection; & tandis que le plâtre, en féchant, acquéroit de la confiftance, on a étiqueté & marqué par ordre de numeros chacun des blocs ou chapes du moule fur leur furface extérieure, précaution néceffaire & indifpenfable, fans laquelle on fût difficilement parvenu à débrouiller les pièces après qu'elles auroient été déplacées. On auroit pu y ajouter des lignes, qui, répétées à certaines diftances & prolongées en tout fens, auroient parcouru toute la fuperficie extérieure du moule : on les auroit exprimées avec un pinceau & de la couleur, ou avec la gouge en les entaillant dans le plâtre, & il n'eft point douteux que de pareilles lignes auroient procuré des repaires peut-être encore plus furs & non moins commodes que de fimples numeros.

Auffi-tôt qu'on l'a pu, on a démonté le moule; ce qui s'eft fait avec d'autant plus de célérité, que pour pouvoir en remuer avec plus d'aifance toutes les pièces, on avoit fcellé fur prefque toutes des anneaux de fil de fer, qui faifant l'office de mains, les rendoient faciles à manier & à mouvoir : on les a retirées l'une après l'autre, en commençant par celles d'en haut ; & à mefure qu'on les enlevoit, on les rangeoit fur des planches ou tablettes qui avoient été dreffées contre les murailles aux endroits qui n'étoient point occupés dans l'attelier du modèle. Quand il s'en rencontroit quelqu'une dans laquelle il entroit un nombre de pièces détachées, on avoit grand foin de retirer doucement ces pièces des creux où elles étoient engagées, on les reportoit avec le même foin dans la chape qui leur fervoit d'enveloppe & de foûtien, & on les y fixoit en les liant & les arrêtant de la manière qu'il a été expliqué ci-deffus : on avoit grande attention que dans ce tranfport & ce remuement, aucune pièce ne fe brifât ni ne s'écornât. Elles demeurèrent fur les tablettes jufqu'au tems qu'il fût befoin de les transférer dans l'attelier de la fonderie, où étoient conftruites des cheminées, & où l'on avoit difpofé des tables & tout ce qui étoit néceffaire pour le travail de l'application des cires, qui, mifes dans les pièces du moule, y tiennent, comme on le fait, la même place que le métal y occupera dans la fuite.

Ces cires étoient déjà toutes préparées; on les avoit travaillées précédemment dans un attelier féparé, & voici ce qu'on y avoit obfervé. On avoit pris de la cire jaune en pains, on l'avoit fait fondre à un feu modéré, fans la faire bouillir, dans des chaudières de cuivre, & l'on y avoit mêlé fur chaque livre de cire un quarteron de réfine & une once de fuif. Cette mixtion étant faite, elle fut réduite en gâteaux depuis fept à huit lignes jufqu'à un pouce d'épaiffeur, &, pour les former, on fit dreffer & bien unir par un Menuifier de petites planches de bois de chêne d'un pouce & demi d'épais, ayant les unes un pied & d'autres quinze pouces de longueur fur huit à neuf pouces de largeur; on attacha fur chacune avec des pointes, & feulement fur les parties latérales, des tringles de bois de

I

l'épaiffeur qu'on vouloit donner au gâteau, & après avoir fait amollir la cire dans de l'eau chaude & l'avoir fuffifamment pêtrie, il en fut mis fur la planche qu'on avoit préalablement mouillée, autant que cette efpèce de moule en pouvoit contenir; puis prenant un rouleau de bois qu'on mouilloit auffi, & pefant deffus la cire, on l'étendit à force de bras jufqu'à ce que le moule en eût été exactement rempli dans tous les fens, après quoi l'on coupa quarrément toute la cire qui pouvoit déborder, on retira les gâteaux bien formés de dedans le moule, & on les ferra dans un lieu à l'abri du foleil, pour s'en fervir quand l'occafion le demanderoit.

Ce tems étant arrivé, toutes les pièces du moule ont été portées l'une après l'autre dans l'attelier de la fonderie, où elles étoient attendues par un nombre affez confidérable d'ouvriers; & commençant par ordre d'affifes, conféquemment par les pièces qui avoient été retirées les dernières, lorfque le moule avoit été démonté, ce n'a été qu'après avoir appliqué les cires dans les creux des pièces de la première affife ou du premier rang, que celles du fecond rang ont été portées dans la fonderie pour y fubir la même opération, & ainfi fucceffivement de toutes les autres pièces; ce qui s'eft obfervé très-religieufement, afin d'éviter toute confufion.

A l'exception des pièces moulées fur les parties inférieures des jambes du cheval depuis le fabot jufqu'à la hauteur du genou & du jarrêt, qui, lorfqu'elles furent raffemblées dans la fuite & mifes en place, furent comblées de cire fondue que l'on y coula pour lors, de façon que les barres de fer qui paffoient dans le centre, & qui étoient deftinées au fcellement de la Statue Équeftre fur fon piédeftal, s'y trouvèrent emboîtées exactement, toutes les autres pièces du moule ont été garnies dans le fond & feulement dans la concavité intérieure par des gâteaux de cire, tels qu'ils ont été décrits : obfervant, en les y appliquant, de réferver pour les moules des parties fupérieures les gâteaux les moins épais, & d'employer ceux qui l'étoient davantage dans les moules des parties inférieures, parce que celles-ci devant fupporter tout le poids de l'ouvrage, il étoit à propos qu'elles fuffent plus fournies de bronze, & qu'elles fuffent par-là plus en état de réfifter à la grande charge qui leur feroit impofée.

Plufieurs opérations ont néanmoins précédé l'application des gâteaux dans les creux des moules. On a premièrement enduit au pinceau la fuperficie intérieure de toutes ces pièces avec de l'huile à brûler ordinaire, pour empêcher les cires de s'attacher au plâtre; puis fe fervant de broffes de poil de bléreau trempées dans de la cire fondue & liquéfiée, on en a donné plufieurs couches dans lefdits creux déjà enduits d'huile, & l'on ne s'eft arrêté que lorfque ces couches ont été portées à l'épaiffeur d'une ligne ou d'une ligne & demie : on a laiffé refroidir un peu la cire, & pour lors on l'a brettelée, c'eft-à-dire qu'on en a ratiffé la fuperficie apparente avec des gratoirs de fer dentelés. Ce travail fini, on a pris de ces gâteaux ou tablettes de cire dont il a déjà été parlé, on les a choifis des épaiffeurs convenables, on les a fait amollir dans de l'eau chaude, on en a brettelé le côté qui devoit s'appliquer sur la couche de cire déjà elle-même brettelée, comme on l'a vû, & après avoir présenté au feu cette surface & l'avoir chauffée modérément, on a introduit le gâteau dans le creux du moule, & l'y enfonçant avec les doigts & le pêtrissant, il a pris corps avec la cire mise au pinceau, & s'est prêté aux mêmes tournures; on en a fait autant à l'égard de toutes les autres pièces du moule, & à mesure qu'elles sortoient d'entre les mains de l'ouvrier qui les avoit garnies de cire, on les posoit sur des tables préparées à cet effet, & on les couvroit avec de grandes feuilles de papier pour les garantir de la poussière.

EXPLICATION

DES PLANCHES DEPENDANTES DU CHAPITRE III.

PLANCHE I.

Plan du Moule de Plâtre pris au droit de la première affise.

1   *Le grand chaffis de charpente fervant de bafe & de foûtien au moule de plâtre.*

2   *Boulons de fer à vis placés aux quatre encoignures du chaffis en intention de le contenir.*

3   *Places réfervées pour le paffage des trois pointals de fer.*

4   *Celle où répondoit la barre de fer fervant de foûtien à la jambe gauche du cheval qui leve, & dont la réferve s'étoit faite dans le moule.*

5   *Les trois barres de fer dont font traverfées les trois jambes du cheval qui pofent.*

6   *Les pièces du moule de plâtre enveloppant les trois jambes qui pofent.*

7   *Creux que formoit le moule en ces trois endroits, & qui dans la fuite furent comblés de cire.*

8   *Chapes dans lefquelles font renfermées les pièces du moule.*

9   *Place des trois barres de fer fervant à foûtenir la queue du cheval.*

10   *Les différens blocs.*

11   *Anneaux de fil d'archal en manière de mains, fcellés dans lefdits blocs, pour pouvoir les manier plus facilement.*

12   *Entailles ou hoches faites fur les blocs de la première affife, pour fervir de repaires aux blocs de la feconde affife du moule.*

13   *Six barres de fer pofées fur le chaffis de charpente, qui le traverfent dans fa largeur, & fur lefquelles les blocs font établis. Outre le fervice qu'on en tira dans la conftruction du moule de plâtre, ces barres de fer étoient auffi deftinées à foûtenir ledit moule lorfqu'on l'établiroit dans la foffe, & devoient fervir en même tems de repaires pour remettre exactement à leur place tous les blocs de la première affife : elles font exprimées par des lignes ponctuées.*

14   *Petits couffinets de fer d'un pouce d'épaiffeur, exprimés pareillement par des lignes ponctuées, lefquels reçoivent les têtes de cinq defdites barres de fer.*

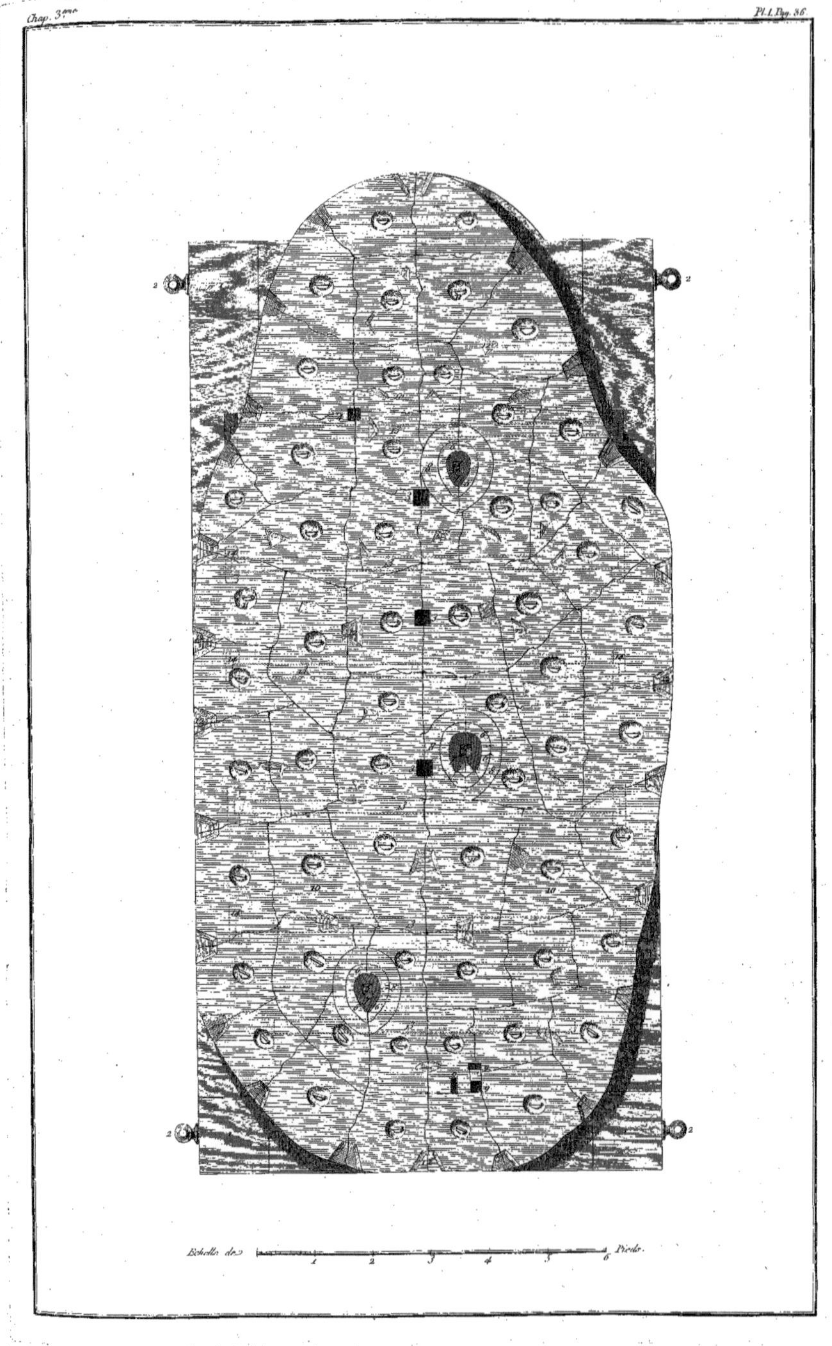

Echelle de
1
2
3
4
5
6 Pieds.

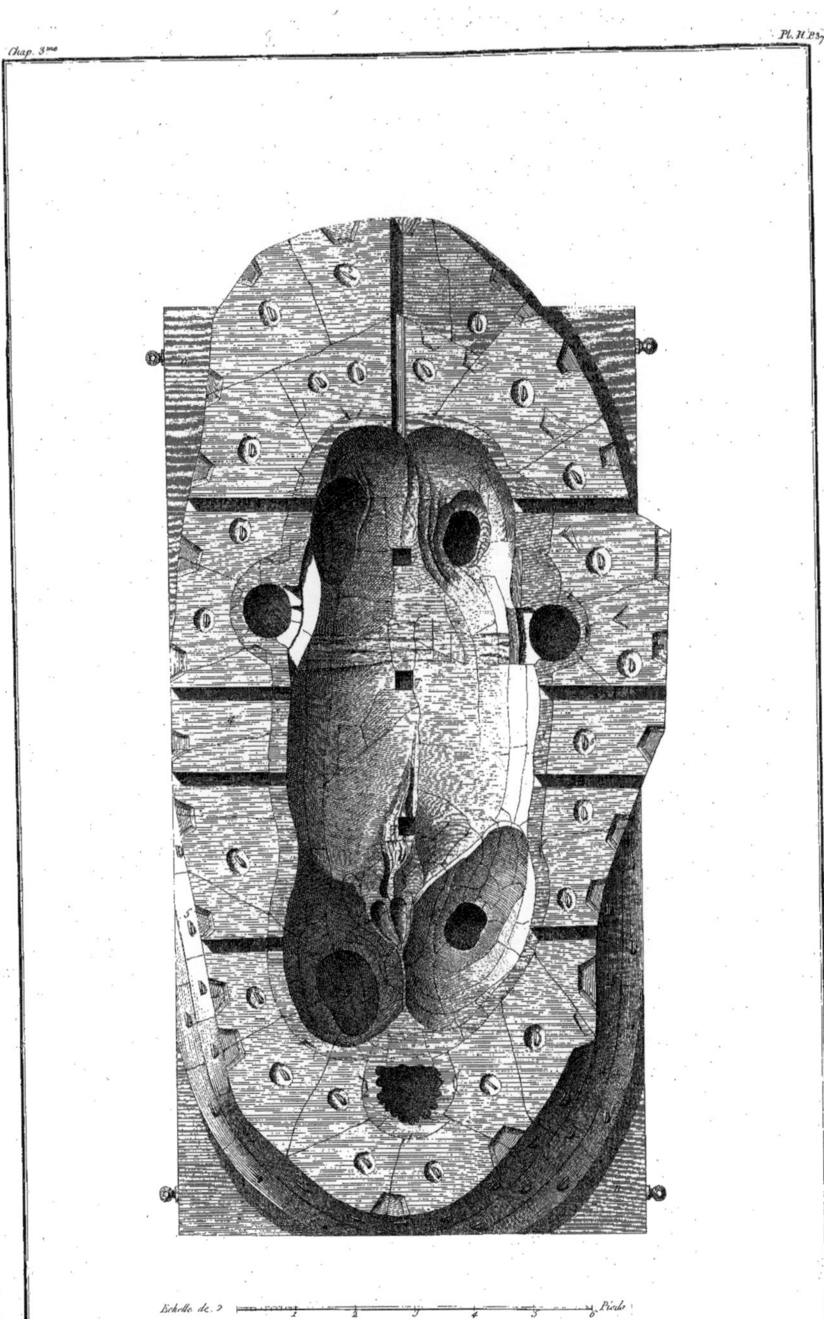

Echelle de ?   1   2   3   4   5   6 Pieds.

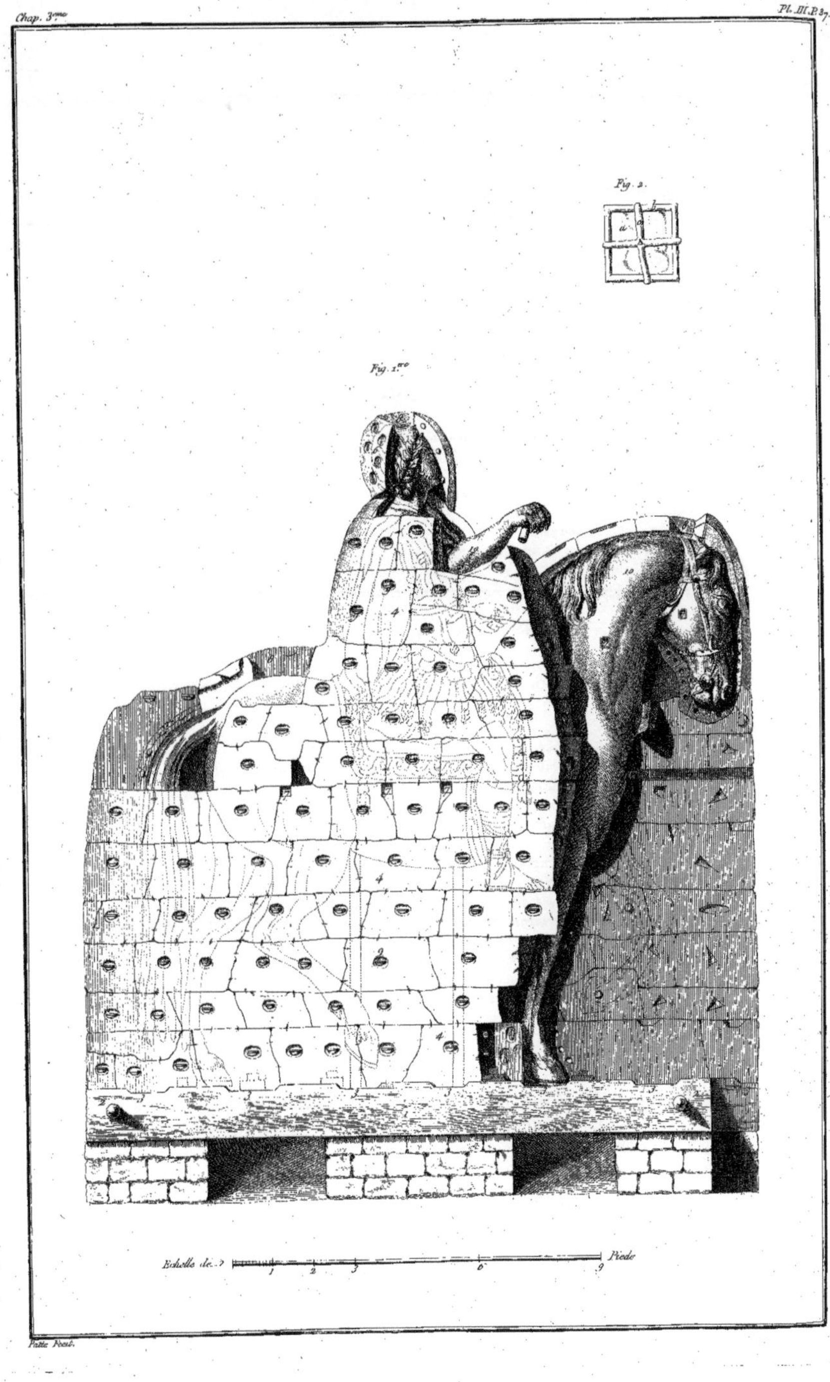

Fig. 2.
Fig. 1.re
Echelle de.
Piede

PLANCHE II.

Plan du Moule de Plâtre, coupé horizontalement à la hauteur du ventre du cheval ; on y voit l'arrangement de toutes les pièces du moule dans l'intérieur du ventre, la place des chapes, & celle des blocs qui les foûtiennent en dehors.

1. *Pièces du moule prifes tout entières & d'un feul morceau, préfentant leur furface intérieure.*
2. *Petites pièces qui fe réuniffent & fe raffemblent dans une même chape, préfentant la même furface que les précédentes.*
3. *Chapes coupées horizontalement.*
4. *Blocs coupés de même.*
5. *Anneaux de fil d'archal fcellés dans les blocs, tant fur les furfaces extérieures que dans les joints, pour en faciliter le remuage.*
6. *Ouvertures de deux pouces en quarré, pratiquées dans le moule pour le paffage des traverfes de fer.*
7. *Autres ouvertures de trois pouces & demi pour le paffage des pointals.*
8. *Place de la queue du cheval.*
9. *Places des quatre jambes du cheval.*
10. *Place des jambes du Cavalier.*
11. *Le chaffis de charpente.*
12. *Entailles fervant de repaires.*

PLANCHE III. *Figure première.*

Élévation & coupe en partie du Moule de Plâtre, prifes fur une de fes faces latérales.

1. *Chaffis de Charpente.*
2. *Têtes des boulons mis aux quatre coins du chaffis pour contenir fon affemblage.*
3. *Entailles faites dans ledit chaffis pour fervir de repaires.*
4. *Blocs de plâtre fervant de foûtien aux chapes du moule.*
5. *Chapes recevant feules une pièce entière du moule.*
6. *Chape qui contient & réunit dans fon intérieur un nombre de petites pièces qui y font retenues au moyen de ficelles attachées au dehors à des bilboquets.*
7. *Ouvertures quarrées pour les paffages des fers des traverfes.*
8. *Autres ouvertures ménagées en différens endroits du moule pour couler le noyau.*
9. *Anneaux de fer en manière de main, fcellés dans les parois extérieures des blocs & autres pièces du moule, pour en rendre le rémuage plus aifé.*
10. *Différentes parties du modèle découvertes pour laiffer voir la façon dont il eft enveloppé par les pièces du moule ; le furplus du modèle couvert par les pièces du moule eft défigné par de fimples lignes ponctuées, ainfi que les pointals & les têtes des fix barres de fer qui doivent foûtenir le moule de plâtre dans la foffe.*

Figure feconde.

Un des petits quarrés qui furent enlevés de deffus le Modèle, pour être moulés à part & qui laifsèrent dans le moule les ouvertures néceffaires au paffage des fers de traverfe.

a. *Partie du modèle.*
b. *Cadre de cire dont elle fut environnée.*
c. *Bandes de cire formant une croix chargée d'un numero, & dont les extrémités outre-paffoient ce cadre, à l'effet de fervir de repaires.*

K

P L A N C H E I V.

Repréſentation particulière d'une chape, avec les différentes pièces du moule qu'elle embraſſe. On a choiſi celle qui ſe rapporte au devant de la tête du Roi.

1   *Pièces du moule rangées dans la chape, ſuivant l'ordre qu'elles y doivent tenir.*

2   *Deux pièces qui ne ſont point encore à leur place, & qui, lorſqu'elles y ſeront, acheveront de former le bas du menton.*

3   *Ficelle attachée à un petit anneau de fil de fer, ſcellé dans la pièce du moule, & qui paſſant au travers d'un trou percé dans la chape, aboutit en dehors à un petit morceau de bois appellé bilboquet, autour duquel ladite ficelle roule & ſe dévide juſqu'à ce que la pièce du moule ſoit miſe à ſa place dans la chape & y ſoit aſſujétie.*

4   *Petits corps ſaillans ſur les joints des pièces du moule, qui ſe logeant dans de petites cavités qui ſont ménagées ſur les joints des pièces voiſines, ſervent à les maintenir dans une poſition invariable : il y en a de pareils dans la face extérieure des pièces qui touchent à la chape, & ils y produiſent le même effet.*

5   *Chape ſervant d'enveloppe aux pièces du moule qui y ſont raſſemblées ; on y voit des corps ſaillans pareils à ceux qui ſont ſur les pièces du moule, & deſtinés au même uſage.*

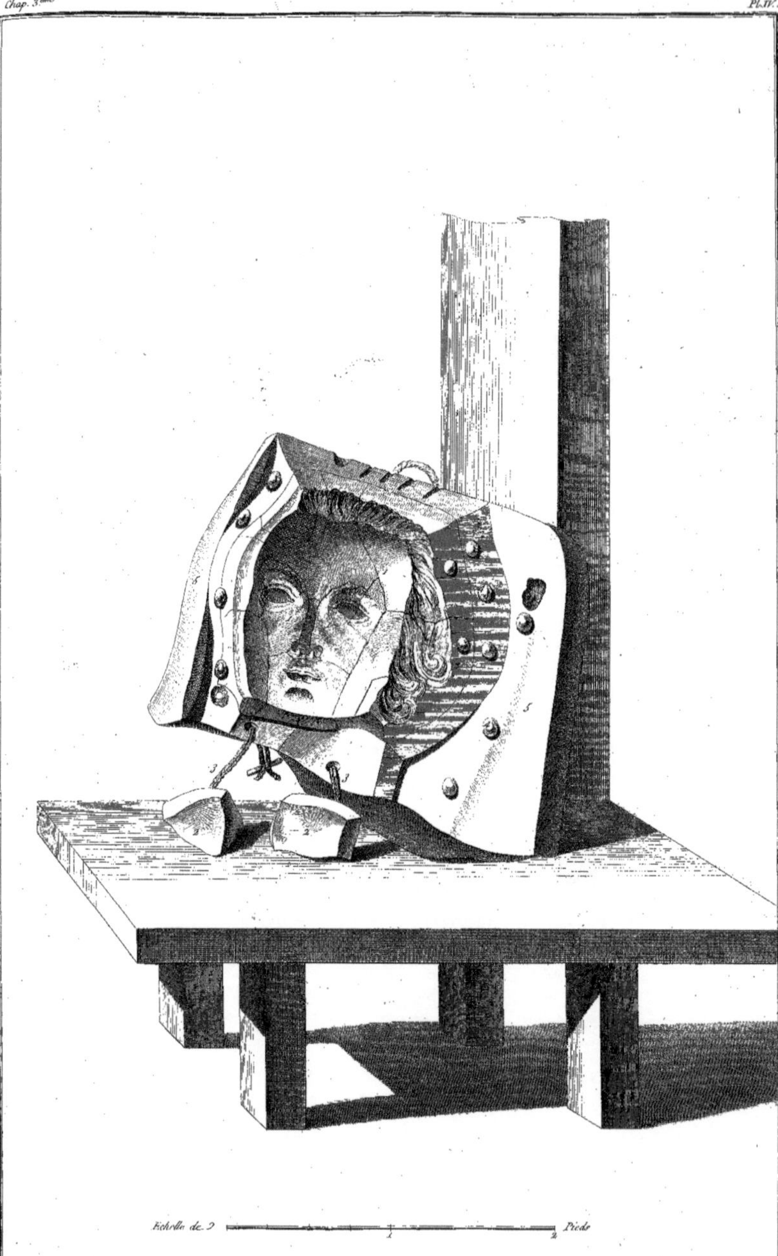

Echelle de 2
1
2
Pieds

CHAPITRE QUATRIEME.

De l'Armature, & comment le Moule de Plâtre garni de Cires a été remonté.

TANDIS que le moule se terminoit & qu'on appliquoit les cires dans les différentes pièces de ce moule, ainsi qu'on l'a vû dans le précédent Chapitre, d'autres ouvriers travailloient séparément à établir dans la fosse où devoit se faire la fonte, une armature ou assemblage de différentes pièces de fer, qui, dans la même disposition que celle dont on avoit fait usage pour le grand modèle de la Statue Équestre, exigeoit beaucoup plus de précaution & de solidité, & qui devoit être aussi infiniment plus composée. Il étoit important qu'elle fût travaillée de façon, que lorsqu'on couleroit le noyau sur lequel devoit être assis dans la suite le moule de potée, elle pût en embrasser toutes les parties, les unir & les affermir, les rendre d'une consistance inébranlable, & mettre encore le noyau en état de soûtenir le poids énorme de la matière, & de résister à l'impétuosité de ses mouvemens, lorsqu'étant mise en fusion elle seroit introduite dans le moule. Les fers de cette armature devoient avoir assez de force, pour ne point craindre qu'ils pliassent ni qu'ils fléchissent dans le tems du recuit, qui leur feroit éprouver le plus grand degré de chaleur. Il falloit outre cela qu'ils fussent arrangés & retenus si artistement & avec tant de simplicité, qu'il n'y eût aucune difficulté à vaincre, quand le moment seroit venu de les démonter & de les retirer pièce à pièce de dedans le corps du cheval après la fonte.

Peut-être auroit-on pu se contenter de ce qui s'étoit déjà pratiqué en pareille occasion ; mais l'examen ayant fait appercevoir dans la façon dont les précédentes armatures avoient été composées, des défauts essentiels, & M. Bouchardon ayant eu sur cela de meilleures idées & ayant fait un modèle ingénieux, qui, par de nouveaux moyens que sa sagacité lui avoit fait découvrir, abrégeoit le travail & le rendoit plus aisé & plus sûr, on composa relativement à ce modèle une armature de fer dont l'usage s'est trouvé si commode dans la pratique, & dont le succès a été si complet, qu'on lira sans doute avec satisfaction l'exposé fidèle & exact qu'on se propose de donner, de la route dans laquelle on a marché & qui a conduit cette importante machine à son heureux terme.

On n'omettra aucune des précautions qui furent réputées nécessaires, aucun des moyens qui furent mis en œuvre ; & pour jetter plus de clarté dans le discours & le rendre d'une plus grande utilité dans la pratique, il sera accompagné d'un nombre de planches gravées qui suivront l'ordre des opérations, & donneront le développement dans tous les sens de toutes les parties de l'armature. Le langage de l'art ne prend de force qu'autant qu'il est appuyé sur de pareilles démonstrations.

Avant que de rien entreprendre, on prit les alignemens & l'on marqua les places où devoient être fcellées au fond de la foffe & fur le maffif de pierre qui y avoit été conftruit, les trois maîtreffes pièces de l'armature, c'eft-à-dire, les trois pointals de fer fur lefquels toutes les autres pièces de l'armature devoient venir s'appuyer, & qui par cette raifon pouvoient être regardés comme le fondement de toute la machine.

Cette première opération avoit été prévûe avant même qu'on eût commencé le moule de plâtre; ce ne fut qu'une fuite de ce qui avoit été fait alors. On avoit tracé, comme on l'a vû dans les premières pages du Chapitre précédent, fur une grande table faite en planches de fapin, & d'une étendue conforme à celle du maffif de pierre qui occupoit le fond de la foffe, toutes les places où devoient fe rendre les pièces montantes de l'armature dont le fcellement fe devoit faire dans ledit maffif; on avoit même fait, pour en être mieux affuré, des ouvertures à ces différentes places dans la table fur laquelle étoit outre cela tracé le chemin que tiendroient les principales traverfes de l'armature : toutes les mefures fe trouvoient par-là déterminées, il n'étoit pas permis de s'en écarter. Il ne fut donc queftion que de tranfporter la table fur le lieu, & de rapporter fur la place même les lignes déjà tracées fur la table, d'y creufer les trous pour les fcellemens des fers; & cela fut exécuté avec la plus grande précifion, & de la manière qu'il eft exprimé dans la première Planche de ce quatrième Chapitre.

Outre les trous qui furent faits dans le maffif de pierre, & qui étoient deftinés à loger les fers des trois pointals, ceux des quatre jambes du cheval, & cclui de la queue, on y en pratiqua encore d'autres pour l'établiffement d'une grille de fer, qui décrivant par fon plan un quarré long, & s'élevant feulement à hauteur d'appui, devoit former une enceinte en manière de balcon autour de l'armature, & devenir enfuite une partie néceffaire dans la conftruction du moule de potée. Les barreaux montans de cette grille, efpacés à environ un pied & demi de diftance l'un de l'autre, étoient fixés à deux pieds de hauteur, & devoient être maintenus à cette hauteur par des barres de fer pofées horizontalement dans tout le pourtour fur lefdits barreaux montans, qui y furent rivés. L'emplacement de cette grille eft marqué par des lignes ponctuées fur la première Planche du préfent Chapitre, & l'on en voit le plan tracé dans la Planche III.

Cela étant fait, on établit dans la foffe une charpente principalement deftinée à pofer d'aplomb les trois pointals de l'armature : elle confiftoit en quatre tréteaux ou chevalets de trois pieds & demi de long, qui furent placés par le travers & fur les deux grands côtés du maffif de pierre, deux de chaque côté, vis-à-vis & à huit pieds de diftance l'un de l'autre, cette diftance prife à leur fommet; ils étoient retenus au moyen de tirans de fer qui y étoient attachés dans le haut par un bout, & dont l'autre bout étoit fcellé dans le mur voifin. Sur ces quatre chevalets, & vers l'extrémité qui s'approchoit le plus du point milieu du maffif, furent mifes en travers à la hauteur d'environ fept pieds, qui étoit celle defdits

tréteaux,

tréteaux, deux pièces de bois longues de onze pieds & demi, une fur chacun; & pour les y affujétir invariablement, elles furent arrêtées avec des équerres de fer portant des vis en bois. Trois autres pièces de bois tranfverfales, de neuf pieds de longueur, furent pofées en fens contraire fur les deux précédentes traverfes : on fit au milieu de chacune, & fur une des faces latérales, une entaille de quinze à feize lignes de profondeur dans laquelle vinrent fe loger d'eux-mêmes les trois pointals ; & pour s'en rendre abfolument maître pendant tout le tems qu'on employeroit à les pofer d'aplomb, on les retint aux endroits où fe faifoit la jonction, avec des collets de fer qui, embraffant étroitement lefdits trois pointals, étoient attachés à vis fur les fufdites pièces de bois tranfverfales. Ces pièces de bois pouvoient fe mouvoir à volonté ; & jufqu'à ce que les pointals qui y étoient foûmis, & qu'elles dirigeoient, euffent été mis entièrement d'aplomb dans tous les fens, on ne ceffa de les faire agir, en les promenant fur les deux pièces de bois qui leur fervoient de fupports. Mais dès qu'on fut affuré de la jufteffe de la pofition des trois pointals, pour lors les trois traverfes qui avoient fervi à les diriger, furent arrêtées avec des équerres de fer & à vis fur les deux traverfes latérales, & l'on fcella à demeure les trois pointals en les faifant defcendre & les enfonçant d'un pied en contre-bas dans le maffif de pierre. Les Planches II, III, IV & V donnent, tant en plan qu'en élévation, le détail de toute cette opération.

Il faut préfentement, pour en avoir une idée jufte, décrire les trois pointals & en développer toutes les parties. C'étoient autant de piliers de fer quarrés de trois pouces & demi de gros, & d'un peu moins de treize pieds de haut, non compris la partie qui refta engagée dans le maffif de pierre : pour leur procurer plus de force & leur faire avoir un empatement fuffifant, on mit au pied de chacun quatre barres de fer plat, de deux pouces de largeur fur fix lignes d'épaiffeur & de quatre pieds de longueur, qui s'appuyant fur chacune des faces du pointal, y faifoient l'office d'arc-boutans : un collet ou bride de fer les y retenoit & les lioit par la tête avec le pointal, à trois pieds de diftance du nud du maffif de pierre ; & encore, afin que ces arc-boutans ne puffent remonter ni branler de quelque côté que ce fût, non-feulement ils furent fcellés quarrément par le pied dans la pierre, mais tous quatre venoient heurter par le haut & s'appuyer contre un corps faillant, taillé en chamfrain fur la tige même du pointal.

On établit prefqu'auffi-tôt, toujours dans la foffe, deux tréteaux de fer de huit pieds de long, qui portés à la hauteur de dix pieds chacun, précifément celle à laquelle devoient parvenir, fuivant l'épure qui en avoit été tracée précédemment, quatre longues barres de fer tranfverfales dont il fera parlé dans la fuite, devoient leur fervir de fupport. Ces deux tréteaux furent placés fur la droite & fur la gauche à deux pieds & demi de diftance des murs de la foffe, qu'ils parcouroient en longueur; ils furent tenus par le haut avec des barres de fer fcellées dans la muraille, butés en tête & en queue par des fers pofés en diagonale, & arrêtés fur de petits

L

maffifs de pierre qui avoient été mis au fond de la foffe dans les parties latérales à cette intention.

La charpente dont on s'étoit fervi pour l'alignement des pointals étant encore fur pied, telle qu'on la voit en plan dans la Planche III de ce Chapitre, la grande traverfe de fer qui, s'étendant en longueur, devoit parcourir l'intérieur du cheval & le traverfer horizontalement de la tête à la queue en paffant par fon milieu, fut mife en place. C'étoit une longue barre de fer de trois pouces & demi de gros fur treize pieds de longueur. En trois endroits où l'on avoit fait des percemens & où elle devoit être traverfée par les trois pointals, elle s'élargiffoit pour conferver fa force : dans tout le refte de fon étendue, elle alloit d'un égal calibre en droite ligne. Les percemens qui y furent faits avoient deux pouces & demi en quarré, & fuffirent pour le paffage des pointals ; car leur tige qui, jufqu'à la hauteur où fut pofée la traverfe, avoit trois pouces & demi de gros, étoit réduite en cet endroit à deux pouces & demi, ce qui formoit fur la tige même du pointal une retraite d'un demi pouce dans chaque face, qui devint un appui fuffifant pour y affeoir folidement ladite grande traverfe.

On y brafa du côté de la queue du cheval une petite barre de fer longue de dix pouces, & de même calibre que la traverfe qui par cette addition prit en cet endroit la forme d'un T renverfé. La petite barre étoit percée de deux trous fur fes extrémités, ce qui fe fit, afin de pouvoir y appliquer dans la fuite & retenir avec des écrous une pièce de fer qui, montant d'environ deux pieds en contre-haut, fervît à porter l'armature du noyau qui defcendoit dans la queue du cheval.

Auffi-tôt que la grande traverfe eût été pofée à demeure, on ajufta dans la partie fupérieure de chaque pointal des fers en manière d'équerre, & d'autres fers en façon de potence fervant de fupports auxdites équerres, qui tous furent étroitement liés enfemble & affermis contre les pointals au moyen d'un nombre fuffifant de brides de fer, que tenoient fermées des vis paffant dans des écrous. Chaque potence, dans la partie inférieure, à l'endroit où la bride la tenoit liée avec le pointal, s'appuyoit fur une hoche pratiquée à deffein dans la tige du pointal, & fe reployant un peu au-deffus en forme d'équerre, la potence laiffoit un vuide entre elle & le pointal, où fe logèrent commodément deux barres de fer de deux pouces de gros, qui, comme on peut le voir dans la Planche IX, ont aidé à foûtenir le noyau dans la partie la plus baffe du ventre du cheval.

Les fix équerres encore plus particulierement deftinées que les potences à porter des barres de fer, qui en d'autres places avoient à parcourir, de la même manière que les deux barres de fer précédentes, l'intérieur du corps du cheval, fe replioient à cet effet ou formoient des coudes vers les extrémités de leurs branches. Ceux de ces coudes qui de part & d'autre joignoient la tête du pointal, devoient recevoir & porter au-deffous de l'épine du dos du cheval, deux barres de fer qui furent conduites en ligne droite depuis les premières équerres vers le poitrail, jufqu'à celles qui approchoient le plus de la croupe du cheval ; là elles reçurent chacune à leurs extrémités d'autres barres de fer qui y furent affujéties avec des écrous, & qui s'écartant & formant un cercle, devinrent le foûtien du noyau en cet endroit, ainfi que le font voir en plan & en élévation les Planches VIII & IX. Des efpèces de mains aux extrémités des branches inférieures & horizontales des mêmes équerres, fervoient de paffages & de fupports à des fers, qui, contournés fuivant les différentes finuofités du corps du cheval, devoient le parcourir le long de chaque flanc, ainfi qu'il eft encore exprimé dans la Planche VIII; & l'on y peut obferver encore la façon dont ces mêmes fers fe réuniffent, tant au droit du poitrail dont on leur fit fuivre le contour, & où ils furent retenus par des brides de fer fur la grande traverfe longitudinale, que vers la croupe où ils vinrent s'attacher avec des écrous fur le petit barreau de fer qui brafé, comme on l'a déjà fait remarquer, à l'extrémité de la grande traverfe, lui avoit fait prendre la figure d'un T renverfé.

Toutes ces équerres, ainfi que leurs fupports ou potences, ne purent pas être uniformes, leurs branches furent tenues plus ou moins allongées, fuivant que l'ouvrage le prefcrivoit & que l'exigeoient les places qu'elles occupoient; mais toutes arrivèrent à une égale hauteur. La Planche IV donne l'élévation de celles que reçut le pointal, qui le premier en rang traverfoit l'intérieur du poitrail du cheval; l'on voit dans les Planches XI & XII comment les autres étoient formées, & l'on a dans la VIII le plan de toutes les fix.

Ces différens travaux terminés, & les quatre grandes traverfes de fer, qui s'étendant en largeur devoient porter le moule, ayant été tranfportées dans la foffe & rangées fur leurs tréteaux, la charpente qui avoit été établie dans la foffe où elle avoit fubfifté jufqu'alors, en fut retirée : la place fe trouva libre, & l'on pofa autour de la grille, en dehors, huit dés de pierre de deux pieds en quarré par le plan, & de deux pieds & demi de hauteur, quatre de chaque côté. Les quatre des encoignures furent fortifiés dans l'intérieur par une addition de maçonnerie faite en moëllons, qui du côté de la tête du cheval formoit en avant une portion de cercle faillante, ce qui eft exprimé dans la Planche VI, & cela fe fit à deffein de pouvoir affeoir fur ces dés de pierre avec plus de folidité, & fans aucun porte-à-faux, le chaffis de charpente qui avoit déjà été employé dans la conftruction du moule de plâtre : il devoit fervir une feconde fois à remonter le même moule, garni de cires, autour de l'armature de fer.

L'ancien chaffis de charpente fut donc transféré dans la foffe, les pièces en furent raffemblées, les boulons qui les retenoient reprirent leurs places, & le chaffis étant en état, bien dreffé, bien nivelé, & tout-à-fait affermi fur les dés de pierre, les fix barreaux de fer fur lefquels avoient été érigées ci-devant les premières affifes du moule de plâtre, y furent remis aux mêmes places & aux mêmes diftances qu'ils avoient occupées dans la première opération, comme on peut le voir à la fin de ce Chapitre fur la Planche VII. Dès-lors l'entier rétabliffement du moule de plâtre garni de cires n'a plus fouffert de difficultés ni d'obftacles.

Il étoit cependant néceffaire d'entretenir dans la foffe un degré de chaleur qui, toujours le même, confervât les cires dans une égale ductilité, & les rendît maniables fans être trop molles : il n'étoit pas moins important d'écarter la pouffière qui, tombant d'en haut, eût pu fe dépofer fur les cires, & en rendre la furface inégale & galeufe. Quatre poëles conftruits en briques aux quatre coins de la foffe, & un chaffis à verre fait en forme de comble qui couvroit entièrement la foffe, ainfi qu'il eft repréfenté dans la Planche III du cinquiéme Chapitre, remplirent l'un & l'autre objet : on fe procura une chaleur douce, & on fut à l'abri de la pouffière dont on redoutoit le danger. On eut l'attention, en établiffant le vitrage, de le conftruire de manière qu'on pouvoit, quand on vouloit donner de l'air, ou lorfque quelqu'autre befoin l'exigeoit, en ouvrir un carreau, & même en enlever des parties de fix pieds en quarré, qui fe remettoient avec autant de facilité qu'on en avoit eu à les ôter ; & ce fut par ces ouvertures, & à la faveur de cordages & de poulies attachés à la charpente du comble de l'attelier, qu'on defcendit dans des paniers par ordre, & l'une après l'autre, toutes les pièces du moule garnies de leurs cires.

Ce moule fe trouvant élevé à la hauteur de la grande traverfe longitudinale, on s'arrêta pour ne penfer qu'à mettre en place les quatre autres traverfes qui étoient déjà rangées fur leurs tréteaux de fer. On fe conforma, pour cet arrangement, à celui que donnèrent les ouvertures quarrées qui, comme on l'a vu dans le Chapitre précédent, avoient été ménagées à cette intention dans les pièces du moule, lorfqu'on le conftruifoit. Les quatre traverfes s'y logèrent, & y trouvèrent un libre paffage ; & lorfqu'on fut fûr qu'elles étoient à leur véritable place, elles furent arrêtées & fixées par leur milieu fur la grande traverfe longitudinale qui les furmontoit, & à leurs deux extrémités fur les deux tréteaux latéraux, avec des brides de fer qui, étroitement ferrées, ne leur permirent plus de vaciller. Trois de ces traverfes coupoient à angle droit la grande traverfe longitudinale ; la dernière, du côté de la croupe, s'étendoit en biais pour lui faire parcourir par le milieu la cuiffe droite du cheval, qui fe plioit en avant, ainfi que la gauche qui fe portoit en arrière, & par cette difpofition les traverfes furent capables de foûtenir le poids du noyau & du moule de potée, & de rendre l'un & l'autre auffi fermes qu'invariables. Les Planches VI & VIII en offrent le plan.

L'armature fe trouvoit dans ce moment prefqu'entièrement formée dans toutes fes parties. Toutes les barres de fer que les équerres devoient recevoir, & dont il a été fait mention plus haut, occupoient leurs places & s'y trouvoient fixées : il reftoit à en faire autant à l'égard des fers des jambes & de la queue ; il falloit déterminer quelles formes auroient ceux du col & de la tête du cheval, ainfi que ceux de la Figure Équeftre. Ces opérations avoient été réfervées pour le tems où les pièces de ces différentes parties du moule feroient remontées : on vouloit par-là fe procurer le moyen de les y loger jufte, & de leur en faire parcourir le centre le plus exactement qu'il feroit poffible.

Pour

Pour accélérer l'ouvrage & opérer plus fûrement en ce qui concernoit les jambes du cheval, non-feulement on en laiffa l'intérieur à découvert en ne montant qu'une moitié des pièces du moule de chaque jambe, mais l'on avoit eu précédemment la précaution de mouler à part, d'une feule pièce, cette même moitié de jambe; & conformément au creux qu'elle avoit donné & qui avoit été remis au Serrurier, cet ouvrier avoit forgé fes fers & leur avoit fait prendre le contour & les coudes que chacun devoit avoir dans la conftruction de l'armature. Ce moyen étoit infaillible, & comme il eut toute la réuffite qu'on pouvoit en attendre, il fut pareillement employé lorfqu'il fallut former les fers de la queue, du col & de la tête du cheval.

Mais pour revenir aux fers des jambes, ceux qui étoient logés dans les deux jambes de derrière, & dans celle de devant hors du montoir, furent tenus de deux pouces de gros, par la raifon que ces fers devoient demeurer en place & fervir après la fonte au fcellement de la Figure Équeftre fur fon piédeftal. On eut foin en même tems, pour les rendre plus intimement adhérens au bronze dans la partie de la jambe du cheval appellée le canon, c'eft-à-dire, depuis le fabot jufqu'au genou, qui devoit être fondue maffive, que la tige en fût arrondie dans cet intervalle, tandis qu'au deffus & au deffous ces mêmes fers furent forgés quarrément: ils acquéroient par cette configuration une telle fermeté dans leur affiette, que lorfque la Statue fut fondue, il n'y eut plus moyen aux fers des jambes du cheval de remonter ni de defcendre.

La partie inférieure de ces barres de fer forgée quarrément dépaffoit en contre-bas de quatre pieds pour le fcellement, dans les trois jambes qui pofent, & la fupérieure ne remontoit guère qu'à la hauteur de deux pieds par de-là le genou; là chaque fer fe lioit avec un autre fer, qui par le haut alloit s'accrocher à celle des grandes pièces de fer tranfverfales qu'il rencontroit. On en ufa de même à l'égard des fers de la jambe du montoir; ils étoient de deux pièces, dont la fupérieure s'accrochoit à la grande traverfe de fer, vers l'épaule gauche du cheval, avec cette différence, que ces fers n'ayant pour objets que de foûtenir le noyau de la jambe durant le tems de la fonte, & devant dans la fuite être fupprimés, ils étoient de moitié moins forts que ceux des trois autres jambes; ils étoient de même échantillon qu'un montant de fer qui, fcellé dans le maffif de pierre, leur fervoit de fupport, & ce dernier fer étoit pareillement de deux pièces pour en faciliter le revêtiffement & le déplacement.

Ce qui fut obfervé par rapport à l'arrangement des fers des jambes du cheval, le fut pareillement à l'égard des fers de la queue, qui remontant en contre-haut depuis l'endroit où le fcellement dans la pierre en fut fait, & parcourant l'intérieur de ladite queue dans toute fa longueur, arrivoient à fon fommet, & y trouvoient une pièce de fer courbe à laquelle ils fe lioient & s'uniffoient. Cette dernière, de quarrée qu'elle étoit à l'endroit de fa jonction, s'arrondiffoit infenfiblement à

M

fon fommet, où une forte vis entrant dans un écrou la tenoit affujétie à un barreau de fer montant, qui étoit établi à l'extrémité de la grande traverfe longitudinale, de la façon qu'il eft exprimé dans les Planches VIII & IX. On remarquera dans la IX un troifième fer qui, lié avec les deux précédens, fe prolongeoit en dehors au deffus de la queue & étoit terminé par un anneau deftiné à recevoir une traverfe qui, lorfque le moule de potée feroit entièrement formé, y feroit enveloppée & comme enterrée, & affermiroit encore davantage les fers de ladite queue, que deux petites traverfes pofées en fens contraires achevoient de tenir en état.

Un fer femblable à celui dont on vient d'expofer l'ufage, & portant pareillement en tête un anneau prêt à recevoir une traverfe, fut ajoûté aux pièces de fer, qui devoient fervir, jointes à deux traverfes qui les fortifioient, au foûtien du noyau du col & de la tête du cheval, ainfi qu'on le voit dans les Planches IX & X. Les deux principales d'entre ces pièces de fer, auxquelles diverfes courbures qu'on leur avoit fait prendre, avoient donné à peu près la figure d'une potence, étoient coudées quarrément à leur bafe, & retenues à l'endroit de ce coude fur la grande traverfe longitudinale par des brides de fer.

Bientôt l'on mit en place la pièce de fer qui, montant perpendiculairement, devoit traverfer par le milieu le corps de la Figure Équeftre, en déborder la tête extérieurement d'un pied, & fe terminer par un anneau mis pour recevoir une traverfe dont l'ufage a été fuffifamment expliqué ci-deffus. Ce fer montant, compofé de deux barres de fer entées l'une fur l'autre, devoit être le foûtien du noyau de la Figure Équeftre ; à fa bafe il fe prolongeoit & formoit un double coude en manière d'équerre, l'un en avant, l'autre en arrière, tous deux de longueur différente, mais qui n'en faifoient pas moins un empatement folide, & qui fervoit à unir étroitement la pièce montante avec la grande traverfe longitudinale au moyen de brides de fer : elle étoit outre cela contenue par quatre barres de fer qui, affifes fur différentes pièces de l'armature, s'appuyoient, comme autant d'arc-boutans, contre la pièce de fer montante en deux endroits de fa hauteur, & en empêchoient le dévers.

Lorfque celle-ci fut arrivée à la hauteur des épaules de la Figure Équeftre, on lui fit porter une traverfe de fer fingulièrement configurée, telle qu'il la falloit pour maintenir le noyau en cet endroit, & cette traverfe reçut à fes deux extrémités les fers des deux bras de la Figure Équeftre : ceux des cuiffes & des jambes de la même Figure furent fufpendus aux deux bouts d'une barre de fer pofée en travers fur les fers qui s'étendoient, ainfi qu'il a été dit, le long des flancs dans le ventre du cheval. Nous croyons n'avoir rien omis au fujet des fers qui composèrent l'armature de la Figure Équeftre ; mais fuppofé qu'il pût refter fur cela quelque difficulté au Lecteur, il lui fera facile de l'applanir, s'il veut fe donner la peine de confulter les Planches IX & XI, où toutes les pièces de l'armature du corps de la Figure Équeftre ci-devant décrites font fidèlement représentées : on y appercevra qu'aucune n'étoit rivée, que toutes étoient fimplement retenues par des vis & des écrous, ce qui fut obfervé généralement à l'égard de tous les autres fers qu'on fit entrer dans la compofition de l'armature : cela fit que, lorfqu'il fut queftion de les démonter, l'extraction en devint tout à fait facile.

Le travail du Serrurier n'empêchoit pas cependant le Mouleur de continuer le fien ; chaque pièce du moule reprenoit entre les mains de ce dernier fa véritable place, & en les élevant par étages il avoit pour méthode qu'un côté fût fini avant que d'entamer l'autre, & que tous les fers fuffent logés dans l'intérieur de la partie du moule fur laquelle il travailloit. C'étoit donc à mefure que fon opération s'avançoit, qu'on introduifoit dans l'intérieur du moule une infinité de petits fers appellés côtes de vache, qui contournés, pliés & coupés felon les longueurs & les finuofités qu'indiquoient les places où ces fers devoient être appliqués, formèrent, joints aux principales pièces de l'armature, une carcaffe affez femblable au fquelette d'un animal à l'endroit des côtes.

Ces fers diftribués dans la partie la plus baffe du ventre du cheval, ainfi que dans les parties fupérieures & dans tous les lieux où il étoit néceffaire d'avoir des foûtiens, furent tout uniment accrochés par leurs extrémités recourbées aux barres de fer de l'armature les plus voifines : toutes contribuèrent au foûtien & à l'affermiffement du noyau ; & tandis qu'on les mettoit à leur place, on les lioit, on les enlaçoit enfemble avec des fils de fer qui fe croifoient en tout fens, & qui formèrent un tiffu dont fut bientôt tapiffée la cavité du creux dans toute fon étendue. Il arriva de-là que le noyau ayant été coulé, il fe fit à fa fuperficie après le recuit une croute qui, embraffée & retenue dans tous les fens par la quantité de fers qui la traverfoient, fut affez dure pour empêcher qu'aucune portion ne pût jamais s'en détacher : rien n'étoit plus à defirer, ni plus important pour la réuffite de la fonte ; car fi quelque parcelle du noyau s'en fût malheureufement féparée, elle tomboit de toute néceffité dans un des efpaces que les cires, après leur fufion, laiffoient vuides pour être remplis par le bronze, & fe mêlant avec le métal dans le tems de fon introduction dans le moule, il en feroit réfulté des déchirures & des trous ; pour le moins le bronze feroit devenu terreux, ce qui auroit caufé un grand préjudice à l'ouvrage, & cet accident eût été d'autant plus fâcheux que le mal auroit été fans remède.

Il n'étoit pas moins à craindre que les cires ne s'affaiffaffent & ne fe féparaffent du noyau, lorfque le moule de plâtre qui leur avoit fervi de foûtien pendant qu'il fubfiftoit, feroit démonté & laifferoit les cires à découvert fans aucun fupport. Il fallut fauver cet inconvénient, & pour cela l'on eut recours à de petites attaches ou épingles de laiton de quatre à fix pouces de long, fe terminant en un petit crochet recourbé, & portant une tête ronde & plate de la grandeur à peu près d'un jetton: l'on en mit dans tous les endroits qui menaçoient davantage, principalement fous le ventre, à la tête & au poitrail du cheval, fur le derrière de la croupe, & le long du corps de la Figure Équeſtre; on en logeoit la tête dans l'épaiſſeur des cires, le crochet les outre-paſſoit & ſe trouva par la ſuite engagé dans le noyau, ce qui fit une excellente liaiſon, telle qu'il en étoit beſoin pour empêcher les cires de s'écarter & de fléchir.

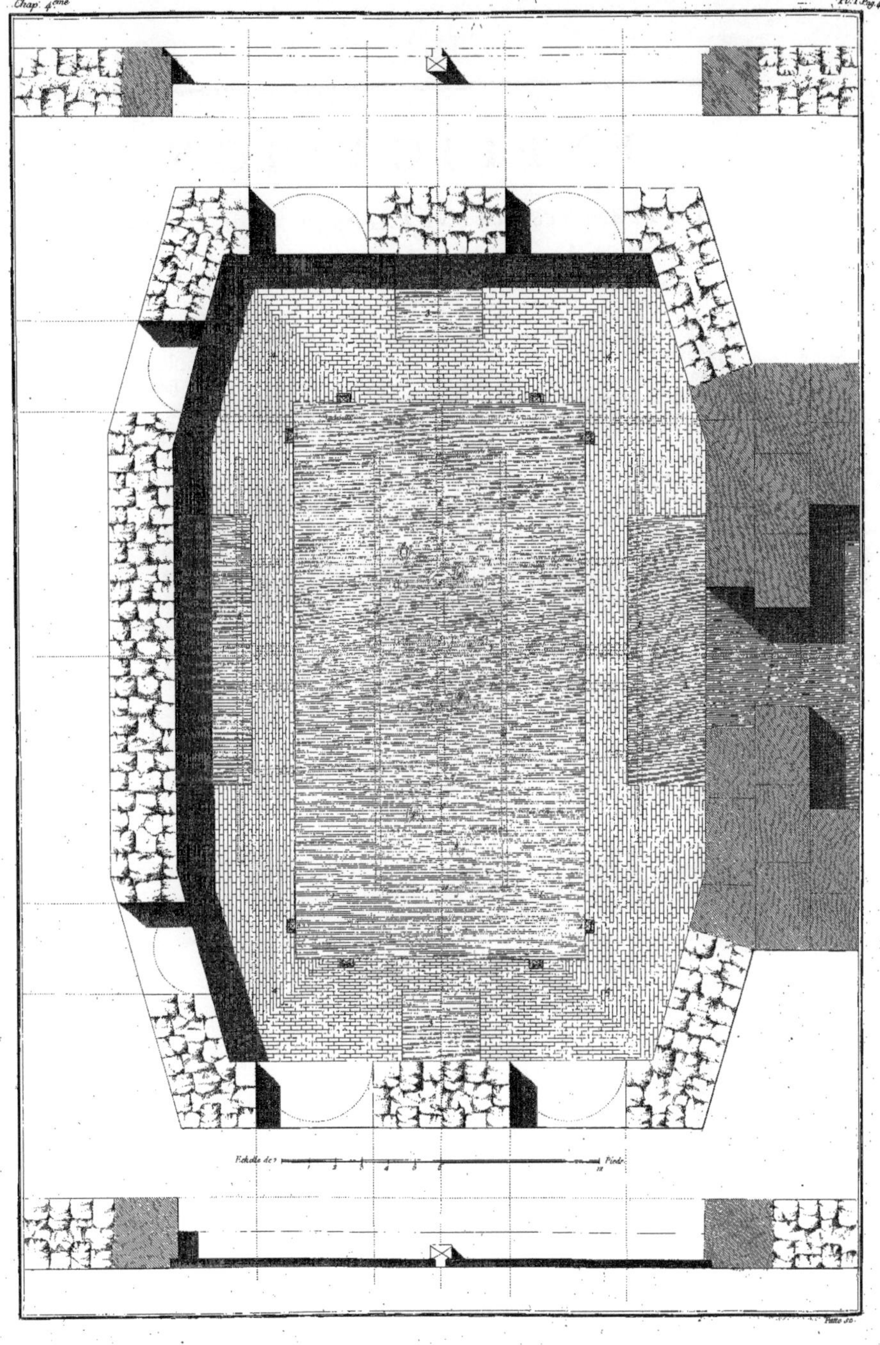
Echelle de
Pieds.
Patte sc.

EXPLICATION

DES PLANCHES QUI ONT RAPPORT AU CHAPITRE IV.

PLANCHE I.

Plan de la fosse où sont marquées par des lignes ponctuées toutes les opérations préparatoires qui s'y sont faites, à l'effet de s'assurer par des mesures justes & invariables des places que devoient occuper, lors de la pose, les principales pièces de l'armature du noyau de la Statue Équestre du Roi.

1 *Grand massif de pierre établi au fond de la fosse & dans son milieu.*
2 *Ancres & tirans de fer qui empêchent de toutes parts l'écartement dudit grand massif.*
3 *Petits massifs de pierre dans les parties latérales, ainsi qu'aux deux extrémités de la fosse.*
4 *Surplus de l'aire de la fosse revêtu de briques de Bourgogne posées de champ & arrasées de niveau avec lesdits massifs.*
5 *Places indiquées pour les trois pointals de l'armature de fer.*
6 *Direction que doit prendre la grande traverse de fer qui s'étendra en longueur.*
7 *Direction des quatre traverses de fer qui seront mises sur la largeur.*
8 *Places indiquées pour les deux tréteaux de fer servant de supports aux quatre susdites traverses.*
9 *Places indiquées pour le scellement des fers des jambes & de la queue du cheval.*
10 *Enceinte que doit former le balcon ou grille de fer lorsqu'elle sera mise en place.*

P L A N C H E II.

Plan des tréteaux & traverses en bois de charpente, dont on s'est servi pour mettre
en place & sceller d'aplomb les trois pointals de fer de l'armature.

1   *Quatre tréteaux de bois posés sur les grands côtés du massif, qui, pour être rendus plus stables, sont retenus par des barres de fer scellées dans le mur voisin.*

2   *Deux pièces de bois de dix pieds quatre pouces de long, posant par leurs extrémités sur lesdits tréteaux, & faisant l'office de traverses.*

3   *Trois autres traverses de bois qui ont servi à contenir les trois pointals & à les mettre d'aplomb, & qui, posées en sens contraire aux deux précédentes, s'appuyent sur elles par leurs extrémités.*

4   *Petites équerres de fer retenues avec des vis, lesquelles empêchoient toutes les susdites traverses une fois bien alignées, de s'écarter de leur place.*

5   *Collets de fer appliqués sur les trois traverses de bois transversales, à l'endroit des entailles qu'on y avoit faites, & qui, assujétissant les pointals, ont aidé à les mettre d'aplomb, tandis qu'on en faisoit le scellement.*

6   *Têtes des trois pointals logées d'un tiers de leur épaisseur dans les trois traverses de bois.*

P L A N C H E III.

Plan de la charpente qui, après avoir été employée au scellement des trois pointals,
a continué de subsister, tandis qu'on mettoit en place la grande traverse de fer
qui devoit parcourir le corps du cheval dans sa longueur, qu'on garnissoit
d'équerres les pointals, & qu'on établissoit la grille ou balcon, ainsi que les deux
grands tréteaux de fer.

1   *Les quatre tréteaux de charpente déjà décrits dans l'explication de la Planche précédente.*

2   *Les deux pièces de bois posées sur lesdits tréteaux.*

3   *Les trois pièces de bois de traverse servant à contenir les pointals.*

4   *Arc-boutans au pied de chaque pointal.*

5   *Grande traverse de fer de trois pouces & demi de gros, qui parcourra l'intérieur du corps du cheval dans sa longueur, & qui, traversée par les trois pointals, est soûtenue par eux.*

6   *Équerres destinées au soûtien de diverses pièces de l'armature qui doivent y être posées dans la suite.*

7   *Têtes des trois pointals.*

8   *La grille ou balcon dont l'usage sera expliqué ci-après.*

9   *Les deux grands tréteaux de fer.*

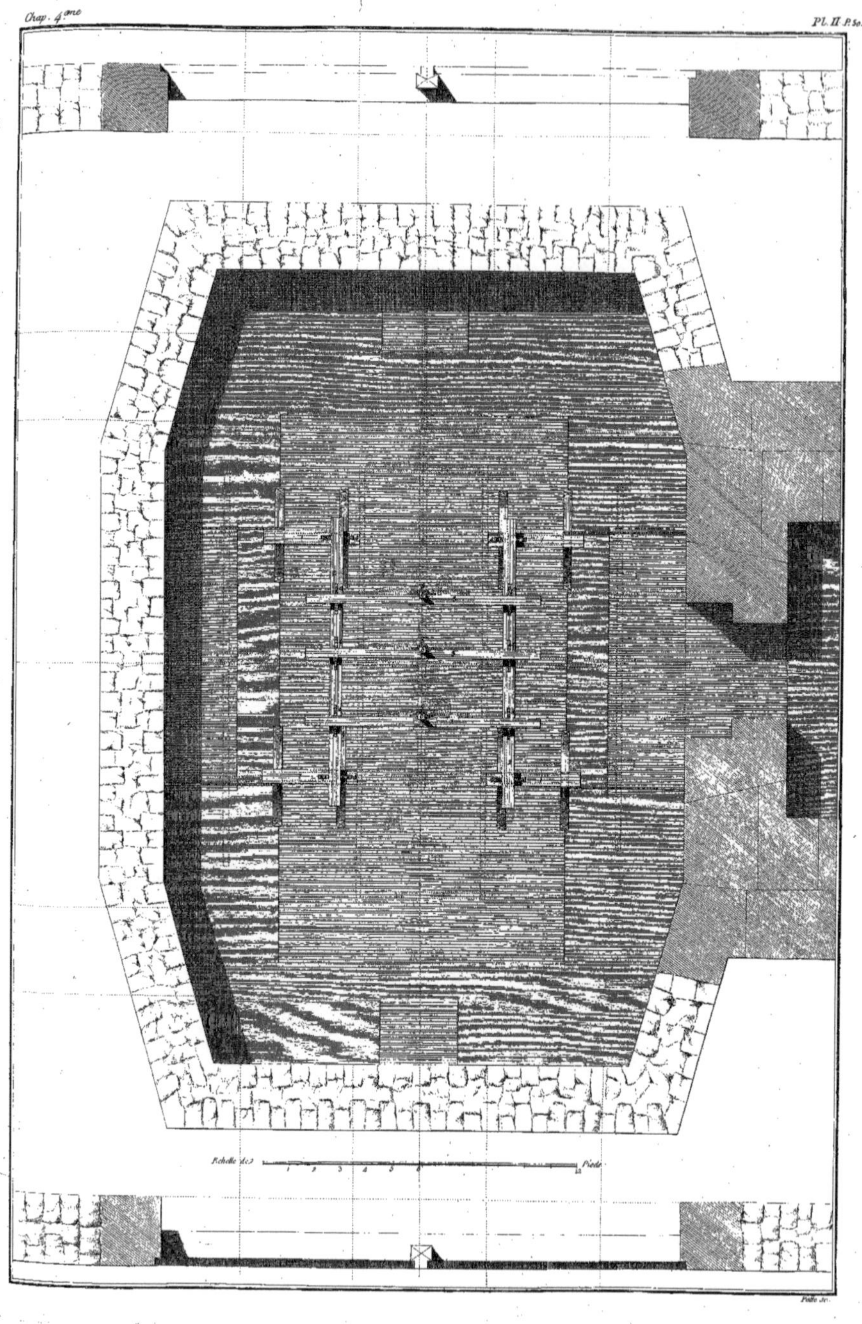
Echelle de 1   1 2 3 4 5 6   Pieds

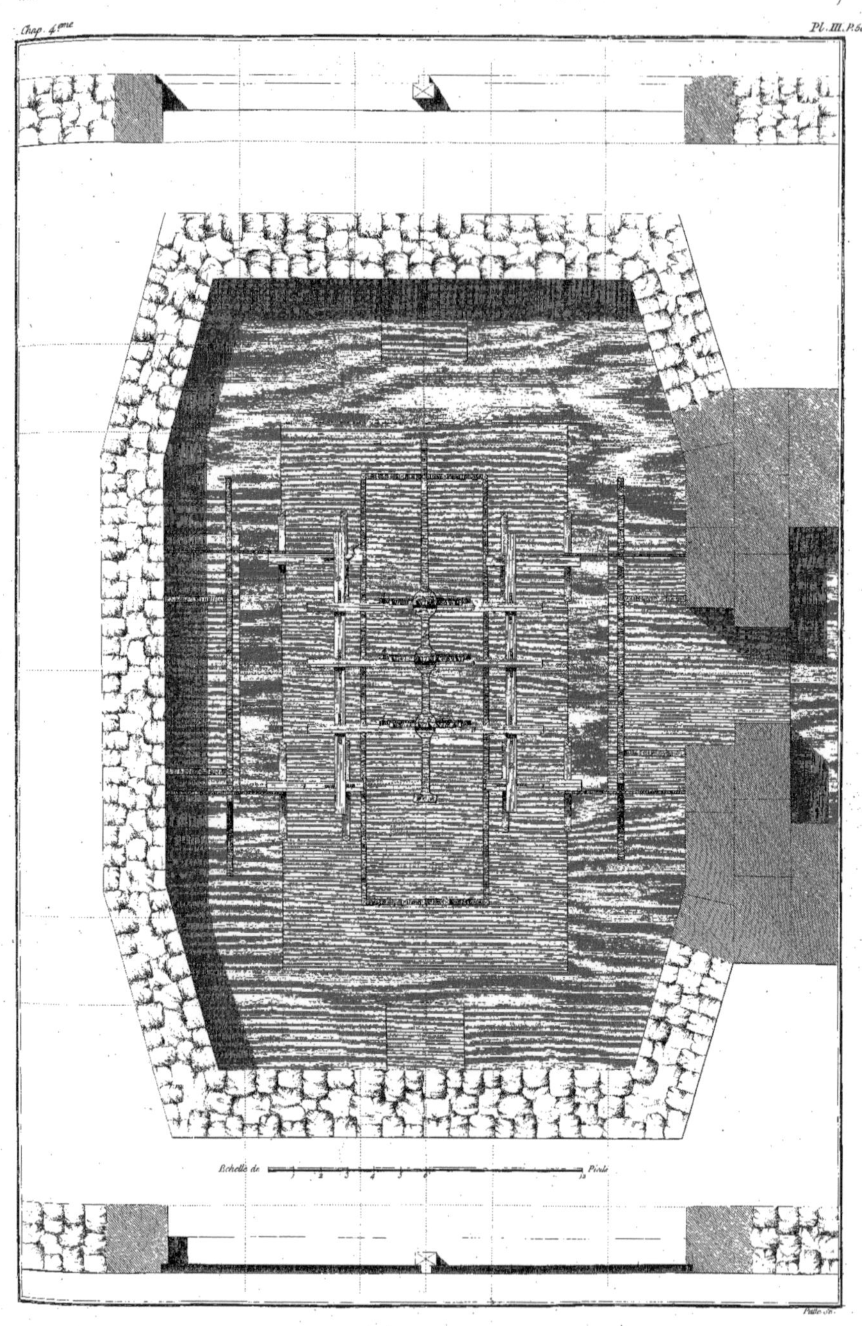
Echelle de
Pieds

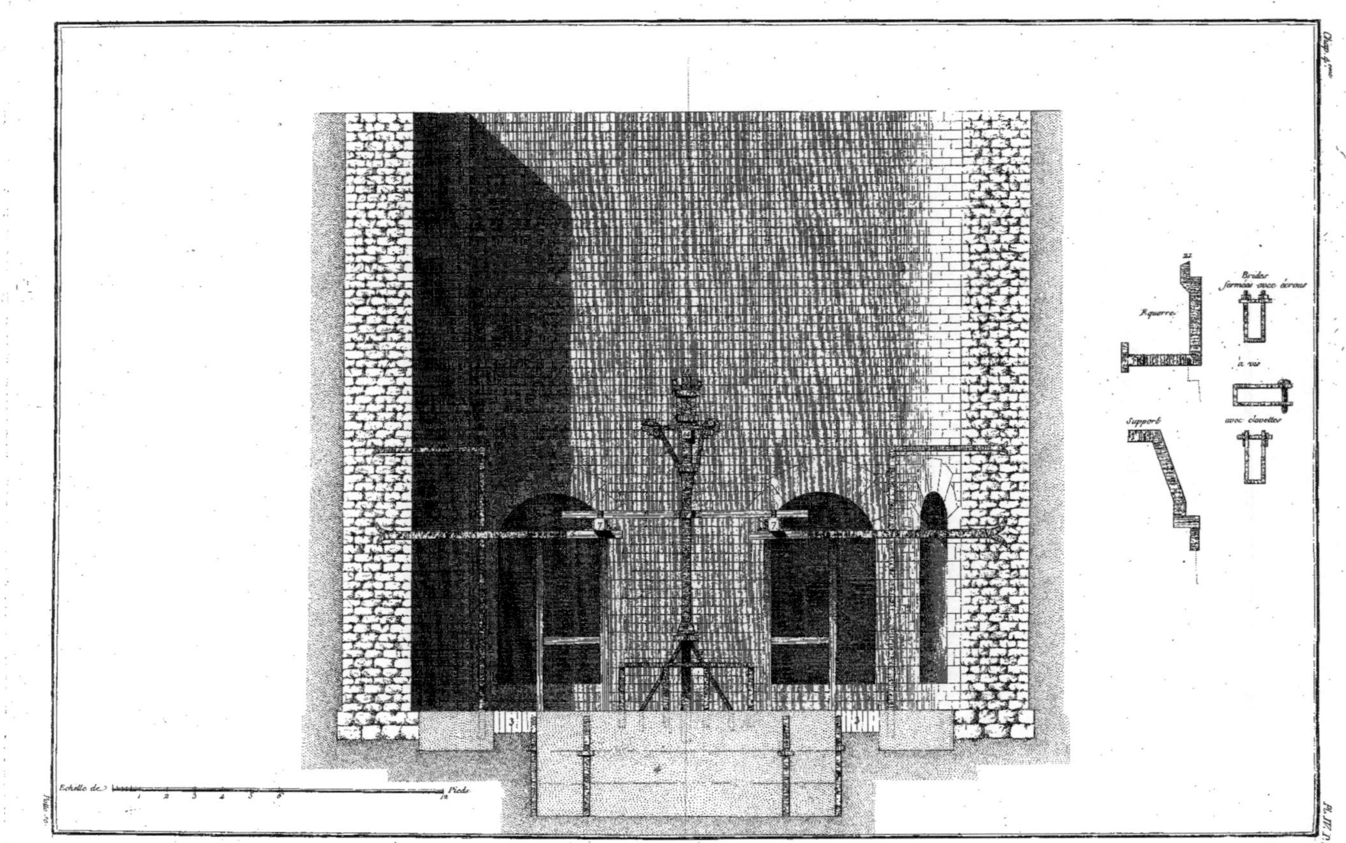

Brides fermées avec écrous
Equerre
à vis
Support
avec clavettes
7
7
Echelle de   1   2   3   4   5   6   12   Pieds

PLANCHE IV.

Élévation de face de celui des trois pointals qui doit entrer dans l'intérieur du poitrail du cheval, & de la charpente qui a servi à le mettre en place.

1 *Intérieur de la fosse où se doit faire la fonte.*

2 *Portes par lesquelles on y entre, & auxquelles aboutissent les descentes extérieures.*

3 *Aire de la fosse.*

4 *Grand massif de pierre préparé pour servir de base & de soûtien à l'armature.*

5 *Deux des quatre tréteaux ou chevalets de charpente de six pieds dix pouces de haut.*

6 *Bandes de fer scellées par un bout dans le mur de la fosse, & attachées par l'autre bout aux susdits tréteaux pour les empêcher de s'écarter.*

7 *Têtes des deux pièces de bois ou traverses posées & attachées sur lesdits tréteaux.*

8 *Une des pièces de bois, qui, posée en travers sur les précédentes, & n'y étant point encore fixée, a servi à aligner le pointal & à le contenir dans son aplomb, tandis qu'on le scelloit dans la pierre.*

9 *Collet de fer assujétissant le pointal & le liant avec la susdite traverse, dans laquelle il entre d'un tiers de sa grosseur.*

10 *Pointal de fer de quatre pouces de gros & de treize pieds neuf pouces de haut, enfoncé d'un pied dans le massif de pierre où il est scellé.*

11 *Base dudit pointal.*

12 *Deux des quatre arc-boutans de fer scellés par le bas dans le massif de pierre, & venant s'appuyer par le haut chacun contre une des faces du pointal.*

13 *Bride de fer qui embrasse les têtes des quatre arc-boutans & le pointal, & qui les lie ensemble au dessous d'une saillie en chanfrein que porte en cet endroit la tige du pointal.*

14 *La grande traverse de fer du milieu de l'armature, qui, venant en avant, n'est vûe que par la croupe.*

15 *Deux équerres de fer accollées à la tête du pointal avec lequel elles se lient, au moyen de deux brides.*

16 *Pièces de fer en manière de potence, servant de supports auxdites équerres avec lesquelles elles sont liées, ainsi qu'avec le pointal sur lequel elles s'appuyent.*

17 *Brides de fer arrêtées avec de simples écrous.*

18 *Tête du pointal prête à recevoir les barres de fer qui doivent y être posées dans la suite.*

19 *Grille de fer scellée dans le grand massif de pierre, & sur laquelle doit être établi le moule de potée.*

20 *Deux tréteaux de fer scellés par le haut dans les murs de la fosse, & par le bas dans des massifs de pierre construits à cette intention, & qui serviront de supports aux quatre grandes pièces de fer transversales.*

21 *Une des équerres, un des supports & trois différentes brides, les unes fermées avec vis & écrous, les autres avec de simples clavettes, représentées séparément sur une plus grande échelle, pour en mieux connoître la structure : les branches n'en étoient pas toujours égales, elles s'allongeoient plus ou moins selon que l'exigeoient les contours des fers qui venoient s'y appuyer.*

Planche V.

Élévation de côté des trois pointals dans le tems qu'on les mettoit en place.

1   *Coupe de la fosse prise dans sa longueur, & qui en montre l'intérieur du côté qu'occupe le fourneau.*
2   *Aire de la fosse.*
3   *Massif de pierre au fond de la fosse.*
4   *Deux des quatre tréteaux de charpente coupés par le travers.*
5   *Une des deux pièces de bois qui, posant par les extrémités sur lesdits tréteaux, portent les trois traverses aussi de charpente dont on a fait usage dans l'alignement & la pose des pointals, & qu'on ne voit ici que par la coupe.*
6   *Les trois pointals.*
7   *Arc-boutans au pied de chaque pointal.*
8   *Brides de fer qui lient par le haut les arc-boutans avec les pointals.*
9   *Grande traverse de fer s'étendant en longueur, & portée par les trois pointals.*
10   *Extrémité de ladite grande traverse qui prit la figure d'un T renversé du côté où se rencontra la queue du cheval, au moyen d'un petit barreau de fer qu'on y adapta.*
11   *Les équerres vûes de profil.*
12   *Leurs supports vûs de même.*
13   *Différentes brides de fer qui tiennent les équerres & leurs supports, & qui lient les uns & les autres avec les pointals.*
14   *Extrémités supérieures des trois pointals.*
15   *Un des tréteaux de fer qui, assis dans les parties latérales de la fosse, serviront de supports aux quatre grandes traverses de fer.*
16   *La grille ou balcon dans sa plus grande longueur.*
17   *Les différentes profondeurs auxquelles ont été scellés dans le grand massif de pierre les fers de l'armature qu'on vient de détailler, & qui sont exprimés par autant de lignes ponctuées.*

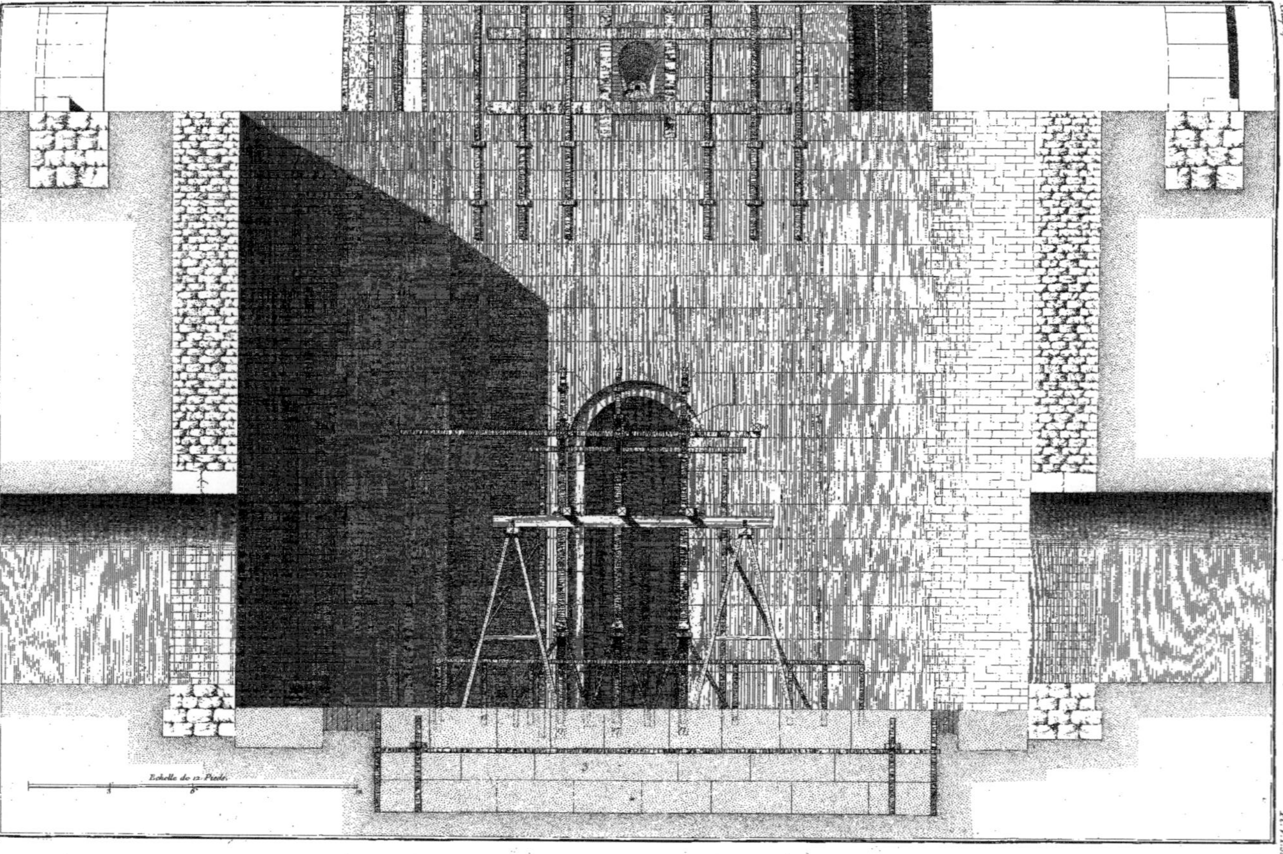

Chap. 4.me
Pl. V.P.5a
Echelle de 12 Pieds.
Patte 50.

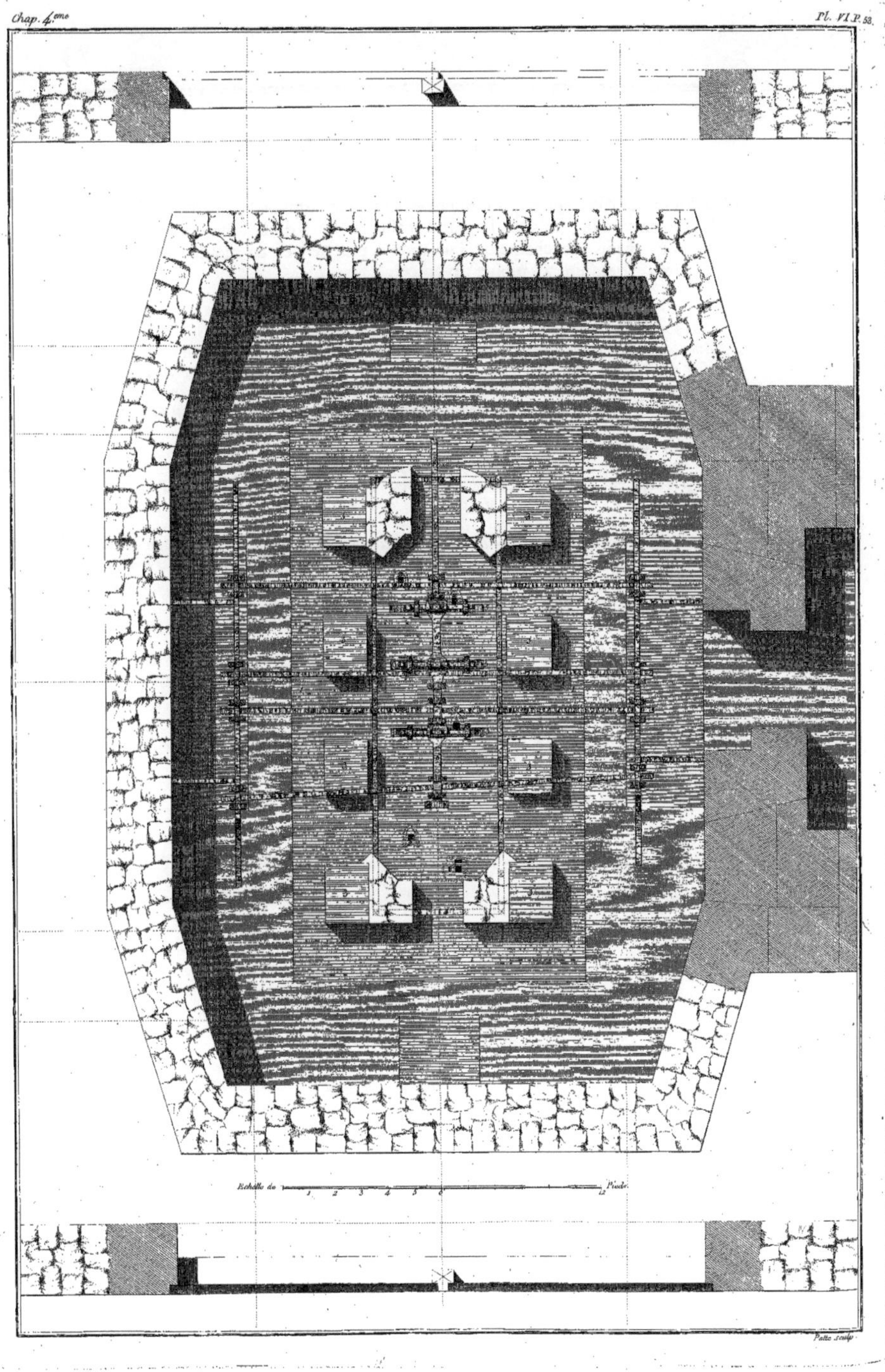
Echelle de   1   2   3   4   5   12 Pieds.

Patte sculp.

PLANCHE VI.

Plan des principales pièces qui forment ensemble le corps de l'armature, & le plan des dés de pierre qui, mis sur le grand massif au fond de la fosse, doivent recevoir le grand châssis de charpente fait pour servir de base au moule de plâtre garni des cires, & ensuite au moule de potée.

1 *Grand massif de pierre au fond de la fosse.*

2 *Trous qui ont été percés pour le scellement des fers des jambes & de la queue du cheval.*

3 *Huit dés de pierre ayant deux pieds de large sur deux pieds deux pouces de haut, posés à des distances égales au pourtour de la grille, & dont les quatre des encoignures ont été fortifiés par de petits massifs en moëllons, le tout pour servir de support au grand châssis de charpente qui paroîtra dans la Planche suivante.*

4 *La grille ou balcon.*

5 *Les trois pointals garnis d'équerres & de leurs supports.*

6 *La grande traverse qui, étant au centre de l'armature, la parcouroit en longueur; elle s'élargissoit pour ne rien perdre de sa force aux endroits où elle étoit percée, & par où passoient les pointals qui la traversoient & lui servoient d'appui.*

7 *Quatre grandes traverses de fer représentées par anticipation, n'ayant été arrêtées en place que dans la suite, & lorsque le moule fut parvenu à la moitié du ventre du cheval : elles furent liées pour lors avec des brides de fer à la maîtresse traverse du milieu, ainsi qu'aux deux tréteaux de fer qui leur ont servi de supports, de la manière qu'il est exprimé sur cette Planche.*

8 *Les deux grands tréteaux ou chevalets de fer servant de supports aux susdites quatre grandes traverses.*

PLANCHE VII.

Plan du grand chaffis de charpente établi fur les dés de pierre, & prêt à recevoir les pièces du Moule.

1 *Maffif de pierre.*
2 *La grille.*
3 *Les huit dés de pierre qui l'environnent.*
4 *Grand chaffis de charpente pofant fur les fufdits huit dés de pierre, & deftiné à recevoir la première affife des pièces du moule, lorfqu'on rétablira dans la foffe ledit moule garni de fes cires. Ce chaffis eft le même que celui dont il a été parlé dans le précédent Chapitre.*
5 *Boulons de fer aux quatre coins du chaffis pour le maintien de fon affemblage.*
6 *Entailles faites fur la furface & dans tout le pourtour dudit chaffis pour fervir de repaires, & au moyen defquelles on a pu remettre exactement en leur place les différentes pièces de la première affife du moule.*
7 *Six barres de fer pofées en travers fur le chaffis, à l'effet de foûtenir le moule de plâtre, & qui lui ont encore outre cela fervi de repaires.*
8 *Couffinets de fer fur lefquels s'appuyent à leurs extrémités cinq des barres de fer fufdites, la fixième & dernière vers la croupe du cheval, étant pofée à nud fur le chaffis.*

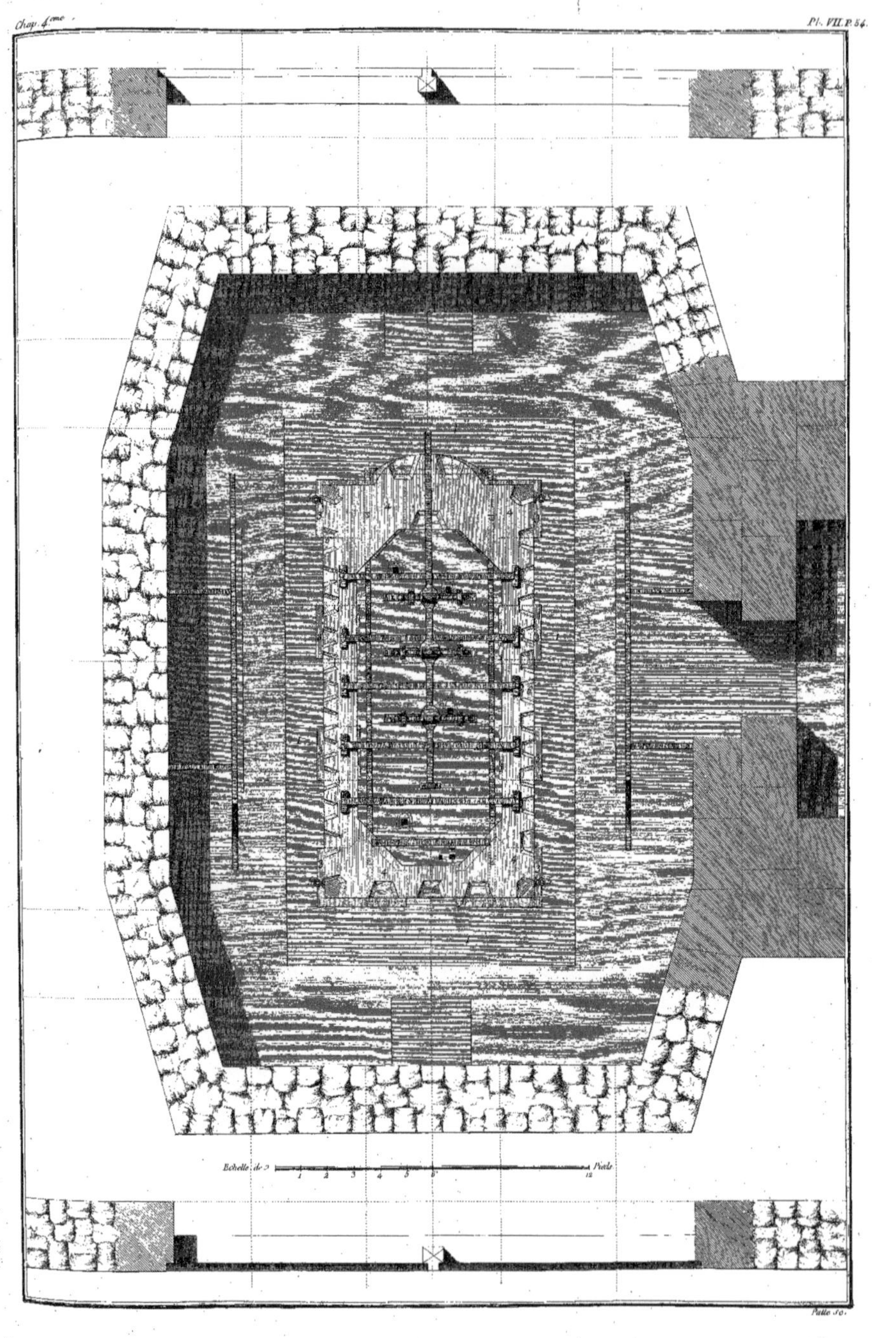
Echelle de 2
1 2 3 4 5 6 Pieds
12

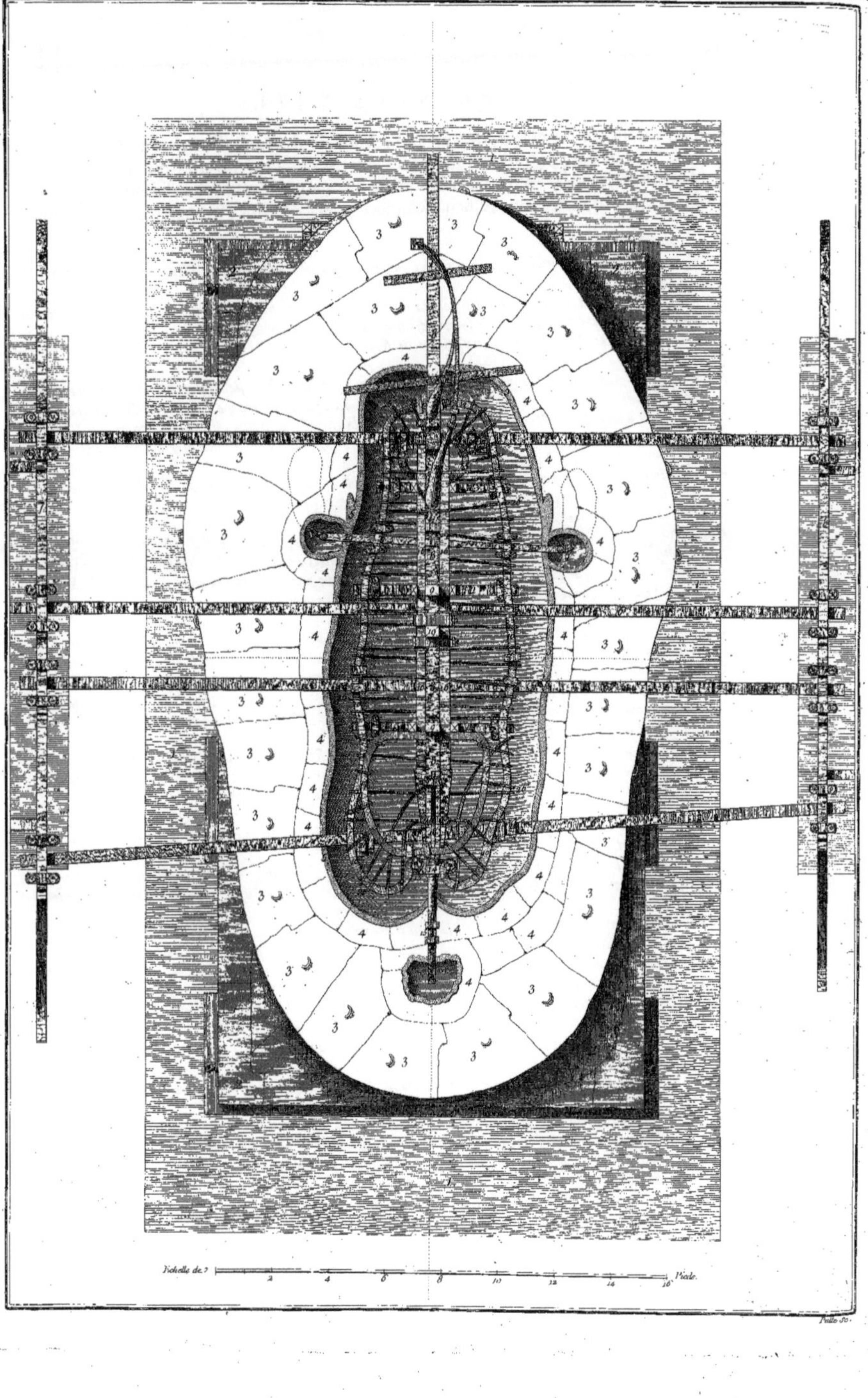

Echelle de ?
2   4   6   8   10   12   14   16   Pieds.

PLANCHE VIII.

Coupe du moule de plâtre, depuis que revêtu de ses cires il a été remonté dans la fosse : ladite coupe, prise au droit des quatre grandes traverses qui furent mises alors en leur place, offre dans l'intérieur du moule le plan des différentes pièces de fer qui, ajoutées aux principales pièces déjà décrites, completent l'armature.

1   *Le grand massif de pierre.*

2   *Premières assises du moule de plâtre posées sur le chassis de charpente, qui lui-même porte sur huit dés de pierre.*

3   *Blocs du moule de plâtre servant de soûtien & d'enveloppe aux chapes du même moule, & ayant à leur parement extérieur des anneaux de fer qui donnent la facilité de les manier.*

4   *Chapes & pièces du moule de plâtre garnies de leurs cires.*

5   *Épaisseur de la cire.*

6   *Les quatre grandes traverses de fer, dont la principale fonction est de soûtenir par la suite le moule de potée & son enveloppe dans un état invariable. Celle du côté de la croupe va un peu de biais pour se conformer à la position des deux jambes de derrière du cheval, dont une est plus en arrière que l'autre.*

7   *Tréteaux de fer sur lesquels lesdites traverses viennent s'appuyer, y étant attachées par leurs extrémités avec des brides de fer.*

8   *Grande traverse de fer portée par les pointals, & qui, placée au milieu du corps du cheval & le parcourant dans toute sa longueur, le déborde de quatre pieds du côté du poitrail.*

9   *Têtes des trois pointals.*

10   *Grand cercle de fer allongé, formé suivant le contour que donnent, aux endroits qu'il parcoure, les flancs, les cuisses & le poitrail du cheval, & divisé en deux parties qui se réunissent & se rassemblent vers la tête & vers la queue, où la grande traverse les reçoit ; ledit grand cercle étant porté dans le surplus de son étendue par les équerres qui sont, comme on l'a vû, appliquées aux pointals.*

11   *Les susdites équerres.*

12   *Endroit vis-à-vis le poitrail du cheval, où se fait la réunion des deux parties du grand cercle de fer n°. 10 sur la grande traverse n°. 8, à laquelle ces deux parties de fer circulaires sont attachées avec des brides de fer.*

13   *Endroit sur le derrière du cheval, où viennent aboutir & se réunir les deux parties du grand cercle de fer n°. 10, qui posant sur le barreau de fer en forme de I par où se termine la grande traverse n°. 8, y sont attachées avec les mêmes vis & écrous qui assujétissent sur le même barreau un montant ou tige de fer à laquelle s'attachent les fers de la queue du cheval.*

14   *Endroit d'où s'élève perpendiculairement sur le barreau de fer en forme de I la tige de fer qui reçoit à son sommet, comme on le verra plus distinctement encore dans la planche IX sous le n°. 22, & dans la planche XII sous le n°. 4, la partie supérieure des fers de la queue du cheval.*

15   *Lieu où se fait (planche IX n°. 26) l'assemblage & la jonction des fers de la queue.*

16   *Deux barres de fer qui posées sur le haut des équerres, s'étendent en droite ligne le long de l'épine du dos du cheval.*

17   *Deux autres barres de fer formant ensemble un cercle servant à soûtenir le dessus de la croupe du cheval, & qui étant attachées sur les deux barres de fer n°. 16, viennent s'appuyer à l'extrémité de la grande traverse, n°. 8, contre le barreau montant n°. 14, avec lequel elles s'unissent.*

18   *Pièce de fer en manière d'arc-boutant, servant à entretenir droite la tige de fer mentionnée sous le n°. 14.*

19   *Coupe d'une pièce de fer qui pose sur la grande traverse n°. 8, & qui parcourant tout l'intérieur du corps de la Figure Équestre, s'élève perpendiculairement jusqu'au dessus de la tête, ainsi qu'on le verra dans la planche IX sous le n°. 9, & dans la planche XI sous le n°. 15.*

20   *Traverse portant à ses deux extrémités les fers des deux jambes de la Figure Équestre ; elle-même est portée par les deux branches collatérales du cercle de fer n°. 10.*

21   *Endroits où s'accrochent sur la première & la dernière des quatre grandes traverses l'extrémité supérieure des fers des quatre jambes du cheval.*

22   *Fers coudés & formant une espèce de potence, laquelle parcourt l'intérieur du col du cheval.*

23   *Traverse étant au milieu de l'encolure du cheval, & qui en soûtiendra le noyau.*

24   *Autre traverse dans la tête du cheval pour le même objet.*

25   *Pièce de fer qui s'avance & prend un contour circulaire vers la partie inférieure du poitrail du cheval, & qui est une extension de deux longues barres de fer placées au bas du ventre, qui ne se peuvent appercevoir sur ce plan, mais dont on verra la disposition dans la planche IX sous le n°. 8.*

26   *Petits fers appellés côtes de vache, qui s'accrochant aux différentes barres de fer de l'armature, étant contournés suivant les places & selon que l'ouvrage l'exigeoit, & se réunissant à des fils de fer sans nombre enlacés & mêlés ensemble, ainsi qu'on le voit dans la planche suivante, ont servi à réunir toutes les parties du noyau, & en ont principalement affermi la surface extérieure qui touchoit aux cires.*

PLANCHE IX.

Coupe & profil de la Statue Équeſtre du Roi, pris dans ſa longueur du côté du montoir. La Statue paroît en cire, dépouillée de toutes les pièces du moule, quoiqu'en cet inſtant de l'opération elle en fût encore enveloppée ; ce qui eſt fait à deſſein de ne laiſſer échapper aucune des pièces de fer de l'armature, qui ſe montrent dans cette poſition, & qu'il eſt néceſſaire de faire connoître.

1 *Les trois pointals.*

2 *Fers des jambes du cheval, diviſés chacun en deux parties, leſquelles, à l'endroit où elles ſe réuniſſent, ſont retenues par des liens de fer ; ſur quoi l'on obſervera que dans trois deſdites jambes, la partie infé- rieure des fers doit reſter engagée dans le bronze pour n'en plus ſortir, & qu'elle doit ſervir lorſque la Statue Équeſtre ſera terminée, à l'arrêter ſur ſon piédeſtal, tandis que la barre de fer miſe ſous le pied du montoir n'eſt que pour aider au ſoûtien de la jambe qui lève, pendant le tems des opérations du moule de potée & de la fonte.*

3 *La grande traverſe qui parcourt l'intérieur du corps du cheval dans toute ſa longueur.*

4 *Les quatre traverſes qui s'étendent en largeur, coupées par leur milieu, & à deux deſquelles, ſavoir celle qui eſt ſur le devant & celle qui eſt la dernière du côté de la queue, ſont accrochés les fers des jambes du cheval.*

5 *Les équerres & leurs ſupports ſe préſentant de profil.*

6 *Une des barres de fer qui, poſées au haut des équerres, s'étendent le long de l'épine du dos du cheval.*

7 *Une des barres de fer qui par le plan forme un cercle allongé, & qui en s'aſſujétiſſant pour le contour à celui que donne le corps du cheval à l'endroit des flancs, eſt portée par les équerres dans l'étendue de ſa longueur, & vient poſer à l'une de ſes extrémités ſur la grande traverſe du côté de l'encolure & du côté de la croupe ſur le barreau en forme de ⊥ renverſé, de la façon qu'il eſt exprimé dans la Planche VIII, n°. 12 & 13.*

8 *Une des deux autres barres de fer placées en contre-bas, l'une à droite & l'autre à gauche, dans la partie inférieure du ventre du cheval, leſquelles ſont portées par les potences ou ſupports des équerres, & ſuivent le même contour que le deſſous du ventre.*

9 *Pièce de fer qui, après avoir parcouru en ligne directe l'intérieur de la Figure Équeſtre, outre-paſſe la tête de cette Figure, & ſe termine par un anneau que traverſera un barreau de fer qui, lorſque le moule de potée ſera tout-à-fait monté & dans ſa perfection, s'y trouvera engagé, & acquerera aſſez de force alors pour empêcher la pièce de fer montante de ſortir de ſon aplomb : cette pièce de fer, qui par le pied ſe replie & fait un coude par devant & un autre par derrière qui lui ſervent d'un empatement ſuffiſant, poſe ſur la grande traverſe n°. 3, & y eſt liée en deux endroits avec des brides de fer.*

10 *Les deux ſuſdites brides de fer.*

11 *Deux pièces de fer en arc-boutans, ſervant à contenir la ſuſdite pièce de fer montante n. 9. Elles deſcendent juſque ſur les barres de fer n°. 6, & y ſont attachées chacune par le pied qui fait un coude, avec des fils de fer. Deux autres ſemblables pièces de fer qu'on ne peut voir ici, mais qui ſeront exprimées dans la Planche XI, ſous le n°. 16, étoient appliquées aux deux autres faces de ladite pièce de fer n°. 9, & toutes quatre la tenoient en état.*

12 *Deux barres de fer contournées ſelon la forme que prennent les deux bras de la Figure Équeſtre, toutes deux attachées par le haut à la pièce de fer n°. 9, ainſi qu'on le verra ſur la Planche XI, n°. 17 & ſuivans.*

13 *Pluſieurs fers appellés côtes de vache, diſtribués dans l'intérieur du corps de la Figure Équeſtre, & qui en rempliſſent les vuides ; ils s'accrochent par le haut à la pièce de fer n°. 9, & par le bas aux deux barres de fer n° 6.*

14 *Deux pièces de fer montantes & formant la potence, logées dans l'intérieur de l'encolure & de la tête du cheval dont elles ſuivent le contour, l'une & l'autre ſont retenues par le pied qui fait le coude ſur la grande traverſe n°. 3, & y ſont liées au moyen de brides de fer.*

15 *Les brides de fer ſuſdites.*

16 *Tringle de fer ſous la crinière du cheval, ajuſtée avec des fils de fer ſur une des deux pièces de fer ſuſdites.*

17 *Pièce de fer qui prenant naiſſance à l'extrémité de celle qui deſcend par-devant dans la tête du cheval, & y étant aſſujétie avec une bride de fer, remonte & va s'unir à celle des deux pièces de fer ſuſdites, laquelle parcourt le deſſous de l'encolure, s'y lie & ſert à ſoûtenir la tête du cheval par derrière.*

18 *Fer*

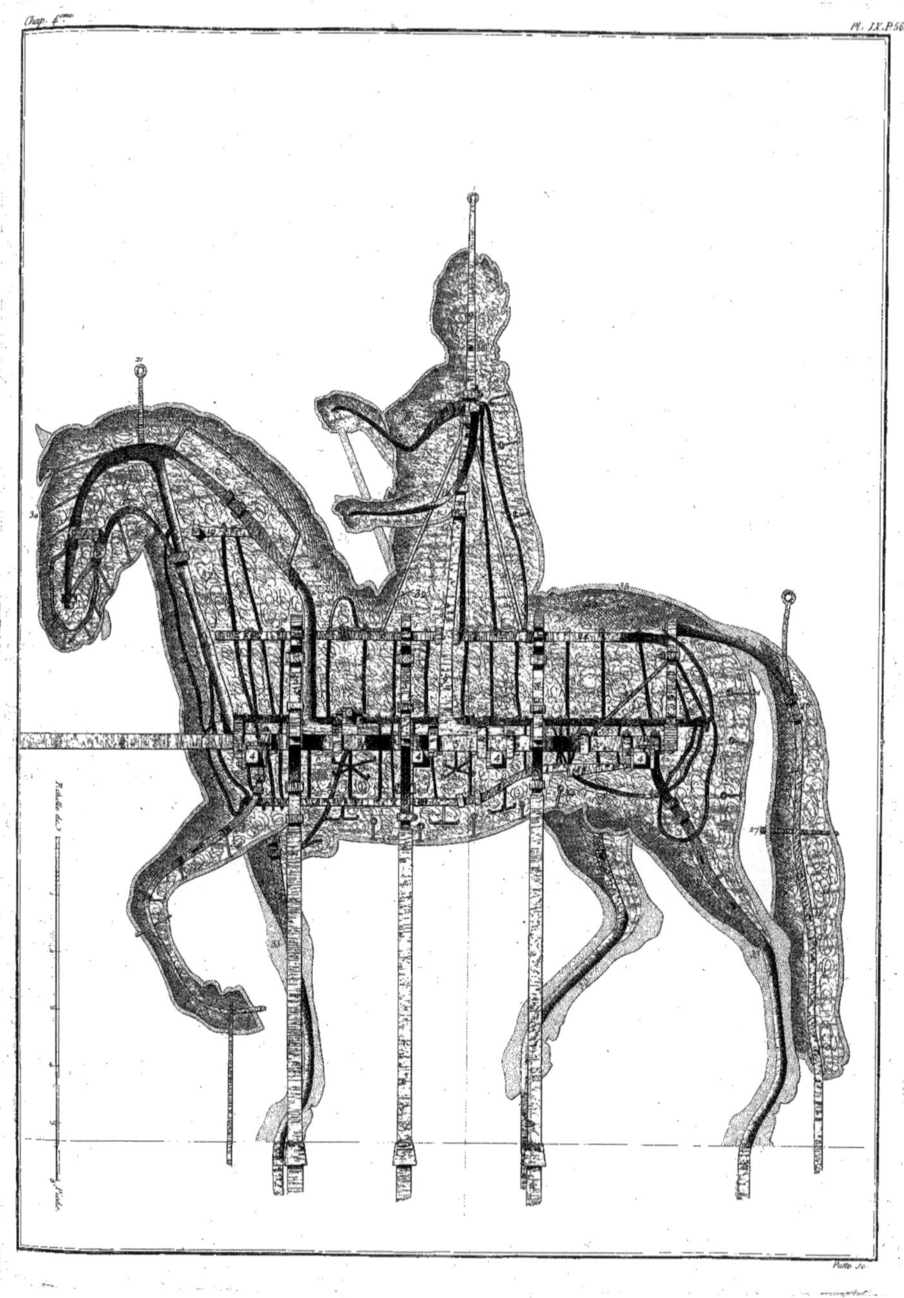
Echelle de
pieds

28 *Fer contourné, lequel attaché aux fers qui viennent d'être décrits, descend jusque sur la bouche du cheval.*

19 *Deux pièces de fer mises, l'une au droit des joues du cheval, & l'autre au milieu de son col ; toutes deux ajustées sur les pièces n°. 14, & à travers chacune desquelles passent de part en part des barreaux ou traverses de fer pour le soûtien du col & de la tête du cheval, lesquelles traverses seront plus distinctement exprimées dans la Planche X, sous les n°. 23 & 24.*

20 *Les deux traverses susdites se montrant seulement par la coupe.*

21 *Pièce de fer qui déborde extérieurement la tête du cheval, & qui porte à son extrémité un anneau semblable pour l'usage, à celui qui a été décrit ci-devant sous le n°. 9.*

22 *Pièce ou tige de fer posée debout à l'extrémité de la grande traverse du côté de la croupe, & qui reçoit à son sommet la naissance des fers de la queue du cheval.*

23 *Petite pièce de fer faisant l'office d'arc-boutant, & qui maintient la pièce de fer montante, n°. 22.*

24 *Barre de fer circulaire par le plan, qui d'un bout est attachée sur l'extrémité de la barre de fer n°. 6, s'appuie de l'autre sur la pièce de fer montante n°. 22, & sert à soûtenir le dessus de la croupe du cheval : il doit y en avoir une semblable dans la partie opposée.*

25 *Les fers de la queue du cheval destinés à en soûtenir le noyau, & divisés en deux parties qui s'unissent & sont retenues & liées ensemble par des brides de fer ; la partie supérieure est disposée de façon à pouvoir être retirée après la fonte, l'autre descend jusque sur le massif de pierre pour y être scellée dans la suite, & à ces deux fers est uni un troisième qui, comme celui dont on a eu ci-devant la description sous le n°. 21, porte en tête un anneau dans une intention toute pareille.*

26 *Endroit où se fait la jonction des fers de la queue du cheval.*

27 *Petite traverse servant à contenir la barre de fer qui parcourt de haut en bas la queue du cheval : il s'en trouve une un peu plus bas qui est posée en sens contraire, & qui passe au travers de l'ouverture numérotée 28.*

28 *Ouverture servant de passage à la traverse inférieure susdite.*

29 *Fer de la jambe droite de la Figure Équestre, attaché, de même que celui de la jambe gauche, aux extrémités d'une traverse qu'on ne voit ici que par la coupe, & qui sera plus développée dans la planche XI, sous les n°. 12 & suivans.*

30 *Petits fers appellés côtes de vache, contournés relativement aux places où ils sont distribués, à peu de distance l'un de l'autre, dans toute la capacité que doit occuper le noyau, & qui serviront à le soûtenir & à en lier fermement toutes les parties.*

31 *Petits lustres de fer à quatre branches, suspendus en différens endroits pour le soûtien du noyau dans les parties inférieures.*

32 *Petits fils de fer enlacés & mêlés ensemble, qui ont été appliqués sur toute la surface intérieure des cires, & dont se trouvera tapissée la surface extérieure du noyau lorsqu'il sera formé, ce qui empêchera qu'il ne s'en détache aucune portion pendant & après le recuit.*

33 *Les cires dont l'épaisseur, exprimée par un travail pointillé, est précisément la même que celle qu'on a dessein de donner au bronze.*

34 *Épingles de laiton de quatre à six pouces de long, dont la tête ronde & plate est à peu près de la grandeur d'un jeton, & qui se terminent à l'autre extrémité par un petit crochet recourbé, lesquelles attaches ou épingles sont logées à différentes distances dans l'épaisseur des cires, pour les retenir & les empêcher de se séparer du noyau, principalement dans les parties inférieures, telles, par exemple, que le dessous du ventre.*

PLANCHE X.

Coupe & profil du cheval par le travers au droit de la première des quatre traverfes, ce qui laiffe à découvert toutes les pièces de l'armature qui fe trouvent logées dans le poitrail du cheval.

1   *Le premier pointal traverfant l'intérieur du poitrail du cheval.*

2   *La grande traverfe étant au centre du corps du cheval, coupée dans la partie qui doit le déborder en traverfant le milieu du poitrail.*

3   *Les deux équerres pofées au fommet du pointal.*

4   *Deux brides de fer couchées horizontalement, qui lient les équerres au pointal.*

5   *Les deux fupports des équerres.*

6   *Brides de fer qui lient enfemble les fupports & les équerres.*

7   *Bride de fer qui affujétit les fupports à la tige du pointal.*

8   *La première des quatre grandes traverfes de fer, paffant de bout en bout au travers du poitrail du cheval.*

9   *Les deux tréteaux de fer qui leur fervent de fupports à droite & à gauche.*

10   *Les fers de la jambe de devant du cheval hors du montoir en deux pièces, dont une qui reftera engagée dans le bronze, defcend & fe prolonge au dehors pour fervir par la fuite au fcellement de la Statue, & l'autre qui remonte eft amovible.*

10* *Celui d'une des jambes de derrière.*

11   *Les fers de la jambe de devant qui leve, difpofés de façon à pouvoir être aifément déplacés, lorfqu'on démontera l'armature.*

11* *Fer poftiche qui jufqu'après la fonte, eft deftiné au foûtien de la jambe du cheval qui leve, & qui dans la fuite fera fupprimé.*

12   *Endroits où ces fers deftinés à être enlevés s'accrochent à la traverfe nº. 8, & y font liés chacun avec des brides de fer.*

13   *Lieu où fe fait fur le devant du poitrail la réunion des deux pièces de fer compofant le grand cercle qui, porté fur les équerres, roule autour du corps du cheval au droit des flancs.*

14   *Brides de fer qui tiennent en état les fufdites deux pièces réunies.*

15   *Les deux barres de fer qui, pofées fur le haut des équerres, s'étendent en longueur fous l'épine du dos du cheval, & qui ne fe voient ici que par la coupe.*

16   *Pièce de fer circulaire faifant partie des deux barres de fer logées dans le bas du ventre du cheval, laquelle ayant un contour relatif à celui de l'intérieur du poitrail, lui fert de foûtien.*

17   *Pièce de fer montante employée au foûtien du deffous de l'encolure du cheval.*

18   *Bride de fer qui la lie par le pied à la grande traverfe nº. 2.*

19   *Autre pièce de fer montante & formant la potence, qui, après avoir fervi à foûtenir le deffus de l'encolure du cheval, defcend par-devant jufque dans la tête. On a vû dans la Planche précédente, fous les nºˢ. 14 & 15, comment elle pofe & fe lie fur la grande traverfe.*

20   *Autre pièce de fer qui prend fa naiffance à l'extrémité de la pièce ci-deffus avec laquelle elle eft liée, & qui remontant, va s'unir à la pièce de fer du deffous de l'encolure.*

21   *Endroit où la pièce de fer nº. 20 fe lie avec la pièce du deffous de l'encolure nº. 17, & y eft retenue par une bride de fer.*

22   *Autre fer contourné defcendant jufque fur les nafeaux du cheval.*

23   *Fer au droit des joues du cheval, & dans lequel paffe une barre de fer qui traverfe horizontalement la tête, la déborde & lui fervira de foûtien, ce qui excède de cette traverfe devant être enveloppé dans le moule de potée.*

24   *Pareille traverfe à l'endroit de l'encolure.*

25   *Pièce de fer débordant la tête du cheval par le haut, & ayant à fon fommet un anneau dont on a déjà montré la propriété dans l'explication de la Planche IX, où cette même pièce eft repréfentée fous le nº. 21.*

26   *Difpofition des fers appellés côtes de vache dans cette partie de l'armature.*

27   *Épingles de laiton femblables à celles qui ont été décrites fous le nº. 34 de la Planche IX; on obfervera feulement que celles qui furent mifes à la tête du cheval étoient prefque toutes attachées, par la partie où elles font armées d'un crochet, aux fers de l'armature de ladite tête.*

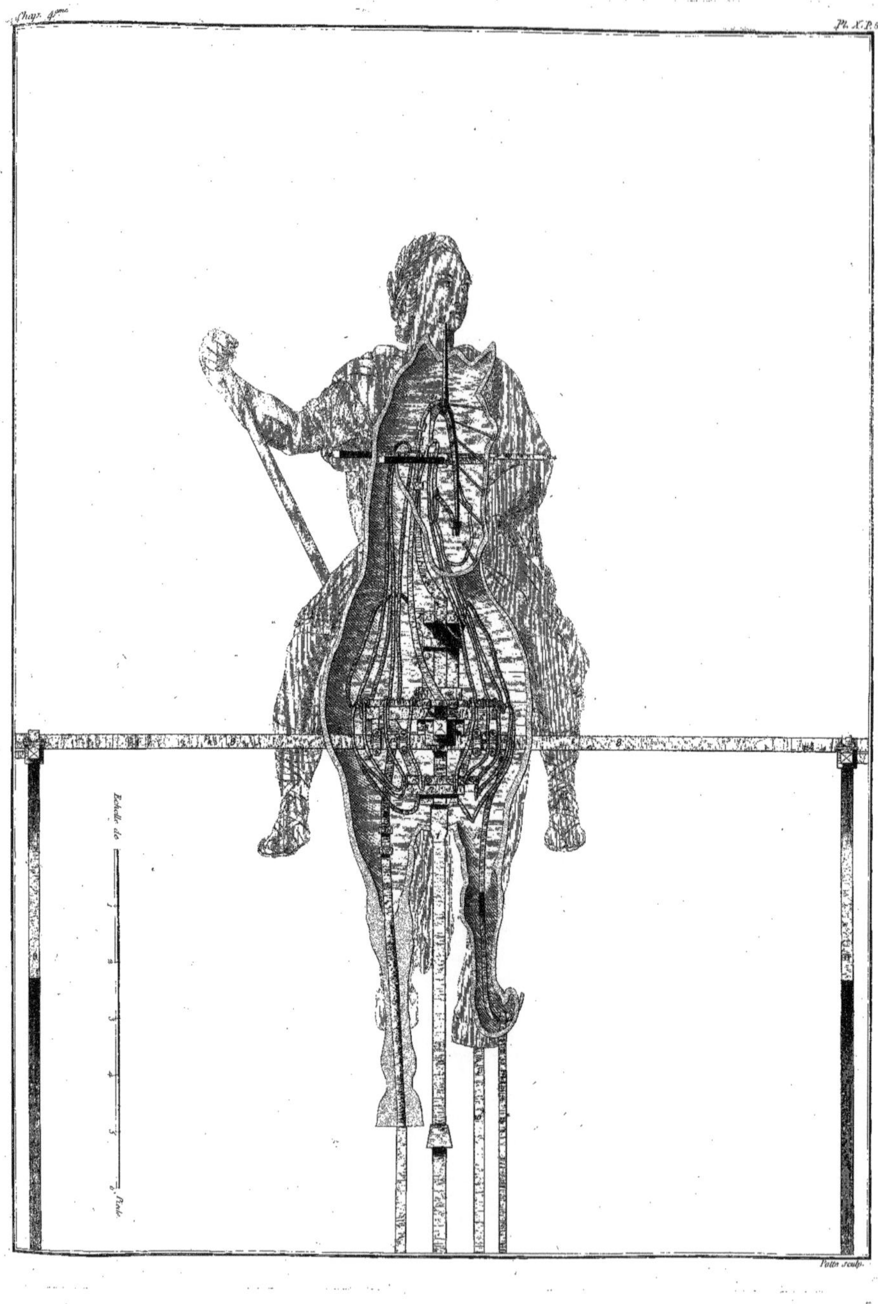

Echelle de
Patte sculp.

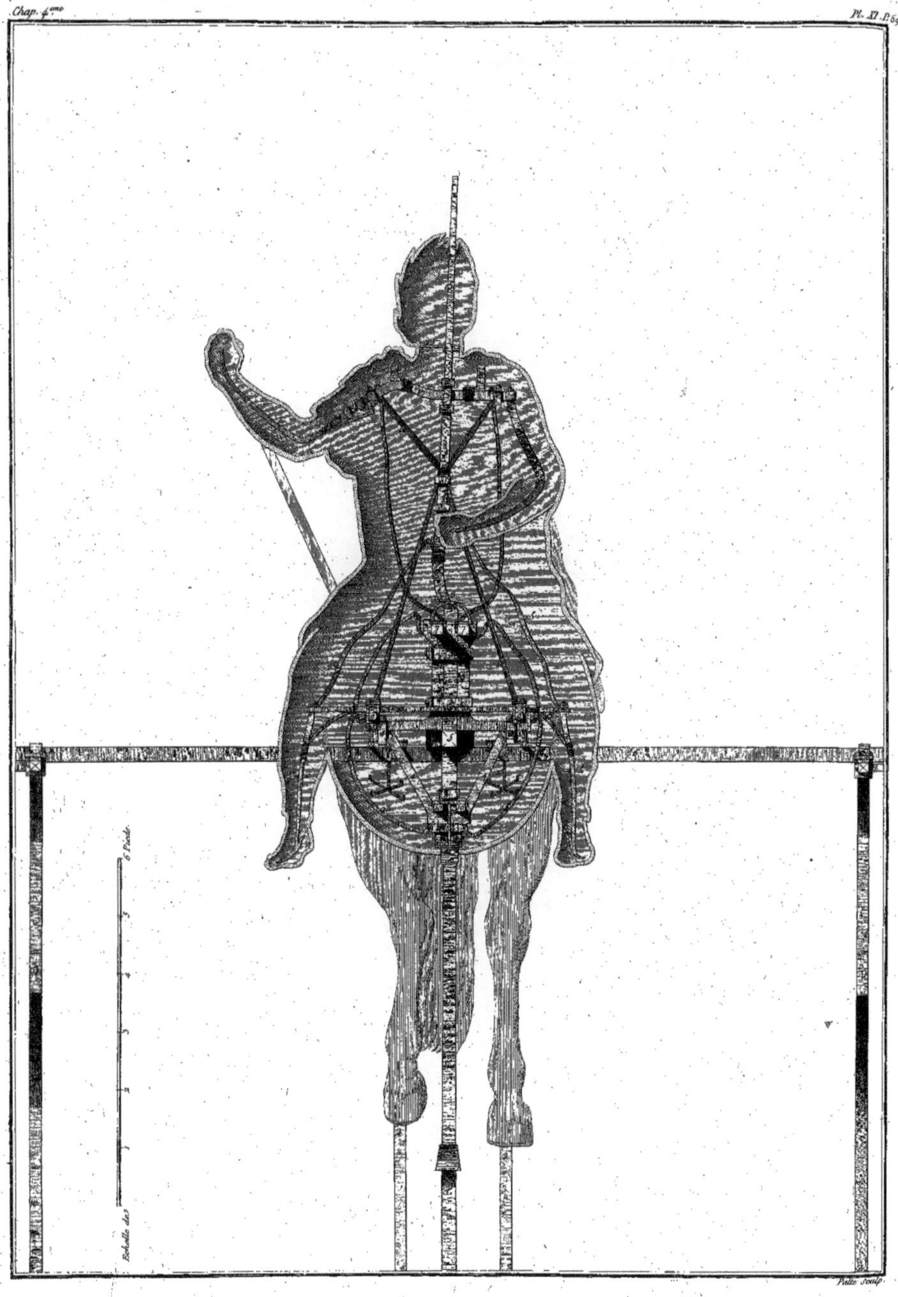
6 Pieds
Echelle de 3
Patte Sculp.

PLANCHE XI.

Coupe & profil de la Statue Équeſtre par le travers au droit de la ſeconde des quatre traverſes, au moyen de quoi les pièces de l'armature, dans le milieu du corps du cheval & de la Figure Équeſtre, ſe montrent à découvert.

1 *Le ſecond pointal étant au milieu du corps du cheval.*

2 *L'excédent des fers qui paſſent au travers des jambes de derrière du cheval, & qui devant demeurer en place, ſerviront dans la ſuite au ſcellement de la Statue Équeſtre ſur ſon piédeſtal.*

3 *Les équerres & les brides qui les tiennent attachés au pointal.*

4 *Supports des équerres & les brides qui les aſſemblent, tant avec le pointal qu'avec les équerres.*

5 *La grande traverſe qui parcourt le corps du cheval dans ſa longueur, coupée par ſon milieu.*

6 *La ſeconde des quatre grandes traverſes paſſant à travers le corps du cheval, & s'appuyant à droite & à gauche ſur les tréteaux de fer.*

7 *Les deux barres de fer placées au deſſous & le long de l'épine du dos du cheval, vûes ſeulement par la coupe.*

8 *Petite pièce de fer en manière de dôme, ajoutée en cet endroit au ſommet des équerres pour le ſoûtien du garrot.*

9 *Les deux barres de fer qui, portées par les équerres, roulent dans l'intérieur & tout au pourtour du corps du cheval, ainſi qu'il eſt exprimé ſur le plan, Planche VIII, n°. 10, & qui ne ſe montrent ici que coupées tranſverſalement.*

10 *Les deux barres de fer dans le deſſous du ventre du cheval, coupées de même.*

11 *Petit fer en manière d'une double potence, ſuſpendu aux deux précédentes barres de fer, & dont le pied forme comme un petit luſtre pour le ſoûtien du noyau dans le bas du ventre du cheval.*

12 *Barre de fer ou traverſe poſant ſur les fers n°. 9, & portant à ſes extrémités ceux qui paſſent dans les jambes de la Figure Équeſtre.*

13 *Fers qui, poſés diagonalement, lient la traverſe précédente & les fers des jambes de la Figure Équeſtre & les empêchent de s'écarter.*

14 *Petites traverſes ajoutées aux fers des ſuſdites jambes de la Figure Équeſtre, pour leur faire prendre une plus parfaite liaiſon avec le noyau.*

15 *Pièce de fer en manière de montant qui poſant, comme on l'a vû dans la Planche IX, n°. 9, ſur la grande traverſe, & y étant fortement aſſujétie par une double bride, s'élève & non ſeulement parcourt dans toute ſa hauteur le milieu de la Figure Équeſtre, mais la déborde encore au deſſus de la tête.*

16 *Deux barres de fer en manière d'arc-boutans qui, joints à deux autres ſemblables arc-boutans appliqués comme on l'a vû Planche IX, n°. 10, aux deux autres faces de la même pièce de fer qui traverſe dans toute ſa hauteur la Figure Équeſtre, la tiennent en reſpect & l'empêchent de s'éloigner de la ligne perpendiculaire : les deux arc-boutans qu'on voit ici poſent par le pied ſur les deux barres de fer du n°. 9, y ſont fixés avec des vis & des écrous, & ſont liés par le haut moyennant une bride avec le fer qu'ils ſoûtiennent.*

17 *Traverſe de fer appliquée ſur le montant de fer n°. 15, au droit des épaules de la Figure Équeſtre, & qui s'y trouve liée avec une bride.*

18 *Brides de fer qui lient la ſuſdite traverſe au montant de fer.*

19 *Deux pièces de fer en manière de potence, emmanchées, tant avec le montant de fer n°. 15, qu'avec la traverſe n°. 17, pour leur ſervir de décharge.*

20 *Deux petites équerres de fer liées avec des fils de fer ſur la traverſe n°. 17, pour le ſoûtien du deſſus des épaules.*

21 *Pièce de fer coudée, attachée par le haut à une des extrémités de la traverſe n°. 17, où elle eſt retenue par un écrou, & deſcendant dans le bras gauche de la Figure Équeſtre juſqu'à la main qui tient la bride.*

22 *Pièce de fer dans le bras droit de la Figure Équeſtre, ſe joignant par le haut à la traverſe n°. 17, & s'y trouvant fixée au moyen de deux brides de fer miſes à l'endroit où ſe fait la jonction; & comme cette pièce de fer pourroit courir le riſque de fléchir pendant le recuit, on a ajouté en deſſous un morceau de fer qui lui ſert d'appui, & qui ſort du dedans d'une bride de fer commune à ce morceau de fer & à une des potences n°. 19.*

23 *Petite traverſe au droit du col de la Figure Équeſtre.*

24 *Petits fers appellés côtes de vache, mis pour le ſoûtien du manteau de la Figure Équeſtre.*

25 *Diſpoſition particulière des fers appellés côtes de vache dans l'intérieur du corps du cheval, où ſe trouvent auſſi ſuſpendus de petits luſtres ſemblables à ceux qui ont été déjà décrits, le tout pour ſoûtenir le noyau, & lui faire acquérir la ſolidité requiſe.*

P ij

PLANCHE XII.

Coupe & profil de la Statue Équeſtre par le travers au droit de la quatrième &
dernière traverſe, ce qui mettant à découvert l'intérieur de la croupe du cheval,
montre la façon dont les fers de l'armature y ſont arrangés.

1 Le dernier des trois pointals, ou celui qui eſt le plus voiſin de la queue du cheval.
2 Équerres & leurs ſupports appliqués au ſuſdit pointal, de la manière qu'il a été expliqué plus d'une
   fois.
3 La grande & principale traverſe ſe préſentant par la tête & du côté qui regarde la queue du cheval.
4 Court barreau de fer poſé horizontalement & braſé à l'extrémité de ladite grande traverſe qui, par cette
   addition, prend la figure d'un I.
5 Pièce de fer montante, poſée & fixée à ſa baſe avec vis & écrous ſur le précédent barreau de fer n°. 4.
6 Les deux barres de fer circulaires & horizontales qui, après avoir parcouru toute l'étendue du corps du
   cheval ſur les côtés, viennent ſe réunir ſous la croupe, & poſant à leurs extrémités ſur le barreau n°. 4,
   y ſont arrêtées par les mêmes vis & écrous qui retiennent la pièce montante du n°. 5.
7 Vis & écrous qui retiennent les pièces de fer n°. 5 & 6, & les aſſujétiſſent ſur le barreau n°. 4.
8 Sommet de la pièce de fer montante n°. 5, ſervant de point d'appui à deux barres de fer circulaires
   par le plan, qui ſoûtiennent le deſſus de la croupe du cheval, & qui ſe réuniſſent en cet endroit.
9 Les ſuſdites deux barres de fer circulaires.
10 Endroit où elles s'uniſſent & ſont retenues par des brides de fer.
11 Tête des fers de la queue du cheval s'attachant au ſommet de la pièce de fer montante n°. 5, au moyen
   d'une vis que porte cette tête, & qui traverſant ladite pièce montante, y eſt retenue avec un écrou, ainſi
   qu'on le voit dans la Planche IX, ſous le n°. 22.
12 Barre de fer qui, après avoir parcouru de haut en bas l'intérieur de la queue du cheval, eſt ſcellée d'un
   bout dans le maſſif de pierre & ſe réunit par l'autre bout avec le fer dont on voit la tête au n°. 11, &
   avec un troiſième fer qui déborde extérieurement, ainſi qu'il eſt plus particulièrement exprimé dans la
   Planche IX, ſous le n°. 25.
13 Deux brides de fer ſervant à contenir les ſuſdits fers à leur jonction.
14 Petite traverſe pour le maintien du fer de la queue.
15 Trou par où paſſe une autre traverſe en ſens contraire à la précédente, & ayant une égale deſtination.
16 Les deux barres de fer étant dans la partie la plus baſſe du ventre du cheval, coupées tranſverſalement.
17 La dernière des quatre grandes traverſes du côté de la croupe, portée ſur des tréteaux de fer.
18 Les fers des deux jambes de derrière du cheval.
19 Endroits où les fers deſdites jambes s'accrochent, dans la partie, qui dans la ſuite ſera ſupprimée, à
   la grande & dernière traverſe, au moyen des brides de fer qui les y tiennent aſſujétis.
20 Petits fers appellés côtes de vache, arrangés & diſpoſés dans cette partie de l'armature ſuivant qu'on l'a
   jugé néceſſaire.

Quoiqu'il ne ſoit fait aucune mention, dans ces trois dernières coupes, de fils de fer ni d'épingles de
laiton, l'armature & les cires n'en étoient pas moins garnies aux endroits qui le demandoient; l'on avoit
ſuivi pour leur arrangement le même ordre & la même diſpoſition qu'on a ſuffiſamment fait connoître dans
l'explication de la Planche IX.

CHAPITRE

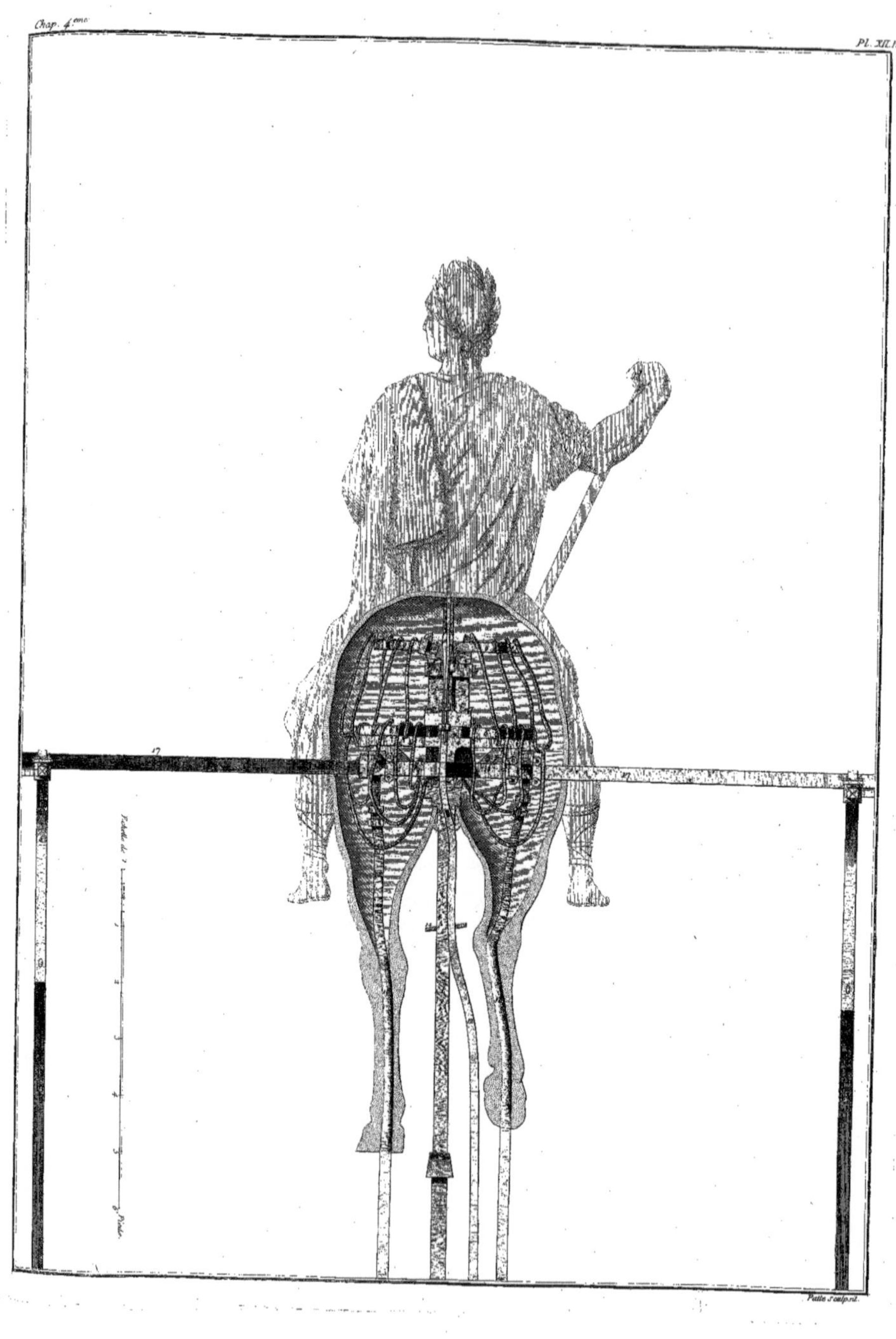

Patte Sculp.it.

CHAPITRE CINQUIEME.

Du coulage du Noyau.

CE qui devoit occuper toute la capacité intérieure du moule de la Statue
Équeſtre & qui en devoit former le noyau ſur lequel le bronze, comme ſur une
forme, viendroit s'aſſeoir dans la ſuite, demandoit que ce fût une matière liquide qui,
après s'être inſinuée dans toutes les cavités du moule, bût promptement ſon eau
& ſe figeât ſans augmenter ni diminuer de volume; elle devoit être de nature à ne
point craindre que l'ardeur du feu qu'elle auroit à eſſuyer, la pût altérer ou la
détruire, & il falloit qu'en durciſſant elle devînt un corps aſſez ferme & aſſez
ſolide pour ſupporter tout le fardeau du bronze. Il n'étoit pas moins néceſſaire
qu'on pût la briſer aiſément, lorſqu'après la fonte il faudroit la retirer des endroits
où elle ſe feroit introduite. Le plâtre & la brique pilée, mêlés & gâchés enſemble,
réuniſſoient tous ces avantages, on en fit choix ; mais avant que d'en faire l'emploi, pluſieurs opérations dont le détail eſt indiſpenſable au ſujet que nous traitons,
durent avoir leur exécution, & il eſt bon d'en rendre compte.

Il fallut premièrement conſtruire au pourtour du moule, tel qu'on l'a laiſſé dans
le Chapitre précédent, une enceinte ou chaſſis de charpente, qui, joint à des
brides de fer dont le moule étoit déjà ceint en différens endroits, ſervît à contenir
chaque pièce du moule en ſa place, & eût la force de réſiſter au mouvement
élaſtique que le plâtre en ſéchant, quelque tempéré qu'il fût par la brique, ne
pouvoit manquer de produire.

Il fut donc établi ſur des tréteaux, à la hauteur du chaſſis ſervant de baſe au
moule, un cours de pièces de charpente qui régnoit tout le long du moule &
l'embraſſoit exactement par le pied : ſur cette aſſiette l'on érigea ſix pièces de bois
de bout, quatre aux encoignures & deux dans les faces latérales, entretenues &
liées enſemble par un triple rang de pièces de bois tranſverſales; & comme le moule
formoit des arrondiſſemens dans les angles ſaillans, l'on ajoûta en ces endroits,
& de niveau avec les pièces de bois de traverſe, d'autres pièces de bois en diagonale, afin que le chaſſis ainſi conſtruit pût approcher de toutes parts le plus près
du moule qu'il ſeroit poſſible. Il étoit cependant inévitable qu'il ne reſtât des vuides
entre le chaſſis & le moule, puiſque celui-ci préſentoit une ſurface circulaire, tandis
que l'autre en offroit une qui alloit quarrément. On prévint cet inconvénient
en ajoûtant des planches de ſapin qui, miſes de bout & plaquées ſur la ſurface
extérieure du moule, y étoient étroitement aſſujéties & comme collées par des
coins de bois chaſſés à force dans tous les eſpaces que pouvoient laiſſer entre elles
les planches & les pièces voiſines de la charpente du chaſſis. Il y eut quelques-uns
de ces vuides, ſur-tout vers le poitrail du cheval, qui ne pouvant être remplis

Q

comme les autres à cauſe du trop grand eſpace, demandèrent à l'être par de la maçonnerie dont les planches de ſapin qui ſe trouvoient en ces endroits furent enveloppées & couvertes. Le chaſſis devint à ſon tour un corps inébranlable, retenu qu'il étoit de tous côtés par des pièces de bois en forme d'étréſillons, qui étant appuyées aux murs & au plancher de la foſſe, le faiſoient roidir dans tous les ſens contre les chapes du moule, & ne permettoient pas à celles-ci le moindre écartement.

Les choſes étant en cette ſituation, l'on forma avec des planches de ſapin les différens couloirs ou conduites par leſquelles la matière du noyau devoit paſſer à ſa deſtination. Elles étoient au nombre de ſix, dont trois prirent la forme d'une goutière, & les trois autres celle d'une caiſſe quarrée d'environ ſix pouces d'ouverture en tout ſens : toutes poſoient d'un bout ſur le bord du haut des murs de la foſſe, & y préſentoient dans un auget de planches, particulier à chaque conduite, leur bouche ou extrémité ſupérieure; puis prenant, en deſcendant de cet endroit, différentes directions & différentes pentes, elles venoient aboutir par l'autre bout à ſix ouvertures ou bouches d'un diamètre ſemblable à celui des couloirs, leſquelles bouches avoient été réſervées dans le moule, lorſqu'on le formoit, pour la poſſibilité de la préſente opération.

Une de ces ouvertures étoit placée préciſément au-deſſus de la tête de la Figure Equeſtre, la ſeconde l'étoit au droit de la tête du cheval, & la troiſième qui étoit la plus évaſée, & par laquelle un plus grand volume de matière devoit paſſer, étoit du côté de la queue : on y avoit adapté des caiſſes de planches de ſapin qui s'élevoient quarrément comme des tuyaux de cheminée, & ce fut à l'orifice ou entrée ſupérieure de ces caiſſes que furent appliqués les trois couloirs, qui ayant moins de chemin à parcourir, ou faiſant une chûte moins précipitée, n'avoient eu beſoin que de prendre la forme d'une ſimple goutière. Les trois autres couloirs qui étoient faits de quatre planches aſſemblées en manière de caiſſe quarrée, conduiſirent la matière à couvert, & ſans crainte qu'il s'en perdît rien, juſqu'aux trois dernières ouvertures du moule ; l'une avoit été pratiquée au deſſous de l'épaule gauche du cheval, une autre ſur le flanc droit, & la dernière deſſus la croupe.

Deux de ces ouvertures, qui avoient leur entrée par les côtés du moule, ſe préſentant de manière qu'il n'étoit pas aiſé aux couloirs de s'y ajuſter, on fut obligé de mettre au droit de chacune, des caiſſes ou augets couverts qui recevoient d'abord le plâtre des couloirs, & qui en frayoient enſuite la route & en facilitoient l'introduction dans les endroits voiſins où il étoit néceſſaire que la matière pénétrât; mais comme, en tombant de haut, il étoit à craindre que le plâtre par ſon abondance & par ſon poids ne fît ſauter les planches dont ces augets étoient couverts, on jugea convenable d'y aſſeoir en deſſus un corps de maçonnerie au moyen duquel on pût demeurer tranquille à cet égard.

On appliqua en même tems à l'ouverture qui étoit ſur la croupe du cheval, ainſi qu'à une ouverture particulière qui avoit été ménagée au deſſus du bras droit

de la Figure Equeſtre, deux caiſſes de planches de ſapin qui s'élevoient perpendiculairement, en manière de colonnes, juſqu'à la hauteur à laquelle arrivoit l'ouverture la plus éminente par où la matière couloit dans le moule; & voici quelle fut la
deſtination de ces deux caiſſes.

Non ſeulement elles firent l'office d'évents & contribuèrent à l'échappement de
l'air à meſure que le plâtre entroit dans le moule, mais on s'en ſervit auſſi, en y
introduiſant une bougie attachée à un fil de fer, pour ſavoir au juſte, tandis qu'on
couloit le noyau, à quelle hauteur la matière ſe trouvoit montée, & ordonner en
conſéquence de quel côté on devoit la fournir plus ou moins abondamment.

Il entra dans la compoſition de cette matière trois quarts de plâtre ſur un quart
de briques, le tout pilé & paſſé au tamis avant que d'être mêlé enſemble : cette
mixtion n'avoit été ainſi combinée que pour ôter au plâtre inbibé d'eau la faculté
de travailler, comme il le fait d'ordinaire en ſéchant, ou pour en diminuer au moins
l'action trop violente. On en avoit fait une proviſion ſuffiſante, qui fut apportée toute
préparée lors du coulage, & dépoſée dans une eſpèce de parc formé par des
madriers d'un pied & demi de haut, & en dedans contigu à la principale porte
d'entrée de l'attelier.

Pour mettre de l'ordre dans le ſervice & l'accélérer, une vingtaine de manœuvres
étoient diſtribués dans l'intérieur de ce parc, vis-à-vis autant de baquets qui étoient
placés au dehors à la file l'un de l'autre. Ces manœuvres ſervoient le plâtre avec
une pelle, pendant qu'un d'entre eux fourniſſoit l'eau néceſſaire à deux ouvriers
qui attachés à un baquet y gâchoient le plâtre; ils le tranſportoient tout de ſuite
& le verſoient dans un des augets déja décrits, d'où le plâtre ainſi gâché ſe portoit
de lui-même avec rapidité, par les couloirs qui étoient adaptés aux augets, vers
les différens endroits du moule qu'il devoit remplir.

Outre ces ouvriers, on en avoit poſté quatre ou cinq autres dans l'intérieur de
la foſſe, qui ne perdant point l'ouvrage de vue, & obſervant avec attention s'il
ne ſe faiſoit point quelque ouverture au moule, par laquelle le plâtre auroit pu
s'échapper & fuſer, étoient munis de terre glaiſe préparée, pour boucher les trous,
en cas de néceſſité, & empêcher le mal de faire du progrès. Il y avoit auſſi
un nombre ſuffiſant de manœuvres qui ſans diſcontinuation apportoient de l'eau
du dehors, & la dépoſoient dans des tonneaux rangés contre les murs de l'attelier
aux environs du parc.

On en conſomma une prodigieuſe quantité, car pour cette opération le plâtre
doit être gâché très-clair; & comme il eſt auſſi de la dernière importance que le
noyau ſe forme en entier tout de ſuite & ſans aucune interruption, le plâtre ne
peut être coulé avec trop de promptitude : il faut qu'il le ſoit, ce qu'on appelle
d'une même eau, & ne lui point laiſſer le tems de ſe prendre dans une partie du
creux, avant que toute la capacité du moule en ſoit entièrement abreuvée & remplie; ſans cela le plâtre ſe prendroit par couches, & il arriveroit que lors de la
fonte le bronze liquéfié couleroit immanquablement dans les entre-deux de ces

couches & y formeroit des cloifons qui, lorfqu'il faudroit faire la démolition du noyau & retirer les fers de l'armature, y apporteroient un obftacle prefque invincible.

Pour cette fois on n'eut pas lieu de craindre un pareil accident ; car le coulage fe fit en moins de trois quarts d'heure avec un ordre & une célérité dont il eft peu d'exemples, & qu'on ne peut trop louer. La quantité de plâtre & de brique qui fut employée pour cette opération a été évaluée à neuf milliers pefant.

Il n'a pas fallu moins de vingt-quatre heures pour laiffer au plâtre le tems de fe prendre & d'acquérir le degré d'une véritable confiftance ; & lorfqu'on a jugé qu'il y étoit parvenu, on a debarraffé l'attelier de tout ce qui n'y étoit plus néceffaire ; on a retiré les augets & les couloirs, on a démonté & déplacé le chaffis de charpente qui avoit fervi à contenir le moule de plâtre ; après quoi le moule a été lui-même entièrement démonté, en fuivant, pour le déplacement de chaque pièce, le même ordre qui avoit été obfervé lorfqu'elles avoient été prifes & retirées de deffus le modèle.

Les cires fe montrèrent alors à découvert, & moyennant le foin qu'on avoit eu de les bien frotter d'huile lorfqu'elles avoient été infinuées & pêtrics dans les creux du moule, joint à l'intelligence du Mouleur, qui ufa d'une fage difcrétion en retirant chacune des pièces de fon moule, la dépouille de ces cires fe fit avec autant de facilité que de précifion : elles fortirent de leur creux très-entières, & l'on eut la fatisfaction de voir naître toute une Statue Équeftre de cire, abfolument femblable à celle que le Sculpteur avoit formée en plâtre, & dont le réparage n'offroit rien de trop difficile ni de trop long.

Le chaffis de charpente qui jufqu'alors avoit fervi de bafe & de fupport au moule de plâtre, n'étant plus d'aucun ufage dans la foffe, on l'en fit fortir ; & ayant fait reprendre à ce chaffis fa première place dans l'attelier où s'étoit fait le moule de plâtre, on lui fit porter de nouveau toutes les pièces dudit moule, qu'on remonta & que l'on conferva avec foin, pour y avoir recours dans le cas que par quelque accident imprévû l'on fe trouvât dans la néceffité de recommencer de nouvelles opérations, ce qui heureufement n'arriva pas.

EXPLICATION

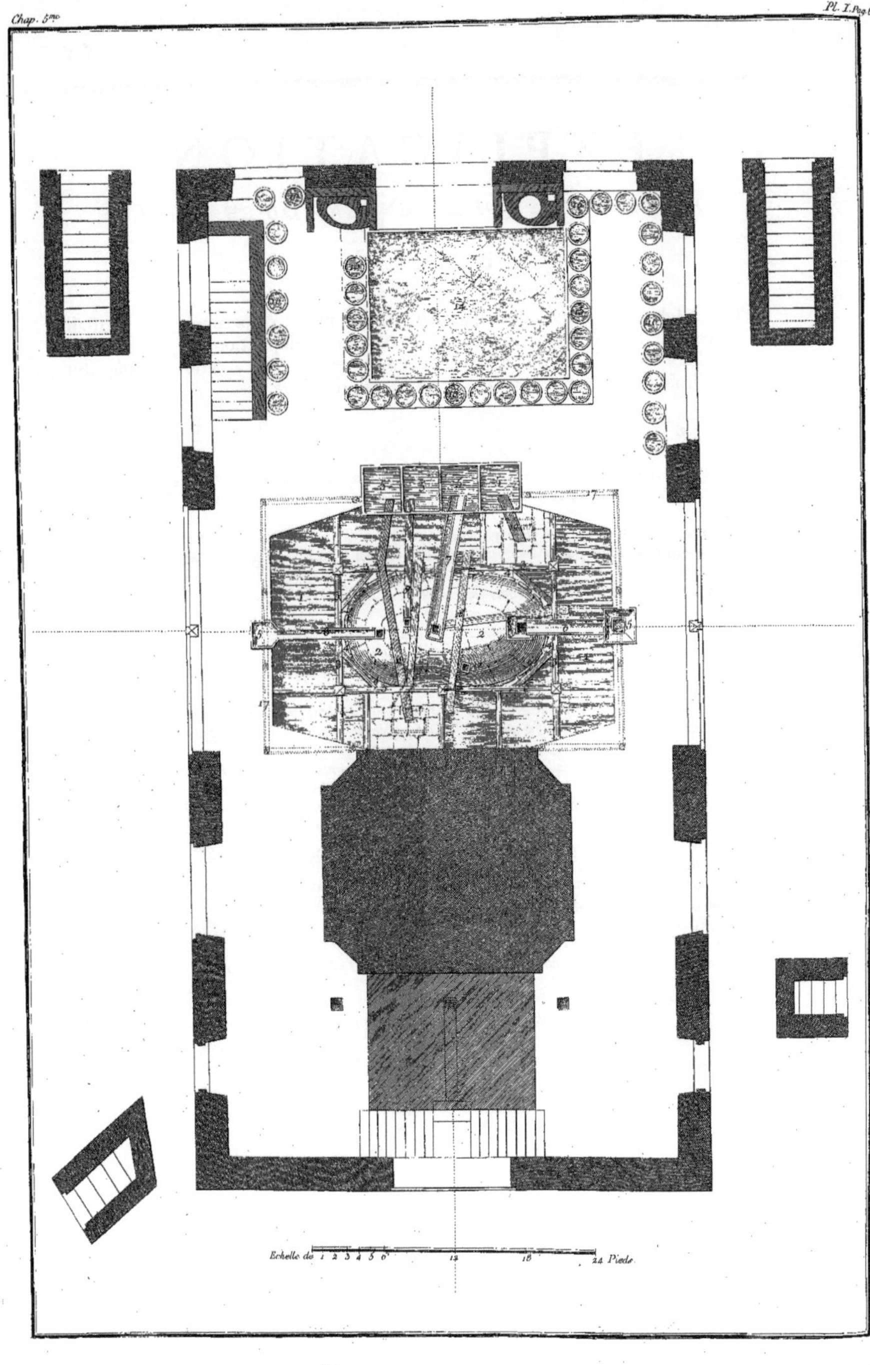
Echelle de 1 2 3 4 5 6 12 18 24 Pieds.

EXPLICATION

DES PLANCHES QUI DEPENDENT DU CHAPITRE V.

PLANCHE I.

Plan de l'Attelier, dans lequel font figurées les places qu'occupoit tout l'attirail néceſſaire pour le ſervice du coulage du Noyau, la diſpoſition des augets & des couloirs, & la diſtribution de la charpente du chaſſis qui, à cette occaſion, fut conſtruit dans la foſſe au pourtour du Moule de plâtre.

1 *La foſſe.*
2 *Le moule de plâtre.*
3 *Chaſſis de charpente étréſillonné de toutes parts & dreſſé autour du moule de plâtre, en intention de le contenir & d'empêcher, dans le tems du coulage, qu'aucune pièce ne s'en écarte & ne ſorte de ſa place.*
4 *Planches & coins de bois qui furent chaſſés à force dans tous les vuides entre le chaſſis de charpente & le moule de plâtre, pour maintenir les pièces du moule dans leur aſſiette, en roidiſſant contre elles.*
5 *Six augets de bois aſſis ſur les bords ſupérieurs de la foſſe, & dans leſquels ſe faiſoit le verſement de la matière dont ſe forma le noyau de la Statue.*
6 *Couloir en forme de gouttière, répondant d'un bout à l'un de ces augets & de l'autre à une ouverture qui avoit été pratiquée dans le moule au droit de la tête du cheval.*
7 *Pareil couloir portant la matière à l'ouverture qu'on avoit ménagée au deſſus de la tête de la Figure Équeſtre.*
8 *Autre couloir auſſi en forme de gouttière, pour une ouverture pratiquée vers la queue du cheval.*
9 *Couloir fait en forme de caiſſe quarrée, faiſant paſſer la matière à couvert juſqu'à l'ouverture ſur la croupe du cheval.*
10 *Couloir formé de la même manière que le précédent, & portant la matière dans un auget couvert de maçonnerie dont le plan eſt exprimé ici par des lignes ponctuées, d'où elle paſſoit dans l'intérieur du moule par une ouverture percée ſur le côté, au deſſous de l'épaule gauche du cheval.*
11 *Autre ſemblable couloir répondant, comme le précédent, à un auget couvert de maçonnerie, qui ſervoit comme de repos à la matière, avant que de paſſer dans l'ouverture percée dans le flanc droit du cheval.*
12 *Ouverture ou évent ménagé au deſſus du bras droit de la Figure.*
13 *Pareil évent ſur la croupe du cheval.*
14 *Eſpèce de parc de ſeize pieds & demi de long ſur onze pieds & demi de large, formé par des madriers & dans lequel étoient dépoſés le plâtre & la brique mêlés enſemble & non encore gâchés.*
15 *Bacquets rangés à la file l'un de l'autre au dehors du ſuſdit parc, & dans leſquels on gâchoit le mélange de plâtre & de brique.*
16 *Tonneaux remplis d'eau.*
17 *Eſpace qu'occupoit le grand chaſſis de verre qui, pendant tout le tems qu'on montoit le moule de plâtre garni de ſes cires, & tandis qu'on a réparé leſdites cires, couvrit la foſſe dans ſon entier.*
18 *Pièces de bois tranſverſales poſées au faîte du chaſſis de charpente pour le mieux affermir.*

R

PLANCHE II.

Le moule de plâtre dans son chaffis de charpente, vû par un des flancs,
tandis qu'on en couloit le noyau.

1 *Intérieur de la foffe.*
2 *Le moule de plâtre.*
3 *Chaffis de charpente dreffé autour du moule de plâtre.*
4 *Tréteaux de bois fervant à porter le fufdit chaffis.*
5 *Etréfillons qui, buttant contre les encoignures dudit chaffis par en bas, en contenoient l'affemblage.*
6 *Autres étréfillons appuyés contre les murs de la foffe, & qui, roidiffant contre les principales pièces du chaffis, le rendirent inébranlable.*
7 *Planches & coins de bois chaffés à force dans les vuides que laiffoient entre eux le chaffis & le moule de plâtre.*
8 *Autres plus grands vuides où, pour maintenir les pièces du moule en leur place, on avoit ajouté de la maçonnerie en dehors.*
9 *Pièce de bois debout qui fut mife par précaution à la tête de la grande traverfe de fer qui débordoit le poitrail du cheval, pour lui fervir de point d'appui & l'empêcher de fléchir.*
10 *Un des grands tréteaux de fer fur lefquels portent les quatre grandes traverfes qui font partie de l'armature du moule.*
11 *Couloir en forme de gouttière découverte & inclinée, par où la matière deftinée à former le noyau étoit verfée & arrivoit dans une caiffe pofée droite, & qui répondoit à une ouverture qu'on avoit ménagée à cette intention au deffus de la tête de la Figure Équeftre.*
12 *Couloir entièrement femblable au précédent, quant à la ftructure, & qui faifoit paffer de même la matière du noyau dans une ouverture pratiquée au deffus de la tête du cheval.*
13 *Pareils couloir & conduite pour l'ouverture réfervée fur la queue du cheval.*
14 *Couloir fermé comme une caiffe, lequel allant en pente fe joignoit à une conduite faifant le coude & pareillement inclinée, qui recevant la matière que le couloir lui fourniffoit, la répandoit dans un auget ci-après mentionné.*
15 *Auget de menuiferie qui, pour plus de fureté, étoit couvert en deffus de maçonnerie & fervoit de réceptacle à la matière qu'y avoit apporté le couloir ci-deffus décrit, pour paffer de-là par une ouverture pratiquée fur le flanc droit du cheval, dans l'intérieur du moule.*
16 *Pièce de bois debout fur laquelle étoit appuyé en partie le fufdit auget.*
17 *Couloir couvert aboutiffant à un auget femblable à celui dont on a donné ci-deffus le détail, & qui fourniffoit la matière du noyau à l'ouverture au deffus de l'épaule gauche du cheval.*
18 *Couloir en forme de caiffe fourniffant la matière qui doit paffer par l'ouverture au deffus de la croupe.*
19 *Event pour l'échappement de l'air, & qui conftruit de planches en manière de tuyau de cheminée, étoit adapté à la précédente ouverture & donnoit la facilité de voir, au moyen d'une bougie attachée au bout d'un fil de fer qu'on y introduifoit, à quelle hauteur la matière étoit parvenue & ce qui en manquoit encore.*
20 *Autre pareil évent répondant à une ouverture qui avoit été laiffée, en conftruifant le moule, au deffus du bras droit de la Figure.*
21 *Les augets placés fur le haut des murs de la foffe, & dans chacun defquels les couloirs avoient leurs embouchures.*
22 *Ouvriers apportant dans des bacquets le plâtre qu'ils gâchoient, & le verfant dans les augets.*
23 *Bâti d'un grand chaffis qui couvroit la foffe, & dont les panneaux de verre avoient été enlevés pendant le tems du coulage du noyau, pour qu'il n'y eût aucun obftacle à l'opération.*
24 *Deux pièces de bois appliquées des deux bouts & retenues avec des brides de fer, l'une en contre-haut & l'autre en contre-bas, fur le dernier rang de fablieres qui, dans les parties latérales, terminent par en haut le chaffis de charpente, lequel au moyen de cette efpèce de lien, ne pouvoit s'entr'ouvrir, ni fortir de fon aplomb; on ne les voit ici que par les extrémités.*

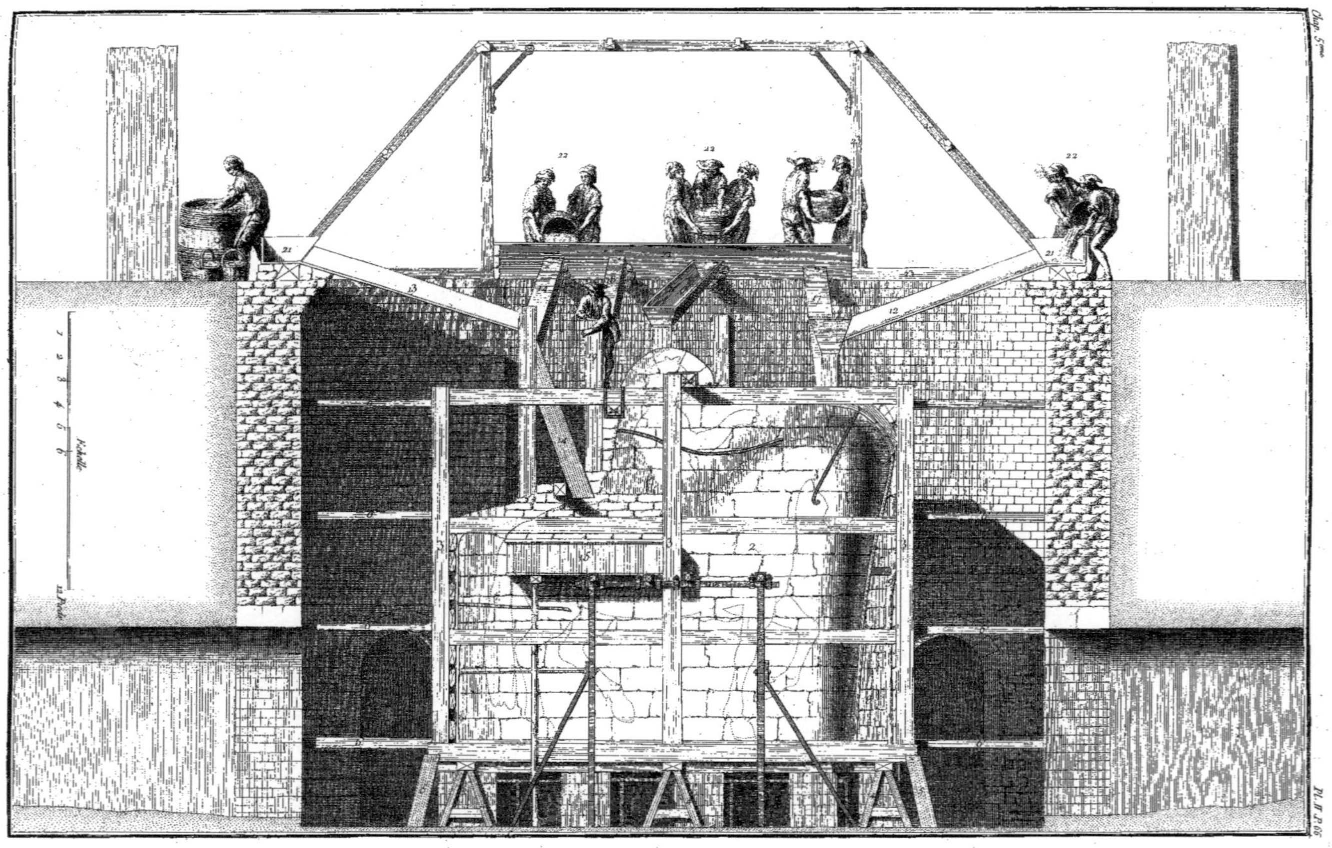

Echelle
1 2 3 4 5 6 12 Piede

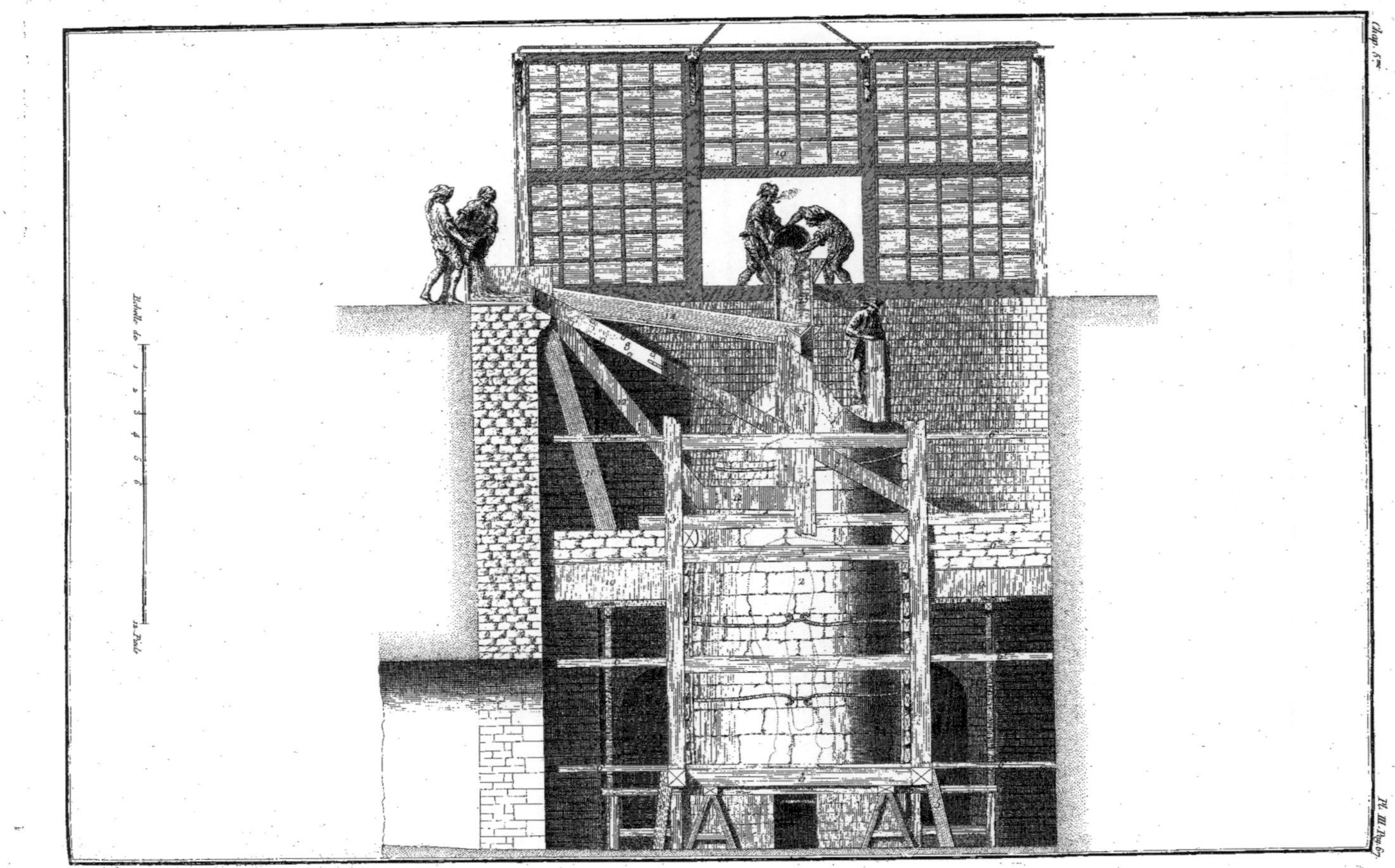

Echelle de 1 2 3 4 5 6 12 Pieds

PLANCHE III.

Le moule de plâtre dans son chassis de charpente, vû du côté de la croupe du cheval.

1 *Intérieur de la fosse.*
2 *Le moule de plâtre contenu par des brides ou bandages de fer, & monté, comme on l'a déjà fait remarquer, sur un chassis de charpente.*
3 *Autre chassis de charpente dressé au pourtour du moule de plâtre.*
4 *Tréteaux de bois sur lesquels ledit chassis étoit établi.*
5 *Étrésillons qui, roidissant contre le plancher de la fosse, tenoient en respect le chassis de charpente par en bas à ses quatre encoignures.*
6 *Autres étrésillons roidissant contre les murs de la fosse, & mettant dans la construction dudit chassis une force inaltérable.*
7 *Planches & coins de bois mis entre les vuides du chassis & du moule de plâtre pour affermir plus parfaitement le moule.*
8 *Couloir couvert en manière de caisse, ayant d'un bout son embouchure dans un auget placé sur le haut du bord du mur de la fosse, & plongeant de l'autre dans un auget de bois, d'où la matière du noyau qui y étoit versée entroit dans l'intérieur du moule par une ouverture de côté pratiquée dans le flanc droit du cheval.*
9 *Ledit auget couvert d'une maçonnerie.*
10 *Autre pareil auget servant à l'introduction de la matière du noyau par une ouverture latérale au dessous de l'épaule gauche du cheval.*
11 *Couloir couvert qui porte la matière dans le précédent auget.*
12 *Autre couloir couvert servant de conduite à la matière qui doit passer par l'ouverture pratiquée sur la croupe du cheval.*
13 *Couloir en forme de gouttière par lequel la matière étoit portée dans l'ouverture au dessus de la tête de la Figure.*
14 *Pareil couloir ayant son issue à l'ouverture qui est au sommet de la tête du cheval.*
15 *Conduite en manière de caisse posée directement sur l'ouverture voisine de la queue du cheval, & au haut de laquelle conduite étoit branché le couloir en forme de gouttière, par où se versoit la matière du noyau : on n'en voit ici qu'une portion & seulement ce qu'en donne la coupe.*
16 *Évent qui tombe perpendiculairement sur le bras droit de la Figure, & dans l'intérieur duquel un ouvrier pouvoit introduire une lumière qui lui servoit à connoître l'état où en étoit intérieurement le coulage du noyau, & à le faire accélérer ou retarder dans un endroit ou dans un autre, suivant qu'il étoit jugé nécessaire.*
17 *Autre semblable évent descendant jusque sur la croupe du cheval, & par lequel, ainsi que par le précédent, l'air que comprimoit le plâtre à mesure que l'intérieur du moule s'en remplissoit, s'échappoit au dehors.*
18 *Augets posés sur le bord supérieur des murs de la fosse, dans lesquels les ouvriers versoient le plâtre gâché.*
19 *Le chassis à verre couvrant en manière de dôme toute la fosse.*

CHAPITRE SIXIEME.

Du Réparage des Cires, de la pose des Jets & des Events,
& de la manière dont s'est fait l'essai du Métal.

QUELQU'HEUREUSEMENT qu'eût été faite la dépouille des cires, il
étoit presqu'impossible, vû la pression violente que le moule avoit éprouvée lorsqu'il
avoit été assujéti & contraint, comme on l'a vû dans le Chapitre précédent, que
quelques pièces n'eussent chassé vers le centre, & que les cires, obligées de suivre
la même impulsion, ne se fussent pareillement un peu dérangées : conséquemment il
avoit dû se faire quelques enfoncemens légers, principalement dans les parties du
corps du cheval les plus saillantes; mais comme il fut aisé de s'en appercevoir, il ne
fut pas plus difficile d'y remédier. Un coup d'œil donné avec intelligence par le
Sculpteur, lui fit reconnoître les fautes; il marqua lui-même les pièces qui avoient
souffert de l'altération, & leur rétablissement se fit sous sa direction de la façon suivante.

On reprit les différentes pièces du moule d'où étoient sorties les parties qui dans
la figure en cire demandoient à être réformées; on remit dans chacun de ces creux
de nouvelle cire de huit à dix lignes d'épaisseur, observant, en faisant ce travail, les
divers procédés qu'il exige, & qui ont été détaillés en leur lieu; & à mesure que
ces cires exactement moulées sortoient de leur creux, on enlevoit sur le modèle
en cire celles qu'elles devoient remplacer. On faisoit pour cet effet, tout au pourtour de la pièce vicieuse, & le long des balèvres qui en indiquoient le contour, une
entaille profonde avec une lame de couteau un peu chaude; la pièce entièrement
cernée, on la tiroit à soi, & le Sculpteur y substituoit la nouvelle pièce de cire
qu'il ajustoit avec toute la précision dont il étoit capable, & suivant que le prescri-
voit le nud des pièces contigues avec lesquelles celle-ci s'unissoit : on la soudoit
tout de suite, & comme ce remploi ne pouvoit guère manquer d'occasionner
quelque vuide entre la nouvelle pièce & le noyau de la figure, on faisoit au joint
supérieur de la pièce une ouverture à laquelle étoit adapté un petit godet de cire
un peu incliné, & l'on y versoit autant de cire fondue qu'il en falloit pour remplir
le vuide. Il est aisé de sentir que si on l'eût négligé, les nouvelles pièces, faute de
point d'appui, se feroient tourmentées & enfoncées une seconde fois, lorsque l'on
construiroit le moule de potée, sans qu'il fût possible d'y apporter pour lors aucun
remède.

La méthode que suivoit M. Bouchardon dans la formation de ses modèles, le
grand & beau terminé qu'il avoit mis dans celui-ci, & les soins qu'il s'étoit donnés
pour l'amener à un point de perfection, qui sembloit ne plus permettre à lui-même
d'y toucher, contribuèrent beaucoup à l'accélération & à la facilité du réparage des
cires. L'assistance de deux seuls Compagnons sculpteurs & le court espace de six

femaines fuffirent pour l'entier accompliffement d'une opération qui, s'il en faut croire M. Boffrand, fut auffi longue que périlleufe par les variations & les incertitudes que mit dans fon travail le Sculpteur célèbre (a) auquel nous devons la Statue de Louis XIV fondue en 1699. Sur ce qu'en rapporte cet Écrivain, il paroît que cette dernière Figure fut retravaillée prefqu'entièrement lorfqu'elle fortit en cire de dedans le moule, & que le Sculpteur, s'éloignant de fon modèle, y réforma une infinité de parties, tandis que M. Bouchardon n'eut prefqu'autre chofe à faire à la fienne, en réparant les cires, que de rapporter à leur place un nombre de petites pièces détachées, telles que les oreilles du cheval, les branches du mors, quelques doigts à la main droite de la Figure, des bouts de lambrequins de la cuiraffe & des feuilles de laurier de la couronne, ainfi que quelques autres parties faillantes qu'on nous difpenfera de détailler, & que la néceffité du travail avoit forcé de mouler à part : à cela près, toute fa Statue formée en cire parut avec la même netteté & les mêmes fineffes qui avoient fait admirer le modèle en plâtre. Tant il eft vrai qu'en y apportant du foin & ne faifant rien qu'après y avoir férieufement réfléchi, on fauve une multitude de fâcheux inconvéniens auxquels font prefque toujours affujétis les ouvrages trop précipités & qui ne font pas fuffifamment digérés !

Ce que M. Bouchardon eut principalement à faire en réparant les cires, fe réduifit donc à fupprimer & nettoyer les balèvres que les joints des différentes pièces du moule avoient imprimées & laiffées fur le nud ou furface extérieure des cires, & à fonder tous les joints pour reconnoître s'ils étoient fuffifamment garnis de cire, & fi le plâtre, lorfqu'on formoit le noyau, ne s'y feroit point infinué trop avant. Pour s'en affurer, on s'armoit d'une lame de fer qu'on avoit préalablement fait chauffer; elle fervoit à faire des tranchées dans tous les endroits où les balèvres annonçoient des joints : on les faifoit de toute l'épaiffeur de la cire, & avec de femblable cire bien amollie on rempliffoit ces tranchées de toute leur profondeur, après avoir fupprimé & graté jufqu'au vif la matière du noyau, fuppofé qu'il en fût entré quelque portion dans les joints. On enlevoit enfuite avec un ébauchoir le fuperflu de ce qui pouvoit excéder de cire, tant en ces endroits que fur tout le refte de la fuperficie de la Statue, que quelque balèvre pouvoit défigurer encore; on uniffoit le tout, & pour dernière façon l'on donna un poli général à tout l'ouvrage, fe fervant d'un morceau de toile neuve ou de canevas humecté d'huile qu'on y fit promener avec ménagement & avec intelligence.

Le fieur Levaffeur, Mouleur, préparoit cependant de fon côté des cylindres de cire de différens calibres pour la formation des évents & des jets. Ces derniers font les canaux qui, renfermés dans le moule de potée & deftinés à porter le métal liquéfié par différens rameaux dans toutes les parties du moule, ainfi qu'on le verra par la fuite, imitent affez bien par leur difpofition l'arrangement des veines qui font circuler le fang dans le corps des animaux. Les évents difpofés

(a) M. Girardon.

& formés de la même manière que les jets, fournissent à l'air qui s'est insinué dans tous les espaces vuides du moule un moyen de s'échapper, lorsque le métal tout étincelant de feu y est introduit; & de même qu'on a comparé les jets aux veines, on pourroit dire que les évents étoient comme autant d'artères. Sans eux l'air, dont la force est inexprimable quand il est comprimé & de plus raréfié par la chaleur, auroit certainement fait éclater le moule pour se faire une issue, quelque obstacle qu'on y eût mis; ou si la plus petite portion d'air se fût trouvée renfermée dans quelque cellule sans pouvoir en sortir, cet air devenoit un rempart invincible, que le métal n'auroit pu forcer: inutilement eût-il pesé dessus, il n'eût pu passer outre, & la fonte auroit manqué infailliblement en cet endroit.

Il étoit assez naturel qu'on tînt massifs les cylindres de cire avec lesquels se feroit la ramification des jets & des évents; mais y ayant à craindre qu'une ramification si considérable n'obligeât, par son trop grand poids, quelques-uns des rameaux de plier, ou ne leur fît quitter, en fléchissant, les places auxquelles il étoit nécessaire qu'ils fussent appliqués, on préféra de faire ces cylindres creux, & par conséquent plus légers, d'en faire des tubes imitans les tuyaux de plomb dont on se sert pour la conduite des eaux. Cela ne changeoit rien aux dimensions ni à la capacité de ces canaux dépouillés de cire, & le moyen qu'on employa pour les rendre creux fut fort simple.

On fit tourner des morceaux de bois d'environ deux pieds de long chacun & du diamètre qu'on avoit résolu de donner aux différens tuyaux, & ils servirent à former des moules de plâtre qui, ouverts par un bout & fermés par l'autre, étoient coupés dans leur longueur en deux parties égales: de façon que lorsque ces deux portions de moule étoient rapprochées l'une de l'autre, & dégagées du morceau de bois qui en avoit fait le noyau, elles représentoient exactement une canonnière qui seroit bouchée à l'un de ses orifices. Ce moule ainsi formé, on assujétissoit les deux parties qui le composoient, en les entourant & les liant avec de la ficelle: on les avoit préalablement frottées d'huile intérieurement, pour empêcher la cire de s'unir au plâtre & de s'y incorporer. De la cire fondue pareille à celle dont on a ci-devant donné la récette, se versoit alors dans le moule avec une cuiller; on remuoit tout de suite le moule, on le secouoit, on ne donnoit pas le tems à la cire de se figer en un seul tas, on ne lui en laissoit qu'autant qu'il falloit pour enduire seulement les parois du moule; & comme le plâtre lui présentoit une superficie froide, l'enduit se faisoit sur le champ. La cire qui n'avoit pas pris cette première fois, se reversoit encore liquide dans la chaudière; on en remettoit d'autre dans la canonnière au bout de quelques instans: cette nouvelle cire, agitée comme la précédente, fortifioit l'enduit déjà commencé; & répétant à plusieurs reprises la même opération jusqu'à ce que le tuyau de cire fût entièrement formé & eût acquis une épaisseur proportionnée à son diamètre, il ne s'agissoit plus que de laisser refroidir la cire: la ficelle ôtée, les deux parties du moule se séparoient sans effort, & l'on en retiroit un tuyau de cire tel qu'on l'avoit conçu.

S ij

Il en fut moulé la quantité qu'on crut pouvoir employer, & l'on en fit de divers calibres ; car non seulement les tuyaux devoient diminuer de diamètre à mesure qu'ils s'éloignoient des parties supérieures pour descendre dans les parties les plus basses, mais il y eut quatre jets principaux qui dominant sur tous les autres, parce que c'étoit par leurs ouvertures que le métal, à la sortie du fourneau, devoit passer dans le moule, avoient besoin d'une bouche suffisamment ouverte & qui fût proportionnée à la quantité de matière que fourniroit le fourneau. Après une supputation exacte, faite en conséquence de la quantité de matière qui pouvoit sortir à la fois par le trou du tampon, & encore relativement à la longueur du chemin rampant que la même matière avoit à parcourir, depuis sa sortie du fourneau jusqu'à son arrivée dans l'échéno & jusque sur les bouches des jets, il fut décidé que deux pouces de diamètre suffisoient pour l'ouverture de chacun des quatre jets principaux, & que les autres jets qui répondoient à ceux-ci devoient avoir depuis huit jusqu'à douze lignes de diamètre.

Les tuyaux pour les évents furent faits de la même manière & dans les mêmes proportions, mais pourtant moins ouverts à leur extrémité supérieure ; & lorsque le nombre de tuyaux de toute espèce fut prêt, le Mouleur, assisté du Fondeur, en fit l'application & les distribua aux places que ce dernier lui indiquoit. Ils furent posés dans un éloignement de quatre à cinq pouces de l'ouvrage, & soûtenus de distance en distance par des attaches ou liens de cire qui, comme on le verra dans la suite, devinrent, après avoir été moulés, les canaux nécessaires non seulement pour l'introduction du métal dans le creux du moule, mais pour aider encore à son reflux dans les tuyaux des évents, ainsi qu'à l'échappement de l'air par ces mêmes tuyaux.

On observa dans l'arrangement de tous ces jets & de toutes ces conduites un tel ordre, que la matière ne rencontrant rien qui la gênât, pouvoit se porter, comme elle fit, du premier coup & par le chemin le plus court, dans tous les vuides qu'elle devoit occuper. Des tuyaux de traverse établissoient en certains endroits, & principalement sous le ventre du cheval, une communication qui donnoit encore au métal la facilité de se répandre jusque dans les parties les plus écartées. Il régnoit une correspondance & le balancement le plus parfait entre les jets & les évents : leur disposition promettoit, pour les opérations qui s'y devoient faire, un accord qui ne pouvoit manquer d'en assurer la réussite.

Toutes les principales branches des tuyaux de cire, à quelque usage que ceux-ci fussent destinés, se réunissoient par en bas & aboutissoient à diverses ouvertures communes, sous la queue du cheval, sous les quatre sabots, & en quelques autres endroits. C'étoit par ces issues que l'écoulement de toutes les cires se devoit faire dans la suite, & l'on avoit eu une singulière attention, en posant les tuyaux des jets & des évents, que leur arrangement fût relatif à cette dernière opération & qu'il ne pût lui nuire. Ils avoient tous une pente dirigée vers ces issues ; les cires de la Figure & du cheval s'y dégorgeoient naturellement, & il ne se trouvoit dans

toute

toute leur étendue aucun coude qui pût faire craindre quelque poche d'où la cire
n'eût pu fortir. C'eft ainfi qu'elle vint fe rendre jufqu'à la dernière goutte, par une
route facile & fûre, aux égouts qui furent mis à deffein de la recevoir fous toutes
les ouvertures mentionnées ci-deffus; ce qu'on fe réferve de montrer dans le Chapitre fuivant, qui a pour objet la formation du moule de potée, & qu'on verra
encore plus diftinctement dans les Planches qui accompagneront ce Chapitre.

Dans celles qui font à la fuite de celui-ci, on a la ramification entière des jets
& des évents; on la peut fuivre dans fa marche en tous les fens & en tous les
afpects. Ces Planches en donnent une idée beaucoup plus jufte & plus diftincte
qu'on ne le pourroit attendre de la defcription la plus circonftanciée; d'autant
plus même qu'on a eu foin, pour mieux faire fentir la différence des tuyaux, de
tenir ombrés dans la gravure ceux des jets, & d'exprimer par un fimple trait ceux
des évents.

On y peut remarquer auffi de quelle façon les tuyaux fe divifent ou fe re-
joignent, & côtoyent généralement toutes les parties de la Figure & du cheval,
& comment font branchées fur tous ces tuyaux les attaches ou petits liens dont
il a été fait mention plus haut, qui tenant par un bout au jet, vont par l'autre
bout s'appuyer en une infinité de points contre la furface de la figure de cire.
Ils doivent, lorfqu'ils feront transformés en petits tuyaux dans le moule de
potée, faire ruiffeler, s'il eft permis d'ufer de cette métaphore, dans tous les
vuides du moule le bronze que les conduites des jets y ameneront, & faire
refluer dans les tuyaux des évents la matière furabondante, à mefure que l'air
qu'elle chaffera & qu'elle fera obligée de fuivre, s'échappera par ces évents. C'étoit
auffi dans cette intention, & après y avoir mûrement réfléchi, qu'on avoit obfervé
en plaçant ces petits tuyaux qu'ils fuffent inclinés & euffent leur direction en contre-haut, lorfqu'ils étoient appliqués aux conduites des jets, à la différence de ceux
qui étoient branchés fur les conduites des évents, qui avoient la leur en contre-
bas.

Par cette ingénieufe difpofition, l'on fe rendoit maître du chemin qu'on vouloit
faire fuivre au bronze; on l'obligeoit à defcendre tout d'un coup & précipitamment jufqu'au fond de chaque jet, & remontant alors fur lui-même, il
entroit avec douceur & fans violence dans tous les vuides du moule, par cette
infinité de petits tuyaux qui venoient y aboutir. Déchargé de fon poids, lorfqu'il
y arrivoit, il ne pouvoit y faire aucun ravage; au lieu que fi le bronze fe fût
introduit dans le moule en y tombant rapidement de haut en bas, ce qu'il
auroit fait, fi les petits tuyaux qui lui donnoient paffage euffent eu leur direction
en contre-bas, il n'eft pas douteux qu'à la fuite d'une telle chute il étoit
capable, par fon propre poids & par un frottement forcé, d'occafionner l'arrache-
ment de quelques particules dans le moule & dans le noyau, qui, fe mêlant avec
la fonte, l'auroient rendue terreufe & pleine de craffes. Ces particules pouvoient
même s'accumuler, boucher un paffage, s'y former une efpèce de rempart que le

T

bronze n'eût pu franchir, & c'en étoit affez pour rendre l'ouvrage incomplet ou tout au moins difforme.

M. Boffrand affure néanmoins que le fieur Keller, qui fit la fonte de la Statue Équeftre de la place de Louis le Grand, n'ufa d'aucun de ces moyens ; que fa matière entra directement dans le moule par des canaux qui tous étoient inclinés de haut en bas, & qu'il n'en réfulta pas le moindre accident. Il permettra d'en douter : l'extrême netteté qu'on admire dans toutes les fontes de l'habile Keller, forme un préjugé peu favorable à fon récit ; & quand il feroit vrai qu'une fonte eût réuffi autrefois de la manière qu'il l'expofe, ne fera-t-il pas toujours plus prudent de s'abftenir d'une méthode qui a des dangers, & de donner la préférence à celle qui en eft exempte ?

C'eft d'ailleurs une erreur de croire que le métal court rifque de figer dans fa route, fi, au lieu de le faire tomber directement dans les vuides qu'il doit remplir, on le contraint, avant que d'y entrer, de faire un chemin qui foit le double de celui qu'il auroit eu à parcourir par l'autre méthode. Tout dépend du jufte degré de fufion qu'il convient de donner au métal, & l'expérience en décidera bientôt, puifque l'on verra dans la fuite que la matière qui refta dans l'échéno, lorfque la Statue Équeftre de Louis XV eût été coulée, n'étoit pas encore figée cinq minutes après que la totalité du moule, des jets & des évents en eût été entièrement remplie. M. Boffrand dit lui-même (*page* 54) qu'avant de jetter en bronze la Statue Équeftre de Louis le Grand, on avoit fondu pour épreuve une partie confidérable de bronze qui avoit coulé en plein air, fans figer, l'efpace de cinquante pieds ; par conféquent on pouvoit bien compter que dans un moule encore brûlant, il n'auroit pas de peine à couler de même dans le double de longueur.

On a fait obferver plus haut que les petites branches de cire qui fervirent à former les paffages des petits canaux faits pour porter la fonte dans le moule à la fortie des jets, & du moule dans les évents, étoient, lorfqu'on pofoit les jets & les évents, autant d'attaches qui les entretenoient en place & qui leur tenoient lieu de fupports. On n'en avoit mis que la quantité néceffaire pour l'opération de la fonte, parce qu'un plus grand nombre eût produit une multitude de jets inutiles qu'il eût fallu abbattre ; ce qui, en allongeant le travail du réparage, ne pouvoit qu'altérer celui du Sculpteur. On fentit cependant que faute d'un nombre fuffifant de fupports, les jets & les évents couroient rifque de plier & de perdre leur direction : l'on fe vit donc dans l'obligation d'y appofer, à mefure qu'on les élevoit, de longues aiguilles de laiton qui, traverfant diagonalement & de haut en bas les tuyaux qu'il falloit foûtenir, entroient par la pointe dans les cires voifines de la Figure, & rempliffoient parfaitement l'objet qui les avoit fait imaginer. Elles devinrent fuperflues lorfque l'on conftruifit le moule de potée ; on les retira pour lors, & il ne fut plus queftion que de reboucher d'un coup de doigt les petits trous que ces aiguilles avoient occafionnés.

Pour dernière façon l'on coupa quarrément par le haut les têtes des principaux
jets & des évents, on en couvrit les embouchûres d'un petit chapeau de cire qui ne
fut ôté qu'au tems de la fufion, & qui, jufqu'à ce moment, les tint fermées affez
exactement pour ne point donner fujet de craindre qu'il pût s'infinuer dans leur
intérieur aucune ordure ni aucun corps étranger qui eût pu nuire à la fonte.

On eut l'attention de faire de petites tranchées dans les cires, de deux lignes au
moins de largeur, au pourtour de tous les gros fers qui traverfoient la Figure &
l'outre-paffoient au dehors : c'étoit pour empêcher le bronze de s'en approcher de
trop près, & mettre par là plus de facilité à l'extraction de ces fers, lorfqu'il feroit
tems de la faire.

On raffembla pareillement toutes les pièces détachées qui avoient été moulées
en cire dans les creux qu'avoient donnés fur le modèle les places auxquelles
toutes ces pièces devoient s'adapter, & dont elles devoient, étant fondues, boucher
les différentes ouvertures. Il y en avoit pour tous les trous qui fervoient de paffages
aux traverfes & aux pointals de fer, pour la grande ouverture en manière de trappe
deffus la croupe du cheval, pour le trou qui fe trouvoit au deffus de la tête de la
Figure Équeftre, ainfi que pour ceux qu'on avoit percés au droit de la tête & de la
queue du cheval. On les réunit toutes, on y adapta en cire les jets & les évents
néceffaires, & l'on fe réferva, lorfqu'on formeroit le moule de potée, de faire fur
ces pièces la même opération, afin de les mettre en état d'être fondues enfemble
d'un feul jet & avec la même matière que la Statue Équeftre.

Ces divers travaux n'empêchèrent pas qu'on ne s'occupât de deux autres
procédés, tous deux également importans. Il ne s'agiffoit pas moins que de la
compofition d'un métal qui eût toutes les qualités requifes pour une belle fonte,
& de déterminer pour cet effet la quantité & la qualité des diverfes efpèces de
cuivre qui devoient entrer dans l'alliage : il falloit connoître au jufte la quantité
de métal ainfi combiné dont on auroit befoin. Pour parvenir au premier point
l'on fondit dans un petit fourneau qui avoit été conftruit à cette intention, environ
fix milliers de métal, dans lequel on fit entrer deux mille fept cens livres de cuivre
jaune provenant de diverfes mitrailles ou menus morceaux de cuivre, deux mille
fix cens livres de débris de vieux canons de bonne qualité, & fept cens foixante
livres de cuivre rouge en monnoie de Suède. Ces métaux ayant été fondus, bien
braffés, & étant unis fi bien enfemble qu'ils ne faifoient plus qu'une même maffe,
on fit couler cette matière dans des creux qu'on avoit pratiqués en terre, & où elle
prit la forme de plufieurs faumons. Un feul de ces creux, qui étoit au milieu des
autres, fut fait en rond, & le métal qui s'y infinua en fortit ayant la figure d'un
cylindre d'environ huit pouces de diamètre, & de quinze pouces de longueur.
Ce cylindre étoit deftiné à un effai plus particulier de la matière ; on y fit
paffer la lime, on l'attaqua avec le cifelet, on le riffla en un endroit, on le polit
dans un autre, on lui fit fubir tous les genres d'opérations qui devoient fe faire
en grand fur la Statue de bronze, & l'on eut la fatisfaction de voir que ce métal

T ij

avoit toute la ductilité possible ; on le trouva doux sous le ciselet, on eut lieu d'être content du poli qu'il prenoit, & sur-tout de sa couleur, presqu'aussi bril-lante que celle de l'or ; on n'en pouvoit guère desirer de plus parfait.

On cassa aussi un des saumons pour en voir la mie (a), l'on n'en fut pas moins satisfait. Il ne resta plus qu'à examiner par un calcul fait d'après la quantité de cire qui avoit été employée, combien il faudroit de métal ; l'expérience suivante le détermina. On prit dix livres pesant de cire pareille à celle qui avoit servi à former la Figure en cire, on en forma plusieurs boules qu'on mit au fond d'un baquet où l'on versa autant d'eau qu'il en falloit pour couvrir ces boules de cire, & l'on marqua sur les parois intérieures du baquet la hauteur à laquelle l'eau étoit arrivée. Les boules retirées, on mit en leur place des morceaux de métal provenant des saumons dont il vient d'être fait mention, & l'on ne cessa d'en jetter que lorsque l'eau, qui étoit toujours la même pour la quantité, fut parvenue à la marque qui avoit été faite sur le baquet lorsque les boules de cire y étoient encore. Pour lors on retira les morceaux de métal, on les pesa, & ils se trouvèrent du poids de quatre-vingt livres ; ce qui fit connoître que huit livres de métal occupoient le même espace qu'une livre de cire, & d'après cette régle il ne fut pas difficile de supputer la quantité de métal que consommeroit la fonte, puisqu'on savoit d'avance par les notes exactes qu'on en avoit tenues, qu'il étoit entré dans le moule, tant pour la Figure que pour tous les jets & les évents, la quantité de trois mille trois cens soixante-neuf livres de cire ; il étoit donc évident qu'il falloit aux environs de vingt-sept milliers de métal, sans compter celui qui devoit rester dans l'échéno, ni le remploi du déchet. Nous renvoyons pour ces détails au Cha-pitre dans lequel il sera traité de l'opération de la fonte.

(a) Terme dont se servent les Fondeurs pour exprimer le grain du bronze.

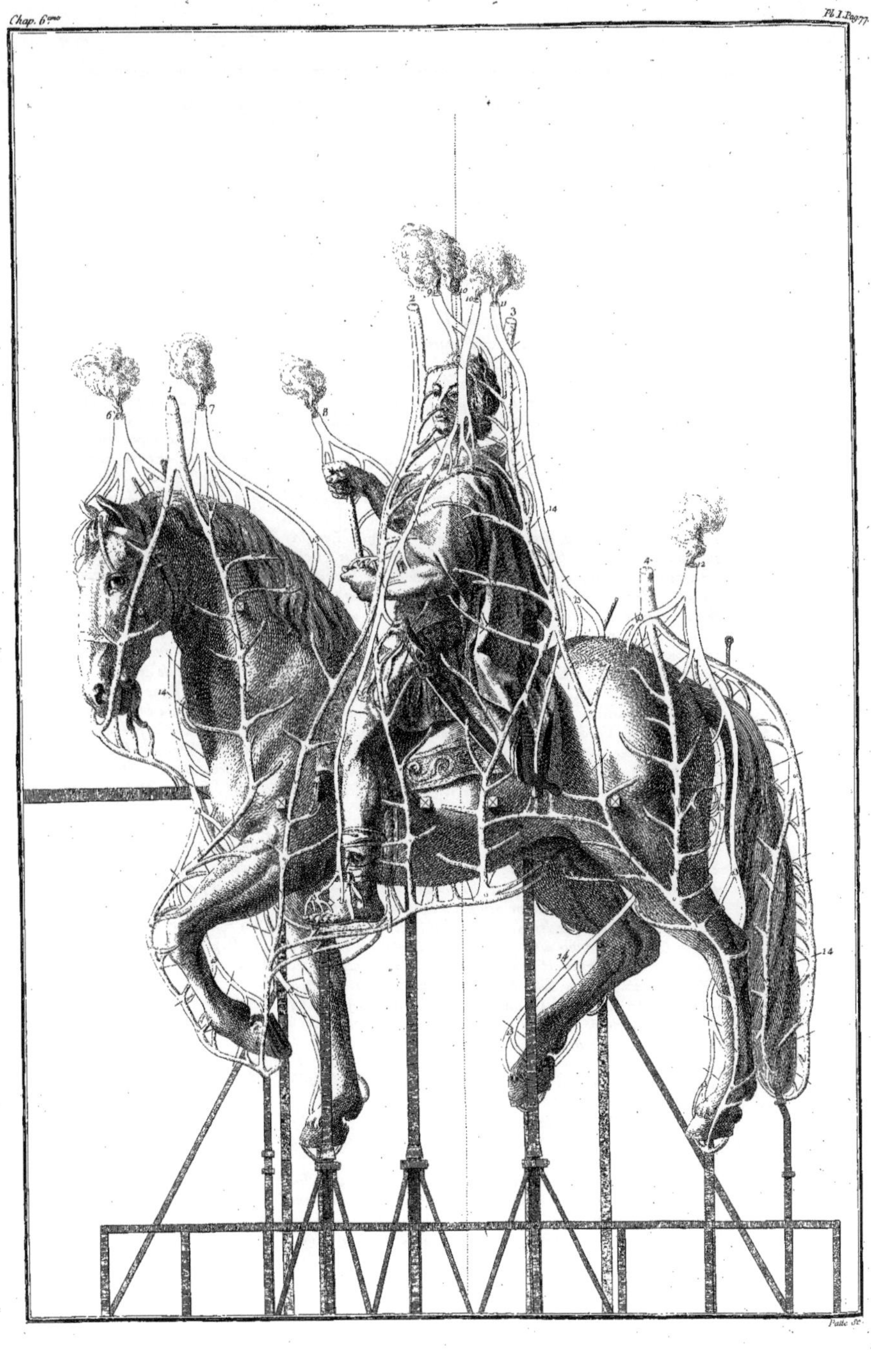

Patte Sc.

EXPLICATION

DES PLANCHES QUI DEPENDENT DU CHAPITRE VI.

PLANCHE I.

La Figure Équeſtre formée en cire , avec la ramification entière de ſes jets & de ſes évents, du côté du montoir.

1 Tête du gros jet qui correſpond à la tête du cheval; on le voit ici couvert à ſon orifice du petit chapeau de cire qu'on y appoſa , ainſi qu'aux autres jets & évents , pour en défendre l'entrée à tout corps étranger. Ce gros jet ſe ramifie à peu de diſtance de ſon embouchure & forme quatre branches , dont une ſur la droite & une autre ſur la gauche deſcendent le long de la tête & des joues du cheval , & ſe réuniſſent au deſſous du nez pour ne plus faire qu'un ſeul jet , qui , après s'être arrêté aux branches du mors & à la lèvre inférieure de l'animal , paſſe entre les deux jambes de devant & va ſe rendre ſous le ventre qu'il parcourt dans ſa longueur juſqu'à l'endroit du fourreau ; les deux autres branches , à leur ſortie du maître jet, accompagnent les deux côtés de l'encolure , parcourent les épaules , côtoyent les deux jambes de devant & aboutiſſent enfin à deux ouvertures ou ſorties , par leſquelles ſe doit faire l'écoulement des cires , l'une étant à la pince du pied du montoir & l'autre ſous le ſabot du pied hors du montoir.

2 Tête du gros jet placé au devant du maſque de la Figure Équeſtre. Il ſe diviſe preſque ſur le champ en deux branches qui deſcendent à droite & à gauche ſur les côtés de la Figure , juſqu'à ce qu'étant arrivées au droit du garot du cheval, l'une & l'autre ſe partagent encore chacune en deux nouvelles branches , dont celles qui ſont le moins en avant tombent ſur le jet paſſant ſous le ventre du cheval & s'y incorporent, tandis que les deux autres branches, après avoir parcouru d'un côté l'épaule gauche du cheval , avoir côtoyé le côté oppoſé à l'épaule droite , & avoir établi toutes deux dans leur paſſage une communication avec le jet qui s'étend ſous le ventre du cheval, ſe portent à la fin aux ouvertures ou ſorties qui ſont, tant à la pince du pied du montoir , que ſous le ſabot de l'autre pied de devant.

3 Tête du gros jet établi au derrière de la tête de la Figure Équeſtre. Il ſe partage , ainſi que le précédent, à droite & à gauche en deux branches qui , ayant fourni nombre de ramifications , & étant enſuite arrivées vers la ſelle du Cavalier , ſe ſubdiviſent alors chacune en deux autres branches dont les plus avancées vont ſe terminer au jet qui parcourt le deſſous du ventre du cheval , & les deux plus reculées , après avoir ſuivi le contour des cuiſſes du cheval & avoir cheminé le long des deux jambes de derrière , aboutiſſent aux ouvertures qui ont été laiſſées , pour l'écoulement des cires , ſous les ſabots des pieds deſdites deux jambes.

4 Tête du maître jet ſur le derrière de la croupe du cheval, qui , ſe partageant en trois branches , en emploie deux à parcourir de chaque côté les feſſes du cheval, pour rejoindre enſuite les branches qui , comme on l'a vû, deſcendent le long des jambes de derrière , tandis que la troiſième deſdites trois branches , diviſée elle-même en pluſieurs branches , enveloppe la queue de toutes parts & ſe rend enſuite à une ouverture inférieure encore deſtinée à l'écoulement des cires.

5 Petits rameaux entés ſur les principaux jets, qui tous, s'étendant plus ou moins , ont leur direction de bas en haut , & ſont mis ainſi pour procurer le plus abondamment qu'il eſt poſſible , & ſans crainte d'aucun ravage , l'introduction du métal fondu dans toutes les parties du moule.

6 Tête de l'évent placé au haut & ſur le devant de la tête du cheval.

7 Tête de l'évent au-deſſus de l'encolure du cheval, qui , diviſé en pluſieurs branches , en parcourt le ſommet & deſcend pardevant à droite & à gauche juſqu'à l'extrémité des deux pieds de devant du cheval.

8 Tête de l'évent pour le bras droit de la Figure Équeſtre.

9 Tête de l'évent qui part du deſſus de la tête de la même Figure Équeſtre.

10 Tête des deux évents qui deſcendent ſur les deux épaules de la Figure Équeſtre , & juſque ſur l'un & l'autre de ſes pieds.

11 Tête de l'évent établi ſur la croupe du cheval.

12 Tête de l'évent qui ſe porte vers la queue, qui ſe partage en pluſieurs branches , & qui attire l'air dans toute la partie de derrière du cheval.

13 Petits rameaux entés ſur les conduites des évents , qui pour faciliter l'échappement de l'air & le reflux de la matière ſurabondante dans leſdits tuyaux des évents, ont leur direction de haut en bas.

14 Aiguilles de laiton miſes en pluſieurs endroits à travers les tubes de cire qui forment les différens tuyaux des jets & des évents, en intention de les ſoûtenir & de les empêcher de fléchir.

V

PLANCHE II.

La Figure Équeſtre en cire & la ramification de ſes jets & de ſes évents du côté hors du montoir.

L'explication des renvois de la Planche précédente, ſervira à l'éclairciſſement de ceux qui ſont marqués ſur la Planche II : elle eſt la même pour l'une & pour l'autre.

PLANCHE III.

La Figure Équeſtre en cire, accompagnée de ſes jets & de ſes évents, & vûe de face.

1   *Tête du gros jet placé au deſſus de la tête du cheval.*
 On ne ſuivra point ici le chemin que tiennent les différentes branches qui en partent, non plus que celui des branches diverſes des autres principaux jets ; on ne feroit que répéter, & aſſez inutilement, ce qui a déjà été dit ſur chacune de ces branches, dans l'explication qui a été donnée de la première Planche.
2   *Tête du jet qui deſcend ſur le devant de la Figure Équeſtre.*
3   *Tête d'un autre jet qui eſt ſur le derrière de la même Figure.*
4   *Tête de l'évent au deſſus du bras droit de ladite Figure.*
5   *Têtes des évents ſur ſes épaules.*
6   *Tête de l'évent au deſſus de la tête de la même Figure.*
7   *Têtes des évents ſur la tête & ſur l'encolure du cheval.*

PLANCHE IV.

La Figure Équeſtre en cire, avec ſes jets & ſes évents, vûe du côté de la croupe.

1   *Têtes des deux principaux jets au devant & au derrière de la Figure Équeſtre.*
2   *Tête du gros jet dirigé vers la queue du cheval.*
3   *Évent au deſſus de la tête de la Figure Équeſtre.*
4   *Évent pour le bras droit.*
5   *Les deux évents au deſſus des épaules de ladite Figure.*
6   *Évent ſur la croupe du cheval.*
7   *Évent au deſſus de la queue.*

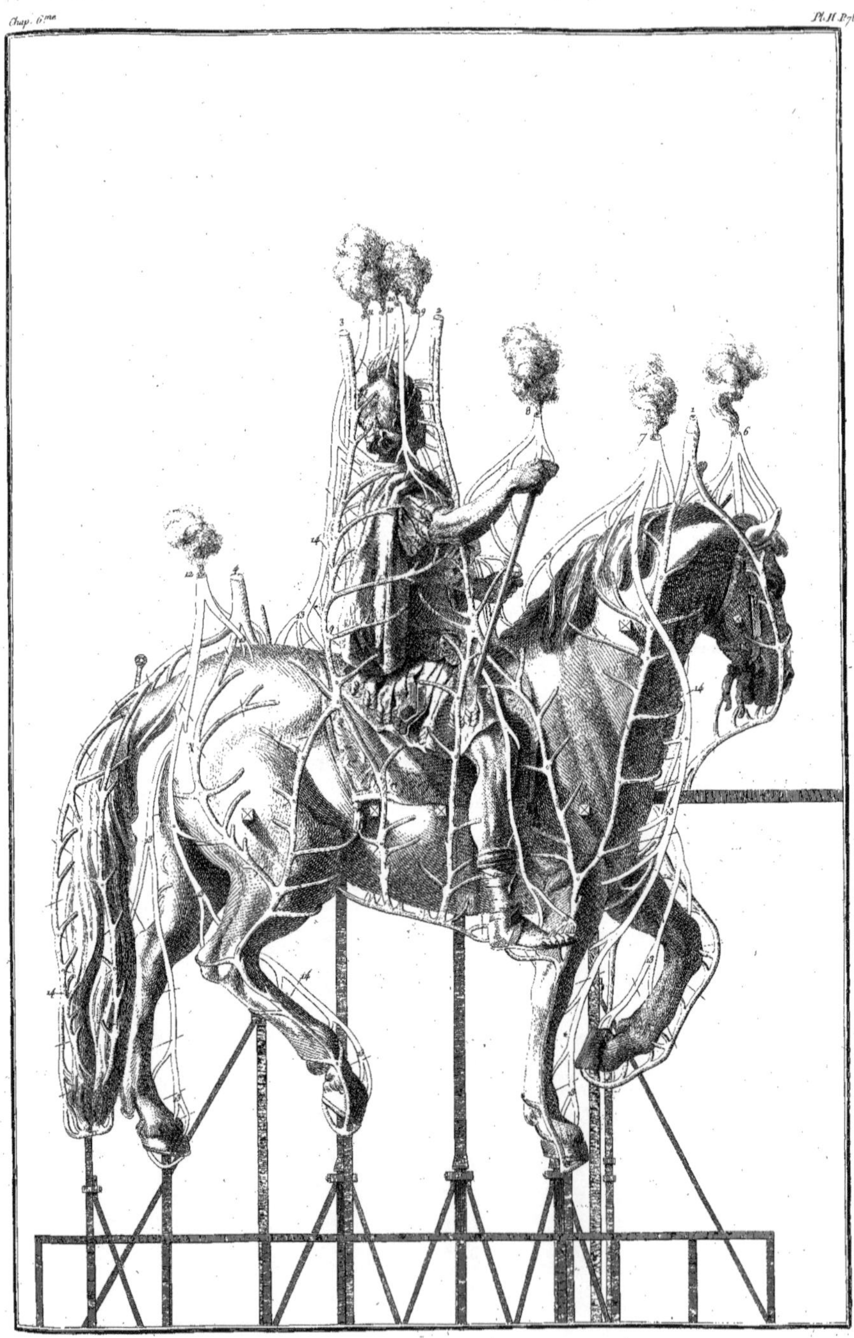

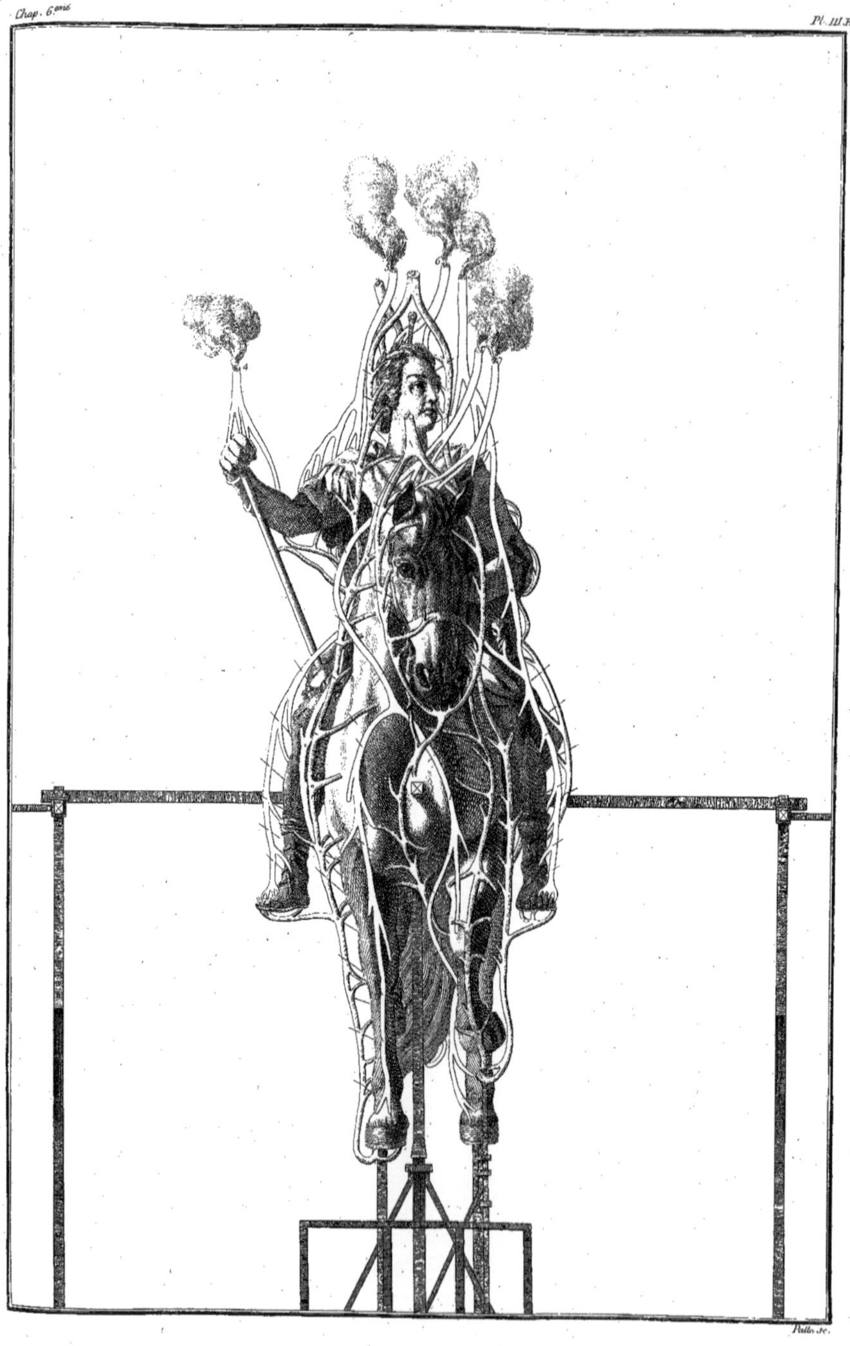

Chap. 6.eme
Pl. III. P.78.
Patte sc.

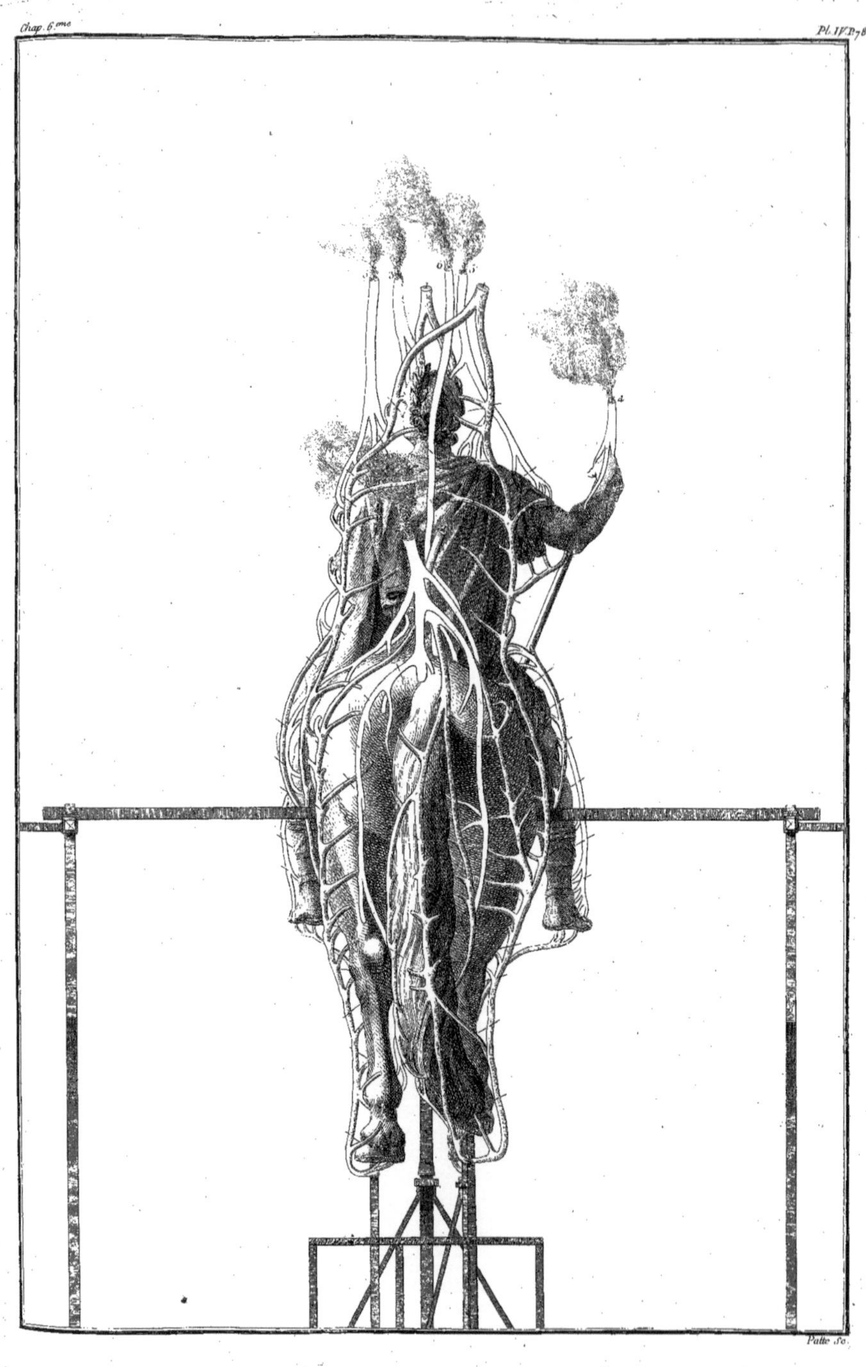

CHAPITRE SEPTIEME.

Du Moule de Potée.

TOUT ouvrage de fonte ne peut s'exécuter que dans un creux ou moule, & le succès de l'opération que nous suivons ici dans tous ses points, dépend sur-tout de la façon dont ce moule sera construit; il exige des soins, & demande une structure toute particulière: non seulement il doit embrasser généralement toutes les cires dont il a été parlé au Chapitre précédent, & les enveloppant sans aucune interruption, laisser, lorsque lesdites cires ne subsisteront plus, un vuide ou canal dans lequel la fonte coulera librement & sans obstacle, & y prendra les formes diverses qui lui seront indiquées; mais ce creux doit, en séchant, acquerir assez de force & de solidité pour qu'on n'ait point à craindre qu'il s'y fasse aucune déchirure, ni qu'après avoir résisté à la plus grande violence du feu, il soit incapable de soûtenir le poids immense du métal liquéfié qu'il devra supporter.

On y emploie donc une matière qui à beaucoup de finesse & de ductilité réunit, au moyen de ce que toutes les parties en sont extrêmement liantes, la propriété de durcir à la cuisson sans se tourmenter, & d'en sortir sans aucune gerçure. C'est une mixtion de terre, de fiente de cheval, de creusets blancs mis en poudre, & de poil de bœuf; elle est connue sous le nom de potée, qui est aussi celui dont on se sert pour désigner le moule qui en doit être formé, & la préparation s'en fait de la manière suivante.

Avant que de voiturer dans l'attelier les terres nécessaires, on en fit apporter de divers lieux & de qualités différentes, elles furent examinées avec soin, & l'on accorda la préférence à celle qui se tire à Châtillon & à Fontenay sous Bagneux, deux Villages éloignés de Paris d'une lieue & demie : elle est d'un rouge brun foncé, douce & liante au manier, sans le moindre gravier, & elle ne renferme presque aucune matière hétérogène ni vitrifiable. On avoit eu l'attention de la purger de toutes les saletés dont elle pouvoit être chargée, après quoi sur trois tonneaux de cette terre, on versa un tonneau de fiente de cheval, & lorsqu'une quantité de l'une & de l'autre matière fut suffisamment incorporée, on en remplit une fosse, on y enterra cette mixtion, & on l'y laissa fermenter & pourrir. Elle y doit séjourner pour le moins une année; car plus la matière est corrompue, plus elle est propre à l'usage auquel on la destine. Au sortir de la fosse, on l'expose à l'air, & quand elle est tout-à-fait séche, on la pile dans le mortier, & on la passe au tamis; on la met ensuite en masse, en l'abreuvant d'eau, & après lui avoir donné un lavage on la fait sécher encore, on la pile pour la seconde fois, & on la tamise de nouveau.

Sur deux tiers de cette terre ainsi manipulée on verse un tiers de poudre bien tamisée, provenant de creusets de terre blanche qui ont été pilés très-fin, on remue l'une & l'autre jufqu'à une entière incorporation , & le mélange étant à fon point, on y verfe de l'urine & l'on en forme une pâte dans laquelle on jette, en la faifant paffer encore fous le pilon dans le mortier, de la bourre ou poil de bœuf qu'on a eu foin de battre précédemment avec des baguettes, pour en mieux divifer tous les brins; on finit par mettre cette pâte en réferve dans des tonneaux, ayant foin de l'entretenir toujours fraîche & liquide jufqu'au tems où l'on fera dans l'obligation d'en faire ufage.

Elle reçoit pour lors la dernière façon; l'on en prend autant qu'on en peut employer dans le jour, on l'étend fur un marbre & on la broie avec la molette, jufqu'à ce qu'on foit parvenu à la rendre auffi douce fous le doigt que le font ou doivent l'être les couleurs à peindre les mieux broyées, & jufqu'à ce qu'elle ait acquis la même confiftance. M. Boffrand prétendoit qu'il étoit à propos d'y mêler des blancs d'œuf : l'on a reconnu que cette addition étoit fuperflue, on s'en eft tenu à la préparation telle qu'on vient de l'expofer, & fe fervant de gros pinceaux ou broffes à peindre d'un poil doux, l'on a appliqué généralement fur toute la furface des cires une première couche de cette potée ; on l'a fait fuivre d'une feconde, après s'être affuré que la première étoit tout-à-fait féche , & la même opération s'eft répétée jufqu'à ce que les différentes couches de potée euffent acquis une épaiffeur fuffifante : il en fut mis environ quarante, qui donnèrent une épaiffeur d'environ dix lignes.

Ce travail étoit du reffort du Mouleur, & tandis qu'il s'en occupoit, les Serruriers établiffoient de leur côté deux grilles de fer fur le maffif de brique qui fervoit de bafe au modèle en cire, & qui avoit pour limites l'efpèce de balcon dont il a été parlé plus d'une fois, & particulièrement dans le troifième Chapitre. Couchée à plat, chacune de ces grilles étoit compofée de barreaux de fer d'un pouce & demi de gros , pofés à la diftance d'environ huit pouces l'un de l'autre , & ces barreaux qui fe croifoient étoient retenus par des cloux rivés aux endroits où ils faifoient rencontre , dans tout le pourtour de la grille, pour les empêcher de s'écarter ; ils étoient de plus affujétis, dans la même intention, fur l'appui ou traverfe fupérieure du balcon par des liens de fer.

C'étoit fur ces deux grilles qu'on fe propofoit d'élever toutes les pièces du moule de potée ; & comme les barreaux qui les formoient fe terminoient à chacune de leurs extrémités en une pointe recourbée en contre-bas & faifant le crochet, ces barreaux devoient encore fervir dans la fuite à accrocher par le bas & à tenir en refpeĉt les bandages de fer dont le moule feroit enveloppé , lorfqu'il auroit acquis fon entière perfeĉtion.

Les deux grilles n'étoient pas d'égale grandeur; celle qui offroit une moindre fuperficie étoit placée vers la partie antérieure du cheval, l'autre en occupoit la partie poftérieure ; & toutes deux ne furent pas plutôt mifes en place qu'on y pofa la première affife du moule de potée , confiftant en un lit de gâteaux auxquels on avoit fait prendre la forme de briques. Ils étoient faits avec de la potée dans
laquelle

laquelle on avoit mêlé environ un quart de fable rouge, de celui qui fe tire au-delà du Fauxbourg S. Marcel dans le voifinage des Gobelins, qu'on avoit pilé le plus fin qu'il avoit été poffible, & qu'on avoit paffé au tamis.

Ces gâteaux s'employoient fecs; & pour les faire fécher plus également & plus promptement, l'on avoit conftruit en briques dix fourneaux de fix à fept pieds de face fur fept à huit de profondeur, dont on a le plan, la coupe & l'élévation dans la Planche I, qui fe trouve à la fuite de ce Chapitre. Le deffus alloit en talus & préfentoit une fuperficie inclinée, couverte de plaques de tôle que fupportoit un chaffis de fer fous lequel, à la diftance d'environ dix-huit pouces, étoit l'âtre où s'entretenoit le feu. Les gâteaux encore humides & tout frais s'arrangeoient fur les plaques de tôle, on chauffoit le fourneau, l'eau dont ils étoient imbibés s'évaporoit, paffoit en fumée dans des tuyaux où elle étoit attirée par des ven-toufes pratiquées à cet effet fur les côtés du fourneau, & en affez peu de tems les gâteaux acquéroient le degré de confiftance qui leur étoit néceffaire.

Des ouvriers qui furent prépofés à ce travail ne laiffèrent point manquer de gâteaux ceux qui les employoient dans la conftruction des enveloppes du moule de potée. Sur un premier lit dont les grilles furent entiérement couvertes, d'autres lits de pareils gâteaux furent fucceffivement pofés & maçonnés avec de la potée liquide, de la même qualité que celle des gâteaux, ayant attention en les pofant qu'un joint ne fe trouvât jamais en rencontre avec un autre joint. On continua toujours ainfi en montant, & lorfque ces divers lits arrivèrent à la hauteur du deffous des pieds & de la queue du cheval, & qu'ils parvinrent dans la fuite vers le deffous de fon nez, on adapta à ces différentes places des cylindres de cire formés en crochet & fuffifamment enduits de potée, lefquels s'uniffant d'un bout & par deffous aux conduites des jets & des évents qu'ils rencontroient, rejoignoient à l'autre extrémité des tuyaux de cuivre rouge d'un calibre égal aux cylindres : c'étoient autant de canaux qu'on préparoit, & par où les cires devoient avoir leur écoulement lorfqu'elles feroient mifes en fufion. Dans cette vue on leur avoit fait prendre une pente inclinée, & traverfant le moule de potée, où ils étoient logés, ils fe prolongeoient jufqu'à fon parement extérieur, ainfi qu'on le verra en-core plus particulièrement détaillé dans le Chapitre fuivant.

Il n'y avoit pas lieu de fe flatter, en faifant la bâtiffe de l'enveloppe du moule de potée, que des gâteaux uniformes, & qui tous n'avoient à préfenter que des angles droits, puffent s'unir exactement à tous les différens contours de la Figure, plus variés & plus tortueux les uns que les autres. Il étoit cependant de la dernière importance que tous ces contours euffent un appui folide; on devoit craindre qu'il ne reftât quelque vuide dans ce qui alloit faire l'enveloppe du moule, vû les coudes & les cavités fans nombre que l'ouvrage offroit, & dont plufieurs pénétroient pro-fondément & devenoient d'un accès très-difficile : en certains endroits cela paroiffoit même prefque inévitable, & tels étoient, pour en fournir un exemple, les creux que donnoient les revers des fanons des pieds du cheval, les finuofités tortueufes des plis

X

des draperies, celles que produifoient les touffes des poils de la queue & de la crinière, & pour le dire en un mot, tout ce qui dans le modèle oppofoit à une grande faillie des cavités non moins profondes. De la potée molle, femblable à celle dont fe formoient les gâteaux, & auffi maniable qu'eft la terre glaife entre les mains des Sculpteurs lorfqu'ils font des modèles, fervit à remédier à cet inconvénient : on en introduifoit autant qu'il en pouvoit entrer dans les cavités qu'on avoit à remplir ; il fuffifoit d'y appliquer le pouce, la potée pénétroit dans la cavité & y prenoit la figure qu'il étoit néceffaire qu'elle eût pour en occuper tout le vuide ; & comme on avoit eu la précaution de faupoudrer auparavant la cavité d'un peu de fable rouge pilé très fin & paffé au tamis, rien n'étoit fi aifé que d'en faire enfuite le dépouillement.

A mefure que ces pièces figurées fe formoient, on y appofoit des marques ou repaires pour, après les avoir ôtées de place, les retrouver quand il faudroit les y remettre, & pour ne fe point méprendre : on les faifoit fécher fur les fourneaux de la même manière qu'on en ufoit à l'égard des gâteaux, & lorfqu'on leur faifoit reprendre leur place, on les maçonnoit pareillement avec de la potée liquide.

Dans tout ce qui avoifinoit les contours de la Figure, & où les gâteaux n'approchoient pas d'affez près la couche de potée mife au pinceau, on jettoit à la main de la potée liquide ; & parce que tout le poids du métal devoit néceffairement porter en bas & y agir avec plus d'effort que dans tout le refte, il étoit de la prudence d'oppofer en cet endroit une plus grande réfiftance. Ainfi le mur de gâteaux qui fervoit d'enveloppe au moule de potée fut tenu beaucoup plus épais dans les parties inférieures que dans les fupérieures : par la raifon contraire, on avoit eftimé qu'une enveloppe de huit à dix pouces au plus d'épaiffeur dans le haut de la Figure, au droit des parties les plus faillantes, étoit un rempart plus que fuffifant, & on ne lui en donna pas davantage.

Par le bas, l'enveloppe du moule de potée faifoit maffe entière ; mais dans le haut, dans ce qui en outre-paffoit la Figure, & où il avoit été befoin de prolonger cette enveloppe & de la faire arriver à la hauteur à laquelle s'élévoient les bouches des jets & des évents, on la divifa en autant de branches qu'il y avoit de groupes de jets montans à renfermer, & chacune prit la forme d'une tour ronde, coupée quarrément à fon fommet, & fe terminant par un double plancher que tapiffoit un rang de gâteaux de potée mis de bout : l'un de ces planchers étoit pour la fortie des têtes des évents, & l'autre pour celle des bouches des jets, ainfi qu'il eft exprimé dans la Planche IV, fig. 1 & 2.

Avant que d'aller plus loin, il ne fera pas hors de propos de remarquer que ce moule de potée différoit, à divers égards, de ce qui avoit été pratiqué jufqu'alors dans la conftruction de femblables moules. Peu de perfonnes ignorent l'accident qu'éprouva en 1739 la fonte de la Statue Équeftre du Roi qui fe faifoit pour la ville de Bordeaux : cette fonte manqua en partie, & cela vint de ce que la queue du cheval faifoit dans le moule un corps à part & détaché qui, n'étant point par lui-même affez fort ni capable d'une affez grande réfiftance, fléchit lorfque le métal vint à pefer deffus, & tout de fuite la barre de fer qui en foûtenoit le noyau rompit, malheur d'autant moins inévitable, qu'elle avoit été brûlée au recuit. Ajoutez à cela que quand on avoit fait l'enterrage du moule, on n'avoit peut-être pas affez comprimé la terre au pourtour de la partie du moule dans laquelle la queue du cheval fe trouvoit engagée, & qu'on ne l'avoit pas affermie davantage dans la diftance que laiffoient entre eux la queue & les jambes de derrière du cheval. Ce fut-là fans doute la véritable origine du mal; la queue fléchiffant, comme on l'a dit, & n'y ayant rien qui la retînt, il fe fit dans le moule de potée une ouverture au droit de la croupe, & le métal en fufion rencontrant cette iffue, fe répandit avec perte dans les terres voifines, après s'être porté feulement dans la partie inférieure du moule de la Statue Équeftre, & l'avoir rempli jufqu'à la hauteur de la naiffance de ladite queue.

Inftruits par une fi fàcheufe expérience, & nullement jaloux d'acquerir au même prix la gloire dont fe couvrit en cette occafion le fieur Varin, excellent Fondeur, qui, fans fe déconcerter & par des moyens inattendus, fut trouver dans fon génie de quoi réparer un mal qu'on croyoit irrémédiable, on s'eft déterminé, & l'on n'a pas eû lieu de s'en repentir, à ne faire qu'un feul bloc des deux jambes de derrière & de la queue du cheval, & à renfermer dans un autre bloc fa tête & fes deux jambes de devant. Ces deux épaiffes maffes conftruites avec une folidité qui les mettoit en état de réfifter à toutes fortes d'efforts, formèrent comme deux groffes tours féparées feulement fous le ventre du cheval par un vuide d'environ dix-huit pouces de large; & quoiqu'une telle diftance ne fût pas fort confidé- rable, & qu'elle fût beaucoup au deffous de celle qu'on avoit obfervée jufqu'alors dans de pareilles conftructions de moules de potée, on crut devoir cependant étendre encore plus loin la prévoyance.

On imagina, pour mieux tenir les chofes en refpect & prévenir quelque affaiffe- ment imprévû ou quelque déchirement dans les cires, de fortifier ce vuide en ajoutant au plafond une grille de fer qui, formant en cet endroit comme une efpèce de pont, foûtiendroit le moule fous le ventre du cheval, tandis que les fers de la même grille, s'étendant fur les côtés à droite & à gauche, & atteignant la plus grande faillie des deux pieds de la Statue Équeftre, leur ferviroient parcil- lement de fupports & de points d'appui.

La figure 2ᵉ de la première des Planches qui accompagnent ce Chapitre, donne le plan de cette grille: l'on y peut remarquer au centre neuf barres de fer plat de deux pieds de long, & fur chaque côté trois autres bandes plus longues, faifant chacune un coude; toutes enfemble elles forment une première couche fur laquelle furent pofées onze barres de fer quarré d'un pouce & demi de gros, qui traverfent les premières bandes de fer dans un fens contraire à leur pofition, & qui préfentent à leurs extrémités une pointe en manière de crochet, dont la deftination étoit la même que dans les deux grandes grilles. Ces crochets devoient pareillement

fervir pour accrocher les bandages qui viendroient y aboutir, lorfque le moule
en feroit enveloppé.

Cette opération ne fut pas d'une longue durée ; auffi-tôt que le moule eut reçu la
dernière main, & qu'il eut pris la forme qu'il a dans la Planche **III**, où il eft repréfenté vû par une des faces latérales, on y appliqua des bandages qui, le faififfant
de toutes parts, empêchoient qu'il ne fe fît dans la maffe aucun écartement. Ces
bandages de fer plat avoient deux pouces de large fur huit lignes d'épaiffeur : mis
dans des fens différens, ils étoient placés à fix pouces de diftance l'un de l'autre ;
les uns partoient de l'extrémité inférieure du moule, où ils s'accrochoient aux
fers des grilles dont il a été fait mention dans le cours de ce Chapitre, &
s'élevoient de-là directement jufqu'au fommet ; les autres couchés horizontalement fe croifoient avec les premiers, & parcouroient le moule dans tout fon
pourtour extérieur. Ils en fuivoient les différens coudes, ayant tous été forgés
dans cette intention ; & aux endroits où les têtes des bandages couchés horizontalement fe rencontroient & fe rejoignoient, on fe fervoit, pour les lier enfemble,
de menus fers tortillés à chaud qui, en contraignant les bandages, les faifoient
approcher au plus près du moule.

On fent bien cependant que malgré tous ces foins il n'étoit guère poffible que
les bandages, quelque juftes qu'ils fuffent, ne laiffaffent en plus d'un endroit
quelque petit intervalle entr'eux & les paremens du moule. Tous ces vuides, en
quelqu'endroit qu'ils fe rencontraffent, furent bouchés avec de la potée mife à la
main ; & l'on put compter alors fur une telle folidité, que dans le cas où tous les
moyens fers de l'armature auroient été brûlés dans l'opération du recuit, le moule
ne s'en feroit pas moins foûtenu de lui-même, & la fonte n'en auroit pas été moins
heureufe.

EXPLICATION

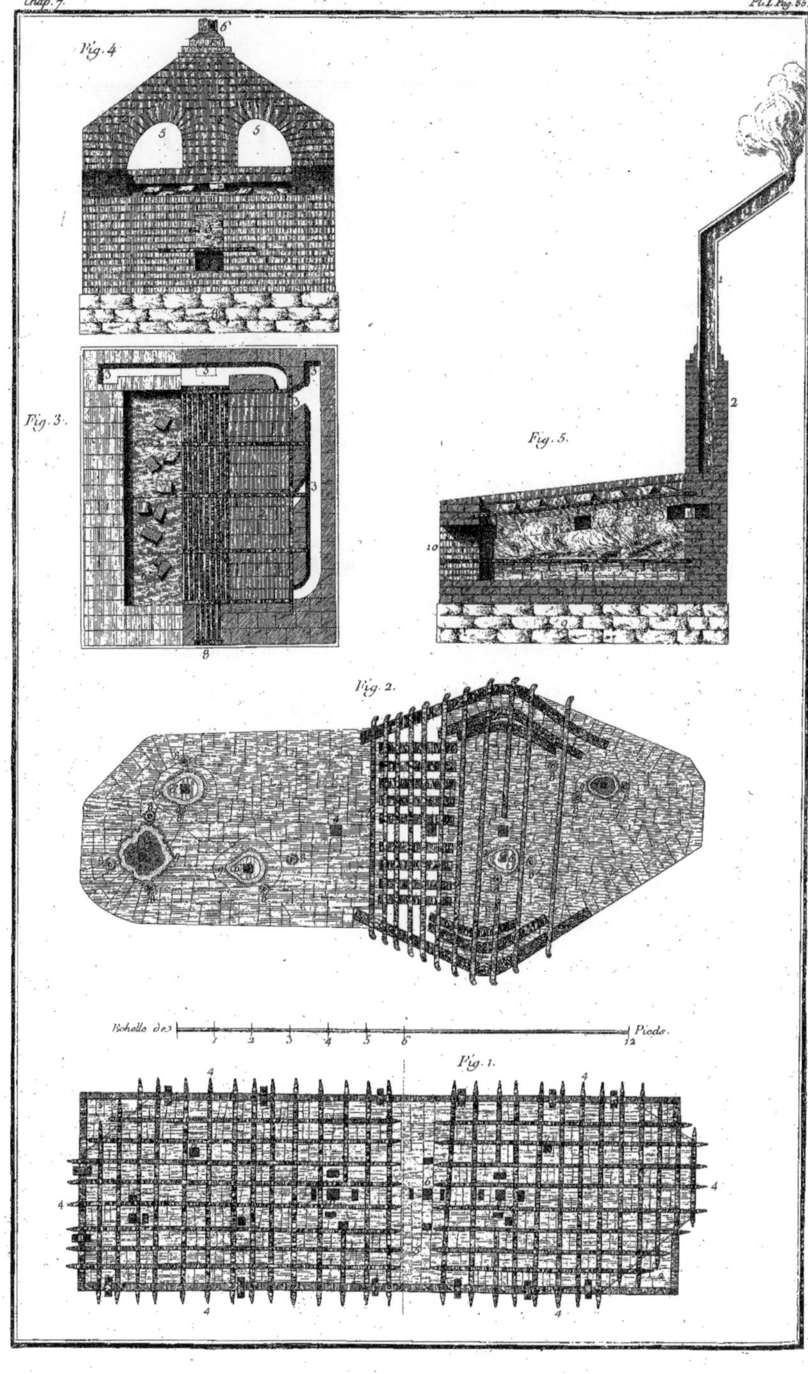
Fig. 4.
6
5   5
8
Fig. 3.
8
Fig. 5.
1
2
10
9
Fig. 2.
Echelle de   1   2   3   4   5   6   Pieds.
                                                        12
Fig. 1.
4   4
4   4
4   4

EXPLICATION

DES PLANCHES QUI DEPENDENT DU CHAPITRE VII.

PLANCHE I. *Figure première.*

Plan des grilles qui servent de bafe au Moule de potée.

1 *Balcon de fer établi au fond de la foffe fur le grand maffif de pierre, & qui en fuit le pourtour.*

2 *Maffif de briques de Bourgogne dont étoit couvert le grand maffif de pierre, & qui rempliffoit l'efpace auquel le balcon fervoit de limite.*

3 *Les deux grilles dont les fers pofent à plat fur le précédent maffif, & dont tous les intervalles feront remplis de briques mifes de niveau avec les barres de fer qui entrent dans la compofition defdites grilles.*

4 *Extrémités des barres de fer des grilles, pofant à chaque bout fur l'appui du balcon, & fe terminant en pointes recourbées en contre-bas, pour pouvoir y accrocher les bandages de fer dont le moule doit être enveloppé.*

5 *Efpace vuide entre les deux grilles.*

6 *Places qu'occupent les trois pointals & leurs arc-boutans.*

7 *Celles des fers des jambes & de la queue du cheval.*

Figure feconde.

Plan du Moule de potée pris à la hauteur des jarrets du cheval, & celui de la grille de fer en manière de pont qu'on y pofa, tant pour le foûtien du deffous du ventre du cheval, que pour celui des pieds de la Figure Équeftre.

1 *Affife de gâteaux de potée arrangés & maçonnés comme on fait les briques, & formant, avec un nombre de pareilles affifes que couvroit celle-ci, une enveloppe fuffifamment épaiffe, qui d'un côté embraffe les deux jambes de derrière & la queue du cheval, & de l'autre les deux jambes de devant.*

2 *Neuf bandes de fer plat de deux pieds de long, & fix autres bandes plus longues & coudées, pofant d'un bout fur la partie antérieure du moule de potée, de l'autre bout fur la partie poftérieure du même moule, à la hauteur d'environ fix pieds prife du deffus des deux grilles inférieures, & formant enfemble une manière de pont ou de plafond dans le vuide qui fépare ces deux parties du moule.*

3 *Onze barres de fer quarrées d'un pouce & demi de gros, pofées tranfverfalement fur les bandes de fer plat, dont il vient d'être fait mention fous le précédent n°. & fe terminant en pointe recourbée à leurs extrémités, lefquelles, mifes en cet endroit, ont une deftination pareille à celle des deux grilles qui ont fervi à recevoir les premières affifes du moule de potée.*

4 *Fers des pointals.*

5 *Fers des jambes & de la queue du cheval.*

6 *Coupes des cires dont font entièrement remplies, jufqu'à cette hauteur du moule, les trois jambes du cheval qui pofent.*

7 *Coupes, à la même hauteur, du noyau revêtu de fes cires au droit de la queue du cheval & de la jambe de devant qui lève.*

8 *Coupes des tuyaux de cire tant pour les jets que pour les évents.*

9 *Épaiffeur des différentes couches de potée mifes au pinceau fur toutes les cires.*

Figure troifième.

Plan de l'un des fourneaux dont on s'eft fervi pour faire fécher les briques ou gâteaux de potée.

1 *Grille compofée de neuf barres de fer quarré de quinze lignes de gros, affemblées en tête & en queue dans des fommiers de fer de dix-huit lignes de gros, & formant un âtre de feize pouces de large qui s'étendoit dans toute la longueur du fourneau, & fur lequel fe jettoit le bois à brûler.*

2 *Maffif de briques fur chaque côté de la grille, & qui étoit de niveau avec elle.*

3 Les conduites & ventouſes pour l'échappement de la fumée, pratiquées ſur les deux flancs du fourneau : on les ſuppoſe ici découvertes.
4 Rangs de briques qui ſervoient de couverture aux ſuſdites conduites.
5 Chaſſis de fer deſtiné au ſoûtien des plaques de tôle qui y furent clouées, & qui formèrent alors un plancher incliné où ſe rangeoient les gâteaux de potée qu'on faiſoit ſécher.
6 Partie deſdites plaques de tôle miſes en place.
7 Quelques gâteaux de potée rangés ſur leſdites plaques de tôle.
8 Ouverture par laquelle le bois à brûler étoit introduit dans l'intérieur du fourneau.

Figure quatrième.

Élévation du fourneau vû de face.

1 Entrée du cendrier.
2 Un des ſommiers de fer dans lequels étoient emmanchés les barreaux de la grille de l'âtre.
3 Ouverture fermée par une porte de tôle, & par laquelle le bois ſe jettoit ſur la grille.
4 Chemin que tenoient, tant au milieu que ſur les deux côtés, les tuyaux de cheminée ſervant de conduite à la fumée, ledit chemin exprimé par des lignes ponctuées.
5 Arcades percées dans le mur pour en diminuer la charge.
6 Tuyau de tôle dans lequel toute la fumée réunie ſe porte au dehors.
7 Gâteaux de potée attendant la cuiſſon.
8 Fondation du fourneau faite en moëllons.

Figure cinquième.

Coupe du fourneau priſe dans ſa longueur.

1 Tuyau de tôle pour l'échappement de toute la fumée.
2 Coupe du tuyau de la cheminée du milieu.
3 Ouvertures des ventouſes dans l'intérieur du fourneau.
4 Chaſſis de fer allant en pente, & couvert de plaques de tôle.
5 Des gâteaux de potée rangés ſur les plaques de tôle à deſſein de les faire ſécher.
6 Grille de l'âtre.
7 Cendrier.
8 Maſſif de briques.
9 Maſſif de moëllons.
10 Ouvertures, l'une inférieure par laquelle ſe faiſoit l'extraction des cendres, & l'autre ſupérieure ſervant à l'introduction du bois ſur la grille de l'âtre.

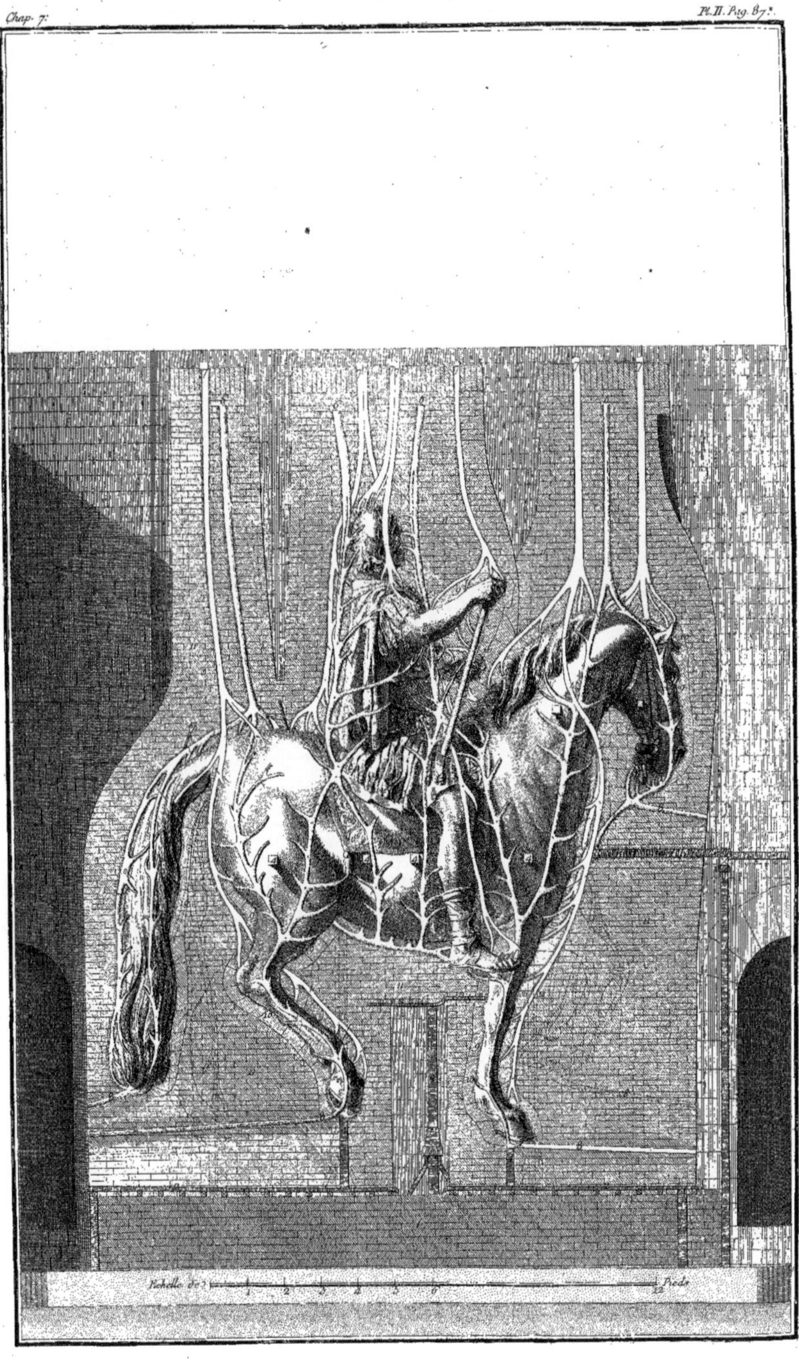
Echelle
1   2   3   4   5   6   7   8   9   10   11   12   Pieds

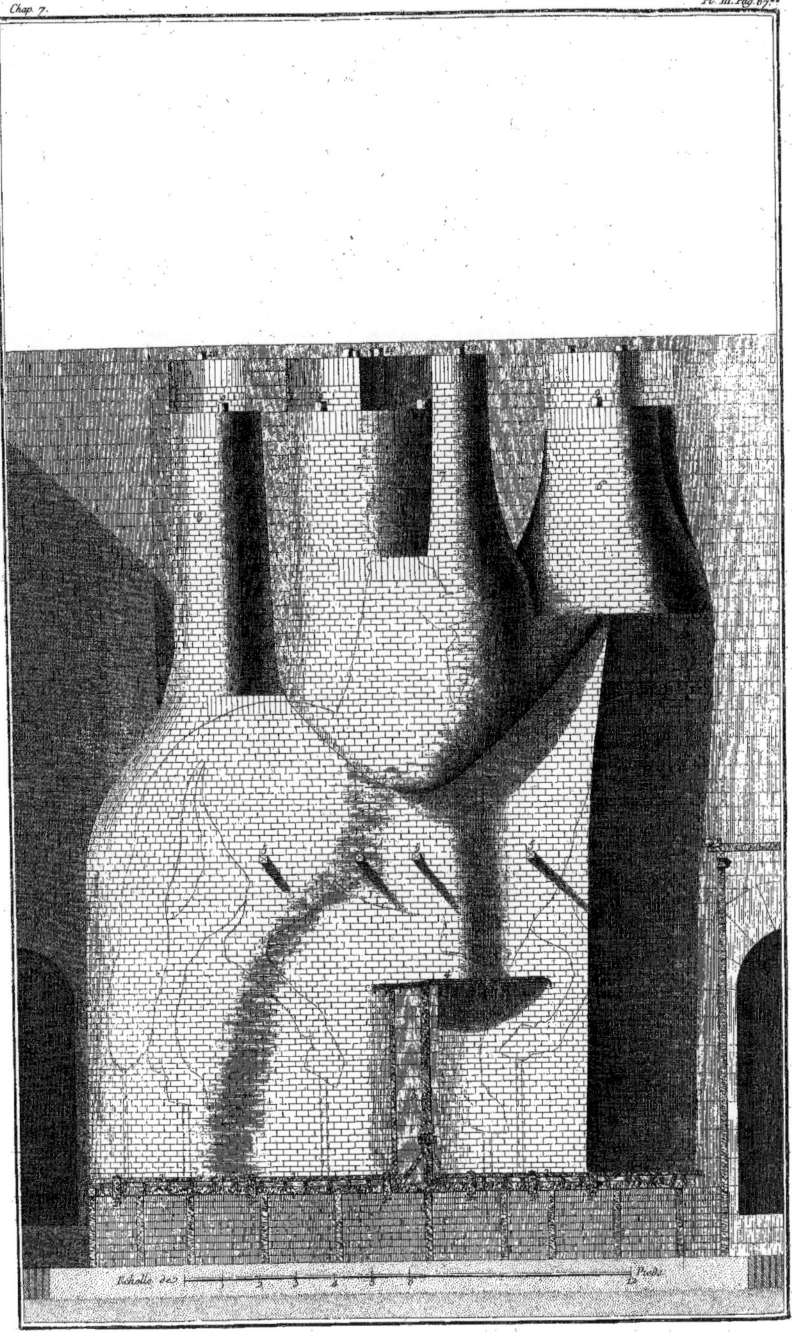
Echelle de
2   3   4   5   6
Pieds.

P L A N C H E I I.

Coupe du moule de potée prise dans sa longueur, & qui montre comment la Figure en cire & les différentes conduites des jets, des évents, & des égouts des cires en étoient enveloppées.

1 *Massif de briques de Bourgogne remplissant au fond de la fosse l'intérieur du balcon de fer qu'on y avoit établi.*
2 *La grille de fer en deux parties, posée à plat sur ledit massif.*
3 *La Statue Équestre formée en cire.*
4 *Les trois pointals & les différentes traverses de fer qui portoient ladite Statue.*
5 *Grille de fer en manière de pont, posée au droit des jarrets & sous le ventre du cheval, ladite grille vûe par la coupe.*
6 *Embouchures des jets.*
7 *Têtes des évents.*
8 *Les égouts ou conduites pour l'écoulement des cires.*
9 *Épaisseur des couches de potée mises au pinceau sur toute la surface extérieure de la Statue ; elle est exprimée par un travail pointillé.*
10 *Épaisseur d'une première enveloppe de potée mise à la main.*
11 *Briques de potée employées seches, & avec lesquelles la totalité du moule a été maçonnée.*

P L A N C H E I I I.

Élévation d'une des faces extérieures & latérales du Moule de potée avant que les bandages de fer y eussent été appliqués.

1 *Massif de briques contenu dans son pourtour par un balcon de fer.*
2 *Les deux parties de grilles posant à plat, tant sur le massif de briques que sur le balcon de fer susdits.*
2* *Liens de fer qui assujétissent sur le balcon les fers des deux grilles.*
3 *Espace qui, vers le milieu jusqu'à la hauteur du pont, & dans la partie inférieure du moule de potée à l'endroit qui sépare les deux grilles, est resté vuide, & dans lequel monte actuellement à découvert un des pointals.*
4 *Grille de fer en manière de pont ; servant de plafond au susdit vuide, & ayant pour principal objet de soûtenir en cet endroit du moule le dessous du ventre du cheval & des pieds de la Figure Équestre.*
5 *Les traverses de fer mises en différens sens pour soûtenir le corps du cheval.*
6 *Enveloppe des jets & des évents au droit de la tête du cheval.*
7 *Enveloppe de la partie supérieure de la Figure Équestre, ainsi que des jets & des évents qui se trouvent y répondre.*
8 *Enveloppe des jets & des évents au droit de la croupe du cheval.*
9 *Embouchure des jets.*
10 *Têtes des évents.*

P L A N C H E **IV.** *Figure première.*

Élévation du Moule de potée prise dans sa longueur , au moment où il étoit
armé de ses bandages de fer.

1   *Le balcon de fer & le massif de briques servant de base au moule de potée.*
2   *Crochets de fer que portent à leurs extrémités les barres de fer des deux grilles qui posent sur ledit
massif de briques.*
3   *Bandes de fer plat montant de bas en haut, & qui, s'attachant par l'extrémité inférieure aux
précédens crochets, suivent tous les contours du moule & s'y unissent exactement.*
4   *Autres bandes de fer plat qui, s'étendant horizontalement, suivent pareillement les différens contours
du moule dans toute sa surface, & retiennent les premières bandes de fer montantes.*
5   *Liens de fer tortillés à chaud & mis en différens endroits, à l'effet de serrer davantage lesdites bandes
de fer & de les faire mieux joindre au moule.*
6   *Le pont construit sous les pieds de la Figure Équestre.*
7   *Bandes de fer plat s'accrochant aux extrémités recourbées des barres de fer dudit pont, & partant
de-là pour s'élever jusqu'au faîte du moule.*
8   *Les différentes traverses soûtenant, tant en longueur qu'en largeur, le corps du cheval.*
9   *Embouchures des deux jets au dessus de la tête de la Figure Équestre.*
10 *Embouchure du jet au droit de la tête du cheval.*
11 *Embouchure du jet sur la croupe du cheval.*
12 *Têtes des huit évents.*

Figure deuxième.

Plan du Moule de potée à l'endroit où il finissoit & où aboutissoient les embouchures
des jets ; il donne la disposition des armatures de fer qu'on crut devoir y appliquer pour empêcher les écartemens.

1   *Les quatre espèces de tours par lesquelles se terminoit le moule de potée, & qui servoient d'enveloppe
aux maîtres jets & aux évents.*
2   *Embouchures des quatre principaux jets.*
3   *Têtes des quatre évents au droit de la tête de la Figure Équestre.*
4   *Évents au droit de la tête & de l'encolure du cheval.*
5   *Évent au droit de la croupe.*
6   *Évent au dessus du bras droit de la Figure Équestre.*
7   *Bandages de fer mis en différens sens, pour tenir en état le haut du moule & l'empêcher de s'écarter.*

CHAPITRE

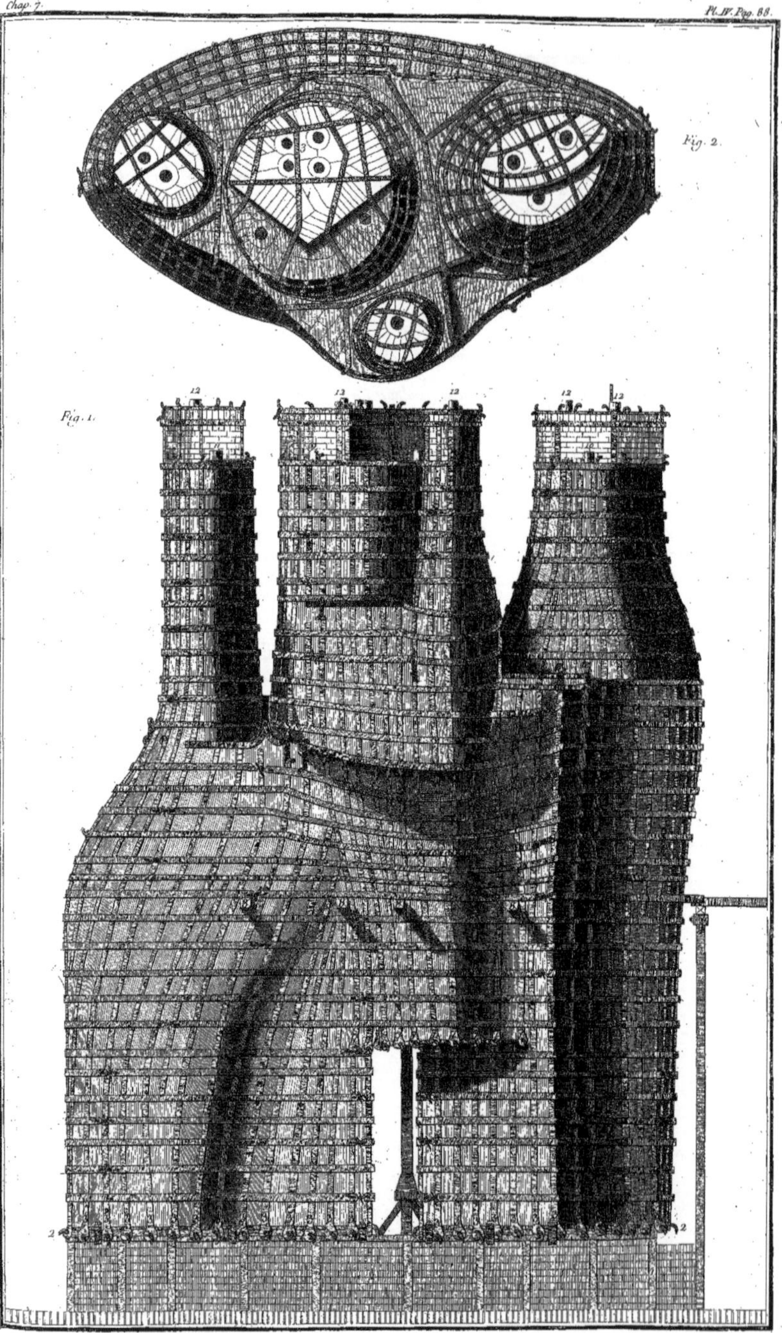
Fig. 2.
Fig. 1.
12 12 12 12 12
2 2

CHAPITRE HUITIEME.

De l'écoulement des Cires & du recuit du Moule de Potée.

LE moule de potée se trouvant achevé & suffisamment retenu par des bandages de fer, on établit à sa base & dans tout son pourtour, sur le sol de la fosse, une aire ou massif construit en briques, qui formant par son plan un carré-long, de vingt pieds & demi de longueur sur dix & demi de largeur, débordoit seulement de quinze à seize pouces l'enveloppe extérieure du moule de potée dans les parties où le moule présentoit une plus grande saillie ; & cette aire, dans laquelle on fit entrer plusieurs assises de briques, s'éleva d'arrasement jusqu'à la hauteur d'environ onze pouces au dessus du niveau du fond de la fosse.

Une semblable aire de briques de pareille hauteur, interrompue par des coupures au droit de chacune des six issues qui débouchent dans la fosse, fut construite en même tems le long des murs de la fosse, & à dix-huit pouces de distance du parement extérieur de l'aire précédemment décrite, ce qui laissa entre l'une & l'autre aire un vuide pour une galerie qui, sans aucune interruption, devoit côtoyer le moule dans tout le pourtour, & dont nous enseignerons l'usage à mesure que nous en suivrons la construction.

Comme c'étoit dans cette galerie que devoit s'allumer le feu nécessaire au recuit du moule & à l'écoulement des cires, il falloit préalablement y établir un âtre ou foyer. On couvrit donc dans toute son étendue le vuide que les deux aires de briques, parvenues à la hauteur de onze pouces, laissoient entre elles, en y posant quatorze grilles de fer, longues de quatre à cinq pieds & composées chacune de huit barreaux de fer carré d'un pouce de gros, lesquels espacés à un pouce & demi de distance, s'assembloient à leurs deux extrémités sur des barres de fer transversales d'un pouce & demi de gros, tandis que des clous rivés les y tenoient fermement arrêtées.

Ces dernières barres de fer transversales portant trente pouces de long, débordoient le corps de la grille d'environ quatre pouces & demi de chaque côté, & au moyen de ce prolongement, les grilles posoient solidement sur l'une & l'autre aire de briques, & remplissoient exactement de toute leur largeur le vuide qu'elles avoient à couvrir. Cependant, comme on pouvoit craindre qu'un trop grand degré de chaleur ne les fît plier, on joignit à chacune, pour les soulager, un barreau de fer d'un pouce de gros, qui les traversant au point milieu de leur plus grande longueur, les soûtenoit & posoit par ses deux bouts sur les aires de briques, de la même manière que l'excédent des fers qui débordoient les grilles.

Nous avons avancé que les quatorze grilles de fer couvroient en entier le vuide de la galerie, & y formoient un foyer continu ; l'exactitude dont nous nous

Z

fommes fait une loi ne permet pas cependant de laiffer ignorer qu'en quatre endroits il refta des vuides, qui auroient été remplis, fi l'on avoit été plus attentif à proportionner aux places la longueur des grilles; mais outre que la chofe étoit en elle-même affez indifférente, peut-être y eut-il de l'avantage d'avoir à boucher ces vuides avec de fimples barres de fer tranfverfales, de la façon qu'il eft exprimé dans la Planche I qui fe trouve à la fuite de ce Chapitre. Il eft certain qu'il n'auroit guère été poffible de faire arriver les grilles jufqu'aux endroits où la galerie avoit fes débouchés vers les iffues des defcentes foûterraines; & fi l'expédient des fimples barreaux eût manqué, comment eût-t-on pu fe tirer de cet embarras?

Dès que les grilles furent mifes en place & à demeure, on éleva fur les aires ou murs de briques déjà décrits, d'autres murs ou aires de briques, encore à la hauteur de onze pouces, & toujours en leur faifant fuivre le même plan qu'aux murs inférieurs : ils fe trouvèrent enfemble portés par cette nouvelle bâtiffe à près de deux pieds d'élévation, à prendre de deffus le plancher de la foffe; & cette hauteur étant jugée fuffifante, on s'y arrêta. On penfa que c'en étoit affez, tant pour faire commodément, dans les quatre galeries que ces murs formoient, l'arrangement du bois fur les grilles, que pour l'extraction des cendres qui tomberoient au travers des grilles dans la partie baffe de la galerie.

Au lieu d'un plafond en plein cintre, les galeries furent fermées dans tout leur circuit par une voûte en ogive, ou tiers-point, dont les retombées venoient s'appuyer fur le maffif de l'un & de l'autre mur de briques qui formoient les galeries, lefquelles, au moyen de cette addition, gagnèrent fous la clef un pied d'élévation de plus qu'elles n'avoient auparavant: leur voûte portoit elle-même un pied d'épaiffeur, ayant été conftruite avec des briques d'un pied de long, qui toutes étoient en coupe & tendoient à un centre commun.

Il ne falloit qu'être initié dans la Phyfique pour prévoir que le feu, renfermé dans une longue galerie clofe & voûtée, n'auroit prefque aucune force; & comme il étoit néceffaire, pour la réuffite de l'opération, que cet élément fe portât avec une égale vivacité dans toutes les parties où il devoit fe faire fentir, & que la flamme ne pouvoit avoir d'action qu'autant que l'air, qui eft fon agent, circuleroit avec elle, on ufa de cet expédient dans la conftruction defdites voûtes; ce fut d'y faire des coupures de fix pouces de large à des diftances à peu près égales, & affez voifines l'une de l'autre, & d'appliquer à chacune de ces coupures des efpèces de tuyaux montans d'une ftructure fingulière, qui étant à jour, comme on le verra par la fuite, devoient laiffer à la flamme qui s'y répandroit, la liberté de s'échapper & de fuivre les différentes impulfions que lui feroit prendre l'air qu'elle recevroit du dehors par la voie des defcentes foûterraines.

Mais ne nous écartons point, fuivons l'opération pas à pas, & n'en laiffons rien perdre. La première qui fuivit celle de la conftruction des voûtes des galeries, fut l'application de tuyaux qui, faillant en dehors, ferviroient à porter les cires fondues, dans les vafes qui devoient les recevoir. On a déjà vû dans le Chapitre fixième, avec quel art & quelles précautions avoient été difpofés, lorfqu'on les avoit appliqués fur le modèle en cire, les tuyaux des jets & des évents, & comment dans la fonte des cires, par une fuite néceffaire de cet arrangement, après s'être déchargés de celle qui les rempliffoit, ces tuyaux devoient recevoir toutes les cires du modèle, & les porter, fans craindre qu'il fe formât aucune poche où elles puffent féjourner, vers un certain nombre d'égouts auxquels ces canaux aboutiffoient. On a dû pareillement remarquer dans le feptième Chapitre, qu'en conftruifant le moule de potée, l'on avoit appliqué à ces égouts, qui étoient au nombre de fix, des cylindres en cire, faifant le crochet & fe joignant à des tuyaux de cuivre rouge de même calibre, qui côtoyant à environ fix pouces de diftance le parement extérieur du moule de potée, & fuivant un plan incliné qu'on leur avoit tracé, alloient aboutir au dehors dudit moule, & étoient autant de bouches par où les cires fondues auroient leur iffue. Mais comme il reftoit encore un efpace de chemin à parcourir avant que les cires puffent arriver dans les vaiffeaux deftinés à les recevoir, il fallut prolonger les conduites, & c'eft à quoi l'on eut égard, en adaptant aux premiers tuyaux de nouveaux tuyaux de cuivre rouge d'un diamètre & d'une longueur convenables. On leur fit prendre, en les pofant, la pente qui leur étoit néceffaire, & par des routes différentes ils verfèrent dans la fuite la cire fondue, dans cinq baquets remplis d'eau, qui furent placés, quatre à l'entrée des quatre defcentes foûterraines aux deux bouts de la foffe, & le cinquième dans l'intérieur de la foffe, vis-à-vis la tête du cheval, fur un dé de maçonnerie, à environ fept pieds de hauteur. Il n'y eut aucun de ces baquets qui ne fût fitué affez commodément pour que les ouvriers chargés de cette partie du fervice puffent facilement les déplacer, lorfqu'ils fe trouveroient remplis de cires, & en fubftituer de nouveaux.

Les différentes conduites de cuivre par lefquelles fe devoit faire l'écoulement des cires étoient au nombre de fix, quatre fous les pieds du cheval, une fous le nez, & la dernière fous la queue. On les tint de deux pouces de diamètre, & pour les affermir davantage & prévenir toute caffure, avant que de les engager dans les enveloppes qui leur étoient préparées, on les fortifia au dehors avec du gros fil de fer dont on les revetit, & qu'on fit tourner tout autour jufqu'à ce qu'ils en fuffent entièrement tapiffés. On porta l'attention plus loin : comme il n'étoit pas douteux que le feu ne les fondît, fi reftant à découvert il y étoient expofés trop long-tems, on les enveloppa d'une maçonnerie de briques, qui contribuoit en même tems à leur fervir de fupport & d'appui, & à laquelle on donna au moins un pied d'épaiffeur; c'en étoit affez, car ces tuyaux n'eurent à fupporter qu'un feu modéré pendant dix à douze jours. La fonte des cires n'en demanda pas davantage, paffé ce tems il importoit fort peu qu'ils fe fondiffent ou non, car durant le grand feu du recuit ils ceffoient d'être d'aucun ufage.

Il y avoit une autre précaution à prendre, & qui étoit bien autrement importante;

on devoit appréhender & avec raifon que les principaux fers qui foûtenoient le moule, étant une fois pénétrés par le feu, ne fléchiffent, & que n'oppofant plus la même réfiftance, le moule ne fortît de fon aplomb & ne versât de côté ou d'autre. Un tel accident eût été capable d'entraîner la ruine entière de l'ouvrage; il fallut y pourvoir, & rien ne parut plus convenable que d'établir autour du moule un nombre fuffifant de murs de traverfe, conftruits en briques, d'environ un pied d'épaiffeur, qui, appuyés à l'un des bouts fur la furface extérieure du moule couvert de fes bandages, & de l'autre bout fur le parement intérieur des murs de la foffe, devinrent autant d'arc-boutans, ou, fi l'on veut, d'étréfillons, qui contenoient la maffe du moule, la tenoient en refpect & l'empêchoient de branler. Un de ces murs de traverfe occupoit une place à la tête du moule, un fecond étoit à l'oppofite fur le derrière, les autres étoient rangés fur les flancs.

Ces murs, par leur difpofition, fervoient en même tems d'enveloppe aux fers qui portoient le noyau du moule, car en les diftribuant on avoit eu le foin de les placer aux endroits où ces fers étoient apparens; & pour que ces mêmes murs ne fuffent point un obftacle à la flamme, & ne puffent l'empêcher de circuler & de s'étendre, chacun d'eux étoit ouvert & percé en arcade dans fa partie inférieure, quelques pieds au deffous des fers de traverfe qu'ils enveloppoient, & ils ne s'élevoient guère qu'à la hauteur de quinze à feize pieds.

Il n'en fut pas ainfi d'un mur de briques, qui traverfant la foffe par le milieu dans fa largeur, paffoit fous le ventre du cheval, y rempliffoit le vuide qu'on y avoit laiffé en formant le moule, & y trouvoit le pointal du milieu, qu'il embraffoit & qu'il mettoit à l'abri du feu. Ce mur, qui defcendoit jufque fur le fol de la foffe, fuivoit exactement, ainfi que tous les autres murs qui lui étoient parallèles, le contour extérieur du moule auquel il étoit appliqué par un bout, & s'appuyoit pareillement de l'autre bout fur le mur de la foffe; mais il étoit plein, fans aucune ouverture ou arcade: en le conftruifant de la forte, on avoit voulu faire un rempart capable d'arrêter le cours de la flamme. Il étoit effentiel que la flamme, agitée & pouffée par l'air qui venoit du dehors le long des defcentes foûterraines, ne fe portât pas avec trop de rapidité d'un bout de la foffe à l'autre, parce que ne fortant point alors de la ligne horizontale, elle ne fe feroit pas élevée affez haut dans ce trop long chemin qu'elle auroit parcouru, elle auroit laiffé en plufieurs endroits les parties fupérieures prefque fans chaleur; au lieu qu'étant arrêtée au milieu de fa courfe, & obligée de fe replier fur elle-même, elle fe répandoit plus également & plus promptement partout, & l'opération du recuit en devenoit beaucoup plus fure.

On verra bien-tôt quel excès de chaleur dût produire un feu auffi continuel & auffi vif que celui qui fut donné pendant trois femaines au moins; il avoit d'autant plus d'activité qu'il étoit concentré, & que rien ne s'en perdoit au dehors. Des murs ordinaires, tels qu'étoient ceux de la foffe, n'euffent pu réfifter à fon extrême violence, en peu de tems les pierres les plus dures auroient été calcinées: il
falloit

falloit donc non seulement les en garantir, mais former une enceinte qui fût impénétrable au feu, & l'on fit choix pour cela du grès; c'est de toutes les pierres celle qui, exposée au plus grand feu, y résiste davantage & risque moins à perdre de sa consistance.

On en fit un mur, appellé le mur de recuit, qui, maçonné avec la terre qu'on emploie dans la construction des fours, fut établi sur le bord des galeries le plus voisin des murs de la fosse, & auquel on fit suivre par rapport au plan le même contour qu'aux galeries ci-dessus mentionnées. Plusieurs gros quartiers de grès, employés dans les premières assises, firent avoir à ce mur par le pied vingt pouces d'empatement; mais à mesure qu'il s'élevoit, il prenoit moins d'épaisseur, de sorte qu'à l'endroit où il finissoit, c'est-à-dire, à un pied en contre-bas du dessus de la fosse, il n'étoit plus épais que de quinze pouces; diminution qui s'étoit faite par degrés, & qui n'avoit point empêché le parement intérieur du mur de monter d'aplomb. Cela joint à la disposition du local fit qu'il resta un intervalle de plus d'un pied de largeur en certains endroits, & de neuf à dix pouces en d'autres, entre ledit mur de recuit & le parement des murs de la fosse : cet intervalle fut rempli de distance en distance par une maçonnerie de grès & de terre à four, qui, en augmentant la solidité du mur de recuit, s'opposoit à son déversement, supposé que le poids des briquaillons dont il alloit être chargé fût capable de le faire branler. Ce fut encore pour remplir les mêmes vûes que la porte de communication sous le fourneau fut bouchée pendant le tems du recuit avec de pareils gros quartiers de grès.

On procéda ensuite à l'arrangement des briques qui devoient former ces tuyaux montans percés à jour dont il a été fait mention ci-dessus, & qui devoient tapisser entièrement le mur de recuit depuis le pied jusqu'à la dernière assise. La flamme au sortir des galeries devoit passer à travers, pour de-là se porter dans tous les endroits où il étoit nécessaire qu'elle agît & qu'elle pénétrât : cela demandoit une construction particulière, & voici de quelle façon elle se fit. Les briques qui y furent employées portoient un pied de long sur quatre pouces de large; aucune ne fut maçonnée, toutes furent posées à crud : celles qui formoient la première rangée, & qui étoient destinées à servir de base & de soûtien à toutes celles qui succéderoient, furent appliquées de niveau sur le parement extérieur ou l'extrados des voûtes des galeries, une de chaque côté des coupures qui avoient été pratiquées auxdites voûtes. Ces briques ayant été mises ainsi à la file le long du mur de recuit, à une distance d'environ quatre pouces l'une de l'autre, un second rang de briques fut posé dessus à chaque bout & dans un sens contraire à celui qu'on avoit fait prendre aux briques de la première couche. Celles de la seconde rangée marchant encore deux à deux, & toujours à la même distance qui avoit été observée dans la pose des premières, reçurent à leur tour une troisième rangée de briques ordonnée comme l'avoit été la première; & allant ainsi par degré, faisant, à chaque rangée de briques qui se succédoient, changer de disposition aux

A a

briques, les efpèces de tuyaux qu'elles formerent furent portés jufqu'au haut du mur de recuit. Ils reffembloient affez, quant à l'extérieur, aux piles de bois qu'on dreffe dans les chantiers, & par cet arrangement l'on eut des canaux tels qu'on les defiroit, qui recevant la flamme & l'aidant à monter, fourniffoient des iffues fans nombre par lefquelles elle pouvoit aifément s'échapper & fe porter de tous les côtés.

Les vuides que laiffoient entre eux le moule & le mur de recuit furent pour lors remplis de briquaillons; on nomme ainfi des morceaux de briques caffées de différente groffeur : ils ont cette propriété, que lorfque le feu les a pénétrés, ils rendent encore plus de chaleur que la flamme même, qu'ils la confervent pendant très-long tems, & que non-feulement ils modèrent la trop grande activité de la flamme, mais qu'ils la répandent auffi avec plus de douceur. Avant que d'en faire l'emploi, on avoit eu foin de les trier; on avoit mis de côté une quantité fuffifante des moindres morceaux qui, étant arrangés à la main le plus près du moule qu'il étoit poffible, devoient empêcher la flamme, au moyen de ce qu'ils laiffoient entre eux moins d'intervalle, d'approcher trop près du moule de potée & de le brûler. Les plus gros morceaux furent arrangés avec la même précaution vers le mur de recuit, dans le voifinage des tuyaux montans percés à jour, & dans celui des coupures pratiquées aux voûtes des galeries, afin de laiffer un paffage plus libre à la flamme & de fervir outre cela de barrière aux autres briquaillons qui, s'ils n'avoient pas été retenus de la forte, auroient couru rifque de tomber dans les galeries, & auroient pu les combler. Affranchi de la crainte d'un pareil danger, on verfa fans ordre & pêle mêle les autres briquaillons, tous les vuides en furent remplis; le travail ne ceffa que quand la maffe entière defdits briquaillons fût parvenue à neuf pouces plus bas que le deffus de la dernière affife du mur de recuit.

On rendit la fuperficie de cette maffe auffi égale que les briquaillons purent le permettre, & l'on y affit & maçonna avec de la terre à four quatorze à quinze rangées de doubles briques pofées fur leur plat : elles parcouroient en longueur l'efpace qu'elles avoient à remplir, & elles y formèrent un compartiment de bandes diftantes l'une de l'autre d'environ fix pouces. On eût pu en cet état le comparer à celui que préfentent des folives qui portent un plancher, & ce compartiment avoit en effet à peu près la même deftination. Ces bandes de briques étoient faites pour fervir de fupport à une aire compofée d'un fecond double rang de briques, qui fut établi deffus & maçonné avec de la même terre à four. Les précautions qu'on prit en la conftruifant firent de cette aire une plateforme des plus folides, & pour me fervir des termes de l'art, une croûte dont fut couvert tout l'efpace renfermé par le mur de recuit : on ne laiffa à découvert que les places où les jets & les évents avoient leurs iffues, & quelques petites ouvertures de fix pouces en quarré qu'on eut foin de ménager dans l'étendue de la plateforme, pour faciliter l'échappement de l'air & de la fumée lors du recuit.

Tout étant ainsi exactement clos, comme on avoit lieu d'espérer que rien ne pourroit desormais retarder l'activité du feu, on le donna. S'il eût été trop subit & trop pénétrant, il eût étonné le moule, & indubitablement il l'eût altéré, en y occasionnant des fentes. Il étoit de plus très-important pour la fonte des cires, dont il s'agissoit dans ce moment, qu'elle ne se fît pas trop précipitamment, parce que les cires liquéfiées tout à coup auroient pu par leur abondance former un poids qui, posant sur le moule & assez fort pour franchir les obstacles qui se seroient opposés à son passage, auroit peut-être arraché & fait sortir de sa place quelque portion du noyau; il auroit pu écorcher la superficie du moule & lui faire perdre de cette peau douce & unie qu'il est si essentiel de conserver, sans laquelle une fonte devient galeuse & d'autant plus difficile à réparer, que la touche fine & délicate du Sculpteur habile étant une fois altérée, court risque de disparoître sous l'outil du Ciseleur, incertain de ce qu'il doit faire.

On eut donc une singulière attention de modérer le feu, quand on alluma pour la première fois le bois, déjà rangé sur les grilles dans les galeries : on ne le donna que par deux seuls endroits, l'un sur la droite & l'autre sur la gauche du moule, dans les deux angles diagonalement opposés; & l'on se servit pour jetter le bois & le renouveller à mesure qu'il se consumoit, de rateaux de fer emmanchés à de longues perches, qui aidoient encore à retirer les cendres lorsqu'il y en avoit une trop grande quantité d'accumulées dans les cendriers au dessous des galeries. Ce premier feu, toujours à peu près le même, ne discontinua pas durant dix à douze jours & autant de nuits, qui suffirent pour procurer la fonte & l'entier écoulement des cires. Il est inutile de répéter, ni comment elles étoient reçues dans des bacquets, ni comment se faisoit ce service; mais il n'est pas indifférent de faire observer que l'écoulement des cires étant fini, on supprima la partie des tuyaux de cuivre qui sailloit en dehors, & qu'on boucha exactement avec des tampons de potée cuite & avec du plâtre les orifices de ceux qui se trouvoient logés dans l'intérieur du moule.

Plus on avançoit, plus le feu devenoit vif & ardent; de nouveau bois mis dans les galeries de droite & de gauche fut allumé, & produisit un feu qu'on entretint toujours égal, sans trop le forcer, pendant dix autres jours, à la fin desquels ne voyant plus sortir de fumée par les bouches des jets & des évents, on jugea que le feu avoit pénétré le moule de potée & son noyau, qu'il en avoit absorbé toute humidité, & qu'il étoit tems de travailler au recuit du moule. Le feu fut alors porté aussi loin qu'il pouvoit aller; le bois allumé en même tems dans toutes les galeries, & servi par leurs six différentes issues, répandit une flamme des plus agissantes, qui bientôt fit prendre au moule cette couleur étincelante que les forgerons appellent couleur de cerise. On put s'en appercevoir & s'en convaincre en regardant dans l'intérieur des jets & des évents qui paroissoient tout de feu, & en les sondant avec des cordages qu'on y plongeoit, & qui en sortirent enflammés du moment que le moule eut atteint le dernier degré de cuisson.

A a ij

Il eût été très-dangereux d'aller plus loin, on auroit certainement brûlé le moule, & la fonte eût manqué. Aussi, dès qu'on put avoir une certitude que le moule de potée étoit parfaitement recuit, & qu'il étoit d'une consistance à pouvoir recevoir sans danger le bronze mis en fusion, l'on cessa le feu & l'on mura exacte-ment, & sans exception toutes les issues par où l'air pouvoit s'insinuer : les entrées des galeries, les deux portes qui du dehors donnoient accès aux descentes soûterraines, les différentes ouvertures de la plateforme, jusqu'aux vuides qui restoient entre le mur de recuit & ceux de la fosse, tout cela fut bouché de façon qu'aucune portion d'air ne pût absolument pénétrer dans l'intérieur de la fosse ainsi calfeutrée. Quinze jours s'écoulèrent depuis cette opération, durant lesquels le moule & tout ce qui l'environnoit eut le tems de refroidir. Ce terme expiré, l'on rouvrit toutes les issues qui avoient été bouchées, mettant, entre chaque ouverture qui se faisoit, un jour de distance, pour prévenir le desordre qu'auroit pu opérer sur le moule l'action de l'air, s'il l'eût attaqué trop subitement. On supprima ensuite la plateforme, on enleva les briquaillons, on détruisit les galeries, & l'on disposa la place de ma-nière à pouvoir y faire l'enterrage, ainsi qu'on va l'exposer dans le Chapitre suivant.

EXPLICATION

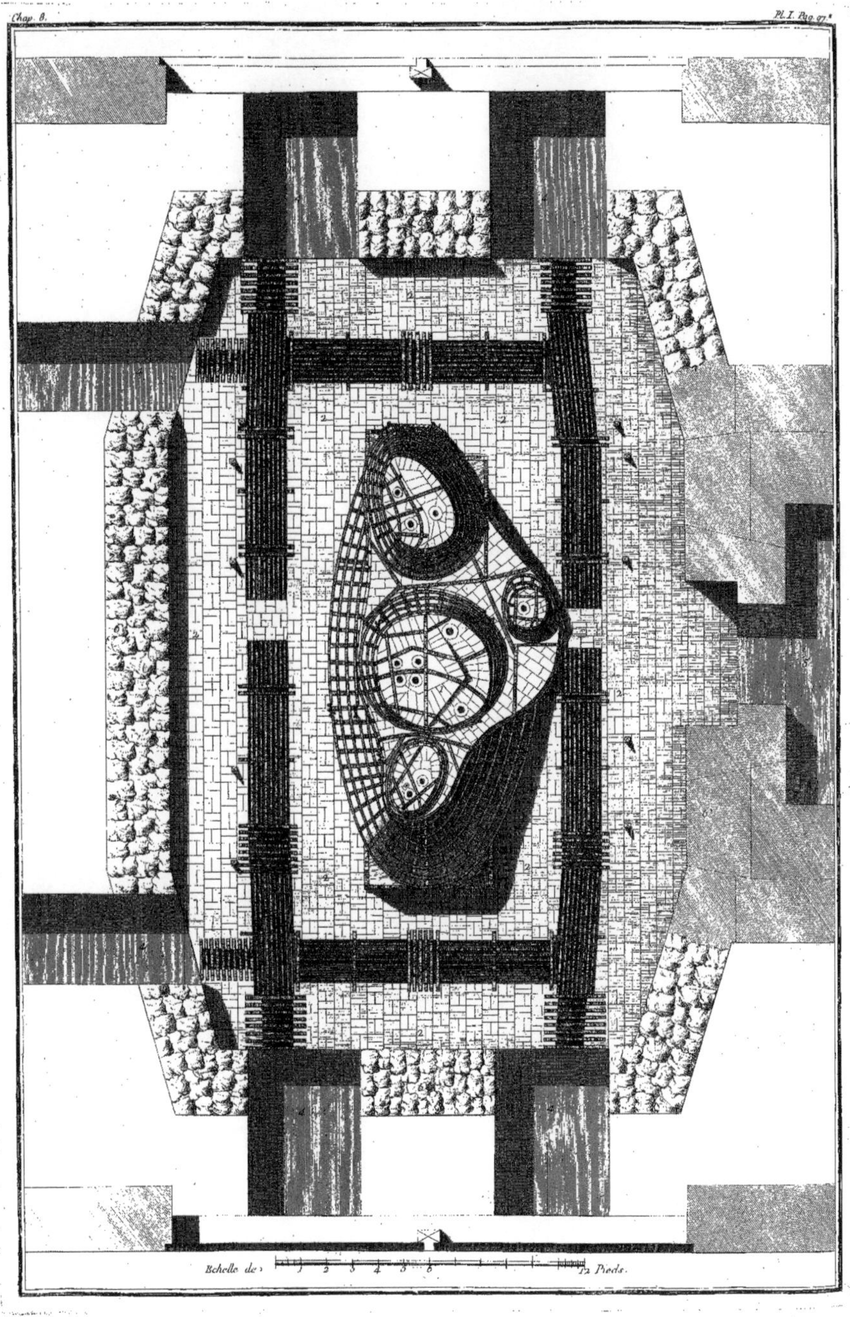
Echelle de
12 Pieds.

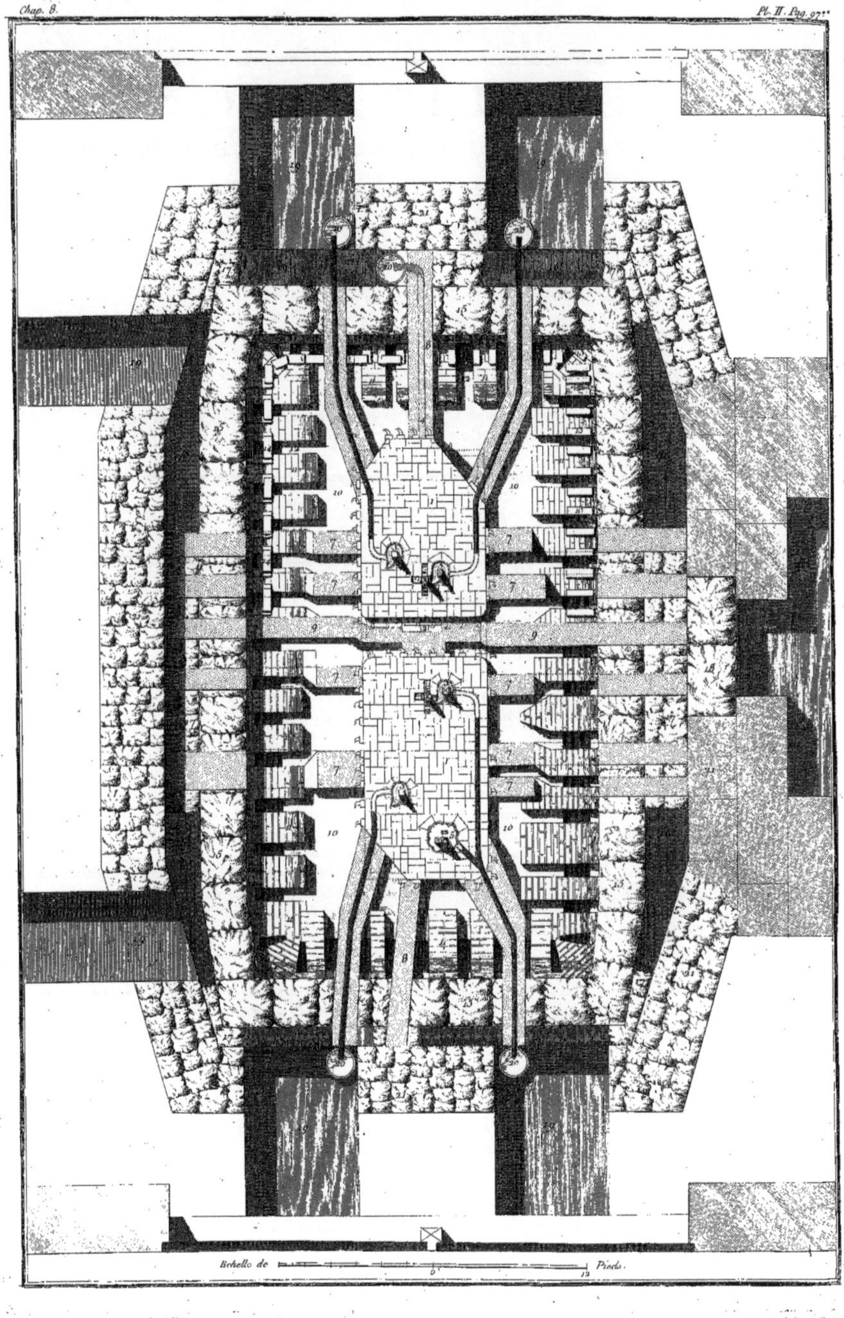
Echelle de   Pieds.

EXPLICATION

DES PLANCHES QUI DEPENDENT DU CHAPITRE VIII.

PLANCHE I.

Plan de la fosse pris à la hauteur des grilles qui couvrent les galeries, & où le Moule de potée, garni de ses bandages de fer, se montre en vûe d'oiseau.

1 *Le moule de potée revêtu de bandages de fer & vû en dessus.*
2 *Aire ou massif de briques, d'environ un pied d'épaisseur, construit après coup, & qui, sans un vuide de seize pouces de large destiné pour la place des galeries qui environnent le moule dans tout son pourtour, occuperoit entièrement le fond de la fosse.*
3 *Grilles & barreaux de fer posés dans toute l'étendue des galeries pour y servir d'âtre & recevoir le bois qui doit y être brûlé.*
4 *Les six ouvertures qui donnent entrée dans la fosse, & où les galeries ont leurs issues.*
5 *Espace vuide sous l'âtre du fourneau.*
6 *Murs de la fosse.*

PLANCHE II.

Plan de la fosse pris au niveau du dessus des voûtes des galeries.

1 *Le moule de potée coupé horizontalement à la hauteur des pieds du cheval.*
2 *Emplacement des trois pointals.*
3 *Les quatre pieds du cheval d'où partent autant de canaux par où se doit faire l'écoulement des cires.*
4 *Autre égout des-cires sous le nez du cheval.*
5 *Un sixième égout pareil sous la queue du cheval.*
6 *Tuyaux de cuivre adaptés à tous ces différens égouts, enveloppés de fil de fer, & logés, dans ce qui en outre-passe le moule de potée, dans l'intérieur d'un mur en briques, pour leur plus grande conservation.*
7 *Coupes par le plan des murs ou languettes de briques percées en arcades, servant d'appui au moule de part & d'autre, & d'enveloppe aux grandes traverses de fer qui en soûtiennent le noyau.*
8 *Coupe des murs aussi percés en arcades, étant à la tête & au derrière du moule.*
9 *Coupe d'un mur plein & sans arcade, partageant en deux parties la fosse dans sa largeur.*
10 *Seconde aire ou massif de briques de même épaisseur que la première (Pl. I, n°. 1.) & qui, posée en contre-haut sur celle-ci, achevoit de former le vuide des galeries.*
11 *Petites voûtes construites en briques, dont les retombées viennent s'appuyer sur les aires précédemment énoncées, & qui formées en ogive, servent de fermeture aux galeries par le haut.*
12 *Ouvertures de six pouces de large pratiquées à des distances égales dans les voûtes des galeries, pour servir de passage à la flamme.*
13 *Parties de voûtes sur lesquelles est rangée une première double file de briques non maçonnées, distantes l'une de l'autre d'environ quatre pouces, & servant d'assise à d'autres briques qui, mises alternativement en sens contraire l'une sur l'autre, ont formé des espèces de tuyaux montans percés à jour, qui se sont élevés perpendiculairement jusqu'au haut du mur de recuit, & ont servi à diriger la flamme dans sa course.*
14 *Une portion de la susdite file de briques, qui a reçu, dans un sens contraire, la seconde assise de briques.*
15 *Mur de recuit construit en grès, épais de vingt pouces par le pied.*
16 *Vuides entre le mur de recuit & ceux de la fosse.*
17 *Diverses parties de maçonnerie, les unes en grès & les autres en moëllons, remplissant partie des vuides ci-dessus, & servant de contre-murs & d'appui au mur de recuit.*
18 *Entrée sous l'âtre du fourneau bouchée par un mur construit en grès.*
19 *Les six ouvertures auxquelles aboutissent les descentes soûterraines & par où se faisoit le service, tant pour entretenir le feu dans les galeries, que pour retirer les cires à mesure qu'elles fondoient.*
20 *Cinq bacquets remplis d'eau, dans lesquels se faisoit l'écoulement des cires fondues.*
21 *Murs de la fosse.*

Bb

PLANCHE III.

Plan de la fosse pris à la hauteur où finissoit le mur de recuit, & celui de la plateforme dont ce mur faisoit le circuit.

1 Place qu'occupe le fourneau.
2 Murs de la fosse.
3 Contre-mur de maçonnerie pour le soûtien du mur de recuit.
4 Mur de recuit construit en grès, réduit à quinze pouces d'épaisseur à l'endroit où il finit.
5 Compartimens de briques non maçonnées dont le mur de recuit est tapissé depuis le bas jusqu'au haut, & qui, comme autant de tuyaux montans percés à jour, servoient à diriger la flamme dans son trajet.
6 Briquaillons remplissant tous les vuides entre le moule & le mur de recuit.
7 Plates-bandes de deux rangs de briques posées de plat l'une sur l'autre, maçonnées avec de la terre à four & assises sur les briquaillons.
8 Plateforme ou plancher formé par deux rangs de briques posées sur leur plat en sens contraire à celui des précédentes plates-bandes de briques qui leur servoient d'assise, & qui étoient pareillement maçonnées avec de la terre à four.
9 Briques qui, tout au pourtour du mur de recuit, couvroient le dessus des tuyaux montans percés à jour.
10 Petites ouvertures de six pouces en quarré pratiquées dans le plancher pour l'échappement de l'air & de la fumée.
11 Embouchures des jets & des évents du moule de potée.

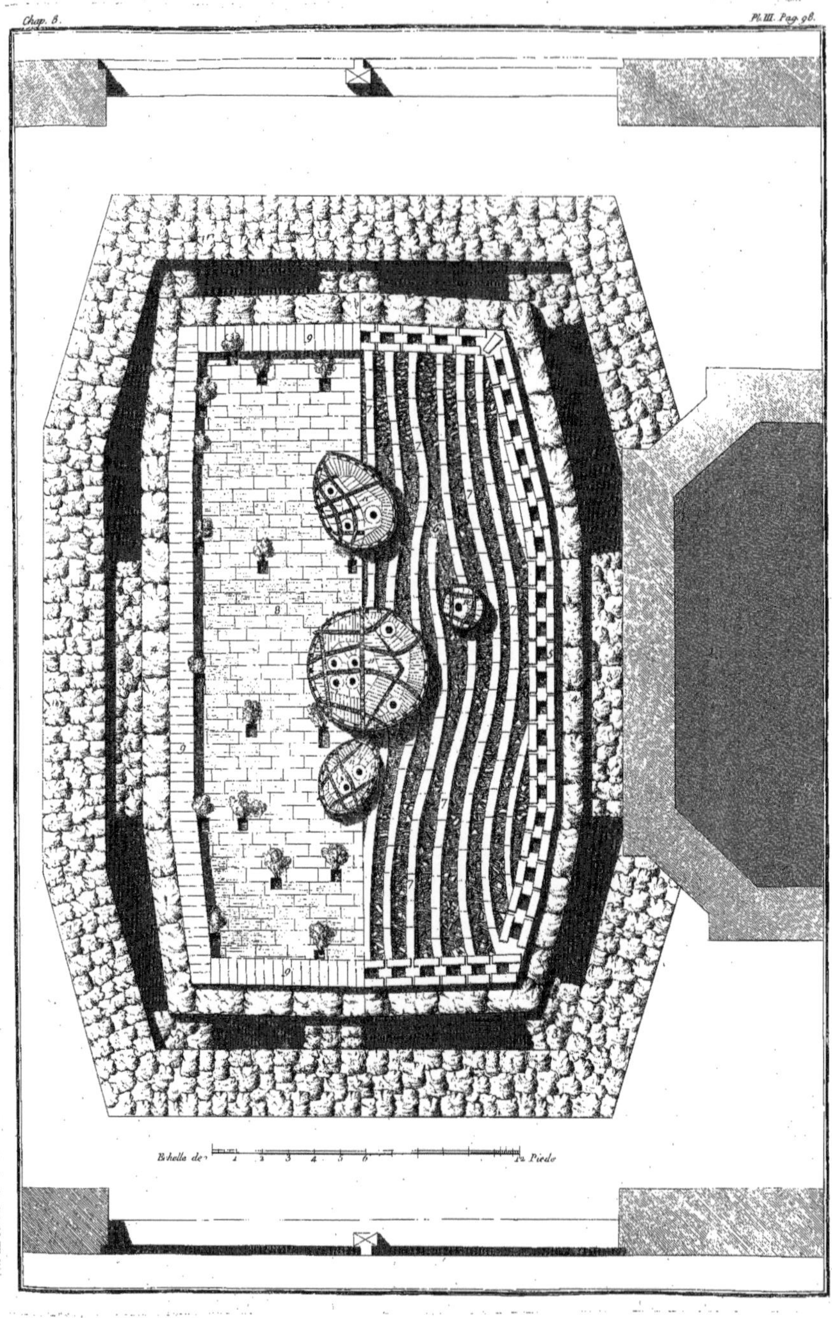
Echelle de   1   2   3   4   5   6   12 Pieds

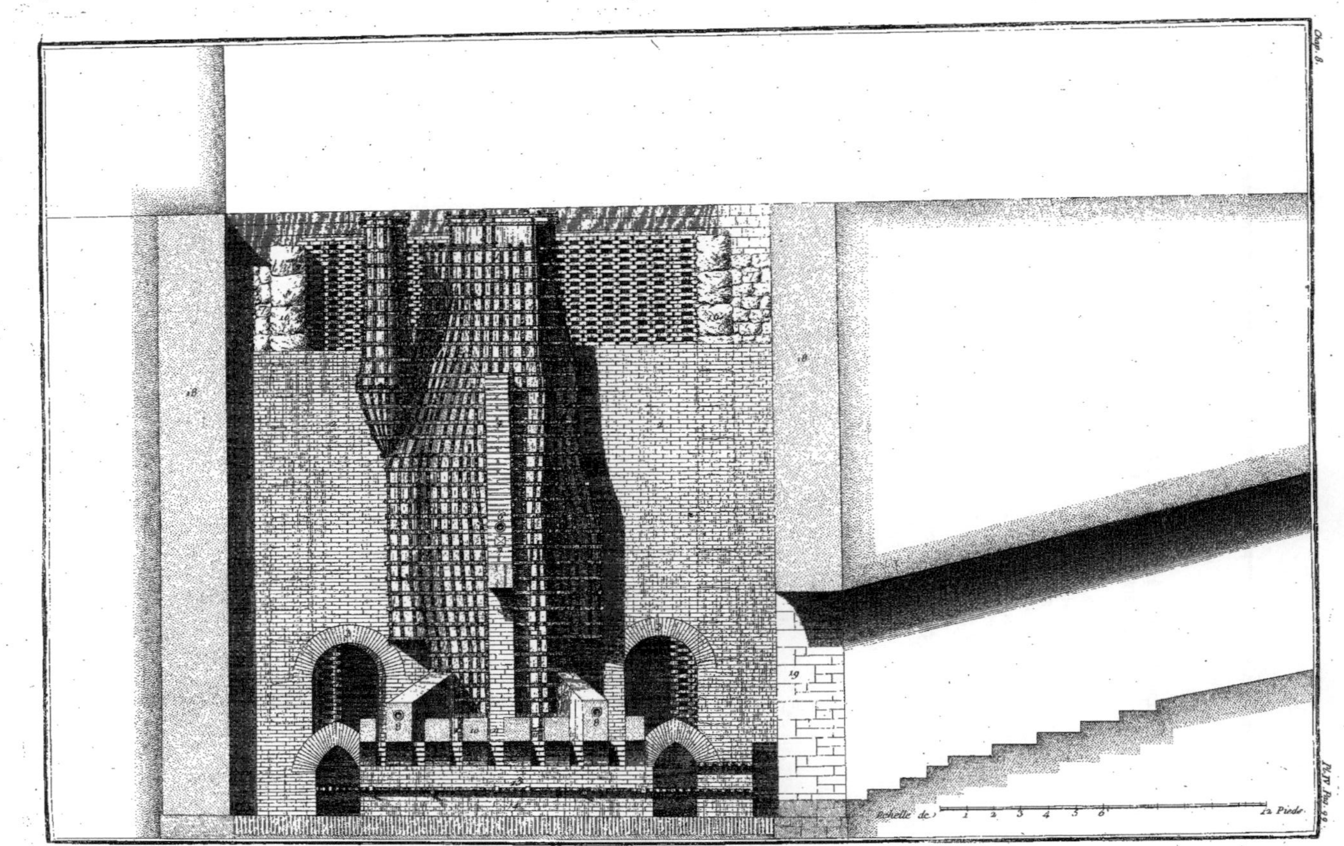
18
19
8
Echelle de 1 2 3 4 5 6 12 Pieds

Planche IV.

Coupe & profil de la fosse immédiatement avant qu'elle fût remplie de briquaillons, & dans le sens où le moule de potée se présente en face.

1   Le moule de potée revêtu de ses bandages de fer.
2   Murs ou languettes de briques construits de droite & de gauche vers les épaules du cheval.
3   Arcades percées dans l'épaisseur desdits murs pour le libre passage de la flamme.
4   Coupe d'un mur ou languette de briques au droit de la tête du cheval.
5   Coupe de l'arcade pratiquée dans la susdite languette.
6   Tuyau de cuivre par où s'est fait l'écoulement des cires sous le nez du cheval.
7   About de la grande traverse de fer, qui traversant le corps du cheval dans sa longueur, en soûtenoit le noyau.
8   Les deux égouts des cires qui partent de dessous les deux pieds de devant du cheval, & sont enveloppés d'un massif de briques pour les garantir de l'action du feu.
9   Coupe dans sa longueur de la galerie qui côtoyoit le devant du moule.
10 Petites voûtes de la susdite galerie coupées par le milieu sur leur longueur.
11 Ouvertures pratiquées à distances à peu près égales entre lesdites petites voûtes, pour le passage de la flamme.
12 Arcades ou petites voûtes des galeries qui s'étendent le long des deux flancs du cheval, vûes de face.
13 Coupe des grilles de fer sur lesquelles s'allumoit le feu dans les galeries.
14 Partie inférieure de la galerie où se rendent les cendres.
15 Espèces de tuyaux montans dont étoit tapissé le mur de recuit, uniquement faits pour diriger la flamme & l'aider à se porter en haut au sortir des galeries, & qui pour cet effet étoient à jour depuis le pied jusqu'au sommet & étoient formés de briques non maçonnées, posées alternativement l'une sur l'autre & en sens contraire.
16 Coupe du mur de recuit.
17 Corps de maçonnerie construits de distances en distances au derrière du mur de recuit, pour l'étrésillonner & l'empêcher de fléchir sous le poids des briquaillons.
18 Coupe des murs de la fosse.
19 Ouverture d'une des descentes soûterraines.

PLANCHE V.

Coupe & profil de la foſſe priſe dans toute ſa longueur, le Moule de potée s'y préſentant par un des flancs.

1   *La face du fourneau du côté qui regarde la foſſe.*
2   *Le trou du tampon.*
3   *Le moule de potée garni de ſes bandages de fer.*
4   *Mur de briques en forme de languette d'environ un pied d'épaiſſeur, qui bâti ſur la face antérieure du moule, l'étréſillonnoit & étoit percé par le bas en arcade pour le libre paſſage de la flamme.*
4* *Autre pareil mur conſtruit au droit de la face poſtérieure du moule dans les mêmes vûes.*
5   *Coupe d'une ſemblable languette de briques, qui traverſoit la foſſe par le milieu dans ſa largeur, à l'effet d'empêcher la flamme de ſe porter trop horizontalement d'un bout de la foſſe à l'autre, & qui paſſant ſous le ventre du cheval qu'elle ſoûtenoit, y rencontroit un pointal découvert qu'elle mettoit à l'abri du feu en l'enveloppant.*
6   *Coupes des quatre autres languettes de briques diſtribuées ſur les flancs du moule, & qui étant deſtinées à le ſoûtenir, ſervoient en même tems d'enveloppe aux quatre grandes traverſes de fer qui portent le noyau.*
7   *Arcades qui furent pratiquées dans les ſuſdites languettes, pour ne point interrompre la circulation de la flamme.*
8   *Coupe dans ſa longueur d'une des galeries, qui s'étendoit le long d'un des flancs du moule.*
9   *Coupe des grilles de fer ſur leſquelles on faiſoit brûler le bois dans les galeries.*
10 *Petites voûtes des galeries, coupées par le milieu dans toute la longueur de la galerie.*
11 *Les mêmes coupées ſur leur largeur.*
12 *Ouvertures pratiquées dans les voûtes des galeries pour l'échappement de la flamme.*
13 *Tuyaux montans percés à jour & adoſſés au mur de recuit, tels qu'ils ont été décrits dans l'explication de la Planche IV, ſous le n°. 15.*
14 *Coupe du mur de recuit.*
15 *Coupe d'un plancher formé par un quadruple rang de briques, auquel le mur de recuit ſert de circuit, & qui formoit comme une croute dans tout l'eſpace que rempliſſoient les briquaillons.*
16 *Ouvertures pratiquées dans ledit plancher pour le paſſage de l'air & de la fumée.*
17 *Briquaillons jetés au haſard & rempliſſant tous les vuides entre le moule & le mur de recuit.*
18 *Égout des cires au deſſous du nez du cheval, & le chemin que les cires liquéfiées qui venoient s'y rendre, faiſoient avant que d'arriver au bacquet deſtiné à les recevoir, le tout exprimé par des lignes ponctuées.*
19 *Autre Égout ſemblable pratiqué ſous le pied gauche de devant du cheval.*
20 *Égout des cires ſous le pied gauche de derrière du cheval.*
21 *Maſſifs de briques ſervant d'enveloppes aux conduites de cuivre rouge qui étoient adaptées aux têtes des égouts ou canaux par leſquels ſe faiſoit l'écoulement des cires.*
22 *Bacquets remplis d'eau dans leſquels les cires venoient ſe rendre à meſure que la fonte s'en faiſoit.*
23 *Débouchés des deſcentes ſoûterraines par où l'on a ſervi le bois dans les galeries & retiré les cires.*
24 *Coupe des murs de la foſſe.*

CHAPITRE

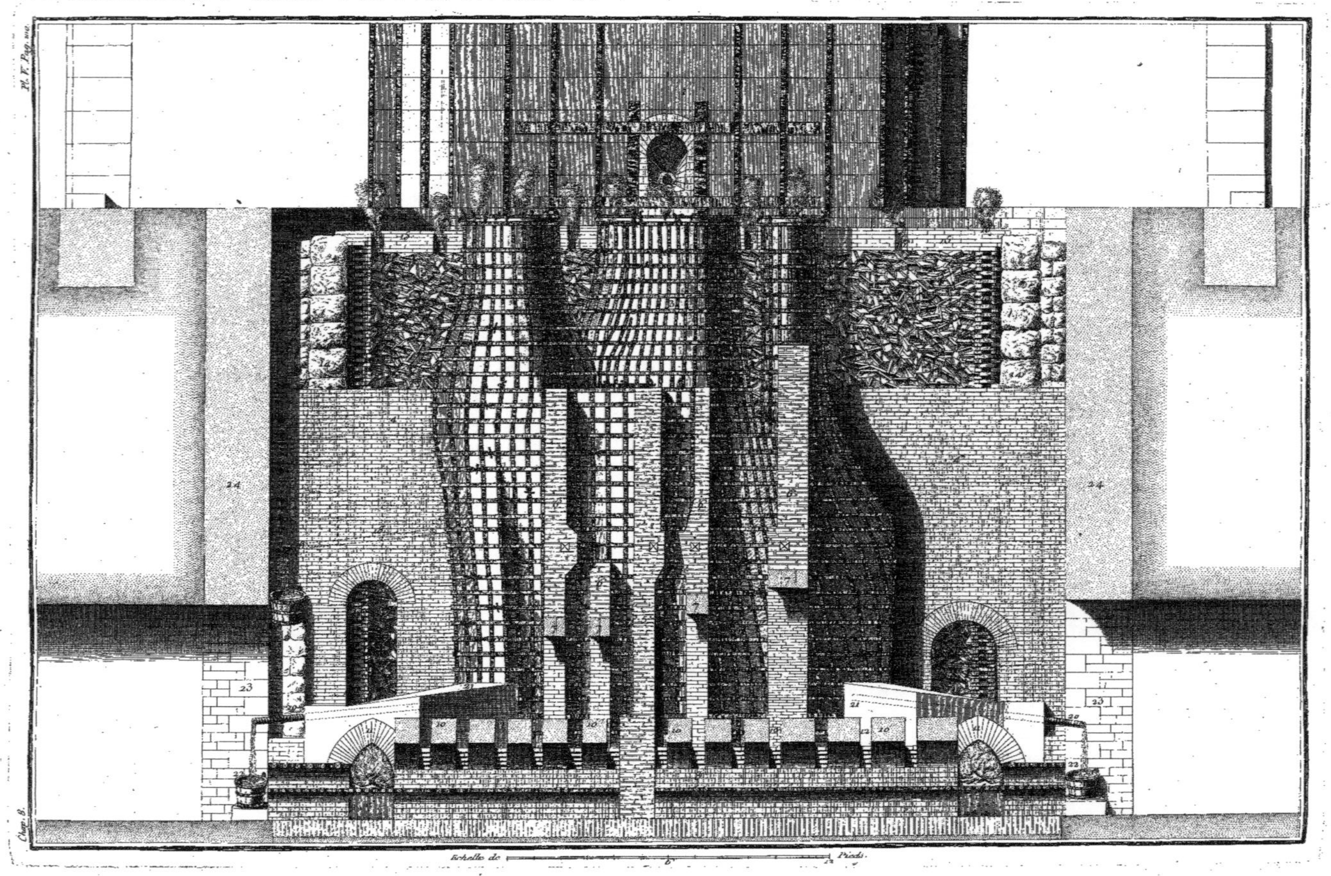
Echelle de
Pieds

CHAPITRE NEUVIEME.

De l'enterrage du Moule, & de la construction de l'écheno.

Dès qu'on eut fait le déblai de tous les briquaillons qui combloient la fosse, & que la place eût été bien nettoyée, l'on s'empressa de visiter le moule de potée, on y apporta la plus scrupuleuse attention, & l'on eut la satisfaction de voir que dans le recuit il n'avoit souffert aucune altération; l'on n'y apperçut aucune fente, pas même de gerçures. Après s'en être bien assuré, l'on donna une chemise au moule, c'est-à-dire qu'on l'enveloppa de toutes parts d'un enduit de plâtre passé au tamis, de l'épaisseur d'un bon doigt, & cette maçonnerie étant sèche & suffisamment consolidée, l'on procéda, ainsi qu'il suit, à l'enterrage du moule; opération qui avoit pour but de contenir le moule en état, & d'empêcher, indépendamment de toutes les précautions qui avoient été prises à cet égard, qu'il ne pût vaciller ni être entraîné hors de son aplomb par l'ébranlement terrible que lui causeroit le poids du métal, lorsqu'il s'y introduiroit.

Les terres qu'on se proposoit d'y employer avoient toutes été passées à la claie, & avoient été mises en un monceau à l'abri des injures de l'air, sous un hangard voisin. A mesure qu'on les en tiroit & qu'on les brouettoit dans l'attelier, on les versoit dans la fosse avec la précaution de les y répandre également; & du moment qu'il y en eut près d'un pied d'épais, on foula ce lit de terre avec les pieds, puis on le battit avec des masses assez semblables à celles dont se servent les Paveurs pour enfoncer leurs pavés, & qu'ils appellent hies ou demoiselles: en peu de tems il fut réduit aux environs de quatre pouces d'épaisseur. Sur cette première couche de terre ainsi affermie il en fut versé une seconde, puis une troisième; & allant toujours ainsi par addition, foulant & battant à chaque fois les terres comme on l'avoit fait la première fois, on parvint à combler entièrement la fosse de même que l'espace vuide que laissoient entre eux le mur de recuit & celui de la fosse.

Le moule se trouva pour lors comme enseveli dans les terres; les seules embouchures des jets & des évents restoient apparentes, encore celles des jets ne s'élevoient-elles que fort peu au dessus du niveau des terres. Sur quoi il est bon d'observer que dans les terres dont on avoit fait provision il y en avoit une d'une espèce particulière; elle avoit été tirée près des Gobelins, la couleur en est rouge, & comme le grain en est plus doux & plus fin que celui des terres ordinaires, elle forme aussi étant battue un corps plus compacte & capable d'une plus grande résistance. Ce fut par cette raison là même qu'on crut devoir en mettre une couche au plus près du moule, & en verser assez pour que cette terre rouge y fît une enveloppe de huit à dix pouces d'épaisseur.

En procédant à l'enterrage, on eut soin d'y ménager des places à une hauteur convenable, & d'y loger trois petits moules de potée, dans l'intérieur defquels on avoit réuni & renfermé les creux des différentes pièces, qui, fondues féparément, devoient fervir, quand il en feroit befoin, à boucher les trous & les ouvertures de toute efpece que la difpofition des fers de l'armature & d'autres circonftances particulières avoient exigés, ainfi qu'il a été dit ci-devant. Ces moules furent mis près l'un de l'autre, dans le voifinage du jet qui defcendoit fur la croupe du cheval.

Tout de fuite l'on s'occupa de la conftruction de l'écheno ou du baffin en façon de cuvette dans lequel devoit fe raffembler, au fortir du fourneau, le métal mis en fufion, pour de-là fe répandre dans le moule en paffant par les bouches des jets. Ce furent ces mêmes bouches qui en déterminèrent le plan ; on s'affujétit aux places qu'elles occupoient, pour la difpofition des rigoles de l'écheno ; l'une alloit chercher à droite la bouche du jet le plus éloigné de ce côté-là, l'autre s'étendoit fur la gauche & fe terminoit à la bouche du dernier jet qu'elle y rencontroit. On prolongea d'environ fix pieds cette feconde rigole, pour avoir une décharge où l'excédent du métal pût fe porter, fuppofé que l'écheno en fût trop chargé : on y joignit une dernière rigole, moins large que les précédentes, qu'on fit arriver jufqu'aux bouches des jets des trois petits moules. Telle fut la difpofition de l'écheno, dont le plan géométral que nous en avons fait graver, & que nous joignons à cet expofé, achevera de donner une idée complète.

Il étoit affis fur la dernière couche des terres mifes exactement de niveau, & de tous côtés il étoit bordé par un mur ou parapet de dix-huit pouces au moins d'épaiffeur ; le fond en étoit, dans toute fon étendue, tapiffé de maçonnerie : on jugea fuffifant de lui donner un pied de profondeur, & de tenir chaque rigole d'environ vingt pouces de largeur ; les quatre principales bouches des jets y étoient logées, & avoient leurs ouvertures d'arrafement avec le fond de la rigole ou baffin, tandis que les bouches des évents, ainfi que leurs enveloppes, étoient placées fur les bordures ou parapets de l'écheno & les furmontoient d'environ fix à fept pouces.

L'écheno ainfi difpofé étoit branché vers le milieu fur une principale rigole s'étendant en ligne droite, qui de l'autre bout étoit appuyée contre le fourneau même, un peu au deffous & immédiatement vis-à-vis du trou par lequel le métal devoit avoir fon écoulement & fe répandre dans les différentes branches de l'écheno. Cette rigole formoit comme un canal de quinze pouces de large fur fix pieds de longueur, & alloit un peu en pente pour accélérer la chûte du métal : les parapets qui la bordoient, étoient auffi plus épais & plus relevés que ceux des autres rigoles. On prévoyoit avec raifon que le plus grand effort du métal fe feroit en cet endroit-là, & que dans fon cours rapide il pouvoit s'en élancer quelques portions au dehors ; & plus le danger fe manifeftoit, plus il étoit de la prudence de chercher à s'en garantir.

Le même efprit de prévoyance fit imaginer un moyen pour favoir au jufte la quantité de métal qui feroit entré dans l'écheno, & pour fe régler en conféquence

fur l'inftant où il y en auroit fuffifamment, & où il conviendroit d'en faire l'introduction dans le moule. On difpofa pour cet effet à l'extrémité de la branche droite
de l'écheno une forte de petit gradin de maçonnerie, qui tenant lieu au Fondeur
d'une échelle graduée, lui faifoit voir au feul coup d'œil le nombre de pouces
auxquels le métal étoit monté, & l'aidoit à faire fon eftimation & fon calcul
avec autant de précifion qu'on en peut attendre de quelqu'un qui, fur un objet fi
difficile & fi important, eft obligé de prendre fubitement fon parti.

Il ne refte plus qu'à parler de la bâtiffe de l'écheno : le fond, les bords ou parapets, tout ce qui en dépendoit fut conftruit en briques maçonnées avec de la
terre à four ; on répandit des terres au pourtour, & jufqu'à ce qu'elles fuffent
montées de niveau avec le deffus des parapets, on ne ceffa de les battre, comme
on l'avoit fait à l'égard de l'enterrage du moule. On put alors demeurer tranquille ;
il n'y eut plus à craindre que l'impétuofité avec laquelle le métal fondu fe porteroit dans l'écheno, en fît écarter les parapets ; les terres en empêchoient la pouffée,
elles leur préfentoient une réfiftance infurmontable.

EXPLICATION

DE LA PLANCHE QUI ACCOMPAGNE LE CHAPITRE IX.

Plan géométral de l'Écheno.

1 *Intérieur de la fosse entièrement comblé de terre.*
2 *Partie du fourneau.*
3 *L'écheno se partageant en différentes branches ou rigoles.*
4 *Branche de l'écheno qui s'étend sur la droite, & à l'extrémité de laquelle se trouve le gradin qui servoit à mesurer de l'œil la quantité de métal qui entroit dans l'écheno.*
5 *Branche de l'écheno se portant sur la gauche.*
6 *Rigole pour l'épanchement du métal dans les trois petits moules où sont rassemblées les différentes pièces détachées.*
7 *Rigole ou bassin servant de décharge à la surabondance du métal.*
8 *Canal branché sur l'écheno, qui recevant le métal fondu au sortir du fourneau, le portoit en ligne directe dans ledit écheno.*
9 *Les pourtours ou murs de circuit de l'écheno construits en briques.*
10 *Le périer en place.*
11 *Sa pointe recourbée & dirigée vers le trou du fourneau, dont il est supposé avoir déjà chassé le tampon qui en fermoit l'entrée.*
12 *Son autre extrémité emmanchée d'une pièce de bois armée de liens de fer, qui, entre les mains du Fondeur, servoit à diriger la machine & à la faire agir.*
13 *Les chaînes de fer qui tenoient le périer suspendu.*
14 *Les quatre quenouillètes fixées sur leurs semelles de bois de chêne, & posées au droit de chacun des jets par les ouvertures desquels se doit faire le versement du métal dans le moule.*
15 *Bouche du jet étant au devant de la Figure.*
16 *Bouche du jet étant sur le derrière de la Figure.*
17 *Bouche du jet répondant à la tête du cheval.*
18 *Bouche du jet au dessus de la croupe du cheval.*
19 *Les trois ouvertures des jets des trois petits moules.*
20 *Les différentes ouvertures ou bouches des évents.*
21 *Représentation particulière du périer vû de profil.*
22 *Une des quenouillètes vûe aussi de profil.*

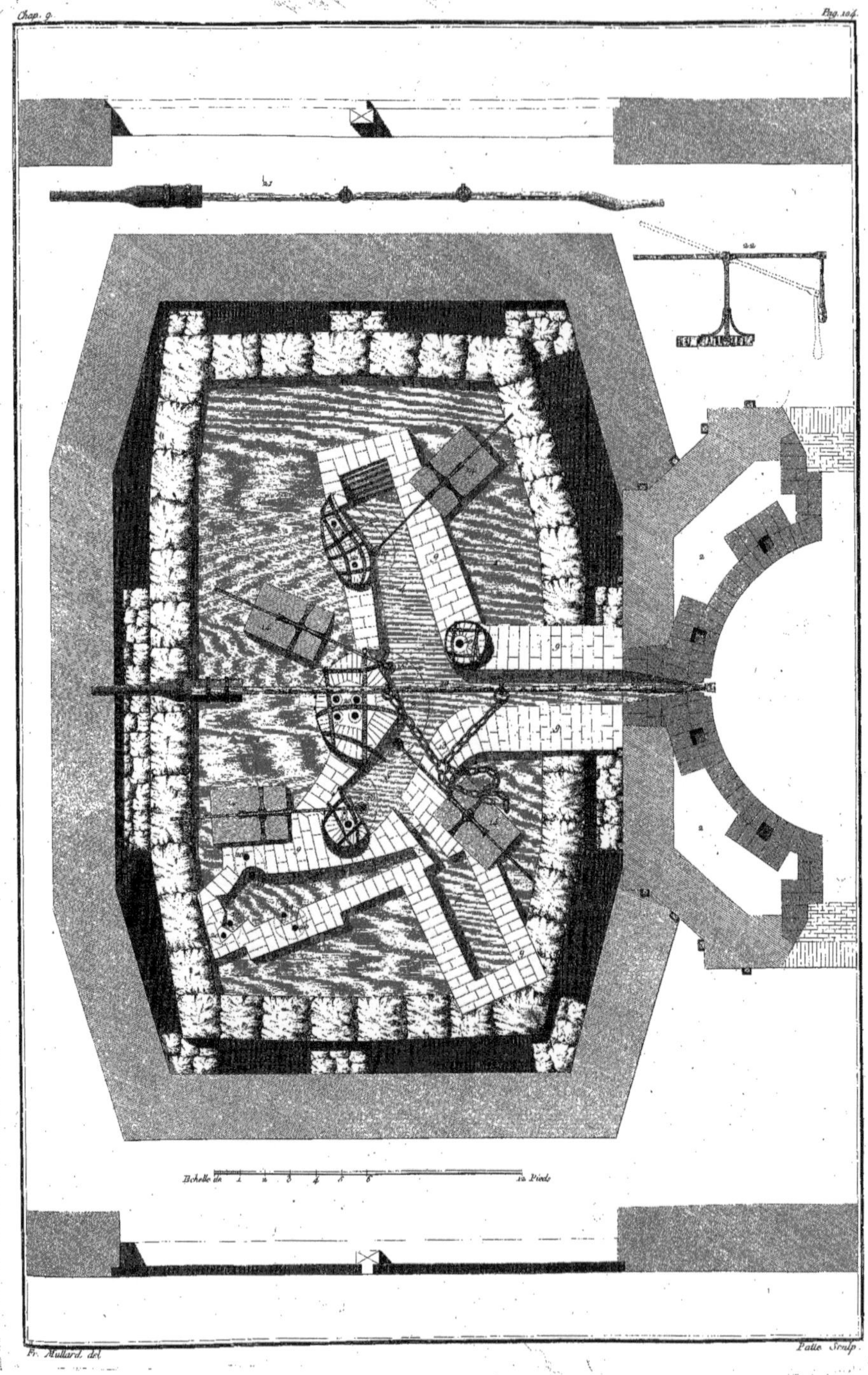

Fr. Mullard del.

Patte Sculp.

CHAPITRE DIXIEME.

De la fusion du Métal, & de son introduction dans le Moule.

NOUS avons rendu compte, à la fin du sixième Chapitre, du résultat des différentes opérations qui furent faites lorsqu'on eut achevé celle des cires, & qu'on voulut s'assurer d'avance de la quantité de métal que devoit consommer en total la fonte de la Figure Équestre du Roi. Nous avons pareillement exposé au même endroit comment l'on s'y prit pour préparer une matière qui, ni trop aigre, ni trop molle, fût aisée à réparer, & qui fît espérer pour la suite ce beau vernis que le tems donne au bronze, lorsque l'alliage des différens cuivres & des autres métaux qui doivent entrer dans sa composition, est fait avec intelligence & suivant les règles de l'art.

Nous nous contenterons donc de rappeller au lecteur que les cires employées, tant pour la Figure en elle-même, que pour toutes les conduites des jets, des évents & des égouts, s'étoient trouvées monter, après un calcul exact, à la quantité de trois mille trois cens soixante-neuf livres. Nous le ferons ressouvenir aussi de l'expérience qui fut faite alors, & par laquelle on reconnut que pour remplir l'espace qu'occupe une livre de cire, il ne falloit pas moins que huit livres de métal.

Il fut aisé, d'après cette expérience, de faire le calcul total, & de voir qu'il falloit se munir pour la fonte qu'on alloit entreprendre, de vingt six mille neuf cens cinquante-deux livres de métal. C'étoit l'équipollent des dites trois mille trois cens soixante-neuf livres de cire ; nous les porterons en compte, ci . . . . 26952 l.

Les tuyaux des jets & des évents, qui avoient été tenus creux lorsqu'ils avoient été posés en cire, pour en diminuer le poids & en assurer la stabilité, ainsi qu'on l'a vû dans le Chapitre sixième, devoient sortir massifs après la fonte ; c'étoit pour le métal une augmentation de poids qu'on ne pouvoit estimer moins de trois milliers, ci 3000

Suivant toutes les loix de la fonte, il devoit rester dans l'écheno une certaine quantité de métal, après que le moule en seroit tout à fait rempli ; on l'avoit estimée à vingt milliers, ci 20000

Le fourneau étoit neuf, il devoit boire plus de métal que s'il eût déjà servi ; cet article fut passé en compte pour six milliers, ci 6000

Une fonte de cette importance ne se peut faire sans déchet, on le porta à six autres milliers, ci 6000

Total   61952 l. métal.

Ce qui faisoit en total, comme on le voit, soixante-un mille neuf cens cinquante-deux livres de métal, qu'on crut pouvoir réduire à soixante milliers, & l'on n'en mit pas en effet davantage dans le fourneau. On y fit entrer, conformément au premier essai qui s'étoit fait avec le plus grand succès, & qui avoit donné de si beau bronze, les matières suivantes, savoir,

De mitrailles ou morceaux de cuivre jaune de différens calibres, fondus & réduits en saumons, vingt-sept mille quatre cens livres, ci... 27400 l. métal.

De bronze provenant des débris de vieux canons brisés, reconnu par gens experts pour être de la meilleure qualité, & où l'on étoit sûr qu'il n'étoit point entré une trop grande quantité d'étain, vingt milliers, ci 20000

Les saumons qu'avoit produits la fonte particulière ci-devant faite pour essai, cinq milliers, ci 5000

Et en monnoie de Suède, où l'on n'emploie que le cuivre rouge le plus pur, sept mille six cens livres, ci 7600

En tout   60000 l. métal.

Lorsque toutes ces matières furent rassemblées & à portée d'être transférées facilement dans l'attelier, on en prit autant qu'il en falloit pour couvrir l'âtre ou bassin du fourneau : on y introduisit pour la première fois le même poids de morceaux de canons brisés que de mitrailles de cuivre jaune réduites en saumons, & les posant debout l'un contre l'autre, on eut soin en les arrangeant de ne les point trop presser & qu'il y eût entre eux des vuides, afin que l'air y pût circuler aisément. Cette disposition faite, on alluma le feu dans la chauffe; & comme il est essentiel que le bois dont on se sert pour cette opération ne fume point, & qu'il donne une flamme très-claire, parce que la flamme seule procure la fusion du métal, & que la fumée entraîne avec elle une humidité capable de faire figer la matière avant qu'elle sorte du fourneau, on ne sauroit user de trop de précautions dans le choix du bois. Il faudroit, s'il étoit possible, qu'il n'eût point été exposé à la pluie depuis qu'il a été coupé, & qu'il eût non seulement toute son écorce, mais même encore la mousse dont il est tapissé dans la forêt : plus il est neuf, plus la flamme qu'il donne est vive & active ; plus il est sec, moins il est sujet à fumer. On avoit donc préparé depuis long tems un amas suffisant de bois à brûler ; la fourniture s'en étoit faite en tems sec. On avoit donné au hêtre la préférence, on l'avoit fait fendre & tenu à l'air sous un hangard construit exprès ; il y étoit séchement, & s'y étoit défait de son trop de verdeur & de son humidité.

A mesure que le métal fondoit, des Ouvriers placés sur les côtés du fourneau, & vis-à-vis de l'une & de l'autre bouche, étoient attentifs à le remuer & à le brasser avec de longues perches de bois de sapin ; & lorsqu'ils s'appercevoient qu'il étoit fondu tout à fait, ils introduisoient dans le fourneau de nouveau métal. Il n'étoit plus question d'un arrangement régulier comme la première fois, il suffisoit de jetter le métal dans le baffin ; ce n'étoit pourtant qu'après avoir tenu pendant quelque tems fur le glacis des deux bouches ou portes du fourneau les faumons de cuivre & les fragmens de canons qu'on vouloit mettre en fufion, & qu'après leur avoir fait acquérir un degré fuffifant de chaleur : cette précaution eft de la plus grande importance. Il eft démontré que du métal froid tombant dans le fourneau fur d'autre métal déjà fondu le fait figer & produit ce qu'on appelle le gâteau, qui, étant une fois formé, ne peut plus fe réduire en fufion, à quelque degré de feu qu'on l'expofe.

Le même malheur pourroit arriver dans le cas où le bois n'étant pas affez fec, donneroit une fumée noire & trop chargée d'humidité, ou fi, par négligence, on ceffoit d'entretenir le feu de la chauffe dans un égal degré d'activité. Non feulement on le doit, mais il faut même le pouffer toujours en augmentant, jufqu'au moment auquel la matière liquéfiée coulera dans le moule, au fortir du fourneau. Il y avoit, pour s'acquitter de cette partie du fervice, deux hommes qui en étoient uniquement chargés ; l'un jettoit le bois par le trou de la chauffe, l'autre lui en fournilloit le moyen, en tirant à foi & faifant glilfer le long d'une couliffe la pelle de fer qui bouchoit cette ouverture, & la repouffant à fa place auffi-tôt que le bois étoit jetté. Cela s'exécutoit au coup de fifflet de M. Gor, Commiffaire général des fontes à l'Arfenal de Paris, qui conduifoit celle-ci, & qui étoit affifté par M. Maris, Chevalier de l'Ordre de S. Michel, & Infpecteur général des fontes & forges pour l'artillerie du Royaume.

Avec le tems, ce qu'on avoit amaffé de mitrailles & de débris de canons fut épuifé, & les Conducteurs de la fonte ayant jugé que la fufion en étoit entièrement faite, & qu'il étoit tems d'y allier le cuivre rouge en monnoie de Suède, ils en firent apporter la quantité qui devoit entrer dans l'alliage & la firent jetter dans le fourneau, après l'avoir préalablement fait chauffer, ainfi qu'il a été prefcrit ci-devant.

Quand ils ont vû approcher le terme où la fufion, arrivée à fon dernier période, demandoit un prompt écoulement du métal, ils ont mis le périer (a) en place. Cet inftrument, dont on a une repréfentation fidèle dans la Planche qui fe trouve à la fin du précédent Chapitre, confifte en une longue barre de fer qui, pouffée avec vigueur contre le tampon de fer dont eft bouché le trou du fourneau durant la fonte, le fait fortir de fa place, & le chaffant au fond du baffin, procure un libre paffage à la fortie du métal fondu. Cette barre de fer peut avoir dix-huit à vingt pieds de long fur trois pouces de gros : du côté qu'elle doit frapper, elle prend à peu près le même galbe & la même courbure qu'une pelle ; elle eft plus forte en cet endroit où elle peut avoir environ cinq pouces de diamètre, & elle fe termine en pointe arrondie ; à fon autre extrémité, elle eft emmanchée invariablement dans une pièce de bois armée de liens de fer, laquelle eft taillée de façon à pouvoir fe laiffer manier & embraffer aifément par le Fondeur lorfqu'il eft en

______

(a) Félibien, dans fon Livre des principes des arts, nomme *Périer* ce que nos Ouvriers appelloient *Perrière*, & nous avons cru devoir donner la préférence à fon expreffion.

action ; elle le met alors en état de diriger & d'ajuſter à ſon gré le coup du périer. Pour donner plus de reſſort à la machine & lui faire avoir autant de force qu'au levier, l'on ſuſpend le périer, mis en équilibre, à deux chaînes de fer terminées par des mains qui en deux endroits, à peu près aux deux tiers de ſa longueur, ſaiſiſſent la barre de fer, & ces deux chaînes vont s'unir enſuite à une autre double chaîne plus longue qui deſcend d'en haut, & dont les deux bouts ſont arrêtés ſur deux pièces de bois tranſverſales que reçoivent les poutres voiſines ſervant de tirans à la charpente du comble.

Dans le même tems qu'on diſpoſoit ainſi le périer, on préparoit les quenouillètes & on les mettoit aux places qu'elles devoient occuper ; leur unique deſtination eſt de tenir très-exactement bouchées les ouvertures ou entrées des jets, dans les premiers momens où le métal fondu entre dans l'écheno, & juſqu'à ce que le Fondeur juge à propos de l'introduire dans le moule. Elles ſont faites auſſi pour empêcher qu'aucun charbon, ou autre corps étranger, ne puiſſe ſe couler & tomber dans les conduites des jets, tandis qu'on chauffe l'écheno. Ces quenouillètes ſont de fer, & afin qu'elles puiſſent mieux remplir l'objet de leur deſtination, elles ſe terminent par le bas en une olive d'un calibre égal à l'ouverture des jets qui doivent les recevoir : on ne peut mieux les comparer qu'aux outils dont les Plombiers ſe ſervent pour ſouder (a). L'olive y eſt pareillement branchée ſur une tige, qui dans les quenouillètes eſt de deux pieds de longueur : cette tige eſt attachée, par le moyen d'une charnière qui donne le jeu à la machine, à la tête d'une tringle de fer de ſept à huit pieds de longueur, laquelle tringle eſt dans une direction horizontale, & poſe dans ſon milieu ſur le haut d'un montant ou chevalet de trois pieds & demi d'élévation ; elle y roule ſur une broche de traverſe qu'elle y rencontre, & faiſant le même effet qu'une baſcule, elle ſert dans le beſoin à baiſſer ou hauſſer la quenouillète ſans qu'on ſoit obligé de s'en approcher de trop près, il ne faut que peſer ſur l'extrémité allongée de la tringle de fer : le plus léger mouvement fait relever la quenouillète, & s'il ceſſe, elle ſe remet d'elle-même en place. Il eſt aſſez indifférent que le chevalet ſoit de fer ou de bois ; mais, dans l'un & l'autre cas, il eſt néceſſaire qu'il ſoit attaché & fermement arrêté du pied ſur une ſemelle de bois de chêne de trois à quatre pouces d'épaiſſeur, & de largeur & longueur ſuffiſantes pour qu'on puiſſe compter ſur un point d'appui ſolide, qui empêche le chevalet de verſer de côté ou d'autre.

On a fait obſerver plus d'une fois de quelle importance il étoit pour la réuſſite de la fonte, que le métal mis en fuſion ne rencontrât ſur ſon paſſage rien de froid, ni qui pût être ſoupçonné de renfermer en ſoi le plus léger principe d'humidité. On a donc eu la précaution de chauffer, quelque tems avant l'opération de la fonte, l'écheno ainſi que les quenouillètes ; on a comblé le premier de charbon après avoir mis les quenouillètes en leurs places, on a allumé ce charbon, & quand il a été conſumé on en a balayé les cendres & tenu la place nette de

(a) On en trouvera la figure dans la Planche qui termine le Chapitre précédent.

toute

toute ordure. Alors on a été viſiter pour la dernière fois le métal, & s'aſſurer qu'il étoit parvenu au véritable degré de fuſion, ce qui ſe connoît à la flamme qui, au ſortir du fourneau, eſt d'un rouge plus clair & plus vif qu'elle ne paroiſſoit auparavant. A cette preuve ſe joint encore celle-ci : les craſſes que rejette le métal & qui nagent ſur ſa ſurface lorſque la fuſion eſt entièrement faite, ſe rangent d'elles-mêmes autour du baſſin, elles en laiſſent le milieu uni & luiſant comme la glace d'un miroir. Dans cet état le métal ſe braſſe pour n'y plus revenir, & ſi le feu prend ſur le champ aux perches de bois de ſapin dont on ſe ſert pour cette opération, ſi la flamme qui s'y attache eſt d'un brillant éblouiſſant, le métal demande à ſortir, il n'y faut pas perdre un inſtant : auſſi M. Gor ne l'eût-il pas plutôt reconnu qu'il alla ſaiſir le périer, & le dirigeant avec la juſteſſe que lui donnent un coup d'œil ſûr & une expérience conſommée, il le pouſſa vigoureuſement à pluſieurs repriſes contre le tampon, toujours attaquant le point milieu en droite ligne ; au troiſième coup le tampon fut chaſſé, & l'ouverture du fourneau ſe trouvant faite, le métal en ſortit avec abondance & comme un torrent de feu.

Mais ſoit que le tampon n'eût pas été chaſſé aſſez loin ni tout à fait hors du trou qu'il bouchoit, ſoit que le poids du métal l'eût fait revenir ſur lui-même, M. Gor s'apperçut fort heureuſement qu'il ſe portoit vers ſon ancienne place & qu'il alloit former un obſtacle à l'iſſue du métal fondu, ce qui auroit fait manquer la fonte. Sans s'effrayer, avec une intrépidité & une activité qui ne ſe peuvent rendre, il reprend le périer, & repouſſant le tampon, il agit avec une telle vigueur qu'il ne reparut plus.

L'écheno ſe trouva auſſi-tôt rempli d'une aſſez grande affluence de métal pour n'avoir point à craindre que la chute précipitée qui s'en alloit faire dans le moule pût ſouffrir aucune interruption, ni qu'il s'en répandît avec abondance dans certaines parties, tandis que d'autres en manqueroient. Afin d'en pouvoir mieux juger, nous avons remarqué que le Fondeur avoit fait conſtruire en briques, à l'extrémité d'une des branches de l'écheno, un degré qui, faiſant l'office d'une échelle graduée, lui montroit au coup d'œil la quantité de métal que contenoit l'écheno. Du moment qu'il vit qu'il en étoit ſuffiſamment rempli, il ordonna qu'on levât la quenouillète dont juſqu'alors avoit été bouchée l'ouverture du jet qui côtoyoit par devant la tête de la Figure Équeſtre : tout de ſuite il en fit faire autant par d'autres Ouvriers qui en avoient le ſignal, & qui étoient poſtés vis-à-vis de chacune des trois autres quenouillètes, commençant par celle qui étoit appliquée au jet derrière la tête du Cavalier, puis celle qui fermoit le jet au deſſus de la tête du cheval, & finiſſant par la quenouillète qui bouchoit le jet répondant à la croupe du cheval. A meſure qu'on les levoit, on les déplaçoit ; ce qui ſe fit ſucceſſivement, & cependant preſqu'en un moment, & dans le même inſtant on vit le métal ſe précipiter par quatre endroits dans le moule, le remplir, refluer par les ouvertures extérieures des conduites des évents, & s'arrêter lorſqu'il fut parvenu au même niveau que le métal qui reſtoit dans l'écheno : à ce ſigne on ne put pas douter que la fonte n'eût

E e

complétement réuffi, & que toutes les parties vuides du moule ne fuffent remplies par autant de métal qu'elles en pouvoient contenir. Le métal s'introduifit auffi , mais pas fi fubitement dans la branche de l'écheno au fond de laquelle étoient enterrés les trois moules des pièces détachées, & où les bouches des jets avoient leurs iffues. Il ne s'y en répandit même que la quantité néceffaire, au moyen d'une efpèce de digue ou de petit rempart qui bouchoit jufqu'à une certaine élévation l'entrée de la rigole, & qui n'en permit l'accès au métal , qu'après que celui-ci, parvenu à une plus grande hauteur que ledit rempart, en eut franchi les bornes & eut paffé par deffus, ce qui n'eut lieu que lorfque l'écheno ayant ceffé de fournir le métal au grand moule, s'en trouva prefqu'entiérement comblé ; le métal s'épancha pour lors dans la rigole, & les petits moules s'en remplirent : ce qu'il y eut de métal furabondant, & qui pouvoit menacer l'écheno d'une trop forte furcharge, s'épancha de même dans une autre rigole ou baffin qui avoit été préparé pour lui fervir de réceptacle , & s'y déchargea.

L'opération de l'introduction totale du métal dans le moule fe fit dans l'efpace de cinq minutes quatre fecondes. Cinq minutes enfuite, l'excédent du métal qui reftoit dans l'écheno étoit encore liquide, & prefque auffi fluide qu'au fortir du fourneau.

M. Gor s'applaudiffant avec raifon d'un fi brillant fuccès, l'annonça en jettant fon chapeau en l'air & criant *vive le Roi.* Le cri devint général, les Spectateurs ne pouvoient contenir leur joie : un plaifir animé prit la place du filence & de cette morne inquiétude dans laquelle on voyoit plongés un moment auparavant tous ceux qui avoient contribué à l'entreprife , ou qu'elle intéreffoit perfonnel, lement. Chacun s'empreffoit de féliciter le Fondeur, & fur-tout M. Bouchardon, principal acteur dans cette fcène touchante. Des boëtes tirées dans l'enclos portèrent auffi-tôt cette agréable nouvelle dans la Capitale : il n'y eut aucun Citoyen qui n'y prît part, & qui ne mît cet événement heureux au rang de ceux qui mériteront d'être portés dans nos faftes.

On avoit allumé le feu dans la chauffe le 4 Mai 1758 à midi , & le métal commença le lendemain à quatre heures & demie de l'après midi à couler dans le moule. Il fallut par conféquent vingt-huit heures & demi d'un feu très-vif & très-fuivi pour mettre en fufion les foixante milliers de métal qui entrèrent dans le fourneau.

Cette defcription eft accompagnée d'une planche qui repréfente l'intérieur de l'attelier, la difpofition de l'écheno , les quatre quenouillètes mifes en place , les Ouvriers qui les fervent, chacun à leurs poftes, & le Fondeur lui-même en action, pouffant le périer fufpendu à des chaînes de fer contre le tampon qui bouche le trou du fourneau, toutes chofes qui ont précédé l'introduction du métal dans le moule.

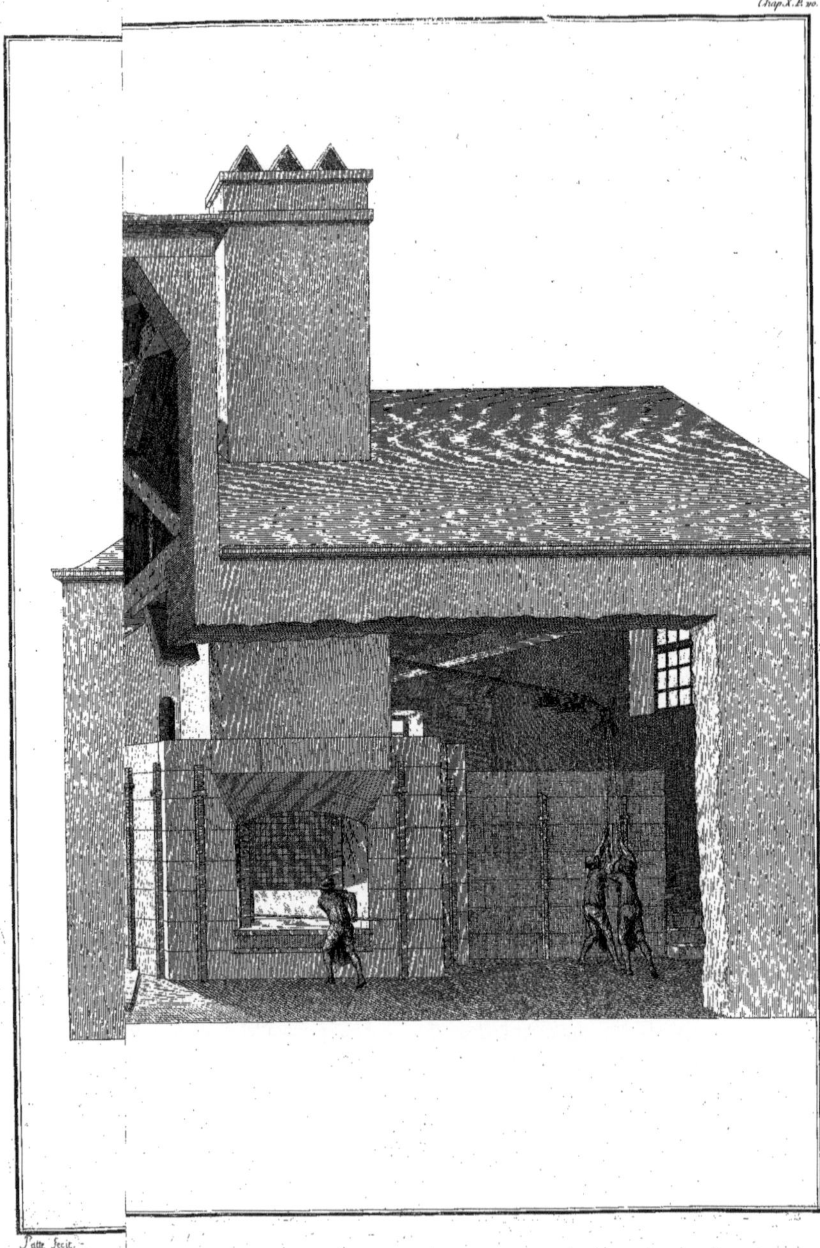

Patte fecit.

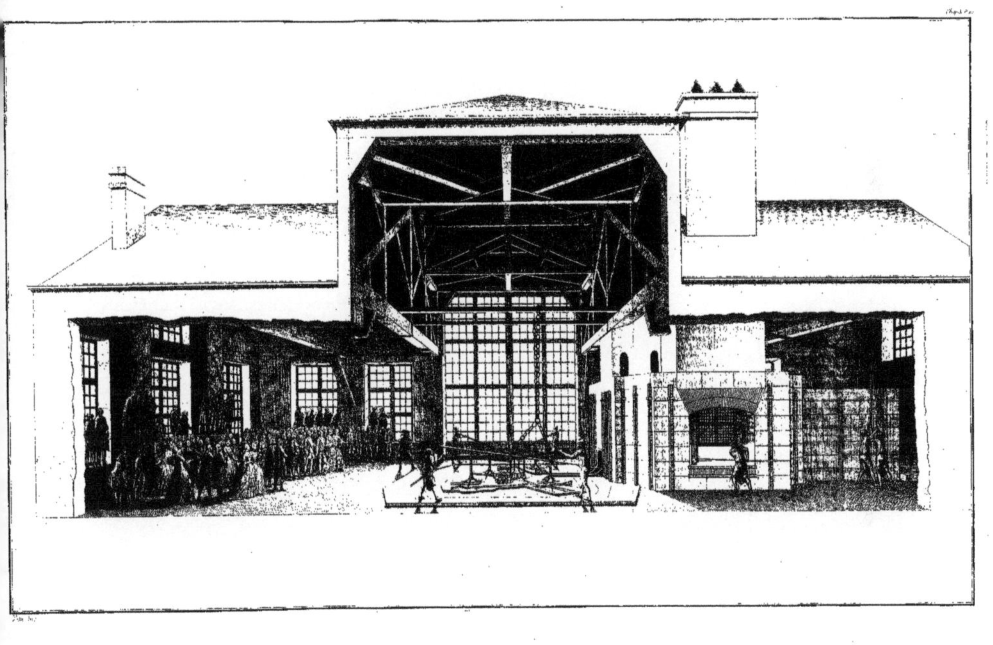

CHAPITRE ONZIEME.

Du déterrage, de l'enlèvement de la Figure Equestre hors de la foße, & de ſa ſortie de l'Attelier où elle a été fondue.

AU bout de quinze jours, lorſqu'on fut ſûr que le métal étoit tout-à-fait refroidi, & qu'il étoit tems de briſer le moule de potée & de débarraſſer la Figure de tout ce qui l'enveloppoit, l'on enleva de dedans l'écheno le métal ſuperflu qui y étoit reſté, & qui fut eſtimé peſer vingt-deux milliers. La démolition de l'écheno ſe fit enſuite, ce qui fut ſuivi du déblai de toutes les terres & de toutes les briques dont la foſſe étoit remplie : à meſure qu'elle ſe vuidoit, on détruiſoit le moule de potée, on enlevoit les grès dont on s'étoit ſervi pour les contre-murs, on rendoit la place nette, & bientôt la Statue ſe montra entièrement à découvert. On eut alors la ſatisfaction de voir que la fonte avoit pleinement réuſſi, & qu'on ne s'étoit point nourri de vaines eſpérances ; on y apperçut ſeulement quelques petits trous à remplir, quelques déchirures que le rétréciſſement du métal, lorſqu'il refroidit, rend preſque inévitables, mais qui pouvoient aiſément ſe reprendre en y apportant les ſoins néceſſaires & de l'adreſſe : ces légers défauts exceptés, le moule s'eſt trouvé avoir été exactement chargé de métal dans toutes ſes parties, il en eſt ſorti une Figure auſſi complette & auſſi bien formée qu'on pouvoit le deſirer.

On en put encore mieux juger lorſqu'elle fut débarraſſée de tout le métal qui, s'étant inſinué dans les conduits ſans nombre des jets & des évents, formoit comme une forêt de tiges, qui la tenoit ombragée de toutes parts. On s'empreſſa donc d'abbattre tous ces jets, on les ſcioit le plus près qu'il étoit poſſible de la Figure, & l'on avoit l'attention de ne les tirer à ſoi, en les ôtant de place, que lorſque le ſciage en étoit tout-à-fait achevé. On auroit pu, pour aller plus vîte, peſer deſſus & les rompre, quand ils auroient été à moitié ſciés ; mais l'ébranlement, ſuite de cette opération violente, auroit ſans doute occaſionné quelque bouleverſement dans l'ouvrage, ou du moins des trous ou cavités qu'il auroit fallu boucher ; ce qui, en augmentant le travail du Ciſeleur, n'auroit pu qu'altérer la pureté de celui du Sculpteur : en y ſacrifiant quelques journées, on ſe mit à l'abri de cet inconvénient, jamais tems ne fut mieux employé.

Cette opération finie, on vuida l'intérieur du cheval & de la Figure, des plâtres & des fers qui en formoient le noyau. On avoit ménagé, comme on l'a vû, ſur la croupe du cheval une ouverture quarrée & aſſez ſpacieuſe pour qu'un Ouvrier, muni des outils néceſſaires, pût pénétrer dans la capacité intérieure de la Figure, arracher tous les plâtres qui la rempliſſoient, en jetter les décombres au dehors, & ſupprimer l'un après l'autre les fers de l'armature, qui depuis la fonte n'étoient plus d'aucune utilité : on ne laiſſa ſubſiſter que ceux qui, paſſant au travers des jambes du cheval, y devoient demeurer fixés pour toujours, & ceux des trois pointals & des cinq grandes traverfes, dont on ne pouvoit fe paffer pour le maintien de la Figure jufqu'à ce qu'elle fût, dans le tems de fon enlèvement hors de la foffe, bien affurée fur fes cordages & établie enfuite fur le charriot de tranfport dont il fera parlé dans la fuite.

Avant que de parvenir à cet enlèvement de la Figure, les Cifeleurs s'en emparèrent & travaillèrent à la nettoyer d'une craffe, ou, pour mieux dire, d'une croute qui ne manque jamais de fe former à la furface des ouvrages qui fortent de la fonte : elle y prend plus ou moins d'épaiffeur, à proportion que la première couche de potée mife au pinceau a bu une moindre ou une plus grande quantité de la partie la plus fubtile du métal, & s'en eft pénétrée ; elle y eft adhérente autant que l'action du feu l'a attachée & l'a plus étroitement collée fur les parois dudit métal. Lorfque cette croute n'eft ni plus dure, ni plus tenace qu'elle ne l'étoit dans les parties fupérieures de notre Figure Équeftre, il n'eft pas befoin de grands efforts pour la détacher ; des cifeaux de bois dur fuffifent, & font même préférables à des cifeaux d'acier ; car dans un travail qui fe fait, pour ainfi dire, à tâtons, l'on n'eft en effet jamais fûr de l'épaiffeur de la croute qu'il faut abbattre, l'ouvrier ne peut gouverner fon outil comme il conviendroit ni comme il le voudroit ; pour peu qu'il le chaffe un peu trop, & que le tranchant du cifeau atteigne le métal, il court rifque d'y imprimer des entailles ou au moins des raies qui prefque toujours font très-difficiles à effacer. Il arrive cependant affez fouvent, comme on vient de le faire remarquer, que la croute fait prefque corps avec le bronze, & l'on a eu le malheur d'en faire l'expérience dans les parties inférieures du cheval qu'on venoit de fondre : cette croute s'y eft montrée tellement rébelle, qu'en quelques endroits elle réfiftoit même au cifeau d'acier ; ce qui n'eft arrivé, fuivant toutes les apparences, que parce que le moule étoit trop chaud & vraifemblablement encore rouge dans les parties inférieures quand le métal y a coulé. La partie la plus fubtile dudit métal étant elle-même toute de feu, aura trouvé plus de facilité à pénétrer la première couche de potée dont le moule étoit enduit ; & l'un & l'autre s'étant ainfi incorporées, de leur affemblage fe fera formée fur les parois de la Figure, où l'action du feu aura agi avec le plus de violence, cette craffe épaiffe & tenace que l'outil le mieux trempé n'entama & ne fépara du métal qu'après bien du travail. A peine en eut-on fait l'effai, qu'on fentit l'impoffibilité de pouvoir faire cette opération dans la foffe ; on fe contenta donc pour lors de dégroffir l'ouvrage, réfervant le plus pénible pour le tems que la Statue Équeftre, fortie de la foffe & de l'attelier où elle avoit été fondue, feroit dépofée dans le lieu qui étoit deftiné pour la réparer, ainfi qu'il fera expliqué dans le Chapitre fuivant.

On dreffa dans cet intervalle la charpente néceffaire à l'extraction de la Figure hors de la foffe ; elle confiftoit principalement en deux pans de bois qui, vis-à-vis l'un de l'autre, étoient affis fur deux fortes pièces de bois de chêne en forme de fablières de plus de vingt pouces d'équarriffage & de trente-trois pieds de long :

ces

ces fablières traverfoient à droite & à gauche le vuide de la foffe qui en étoit bordée
dans fa plus grande longueur; elles pofoient à chaque bout fur des femelles de
bois d'environ vingt pouces de large fur fix à fept d'épaiffeur, & ces femelles
étoient logées de leur épaiffeur fur le haut & dans le corps même du mur des deux
petits côtés de la foffe, lequel avoit été démoli, pour les recevoir, jufqu'à environ
dix-huit pouces en contre-bas.

Cette première diftribution de charpente s'étant faite avec toute la folidité
requife, l'on établit dans des mortaifes, fur chacune des fufdites groffes fablières,
cinq pièces de bois pofées de bout de quinze pouces de gros: trois de ces pièces
ayant vingt-cinq pieds de long, & placées à cinq pieds de diftance l'une de l'autre,
rempliffoient un efpace correfpondant à celui qu'occupoit la Figure Équeftre prife
de la tête à la queue du cheval; elles la côtoyoient de droite & de gauche, &
étoient pofées d'aplomb, mais pourtant un peu inclinées en dedans vers la Figure
pour y mettre plus de force: les deux autres pièces, pofées en manière de contre-
fiches aux extrémités de chaque pan de bois, y faifoient la fonction d'arc-boutans:
toutes cinq furent couronnées par une fablière de même échantillon; elles y furent
affemblées à tenons & mortaifes, & retenues par de forts boulons de fer garnis de
clavètes.

Dès que ces deux pans de bois furent montés, on leur fit porter quatre poutres
de bois d'orme, auxquelles devoient être attachés les cordages qui, comme on le
verra dans la fuite, fervirent à foûtenir les écharpes & les différentes moufles dont
on fit ufage. Les deux premières poutres de dix-huit pieds & demi de long,
furent pofées en travers, à fept pieds de diftance, fur l'une & l'autre fablière
fupérieure des pans de bois, & reçurent les deux dernières poutres qui, mifes en
fens contraire, & feulement éloignées l'une de l'autre de trois pieds & demi, ne portoient que quatorze pieds de longueur: dans la crainte qu'elles ne fiffent quelque
mouvement, on les lia très-étroitement toutes quatre enfemble avec des cordages.

Tout de fuite l'on établit à des hauteurs convenables les planchers fur lefquels
devoient être placés les différens treuils, néceffaires pour l'enlèvement de la Statue,
& l'on donna à ces planchers autant d'étendue & de folidité que l'exigeoient la
fureté & la plus grande commodité du fervice: les plus exhauffés circuloient autour des deux pans de bois nouvellement conftruits, & les environnoient de toutes
parts. Les folives qui portoient ces planchers pofoient des deux bouts fur les entraits
de la charpente du comble, & de forts madriers les couvroient. Un autre plancher
fut établi fur la plateforme au deffus de la voûte du fourneau; le dernier, un peu
en pente, pofoit à plat fur le plancher même de l'attelier du côté de la principale
porte d'entrée.

Les treuils qui devoient agir fur tous ces planchers étoient au nombre de huit;
un fut mis vis-à-vis de la tête du cheval, un autre du côté de la croupe, &
trois fur chacun des flancs: la plûpart rouloient fur des chevalets adhérens au
plancher même fur lequel ils étoient affis; d'autres étoient appliqués aux pièces de

F f

la charpente, & y rouloient fur des chantignoles & des taffeaux qui les embraffoient au droit du pivot defdits treuils, tandis que des boulons de fer, paffés au
travers des chantignoles, les tenoient fermement attachés aux fufdites pièces de
la charpente.

Les chofes étant en cet état, l'on fit paffer fous le ventre du cheval une forte pièce
de bois de vingt pouces d'équarriffage fur environ neuf pieds de longueur, & l'on
y adapta fur la droite & fur la gauche deux chantignoles, à qui l'on fit prendre, le
plus exactement qu'il fut poffible, un contour pareil à celui que préfentoit la
Figure à l'endroit où le bois l'embraffoit ; on interpofa entre le bois & le bronze
de petits couffins remplis de bourre, pour s'oppofer aux effets nuifibles du frottement ; on foûtint la groffe pièce de bois avec de forts potelets, trois à chaque
extrémité : la Figure fe trouva fuffifamment étayée, & bientôt il fut permis de faire
fans danger le défcellement de tous les fers fur lefquels elle avoit pofé jufqu'alors
au fond de la foffe, & de fupprimer ceux des grandes traverfes & des trois pointals, qui ceffoient d'avoir leur utilité.

On ne tarda pas de mettre en place les cordages, les moufles & les écharpes,
dont on fe réferve de donner par la fuite, & dans un article féparé, les dimen-
fions, & des détails qui, fi on les plaçoit ici, interromproient trop le fil de la
narration.

Il fuffira quant à préfent de faire obferver qu'on employa dans la même
opération des moufles de deux ftructures diverfes, & travaillées fuivant différens
principes : les unes étoient de la compofition du fieur Lherbette, habile Charpentier,
qui avoit fait l'entreprife de l'enlèvement, du tranfport, & de la pofe de la Statue
fur fon piédeftal. Il les avoit fait faire en fer, & chacune renfermoit fix poulies de
cuivre ; elles euffent pu foûlever un fardeau beaucoup plus confidérable que celui
auquel elles étoient deftinées, tant elles avoient de force & tant elles étoient
exécutées avec foin & avec précifion. L'Entrepreneur avoit étendu fa prévoyance
jufqu'à faire mettre fur les faces latérales de fes moufles un double rang de crochets
tournans en tout fens, lefquels, dans le cas que l'un des cables feroit venu à fe
fatiguer & eût menacé de quelque accident, auroient pu donner le tems & la
facilité de retirer de la moufle le cable endommagé, & d'y en fubftituer un autre
plus frais, fans être obligé de remonter ou de defcendre le fardeau qui s'y trouveroit
déjà fufpendu : il n'étoit befoin que de jetter des cables de force fur les crochets, de
les y fixer, & de lier, ou pour parler le langage de l'art, de brayer enfemble les
deux moufles inférieure & fupérieure. On pouvoit employer le même moyen, s'il
arrivoit jamais que les anfes qui couronnoient les moufles, & fur lefquelles elles
étoient fufpendues, effuyaffent quelque dérangement ou qu'il s'y fît quelque
fraction ; les moufles une fois brayées, toute crainte de danger s'évanouiffoit.

Malgré des avantages fi réels, on ne put fe réfoudre à admettre fans reftriction
les moufles telles que les préfentoit le fieur Lherbette, parce qu'on avoit fait vœu
de déférer aux avis de M. Maris, dont on connoiffoit le zèle & la parfaite

intelligence, & que lorfqu'on lui fit voir ces moufles, il crut devoir leur refufer fon approbation. Il prétendoit que la trop grande quantité de poulies avoit impofé l'indifpenfable néceffité d'en diminuer le volume, ainfi que l'épaiffeur des platines de fer qui leur fervoient de cloifons, qu'elles en devenoient trop foibles, & que par une fuite inévitable les cables qui devoient y rouler n'étoient pas d'une groffeur fuffifante, ou ne pourroient marcher affez à l'aife : il ajoûtoit qu'il y avoit tout lieu de craindre que de tels cordages, frottant continuellement contre eux-mêmes & contre le tranchant des fers qu'ils heurteroient dans leur marche, ne fe déchiraffent & ne fuffent ufés en peu de tems. Pour y obvier, il propofa de faire en bois, & fuffifamment armés de fer, les chaffis & les cloifons des moufles, & réduifant les poulies à quatre fur chaque moufle, de leur donner plus d'épaiffeur, de les éloigner davantage les unes des autres, & de les rendre capables de recevoir dans leur canal des cables plus forts.

Quoique le nombre de moufles dont on avoit befoin fût déjà dans les magafins, & que la dépenfe en eût été très-confidérable, on fe rendit fans difficulté au fentiment de M. Maris, tant on avoit à cœur la réuffite de l'ouvrage dont on étoit occupé; on fit faire, relativement à fes idées, & fuivant le modèle qu'il en donna, quatre nouvelles paires de moufles montées en bois. Mais comme on s'eft fait une loi de ne rien diffimuler & de rendre hommage à la vérité, il faut avouer qu'on ne s'eft point apperçu que les moufles de la nouvelle invention euffent aucun avantage fur celles de fer dont on fit ufage conjointement, ni que celles - ci euffent fait naître, pendant tout le tems qu'elles agirent, la moindre apparence de danger.

Quant à l'arrangement des moufles, voici comment il fe fit. On attacha premièrement aux deux bouts de la pièce de bois qu'on avoit mife en travers fous le ventre du cheval, deux moufles de fer, de celles à fix poulies, avec des cordages qui, les faififfant par leurs anfes, les tenoient fuffifamment affujéties à leurs places ; & à ces moufles, l'on en fit répondre deux autres de pareille ftructure, qui furent attachées de la même manière & fufpendues par leurs anfes aux deux poutres que portoit à fon fommet la charpente nouvellement dreffée. Quatre moufles, du nombre de celles qui avoient été exécutées en bois, & qui n'étoient qu'à quatre poulies, furent mifes deux fur chaque flanc de la Figure Équeftre, les unes vers la tête du cheval & les autres fur le derrière : on les accrocha à des doubles & triples rangs de cordages, auxquels on avoit fait faire plufieurs tours, & qui embraffoient la Figure, en paffant par deffous le ventre du cheval, près de la naiffance des cuiffes & des épaules. Ces moufles ainfi placées répondoient à de femblables moufles qui étoient attachées & fufpendues au haut de la charpente, fur les fommiers ou dernières pièces de bois dont elle étoit traverfée. On ajouta à ces fix paires de moufles deux paires d'écharpes de fer, compofées chacune d'une feule poulie de cuivre, & uniquement deftinées à tenir la Figure en équilibre, & à l'empêcher de faire en montant un pas de plus fur le devant que

F f ij

fur le derrière. Ces écharpes étoient à cet effet attachées par le bas à des groupes de cordages qui, paffant fous le ventre du cheval, l'embraffoient en remontant, tant au droit du garrot que par le derrière de la felle du Cavalier ; & de ce dernier endroit partoit un cordage particulier qui fe lioit avec la queue du cheval, & qui fervoit à la tenir encore dans l'équilibre. Les deux écharpes fupérieures, en correfpondance avec celles-ci, étoient fufpendues & attachées aux deux pièces de bois tranfverfales qui pofoient immédiatement fur les pans de charpente.

Telle fut la difpofition des moufles & des écharpes, qui fur le champ furent garnies de leurs cables. Il eſt peu de gens qui n'ayent vû monter des moufles, & qui ne fachent qu'après avoir introduit le cable dans la moufle fupérieure & l'avoir fait couler le long de la première grande poulie qui eft à la première rangée de ladite moufle, on le fait defcendre & paffer fur une des moindres poulies, qui, dans la moufle inférieure, eft correfpondante à celle qui dans l'autre moufle a déjà reçu le cable ; qu'on fait enfuite remonter le cable & qu'on lui fait garnir la poulie qui occupe la première place dans la feconde rangée de la moufle fupé-, rieure, d'où on le fait defcendre pour la feconde fois, après qu'il a fait le tour de fa poulie, fur celle qui touche à la poulie déjà garnie de fon cable dans la moufle inférieure : paffant & repaffant ainfi fucceffivement le cable d'une moufle à l'autre, on parvient à garnir les deux rangées de petites poulies ; après quoi l'on revient fur fes pas, & allant de droite à gauche, au lieu qu'on avoit été jufqu'alors de gauche à droite, on fait paffer le cable fur les deux rangées des plus grandes poulies ; & quand toutes font garnies, on arrête à demeure ce qui refte du cable, fur un des crochets ou fur une des anfes de la moufle fupérieure.

Cet arrangement du cable fur fes poulies forme, lors du tirage, autant de cordons tirans qu'il y a de poulies dans la paire de moufles, indépendamment du cordon par où finit le cable qui ne fait que porter ; conféquemment les deux paires de moufles en fer manœuvroient chacune avec douze cordons tirans & un portant, & celles en bois avec huit cordons tirans & un portant. A l'égard des écharpes, dont chaque paire ne renfermoit que deux poulies, elles ne manœuvrèrent qu'avec deux cordons, l'un tirant & l'autre portant ; auffi le cable qui rouloit fur les poulies de ces écharpes avoit-il prefque le double de groffeur des autres cables, il étoit de vingt-un brins & avoit trois pouces de diamètre, ou neuf pouces environ de circonférence : les autres cables beaucoup moins forts n'étoient que de dix à douze brins & portoient, ceux des moufles en bois deux pouces de diamètre, & ceux des moufles en fer un pouce & demi auffi de diamètre. Lorfqu'ils rouloient, il n'y en eut aucun qui ne fe trouvât embrevé ou logé dans le canal de la poulie de la moitié de fon épaiffeur.

L'enlèvement de la Statue fe fit immédiatement après qu'on eut achevé de monter les moufles. Chaque cable fut mis fur fon treuil, & les Ouvriers s'empa- rèrent de leurs poftes : il y en eut quatre de diftribués à chaque treuil ; deux hommes y étoient pour abbattre, c'eft-à-dire, pour tirer à eux avec des cordages

les

les bras ou leviers, peſer deſſus & faire rouler ſur ſes pivots le treuil autour duquel le cable ſe dévidoit ; un troiſième Ouvrier tenoit la fuſée, ou, ce qui revient au même, attiroit à lui le cable à meſure qu'il ſe développoit ; le qua-trième ſervoit à ployer le cable qui avoit filé, & étoit encore chargé de prendre la retraite lorſque le treuil étoit entièrement couvert du cable.

Les huit treuils manœuvrèrent en même tems & furent ſervis de la même manière ; mais il n'étoit guère poſſible, quelque ſoin qu'on y pût apporter, que le tirage ſe fît partout avec la même égalité : le ſieur Lherbette s'étoit donc poſté ſur l'endroit le plus éminent de la Figure Équeſtre au milieu des cordages, & de là il ordonnoit, ſuivant qu'un coup d'œil ſûr le lui dictoit, de forcer ou de retarder le travail de tel ou tel treuil. Il étoit convenu, pour chaque cordon de cables, d'un numéro particulier ; il appelloit par ce numéro ceux qui forçoient trop ou qui ne tiroient pas aſſez : l'Ouvrier qui à chaque treuil étoit chargé de ployer le cable, recevoit ſes ordres & les faiſoit exécuter aux compagnons qui abbatoient au treuil dont il partageoit le ſervice.

Au bout d'environ trois heures de travail la Figure Équeſtre fut hors de la foſſe, & fut même portée à une aſſez grande élévation pour que les fers de ſcellement, qui deſcendoient quatre pieds plus bas que le deſſous des ſabots du cheval, ne puſſent s'oppoſer au paſſage du chariot ſur lequel la Figure Equeſtre devoit repoſer pendant le tranſport. Pour le mettre en état de la recevoir, on conſtruiſit un plancher de cinq fortes ſolives de bois de brin, de quinze pouces d'équarriſſage & de trente-trois pieds de longueur, dont fut couverte en entier l'ouverture de la foſſe ; & les ayant eſpacées de leur groſſeur, on les fit porter des deux bouts ſur les ſemelles qui avoient déjà reçu, comme on l'a vû, les deux groſſes ſablières inférieures des deux pans de bois de la charpente : on y coucha en travers des plateformes ou madriers de bois de chêne de ſix pouces d'épaiſſeur, exactement joints, bien affermis ſur les ſolives & parfaitement mis de niveau ; & pour donner à ce plancher encore plus de ſolidité, on étaya les deux ſolives les plus voiſines des murs de la foſſe, celles ſur leſquelles les roues du chariot devoient rouler, & qui par conſéquent porteroient ſeules preſque toute la charge ; on y mit deſſous, & l'on roidit contre, de fortes chandelles qui deſcendoient juſqu'au fond de la foſſe, où elles étoient arrêtées ſur des patins avec des coins de bois & des che-villètes de fer.

On enleva enſuite les vitraux dont étoient garnies dans toute leur étendue les deux grandes baies qui faiſoient face à droite & à gauche aux deux bouts de la foſſe, & cela ſe fit pour avoir un paſſage par où pût ſortir librement la Figure Équeſtre hors de l'attelier. On dreſſa en même tems un plancher de madriers dans toute la route que devoit tenir le chariot chargé de la Statue, obſervant de le tenir en pente douce pour faciliter le roulement.

Ce travail achevé, le chariot, dont on avoit démonté toutes les pièces qui, ſemblables à des ridelles, en formoient le pourtour, fut introduit dans l'attelier,

Gg

l'ayant fait entrer par la baie du côté de la croupe du cheval, & n'ayant eu besoin pour le faire marcher que d'un treuil & d'un cable qui traversoit l'attelier de part en part. On le fit arriver ainsi au milieu du plancher qui couvroit la fosse, & après avoir pris avec précision tous les aplombs & s'être précautionné pour que la Figure Équestre s'y encastrât d'elle-même, comme un instrument dans son étui, on remonta le chariot de toutes les pièces qui, pour en faciliter le passage sous le cheval, avoient été supprimées, on le garnit de toutes celles qu'on crut nécessaires au maintien de la Figure, & pour lors on la fit descendre en lâchant peu à peu les cables qui la tenoient suspendue. Bientôt elle se trouva logée à l'aise dans le chariot, & quand elle y eut atteint les entretoises qui devoient lui servir d'assiette & la soûtenir en la prenant par dessous le ventre du cheval, elle fut assujétie pour ne plus branler, avec des chantignoles ou des cales qui, comme autant d'étrésillons distribués en différentes places, roidissoient d'un bout contre les ridelles du chariot, de l'autre bout contre la Figure, & ne lui permettoient plus de vaciller en aucune manière. La charpente, les planchers, tout ce qui jusqu'alors avoit environné la Figure fut supprimé, les cables & les moufles qui avoient servi à son enlevement furent déplacés ; il ne resta dans l'attelier que le chariot & la Figure, qui en cet état, & de la façon dont elle est représentée dans la Planche III à la suite de ce Chapitre, eût pu être conduite aisément & sans risque partout où l'on eût voulu ; & le même chemin qu'avoit tenu le chariot avant que d'entrer dans l'attelier, fut aussi celui qu'on lui fit prendre lorsqu'il en sortit à reculons.

Qu'il nous soit permis de nous arrêter un instant pour apprendre à nos Lecteurs que ce chariot, qui réunissoit dans la simplicité de sa structure le solide & le commode, étoit encore un fruit du génie & de la parfaite intelligence du sieur Lherbette, dont nous avons déjà eu occasion de relever les talens. On l'avoit soûmis aux lumières supérieures de Messieurs de l'Académie Royale des Sciences & de celle d'Architecture, & il avoit mérité leur suffrage. Il marchoit sur quatre roues courtes & épaisses ; la description détaillée qu'on en donnera à la suite du Chapitre XIII, & les planches dont cette description sera accompagnée, feront voir qu'il portoit un avant-train & un timon comme les voitures ordinaires, sans cependant être fait pour être tiré par des chevaux. Des vindas qu'on transportoit de distance en distance à la longueur des cables qui, attachés à l'avant-train du chariot, l'attiroient à eux, étoient suffisans pour le faire mouvoir. Quand il étoit nécessaire de le faire tourner, on passoit une pièce de bois cintrée à travers une ouverture en forme de mortaise, qui étoit percée à la tête du timon, & on l'y arrêtoit avec une cheville de fer. Cette pièce cintrée étoit elle-même percée de plusieurs trous, propres à recevoir la tige de fer d'une poulie tournant horizontalement sur son plat, qui se fichoit dans l'un desdits trous à droite ou à gauche, & plus ou moins éloignée du timon suivant que le besoin l'exigeoit & qu'on vouloit faire faire au chariot un quart de conversion plus ou moins ouvert :

il ne s'agiſſoit que de faire paſſer ſur la poulie le cable qui tiroit le chariot , & de
transporter proportionnellement le vindas ſur un des côtés ; le chariot tournoit & entroit dans la ligne qu'on lui preſcrivoit. On auroit pu , dans le beſoin , le faire tourner
tout-à-fait de la tête à la queue, & lui faire décrire un cercle entier de converſion.

On n'employa point d'autres moyens pour faire ſortir la Figure Équeſtre de
l'attelier de la fonderie, ni pour la conduire dans la ſuite au lieu de ſa deſtination ;
mais en attendant qu'elle fût en état d'y être tranſportée, elle fut menée & dépoſée
à l'endroit où l'on devoit la réparer ; opération très-importante, & qui aura ſon
Chapitre particulier.

EXPLICATION

DES PLANCHES QUI DEPENDENT DU CHAPITRE XI.

PLANCHE I.

La Figure Équeſtre ſur ſes cables, ſortant de la foſſe.

1. L'intérieur de la foſſe.
2. La Figure Équeſtre au milieu des cables qui en font l'extraction hors de la foſſe.
3. Coupes des deux groſſes poutres qui par bas ſervent de ſablières aux deux pans de bois de la charpente conſtruite pour parvenir à l'enlèvement de la Figure.
4. Semelles logées de leur épaiſſeur au ſommet des murs de la foſſe, & ſur leſquelles poſent les deux bouts des deux groſſes poutres ſuſdites.
5. Pièces de bois debout formant à droit & à gauche les deux pans de bois.
5*. Chandelles miſes debout dans la foſſe ſous les deux groſſes poutres nº. 3, à l'effet de les affermir & de les empêcher de fléchir.
6. Coupe des ſablières qui coëffent par en haut leſdites pièces de bois montantes, nº. 5.
7. L'une des poutres tranſverſales qui, poſées ſur leſdites ſablières, portent les ſommiers ſupérieurs.
8. Les deux ſommiers ſupérieurs.
9. Planchers de ſolives couverts de madriers ſur leſquels ſont établis les treuils.
10. Treuil qui, établi ſur la plateforme au deſſus du fourneau, tiroit le cable paſſant dans la paire de moufles en fer laquelle manœuvroit à la droite de la Figure.
11. Treuil établi ſur le plancher de l'attelier, faiſant agir une pareille paire de moufles ſur la gauche de la Figure.
12. Treuils placés ſur les planchers ſupérieurs, & qui tirent à droite & à gauche les cables des moufles montées en bois.
13. Treuil poſé en face de la tête de la Figure Équeſtre, & qui tiroit de ce côté-là le cable paſſé dans l'écharpe qui s'y trouvoit placée.
14. Chevalets qui embraſſent les treuils & ſur leſquels ils roulent.
15. Chantignoles & taſſeaux attachés avec des boulons de fer aux pièces de la charpente, & ſervant au roulement des treuils qui étoient adhérens à cette charpente.
16. Pièces de bois miſes en travers pour arrêter les leviers & tenir les treuils dans le repos, quand il étoit néceſſaire.
17. Ouvrier qui tire, tandis que ſur le même treuil, ſon compagnon abbat en peſant ſur un des leviers du treuil.
18. Ouvriers qui attirent à eux le cable à meſure qu'il ſe développe de deſſus le treuil.
19. L'entrepreneur donnant ſes ordres pour forcer ou retarder le travail des treuils, ſuivant que les cables plus ou moins tendus l'exigeoient.
20. Moufles en fer garnies chacune de ſix poulies de cuivre.
21. Moufles en bois contenant chacune quatre poulies de cuivre.
22. Écharpes en fer chacune à une ſeule poulie.
23. Gros cable paſſant ſur la poulie des écharpes.
24. Autres cordons des cables paſſant & repaſſant ſur les différentes poulies des moufles, & venant enſuite ſe dévider ſur les treuils.
25. Sommier de bois qui, mis en travers ſous le ventre du cheval, a ſervi à porter la Figure Équeſtre lors de ſa ſortie hors de la foſſe.
26. Chantignoles appliquées ſur le précédent ſommier, & qui prenant le même contour que celui du ventre du cheval, empêchoient le dévers de la Figure.
27. Cordages avec leſquels étoient attachées par leurs anſes, ſur les deux extrémités du ſommier nº. 25. les deux moufles en fer inférieures.
28. Cordages en double qui paſſent par deſſous le ventre du cheval, & auxquels vont s'accrocher par leurs anſes les moufles en bois.
29. L'intérieur de l'attelier de la fonderie dans ſa longueur.
30. Grande baie fermée ci-devant par un vitrage.
31. Charpente portant le comble de l'attelier.
32. Le gros cable qui ſe dévidoit ſur un treuil vis-à-vis la croupe du cheval, ainſi qu'on le verra dans la Planche ſuivante.

PLANCHE

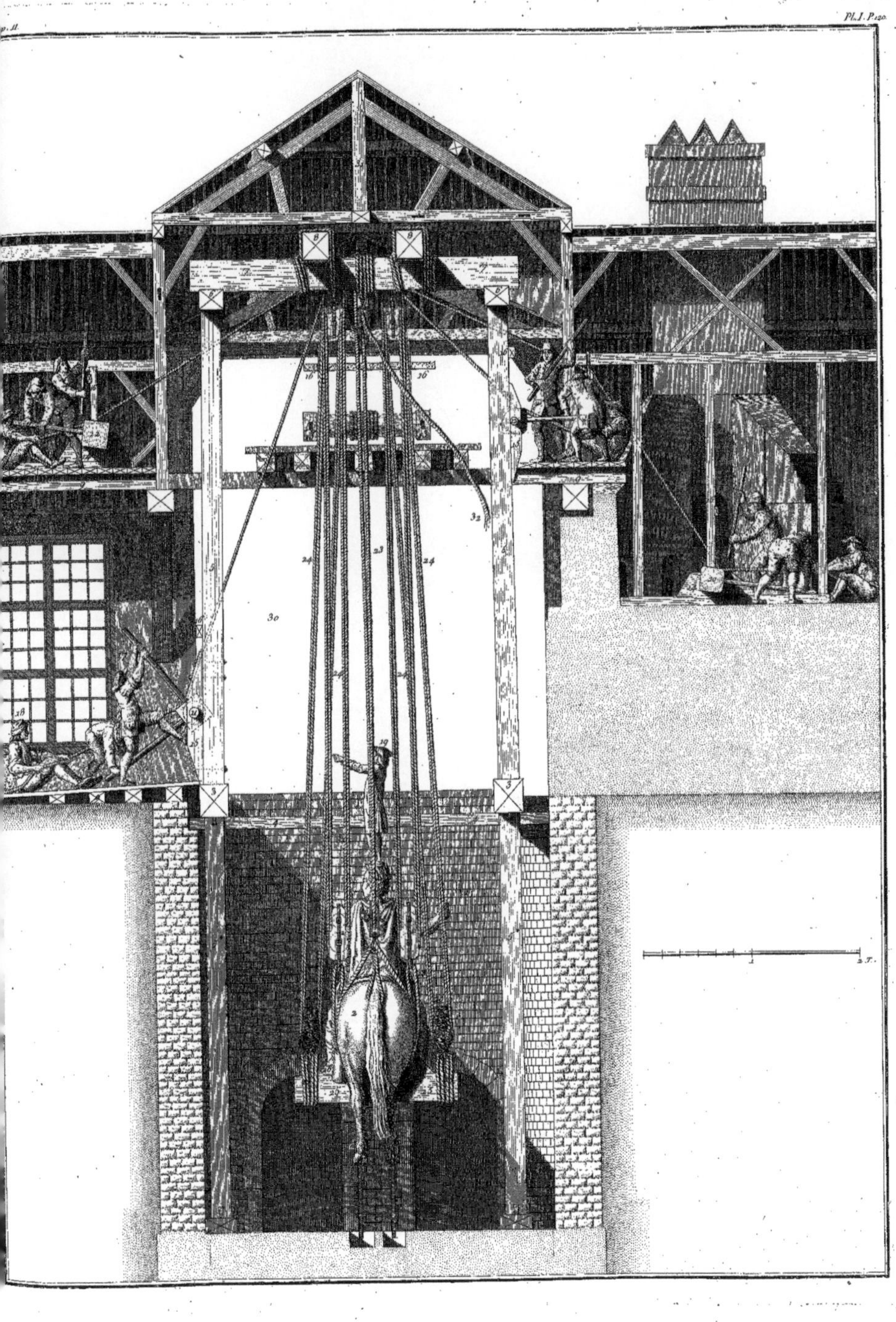

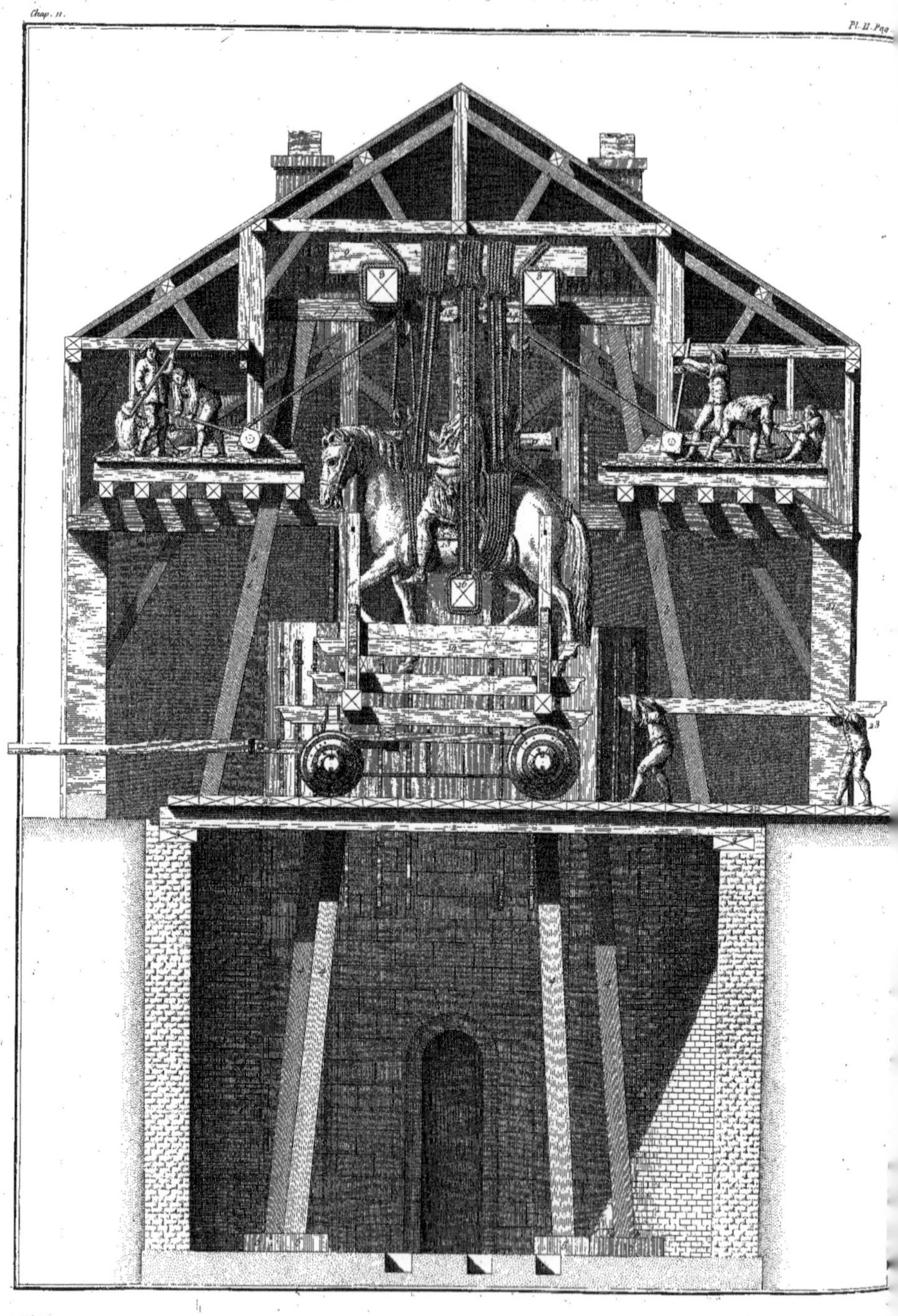

PLANCHE II.

La Figure Équestre presqu'entièrement descendue sur le chariot.

1 *L'intérieur de la fosse.*

2 *L'une des cinq fortes solives qui ont servi à fermer l'ouverture de la fosse, & sur lesquelles a été établi le plancher de madriers destiné à la réception du chariot avec lequel s'est fait le transport de la Figure.*

3 *Semelles logées de leur épaisseur dans le mur de la fosse, & qui en cet endroit recevoient les bouts desdites cinq solives.*

4 *Étais roidissant contre deux des susdites solives les plus voisines des murs latéraux de la fosse.*

5 *Semelles au fond de la fosse sur lesquelles reposent les étais.*

6 *Pan de bois de charpente construit sur le côté droit de la Figure Équestre pour parvenir à l'enlèvement de ladite Figure hors de la fosse; un pareil pan de bois étoit établi sur le côté gauche, tous deux composés de trois pièces de bois posées debout (a), & de deux contrefiches (b), celles-ci placées à chaque extrémité du pan de bois.*

7 *Sablière supérieure dans laquelle lesdites pièces de bois montantes & les contrefiches sont assemblées à tenons & mortaises.*

8 *Les deux poutres transversales posant des deux bouts sur les sablières susdites, & auxquelles sont attachés les gros cables des écharpes.*

9 *L'un des deux sommiers supérieurs entourés de cordages en plusieurs doubles auxquels viennent s'attacher par leurs anses les différentes moufles.*

10 *Les deux planchers de solives couvertes de madriers, qui ont été établis sur les entraits de la charpente du comble, & où furent placés les treuils sur lesquels se devidoient les cables des écharpes servant à tenir en équilibre la Figure, tant sur le devant que sur le derrière.*

11 *Deux treuils supérieurs placés sur les flancs de la Figure.*

12 *Les Ouvriers manœuvrans comme dans la Planche précédente.*

13 *Moufles en fer garnies de leurs cables.*

14 *Moufles en bois pareillement montées de leurs cables.*

15 *Écharpes dans lesquelles roule un seul cable.*

16 *Fort sommier de bois passant sous le ventre du cheval, & recevant à chacune de ses extrémités les moufles en fer qui viennent s'accrocher par leurs anses aux cordages dont ce sommier est enveloppé.*

17 *Cordages passant en plusieurs doubles sous le ventre du cheval, auxquels sont accrochées les moufles en bois & les écharpes.*

18 *Cordage qui, passant sous la queue du cheval, aidoit à la soûtenir, & contribuoit à lui faire garder l'équilibre.*

19 *Le chariot introduit dans l'attelier de la fonderie, & mis exactement d'aplomb & de niveau sous la Figure.*

20 *La Figure Équestre posant sur ses cables, avant que d'être arrêtée à demeure sur le chariot.*

21 *La grande baie par où le chariot a été introduit dans l'attelier, & par laquelle il en est sorti à reculons.*

22 *Le plancher de madriers en pente douce sur lequel a roulé le chariot, tant avant que d'arriver dans l'attelier qu'après l'avoir quitté, & qui fut continué dans tout le chemin que parcourut ledit chariot depuis l'attelier jusqu'au lieu où se devoit faire le réparage de la Figure dans le même enclos.*

23 *Ouvriers portant un des sommiers supérieurs du chariot pour le mettre en place.*

Hh

PLANCHE III.

La Figure Équestre établie sur le chariot.

1   *La Figure Équestre vûe par un des flancs.*

2   *Le chariot monté sur quatre roues : on en expliquera la construction dans un article particulier à la suite du Chapitre XIII.*

3   *Deux entre-toises posées en travers sur les fournures des troisièmes sommiers du chariot, qui, passant sous le ventre du cheval en deux endroits, le soûtenoient.*

4   *Pièce de bois faisant l'office d'arc-boutant contre un tasseau qui, sur la droite ainsi que sur la gauche, appuye sur le col du cheval un peu au dessus de l'épaule.*

5   *Entre-toise passée en travers au dessous de l'encolure du cheval, pour empêcher par-devant le dévers.*

6   *Pareille entre-toise mise au dessus de la queue du cheval, pour s'opposer au dévers dans cette partie postérieure.*

7   *De forts tasseaux posés sur chacune des cuisses du cheval.*

8   *Coussins de cuir remplis de bourre qui furent placés dans tous les endroits où les pièces de bois servant d'étais touchoient le métal ; on vouloit éviter par-là les dangers du frottement, mais l'on n'usa de cette sage précaution que lorsque la Figure, entièrement réparée, fut remise sur son chariot, & conduite au lieu de sa destination.*

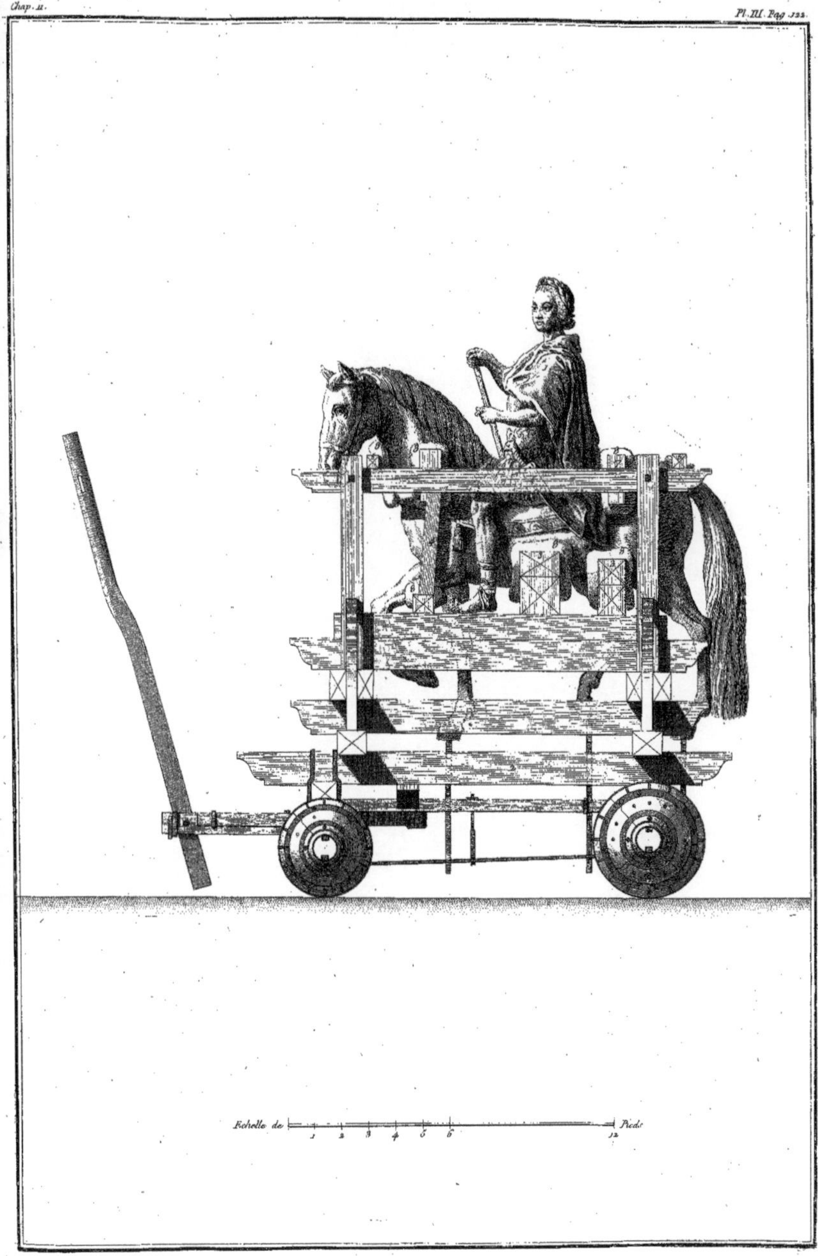

Echelle de
1 2 3 4 5 6
12
Pieds.

DESCRIPTION

Particulière des Moufles & des Echarpes dont on a fait ufage pour l'enlèvement de la Figure Equeftre.

CET ouvrage étant uniquement confacré à la pratique, & ayant réfolu d'en écarter tout ce qui feroit du reffort de la théorie, nous laifferons aux favans Méchaniciens le foin de calculer les forces des moufles, & ce que leur en font acquerir la multiplicité & la difpofition des poulies qu'elles renferment ; nous nous contenterons d'en expliquer la ftructure, & pour cela nous en allons démonter une & en examiner & mefurer toutes les pièces l'une après l'autre.

Nous commencerons par celles qui étoient travaillées en fer (*fig. 1.*) On fit entrer dans chacune deux rangées de trois poulies de cuivre, les unes de huit pouces & demi, les autres de onze pouces & demi de diamètre, qui toutes avoient été tournées avec la plus grande régularité ; leur canal ou rainure avoit un pouce de profondeur. Deux platines de fer bien dreffées & bien planées, entre lefquelles les poulies étoient cloifonnées, & deux plaques auffi de fer, qui en dehors fervoient de chapes à la moufle, portoient fix lignes d'épaiffeur, & l'on s'étoit affujéti pour la forme qu'il avoit fallu leur faire prendre, à celle qu'indiquoient le diamètre & la difpofition des différentes poulies, dont la rangée des plus grandes occupoit la place la plus voifine des anfes de la moufle. Les chapes ainfi que les cloifons entroient quarrément en tête & en queue dans deux traverfes ; l'une affez mince, que deux écrous tenoient liée par les deux bouts à deux fortes brides de onze lignes d'épaiffeur & d'un pouce & demi de large, qui armoient la moufle au dehors, & qui régnoient dans toute la longueur de l'une & de l'autre chape ; l'autre traverfe, épaiffe de quatre pouces, retenoit de fon côté toutes les pièces de la moufle au moyen d'un boulon à tête perdue qui la traverfoit, ainfi que les deux brides : elle portoit, pris & forgés dans la même pièce, quatre anfes ou forts crochets qui, faillant au dehors & formant une quadruple fourche, décrivoient chacun une portion de cercle d'environ trois pouces & demi d'ouverture. Les deux brides recevoient encore dans des trous qu'on y avoit percés, les têtes des boulons qui traverfoient les chapes & les platines, & fur lefquels rouloient les poulies ; & les mêmes écrous qui ferroient à vis les têtes de ces boulons, fervoient en même tems à retenir quatre crochets tournans en tout fens, dont l'ufage étoit de pouvoir, en cas de befoin, recevoir les cordages qu'on auroit brayés deffus. En général, chaque moufle portoit de dehors en dehors huit pouces & demi d'épaiffeur ; elles avoient de longueur deux pieds dix pouces, à prendre depuis la tête de la moufle jufqu'au plus grand renflement des anfes, & onze pouces & demi de largeur à l'endroit où elles faifoient davantage le ventre.

Hh ij

Les moufles en bois (*fig.* 2.) étoient conſtruites différemment ; au lieu de chapes & de cloiſons de fer, elles en avoient qui n'étoient qu'en bois, & qui, plus épaiſſes & plus éloignées l'une de l'autre, laiſſoient un eſpace ſuffiſant pour le roulement des poulies, réduites à quatre, deux à chaque rangée ; elles étoient de cuivre, ainſi que les précédentes, & tournées avec une égale préciſion. Les plus grandes & les plus voiſines des anſes de la moufle portoient quatorze pouces de diamètre & deux pouces & demi d'épaiſſeur, les plus petites étoient de pareille épaiſſeur, mais leur diamètre n'étoit que de dix pouces ; une pièce de bois, en façon de languette, de deux pouces d'épaiſſeur, ſéparoit par le milieu chaque rangée de poulies, qui ſur les côtés étoient appliquées contre les fûts de la chape, c'eſt-à-dire, contre des plateaux de bois de quinze lignes d'épaiſſeur. La ſaillie des poulies en détermina le contour ; & par haut & par bas, ces différentes pièces de bois furent emmanchées dans des traverſes auſſi de bois, où l'on avoit pratiqué vis-à-vis de chaque poulie des canelures, pour rendre plus aiſé l'échappement des cables. Une moufle, telle qu'on vient de la décrire, n'avoit par elle-même que très-peu de force ; & pour lui procurer toute celle qui lui étoit néceſſaire, elle fut armée de fer de la manière ſuivante.

On appliqua en dehors ſur les faces des pièces appellées *fûts*, des brides de fer ſemblables à celles des précédentes moufles ; elles étoient aſſemblées en queue d'aronde, d'un bout ſur une traverſe de fer qui couronnoit de ce côté la moufle ; de l'autre bout elles ſe prolongeoient, & outre-paſſant de quatre pouces le corps de la moufle, elles ſe joignoient à une pièce de fer tranſverſale de trois pouces de gros dont les deux extrémités recourbées formoient deux forts crochets, ſervant à attacher la moufle & à la ſuſpendre pendant qu'elle travailleroit. Un boulon de fer logé dans l'intérieur de la languette de bois qu'occupoit le milieu de la moufle, ſa tête appuyée ſur la traverſe de fer du côté des anſes, & ſon autre extrémité retenue par un écrou ſur la traverſe oppoſée, retenoit l'écart de la moufle de haut en bas ; celui qui eût pu ſe faire ſur les côtés étoit retenu par les boulons ſur leſquels rouloient les poulies & qui, traverſant en ces deux endroits toutes les pièces de la moufle, même le boulon de traverſe du milieu, procuroient à cette machine toute la ſolidité qu'on y pouvoit deſirer. Son épaiſſeur étoit en total d'onze pouces, & ſa longueur, y compris le fer des crochets, de trois pieds quatre pouces ; les différens diamètres des poulies lui faiſoient avoir dans le haut quatorze pouces de largeur qui dans le bas ſe réduiſoient à dix.

Ce qui conſtituoit les écharpes (*fig.* 3.) ne conſiſtoit qu'en une chape de fer de cinq pouces de largeur & de neuf lignes d'épaiſſeur, qui cintrée par le bas & ſe repliant quarrément par le haut, laiſſoit entre ſes deux branches un vuide de trois pouces & demi d'ouverture, capable de recevoir une poulie de cuivre de l'épaiſſeur de cette ouverture & de treize pouces & demi de diamètre ; elle y rouloit portée ſur un boulon de fer, dont les deux extrémités traverſoient les deux branches latérales de la chape & y étoient retenues par des écrous qui, de
même

même que dans les moufles de fer & pour les mêmes befoins, fervoient d'attaches
à deux crochets de fer. Un anneau de fer mis au haut de l'écharpe, & fait pour
la fufpendre, tournoit fur lui-même & lui laiffoit la liberté d'agir dans tous les fens :
elle avoit, y compris l'anneau, deux pieds huit pouces de hauteur.

EXPLICATION

De la Planche qui donne sur une plus grande échelle la représentation des Moufles & des Écharpes.

Moufles en fer.   Figure première.

A   *Les deux chapes.*
B   *Les deux platines servant de cloisons aux deux rangs de poulies.*
C   *La traverse faisant face aux moindres poulies, & liée par ses deux bouts, au moyen de deux écrous, avec les brides servant d'armature à la moufle.*
D   *La traverse la plus épaisse & d'où partent les anses de la moufle.*
E   *Les quatres anses ou crochets qui couronnent la moufle, & qui servent à la suspendre.*
F   *Les brides de fer appliquées sur les chapes de la moufle, à laquelle elles servent d'armature.*
G   *Boulon rivé à tête perdue, qui traverse en cet endroit toutes les pièces de fer de la moufle & en empêchent l'écart.*
H   *Les trois plus grandes poulies.*
I   *Les trois poulies d'un moindre diamètre.*
K   *Têtes des deux boulons sur lesquels roulent les poulies, retenues avec des écrous.*
L   *Les quatre crochets tournans en tous sens, mis de précaution pour s'en servir au cas qu'on se trouvât dans l'obligation de brayer les moufles pour substituer d'autres cables.*

Moufles en bois.   Figure seconde.

A   *Plateau de bois en forme de languette, formant une cloison entre les poulies.*
B   *Deux autres plateaux mis sur les côtés & appellés les fûts de la moufle.*
C   *Les deux traverses dans lesquelles sont assemblés par le haut & par le bas les plateaux de bois A, B.*
D   *Brides ou armatures de fer sur les côtés de la moufle.*
E   *Traverses de fer sur le haut & sur le bas de la moufle.*
F   *Les crochets ou anses de fer qui étant une prolongation des brides D, servent à recevoir les cables auxquels est suspendue la moufle.*
G   *Tête du boulon qui traverse dans sa longueur la languette de bois A.*
H   *Son autre extrémité retenue par un écrou sur la traverse de fer E.*
I   *Les deux grandes poulies.*
K   *Les deux moindres poulies.*
L   *Têtes des boulons sur lesquels roulent les poulies, serrées avec des écrous sur les deux brides D.*

Écharpes.   Figure troisième.

1   *Chape de fer pliée quarrément par le haut, & prenant par le bas une forme circulaire.*
2   *Poulie de cuivre logée dans l'intérieur de la chape.*
3   *Anneau de fer tournant, qui sert à soûtenir l'écharpe.*
4   *Son extrémité retenue au dedans de la chape par un écrou.*
5   *Les têtes du boulon sur lequel roule la poulie retenues avec des écrous.*
6   *Crochets tournans dont la destination est la même que ceux de la moufle en fer, cotés L.*

CHAPITRE

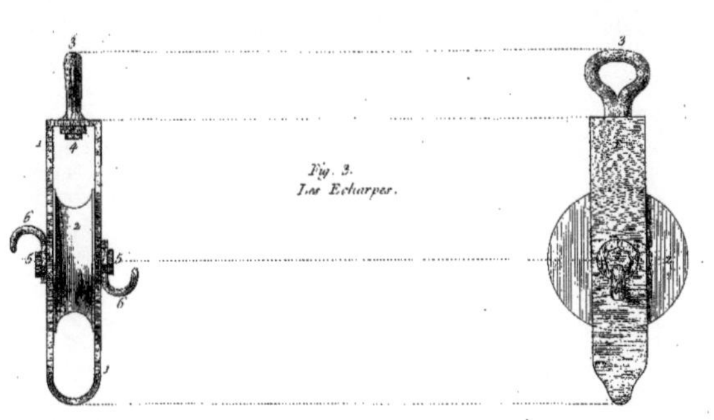

Fig. 3.
Les Echarpes.

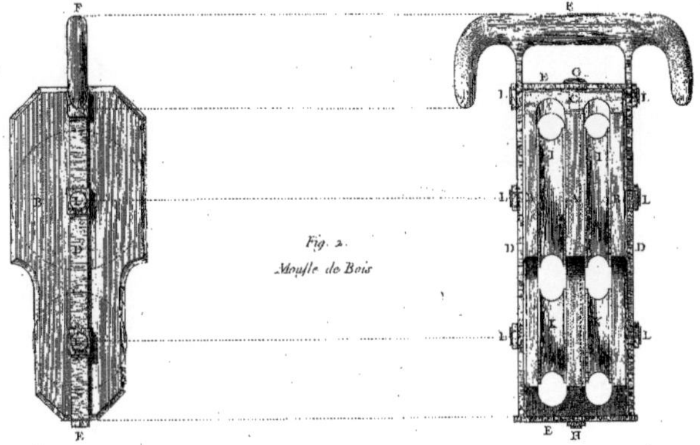

Fig. 2.
Moufle de Bois.

Echelle de [scale bar] Pieds

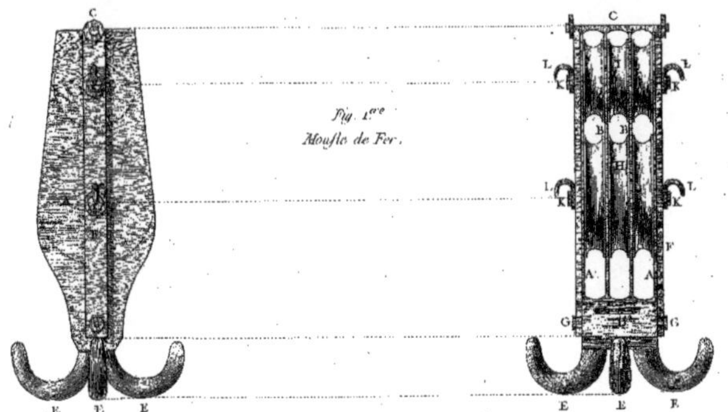

Fig. 1.re
Moufle de Fer.

CHAPITRE DOUZIEME.

Du Réparage de la Figure Equeſtre.

Lorsque la Figure Équeſtre montée, comme on vient de le voir, dans le chariot, fut arrivée ſur la place où elle devoit demeurer pendant tout le tems qui ſeroit employé à la réparer, on transforma ce lieu en un attelier conſtruit en planches, couvert & éclairé de tous les côtés par des vitrages, dans l'intérieur duquel les Ciſeleurs puſſent faire leur travail commodément & ſans trouble. On démonta le chariot, ou, pour parler plus juſte, on ſupprima toutes les pièces qui l'environnoient & qui pouvoient nuire à l'abord de la Figure ; elles avoient été néceſſaires lors du tranſport pour la maintenir dans l'équilibre, elles ceſſoient de l'être depuis qu'elle étoit dans le repos : on l'étaya en deſſous avec une forte charpente, & comme ce qui reſtoit du chariot & qui continuoit à porter la Figure la tenoit élevée de pluſieurs pieds au deſſus du terrain, & empêchoit qu'on n'y pût facilement atteindre, on dreſſa au niveau des pieds du cheval un fort plancher de madriers, qui devint celui de l'attelier.

Le ſieur Gaſtelier, reconnu pour un des meilleurs Ciſeleurs en cuivre que nous euſſions, étoit celui dont on avoit fait choix pour réparer l'ouvrage & le mettre, en travaillant ſous les yeux & ſous la direction de M. Bouchardon, dans l'état de perfection où ce Sculpteur l'avoit amené dans ſon excellent modèle ; mais avant que d'y toucher & d'y appliquer la lime & le ciſelet, deux opérations auſſi eſſentielles l'une que l'autre ſe préſentoient & demandoient qu'on s'en occupât. Il falloit, avec les différentes pièces de métal qui avoient été fondues à part, & qui étoient demeurées en réſerve, boucher tous les trous que diverſes circonſtances avoient rendu néceſſaires : on avoit à faire diſparoître, en les rempliſſant de bronze, des crevaſſes ou déchirures qui dans les fontes les plus heureuſes ſont preſque inévitables, les parties affoiblies par cet accident imprévû demandoient à être fortifiées ; & comme on devoit craindre que les déchirures ne ſe prolongeaſſent, il étoit important d'y mettre un frein.

La première de ces deux opérations regardoit uniquement le ſieur Gaſtelier, la ſeconde étoit moins de ſon reſſort que de celui de M. Gor : tous deux ſe réunirent, & travaillant de concert, voici comment ils ſe conduiſirent. Ils avoient à remédier à deux déchirures ; l'une qui s'étoit faite au bas du ventre du cavalier, à l'endroit où les lambrequins s'attachent à la cuiraſſe ; l'autre qui, prenant naiſſance à la jointure de la jambe droite de devant du cheval au deſſous du poitrail, paſſoit ſous le ventre, & en parcouroit, le long de la ſangle, une partie de la circonférence.

Pour rendre infiniment ſolide une réparation de cette importance, le Ciſeleur s'introduiſit dans l'intérieur de la Figure Équeſtre, & ſur l'un & l'autre bord de

toutes les déchirures il fit des entailles à trois pouces de diftance l'une de l'autre ;
il les forma quarrément , & leur donna à chacune près de trois pouces d'ouverture & fix à fept lignes de profondeur, felon que le plus ou le moins d'épaiffeur
du bronze le permettoit ; il eut foin, en les formant , que plus étroites à leur
ouverture elles s'élargiffent dans le fond, afin que le nouveau bronze fondu qui
fe verferoit dans ces entailles, ainfi qu'on le verra bientôt , y prenant de lui-même
la figure d'une queue d'aronde, y fût plus fortement retenu & ne pût jamais en
fortir.

Tout de fuite , pour fixer en fens contraire le nouveau bronze & le rendre
abfolument adhérent aux parois de l'ancien , on plaça dans les intervalles que
laiffoient entre elles chacune des fufdites entailles , autant de vis de fer d'un
pouce de calibre ; ces vis entroient d'un bout dans le bronze, & y étant fixées à
demeure, elles failloient en avant d'un bon pouce & préfentoient une tête qui ,
formée quarrément, empêchoit tout écart de la part du nouveau bronze dans
l'épaiffeur duquel les vis fe trouvoient enfermées.

Voulant prévenir auffi tout écartement dans les parties déchirées, l'on n'imagina
rien de mieux que d'y adapter en dedans, à certaines diftances , & dans une
direction contraire à celle de la déchirure, une armature de bandes de fer accouplées de fix à fept lignes d'épaiffeur, lefquelles étant arrêtées à vis fur les parois
intérieures du bronze, lieroient enfemble les parties féparées & les empêcheroient
de fe disjoindre : on fit defcendre une armature ainfi préparée dans l'intérieur de
la jambe droite de devant du cheval ; la partie fupérieure des bandes de fer,
paffant le long de l'épaule & du poitrail, y étoit arrêtée en dedans avec des vis de
fer à tête quarrée , tandis que l'inférieure qui defcendoit dans la jambe étoit
retenue en dehors par d'autres vis fraifées dans l'épaiffeur du bronze, de façon
que la tête de ces vis, qui étoit ronde & plate, s'y trouvât enfoncée d'environ fix
lignes de profondeur.

Chacune des autres déchirures fut armée de femblables bandes de fer plat
accouplées, que retenoient dans l'intérieur de la Figure, ou des vis de fer à tête
quarrée , ou des vis de même matière que la Figure, felon que le bronze qui
formoit celle-ci fe trouvoit plus ou moins épais ; car dans les endroits qui
manquoient d'épaiffeur, où il n'y avoit pas fuffifamment de bronze pour recevoir tous les pas de la vis , & où l'on pouvoit craindre que la pointe ne
dépaffât , on employoit les vis de bronze qui, fuppofé qu'elles euffent percé
au dehors, auroient préfenté à la furface extérieure de la Figure une pointe
qu'on pouvoit aifément rabattre , & river de manière à ne pouvoir être ap-
perçue.

Le Fondeur, fur lequel rouloit l'opération de la nouvelle fonte , commença fon
travail par établir & former en plâtre dans l'intérieur de la Figure, & fur toutes
les crevaffes , une languette qui pouvoit avoir de dehors en dehors environ dix
pouces de largeur fur deux pouces d'épaiffeur : on lui fit fuivre les diverfes
finuofités

finuofités que préfentoit la fuperficie du bronze fur laquelle elle étoit établie, elle figuroit exactement le nouveau bronze qu'on fe propofoit d'ajoûter.

Bientôt le plâtre fut fec, & pour lors on y appliqua fur la furface une couche de potée fuffifamment épaiffe & rendue maniable ; le plâtre s'y imprima, elle en devint un moule qui, pour pouvoir être manié avec plus d'aifance lorfqu'il faudroit le retirer ou qu'il feroit queftion de le mettre en place, fut fait & divifé en plufieurs parties ; on y ménagea des bouches aux endroits qui furent jugés convenables, & où devoient être appliqués dans la fuite les tuyaux des jets & des évents néceffaires pour la fonte qui fe méditoit ; on le fit fécher fur le tas, en arrangeant autour des charbons allumés, & lorfqu'il eut acquis affez de confiftance, pour qu'il pût être enlevé de deffus le plâtre fans crainte de rupture, on l'en détacha & on le fit recuire dans un lieu féparé.

Tandis qu'on y travailloit, on achevoit de détruire les languettes de plâtre, on nétoyoit la place qu'elles avoient occupée, on la débarraffoit de tous les corps étrangers qui auroient pu pénétrer dans les fentes des crevaffes. Chaque pièce du moule de potée, fuffifamment cuite, fut enfuite apportée dans l'attelier : à mefure qu'on les arrangeoit dans l'intérieur du cheval & qu'on les y fixoit, on les rejointoyoit dans tous les fens avec de la potée & dans la plus grande exactitude. On plaça aux endroits qui leur étoient affectés les tuyaux des jets & des évents qu'on tenoit tout prêts, & pour la formation defquels on avoit encore employé de la potée : ils furent dirigés vers l'endroit qui étoit demeuré ouvert au deffus de la croupe du cheval ; & jufqu'à ce que tout cela eût acquis la même dureté que les pièces du moule, on y entretint autour un feu de charbon pendant plufieurs jours.

Il ne fuffifoit pas cependant d'avoir apporté tant de foin dans la conftruction du moule qui devoit recevoir la nouvelle fonte, il falloit de plus s'oppofer à ce que le métal, mis en fufion, s'échappât par les crevaffes qu'il alloit remplir : fi l'on n'y eût pas mis un obftacle, c'eût été le tonneau des Danaïdes. D'un autre côté il étoit néceffaire qu'il fe formât au dehors des crevaffes une efpèce de bourrelet de bronze qui pût, en le rabbatant, fournir de la matière au cas qu'il en fût befoin, comme il n'en falloit pas douter, pour le rempliffage de quelques vuides dans lefdites crevaffes. Dans cette intention l'on fit avoir à la cire, avec laquelle on boucha extérieurement les crevaffes dans toute leur longueur, une faillie égale à celle qu'on vouloit faire prendre audit bourrelet, & l'on couvrit enfuite cette cire d'une couche fuffifante de potée, à laquelle on donna la même cuiffon qu'au furplus du moule. A mefure que le feu la pénétroit, la cire fondoit & s'écouloit par les paffages qu'on y avoit ménagés ; & dès qu'on eut une certitude que la potée avoit acquis le degré de cuiffon requis, on enveloppa d'une maçonnerie de briques, de moëllons & de plâtre, tout ce qui conftituoit le moule, tant au dehors que dans l'intérieur de la Figure : on fit cette enveloppe affez épaiffe & affez folide pour n'avoir point à craindre que, quand la matière fondue feroit introduite dans le moule, fon poids pût y caufer aucun dérangement.

K k

Cette maçonnerie fut achevée, & tandis qu'on la faifoit fécher promptement à feu de charbon, l'on conftruifoit fur le côté gauche de la croupe du cheval un fourneau en briques, de l'efpèce de ceux que les Chymiftes appellent fourneaux de réverbère, dont l'âtre ou baffin pouvoit contenir au moins deux milliers de matière : il fut affis par le pied fur les madriers qui formoient le plancher de l'attelier, & pour lui faire avoir un point d'appui plus certain, on établit fous ledit plancher à l'aplomb du fourneau quatre groffes pièces de charpente pofées debout, qui l'étayoient fuffifamment. Ce fourneau étoit, comme l'on voit, en l'air & s'élevoit à une telle hauteur, que fon âtre, ainfi que le trou du tampon, fur-montoient de dix-huit pouces le deffus de la croupe du cheval ; ce qui étoit plus que fuffifant pour procurer l'écoulement de la matière mife en fufion, & pour la faire arriver avec vîteffe par un plan incliné jufque dans l'écheno qui n'en étoit pas éloigné.

Cet écheno avoit la forme d'un entonnoir, & étoit placé fur la croupe du cheval, à l'embouchûre de la grande ouverture à laquelle aboutiffoient les jets & les évents : la matière, pouffée au plus grand degré de chaleur dans le fourneau & devenue liquide, s'y précipita, & paffant dans les jets, elle alla fe porter à tous les endroits où il étoit néceffaire qu'elle pénétrât ; elle les remplit & l'on ne tarda pas à reconnoître que l'opération avoit eu tout le fuccès qu'on en attendoit : la maçonnerie fut détruite, les diverfes parties du moule furent enlevées & laiffèrent voir l'intérieur de la Figure parfaitement incrufté de bronze dans toutes les places qui avoient fouffert, & où, dans la crainte que les crevaffes, toutes bouchées qu'elles étoient, ne fe prolongeaffent ou ne s'entr'ouvriffent à l'avenir, on s'étoit cru obligé d'ajoûter de nouveau métal. Il n'eft point inutile de faire obferver que pour cette fonte, ainfi que pour toutes les pièces qui furent mifes à la Figure, l'on ne fe fervit point d'autre métal que de celui qui étoit refté de furplus après la grande fonte : fi l'on en eût employé d'autre, il eût indubitablement été d'une autre couleur, & il en feroit réfulté autant de taches ineffaçables & très-defagréables à la vûe.

Quitte de la première opération, le Cifeleur procéda feul à la feconde ; il fe mit à boucher avec le nombre de pièces qui avoient été moulées & fondues à part, tous les trous & les autres ouvertures que différens befoins avoient occa-fionnés. En les moulant, on avoit tenu ces pièces d'un pouce plus grandes dans tout leur pourtour que n'étoient les ouvertures auxquelles elles devoient être adaptées ; on les avoit auffi tenues plus minces que l'ouvrage même, & c'étoit pour les fixer plus invariablement dans leurs trous, & leur y procurer un point d'appui, ainfi que nous allons l'expliquer.

A mefure qu'on prenoit une pièce, on la faifoit recuire pour la rendre plus malléable, on l'emboutiffoit enfuite, c'eft-à-dire qu'avec le marteau on la faifoit bomber dans fon milieu, plus ou moins ; l'épaiffeur & l'étendue de la pièce en décidoient, puis on l'ajuftoit de la grandeur & fuivant la forme du trou qu'elle devoit remplir, & en la limant on la chanfrenoit, c'eſt-à-dire qu'on obſervoit un biſeau ſur chacune de ſes quatre faces.

On avoit préalablement préparé le trou, on en avoit dreſſé les bords, & l'on avoit fait ſur chacun une entaille fouillée à queue d'aronde dans le bronze, à une diſtance qui laiſſoit au bronze aſſez d'épaiſſeur en deſſous pour ſervir de ſupport à la pièce ajoutée. Celle-ci ſe recuiſit alors pour la ſeconde fois, on la força d'entrer dans l'entaille, & frappant deſſus à coups de marteau redoublés, on lui fit perdre ſa convexité; la pièce s'étendit en tous ſens, n'eut plus que le galbe qui lui convenoit, & ſe trouva logée ſi fermement dans les entailles, remplit ſon vuide ſi exactement, que lorſqu'on en eut ſerti les joints, il n'étoit pas poſſible de reconnoître la place que le trou avoit occupée.

La même opération fut répétée à l'égard de toutes les autres ouvertures qu'il fallut boucher, & continuant d'uſer des mêmes moyens on remplit de bronze les cavités au fond deſquelles étoient logées les vis à tête fraiſée dont il a été fait mention, & l'on ajoûta des grains auſſi de bronze en certains endroits qui offroient quelques-unes de ces fautes légères, de ces manques, qui, dans une fonte auſſi conſidérable que celle-ci, ne ſe peuvent guère éviter, & qu'il eſt ſi aiſé de corriger.

L'application de la grande pièce de bronze qu'attendoit, pour en être bouchée, l'ouverture qui, pratiquée ſur le deſſus de la croupe du cheval, ceſſoit d'être néceſſaire depuis que rien n'obligeoit à viſiter l'intérieur de la Figure, demanda un travail & des précautions particulières. Lorſque cette pièce étoit ſortie en cire du creux du moule de plâtre, on y avoit ajoûté des cires au pourtour qui, la débordant de ſix lignes au moins, y formoient une épaiſſeur en manière de bourrelet, & la fonte avoit rendu la pièce figurée de la même manière.

L'ouverture que cette pièce devoit boucher étoit pareillement ſortie de la fonte avec l'addition d'une portée d'environ un pouce de ſaillie, qui y avoit été obſervée en cire lorſqu'on avoit formé le moule. Cette portée regnoit en contrebas ſur les quatre côtés de l'ouverture, & comme elle s'élargiſſoit dans les encoignures en forme de pan coupé, le contour intérieur en étoit devenu de figure octogone. On verra dans la ſuite à quel uſage ces coins ou oreilles étoient deſtinés. La portée, telle qu'on vient de la décrire, étoit dreſſée de manière que le deſſous de ce qui débordoit dans la pièce qu'on y alloit ajuſter, viendroit poſer immédiatement deſſus, pendant que la ſurface extérieure de ladite pièce affleureroit les parties voiſines de la croupe du cheval avec leſquelles elle devoit s'unir.

Les choſes étant ainſi diſpoſées, le Ciſeleur fit dans tout le circuit de la grande ouverture, au droit de l'angle ou du pli que la portée y faiſoit, une entaille en forme de rainure à queue d'aronde, propre à recevoir la pièce qui devoit y être adaptée; & celle-ci, pour pouvoir y être introduite & arrêtée, fut ajuſtée ſur les bords avec la lime; ce qui en excédoit fut taillé en chanfrain, avec cette différence que les côtés latéraux répondans aux flancs du cheval, & le côté le plus

K k ij

voisin de la selle du Cavalier, le furent en dessus, au lieu que le dernier côté vis-à-vis la queue du cheval le fut par dessous.

Il ne fut point nécessaire de faire recuire la pièce, ni de l'emboutir ; il étoit au contraire de toute importance qu'elle ne perdît rien de la forme dans laquelle elle avoit été fondue. Aussi, lorsqu'il fallut la mettre en place, se contenta-t-on de l'insinuer dans les entailles & de l'y chasser à petits coups de marteau : elle s'y logea comme une planche qu'on fait glisser dans sa coulisse, & avec un peu de tems & de patience on la fit arriver jusqu'au fond de l'entaille la plus éloignée. Lorsqu'elle y fut entrée tout-à-fait, le joint opposé, celui qui avoisinoit la queue du cheval se trouva, ainsi qu'on l'avoit prévû, ouvert de deux ou trois lignes. Ce n'étoit point mal façon, on l'avoit fait à dessein : on y introduisit une bande de métal ajustée suivant la place, qu'on avoit fait recuire, & qui, chassée à coups de marteau, fut forcée de pénétrer dans le vuide, de s'insinuer d'une part dans la rainure à queue d'aronde qui étoit préparée à cet effet, & d'accrocher de l'autre, en se repliant & en s'étendant, la pièce ajoutée qui, pour mieux s'unir à la bande de métal, étoit taillée par dessous en biseau.

Il étoit bien difficile que la pièce ainsi affermie pût jamais vaciller ni se tourmenter ; cependant, pour plus d'assurance, on l'assujétit encore avec des vis d'acier à tête fraisée, qui, posées aux quatre coins, pénétrèrent jusqu'aux pans coupés de la portée dont il a été parlé ci-dessus & les traversèrent, & qui, enfoncées dans le bronze à la profondeur de six lignes, furent recouvertes de la même manière que les autres vis de pareille espèce. Il restoit à remplir les joints, ce qui se fit avec cet excédent de bronze, cette espèce de bourrelet, qui circuloit à la hauteur de six lignes au pourtour de la pièce ; on le rabbatit, on le sertit, & cela s'exécuta avec une telle précision & tant de soin, que lorsque la lime y eut passé, le tout parut avoir été fondu ensemble ; on n'y apperçut pas la moindre apparence d'assemblage.

Le Ciseleur, à la tête d'un nombre suffisant de compagnons, ne se montra pas moins vigilant ni moins attentif pour que la Figure fût réparée dans toutes ses parties le plus parfaitement qu'il étoit possible ; employant où il en étoit besoin, tantôt la gratte-boësse, tantôt le ciseau, la lime, le ciselet & les autres instrumens de sa profession, ne perdant point de vûe le modèle, & le consultant à chaque instant, recevant les avis utiles de l'habile Sculpteur & s'y soûmettant, n'épargnant point la peine & ne ménageant point le tems, il parvint à donner à son ouvrage un caractère & une propreté qui le distinguent de presque tous ceux du même genre qui jusqu'à présent ont été exposés en public. Le précieux poli qu'a reçu le bronze lui a déjà fait acquerir en peu de tems une couleur douce & égale, qui dans la suite ne peut manquer de devenir encore plus belle.

Le sieur Gastelier, dont on avoit lieu d'être si content, eut la permission de graver son nom sur le fer d'un des pieds du cheval ; il étoit cependant bien plus juste que le Sculpteur vît le sien sur un ouvrage qui lui promettoit une gloire
immortelle,

immortelle, & le fondeur n'y avoit pas des prétentions moins légitimes; aussi l'un & l'autre ont-ils eu la satisfaction de se voir nommés dans une inscription (a) qui a été mise sous le pied du cheval le plus en vûe, & qui apprendra à la Postérité la part que chacun d'eux a eue dans cette glorieuse entreprise.

(a) L'inscription qui se lit sur le fer du pied levé de devant du cheval, est conçue en ces termes: *Fait par Edme Bouchardon, Sculpteur du Roi, de Chaumont en Bassigni; fondu par Gor en 1758.*

CHAPITRE TREIZIEME.

De la marche de la Figure Équeſtre montée ſur ſon chariot, depuis l'attelier dans lequel elle avoit été réparée, juſqu'à la place pour laquelle elle étoit deſtinée.

DES circonſtances particulières n'ayant pas permis que la Figure Équeſtre fût miſe en place auſſi-tôt après qu'elle eût été entièrement réparée, elle demeura dans l'attelier pour n'en ſortir que lorſque la dernière paix ayant rendu le calme à l'Europe, il plût à Sa Majeſté d'ordonner qu'elle ſeroit érigée inceſſamment ſur ſon piédeſtal au milieu de la nouvelle place, dont elle devoit faire le principal ornement, entre le Jardin du Château des Tuileries & les Champs Éliſées. Il y avoit déjà quelque tems qu'elle étoit en plein air : l'attelier dans lequel elle étoit logée lorſqu'on la réparoit, avoit été détruit ; le plancher de madriers qu'on y avoit établi pour mettre les Ciſeleurs en état de ſuivre leur travail, les différentes pièces de charpente qui le portoient ou qui étayoient la Figure, devenant deſormais inutiles, avoient été enlevés. La Figure continuoit cependant d'occuper toujours la même place, & d'être encore aſſiſe ſur le corps du chariot qui, de l'attelier où elle avoit été fondue, l'avoit amenée, comme on l'a vû, dans celui des Ciſeleurs ; mais ce n'étoit que le train ſeul du chariot, l'on en avoit même enlevé les roues. Ainſi, quand il fut queſtion du tranſport, non ſeulement on remonta le chariot ſur ſes quatre roues & l'on y remit le timon, mais on en rétablit encore généralement toutes les ridelles ou autres pièces du pourtour. On fit plus ; afin que la Figure s'y maintînt inébranlable, on ajoûta aux places qui le demandoient, un nombre ſuffiſant d'étréſillons de bois, & des chantignoles auſſi de bois, qui, taillées ſuivant le contour que préſentoit la Figure, l'embraſſoient de tous côtés, de façon que roidiſſant contre toutes les pièces du chariot, elle ne fît qu'un corps avec lui, & ne pût, quelque violente ſecouſſe qu'elle éprouvât, ſuivre d'autre mouvement que celui qui lui ſeroit communiqué par le chariot même. En l'étayant & l'aſſurant de la ſorte, on eut l'attention de poſer dans tous les endroits où le bronze & le bois ſe touchoient, des couſſins de cuir remplis de bourre : on comprend aiſément que ſans cette précaution, le frottement occaſionné par la rencontre de deux corps auſſi durs que ceux-ci auroit immanquablement fait impreſſion ſur le cuivre, & y auroit cauſé un dommage qui eût été ſans remède.

Ce fut après avoir arrangé ainſi la Figure Équeſtre dans le chariot, & l'y avoir miſe dans cet état de ſécurité, que toutes choſes ſe trouvant préparées dans la place pour la recevoir & l'élever ſur ſon piédeſtal, on la fit ſortir de l'enclos qui la renfermoit par une ouverture ſuffiſante qui avoit été faite au mur de clôture, dans la partie qui regarde le couchant & qui répond au bas d'une des avenues de l'étoile, appellée l'allée du petit Bezons. Il y avoit de là jusqu'à la grande route qui mène de Paris au village de Neuilli , & qu'il falloit gagner , un affez long efpace de terrain fur lequel il fut néceffaire de former une chauffée pavée. Elle fut dreffée avec toutes les précautions poffibles : d'un bout elle appuyoit à la fufdite ouverture , & elle aboutiffoit de l'autre en droite ligne au grand chemin avec lequel elle branchoit environ à cent toifes de diftance au deffus de la barrière du Roule dans la campagne. Lorfque le chariot fut parvenu à cette réunion des deux chauffées, on lui fit faire un quart de converfion, & tout de fuite il defcendit fans aucun obftacle vers la barrière qu'on avoit en partie détruite pour en élargir l'ouverture , & de là dans la rue du Fauxbourg Saint - Honoré , dont on avoit remanié le pavé , & dont on avoit interdit le paffage à toutes fortes de voitures.

On n'employa point, pour le faire marcher, d'autres moyens que ceux qui ont été décrits fur la fin du onzième Chapitre , & cela nous difpenfe de les expofer de nouveau, ce feroit tomber dans une redite inutile. Nous nous contenterons de faire obferver que le chariot, joint à la Figure Équeftre dont il étoit chargé, fut eftimé pefer près de foixante milliers ; que les cables qui le tiroient en avant étoient de trois pouces de diamètre ; qu'il ne fut befoin que de deux vindas qui fe reportoient de place en place à mefure que les cables finiffoient de fe filer fur leur fufée ; & que l'opération , qui fe fit à main d'homme , dura trois jours : elle commença le jeudi dix-fept Février 1763, fur les huit heures du matin , & finit le famedi fuivant. Le fervice fe fit avec un tel ordre , qu'on eut la fatisfaction de voir la Figure arrivée au lieu de fa deftination fans que rien eût troublé fa marche, ni qu'il fût furvenu le moindre accident. Lorfqu'elle paffa dans la rue du Roule devant la porte de la maifon où M. Bouchardon étoit décédé l'année précédente, il fe fit une décharge de boëtes en vûe d'honorer la mémoire de l'Artifte excellent qui, par un ouvrage accompli dans toutes fes parties , s'eft affuré une gloire durable que la Nation partage avec lui.

DESCRIPTION DU CHARIOT.

Le chariot dont nous nous propofons de rendre un compte exact , étoit deftiné , ainfi que nous l'avons déjà fait remarquer , pour le tranfport de la Figure Équeftre dans tous les endroits où il feroit befoin de la faire arriver ; & comme le fardeau étoit auffi énorme qu'il étoit précieux , il ne paroîtra pas étonnant qu'on eût redoublé les précautions , & qu'on fe fût appliqué à donner à cette machine toute la folidité dont elle étoit fufceptible. Elle étoit cependant compofée dans toute la fimplicité poffible ; c'étoit un corps de charpente, dont toutes les pièces liées enfemble & buttant l'une contre l'autre, embraffoient dans tous les fens la Figure Équeftre qui s'y trouvoit comme encaiffée , fans pouvoir fortir de fon aplomb, ni vaciller en aucune manière. Le chariot avoit du refte beaucoup de reffemblance avec les voitures ordinaires ; il rouloit fur quatre roues, il étoit dirigé par un timon, un avant-train & une flèche.

Les roues étoient pleines, & pour accélérer le roulage, elles étoient de deux grandeurs; celles de derrière portoient quatre pieds, tandis que celles de devant n'avoient que trois pieds six pouces de diamètre. L'épaiffeur des unes & des autres fut réglée de dix-huit pouces vers le centre, à l'endroit par où devoit paffer le bras de l'effieu, & feulement de quinze fur les bords. Trois tourtes de bois de chêne, appliquées l'une contre l'autre & de quatre chanteaux chacune, formoient cette épaiffeur de roue : les chanteaux fe croifoient & s'emmanchoient l'un dans l'autre à pointe de diamant, tous étoient retenus & liés enfemble par douze étriers de fer qui, diftribués également fur le bordage des roues, embraffoient étroitement les trois tourtes; & y étant embrevés de leur épaiffeur & attachés avec de forts clous, aucune des pièces de bois qui compofoient la roue ne pouvoit branler. Pour les rendre encore plus fermes, des rondelles de fer, deux fur chaque face de roue & correfpondantes l'une à l'autre, étoient pareillement embrevées dans le bois, & retenues par plufieurs boulons de fer qui, traverfant le corps de la roue de part en part, trouvoient du côté oppofé à leur tête autant d'écrous qui les affujétiffoient en place. Chaque roue étoit, outre cela, cerclée fur la tranche de trois bandes de fer ayant trois pouces de large & dix lignes d'épaiffeur : une cheville de fer retenue par une clavette, & paffée dans le bras de l'effieu, empêchoit la roue d'en fortir; & l'ouverture de la roue, que traverfoit le bras de l'effieu, étoit tapiffée intérieurement d'une frette de fer. Enfin, pour fauver, autant qu'il étoit poffible, les inconvéniens inévitables du frottement, qui auroit confidérablement retardé le mouvement de la machine, on avoit mis au derrière de chaque roue, entre elles & le corps de l'effieu, des rondelles de fer mouvantes qui ne pouvoient manquer de rendre le frottement moins fenfible & plus doux.

Les deux effieux étoient de cœur de bois de chêne très-fain, & fe terminoient à chaque extrémité par des bras qui, pour recevoir chaque roue & la faire rouler, étoient arrondis en forme de cône tronqué. Le furplus de l'effieu étoit coupé quarrément & avoit au train de devant douze pouces de large fur vingt de hauteur, & au train de derrière deux pouces de plus fur la largeur & quatre de moins fur la hauteur. L'un & l'autre effieux portoient neuf pieds de long, mais la faillie de leurs bras étoit différente; chaque bras qui, dans le train de derrière, fe portoit en avant de deux pieds dix pouces, n'avoit que deux pieds quatre pouces de faillie à l'effieu de devant; auffi les roues de derrière étoient-elles plus épaiffes que celles de devant. L'extrémité de chaque bras étoit munie d'une frette de fer, pour empêcher le bois de s'éclater; & deux aiguillons auffi de fer, pofés à l'oppofite l'un de l'autre & dont les têtes fe replioient fur la furface extérieure du bras, parcouroient ledit bras dans fa longueur; ils étoient embrevés de leur épaiffeur dans le bois, & ils en augmentoient la force.

La flèche, principalement deftinée à faire marcher de compagnie les deux corps d'effieux, à les lier enfemble & à les empêcher de s'écarter, étoit d'une pièce de bois de douze pieds de long & d'environ fix pouces d'équariffage: d'un bout elle
venoit

venoit s'affembler à tenon & mortaife dans le corps du lifoir que portoit l'effieu de derrière, & en cet endroit deux gouffets de bois, l'un à droite & l'autre à gauche, lui fervoient d'appui, & prenoient d'autant plus de force qu'un étrier de fer embraffoit la flèche & les deux gouffets au point où fe faifoit leur affemblage. La réunion de la flèche fe faifoit encore à l'autre bout à tenon & mortaife avec le lifoir que portoit l'effieu de devant, & ce tenon étoit traverfé par la cheville ouvrière ou boulon de fer qui traverfoit en même tems le corps d'effieu de devant & le lifoir qui en faifoit partie.

Cette cheville ouvrière, ainfi qu'un autre boulon qui traverfoit le corps d'effieu de derrière, recevoit par le bas & tenoit attachées avec une vis d'un côté la tête & de l'autre la queue d'un tiran de fer, pour empêcher l'écart qu'euffent pu faire les deux corps d'effieux, & auquel la flèche n'eût pu s'oppofer fuffifamment. Mais comme ce tiran, qui fuivoit la même direction que la flèche, étoit de longueur à faire craindre qu'il ne pliât, un étrier de fer le tenoit fufpendu à la flèche par le milieu, & l'entretenant ainfi, ni lui ni la flèche ne pouvoient plus fléchir. Dans cette difpofition, la flèche pofoit pardevant fur l'avant-train dont il va être fait mention, & elle s'y trouvoit affujétie au moyen d'une lierne qui, mife en travers du chariot, étoit placée de façon qu'elle pefoit fur la flèche & ne lui permettoit pas d'agir en contre-haut.

L'avant-train, uniquement fait pour procurer au chariot la facilité de tourner, étoit compofé comme dans les voitures ordinaires ; il confiftoit en deux pièces de bois appellées jumelles, de fept pieds huit pouces de longueur chacune & de huit pouces d'équarriffage, qui, paffant fur le corps d'effieu de devant, y entroient de leur épaiffeur fans le defaffleurer, & s'y trouvant ainfi engagées, étoient appuyées de droite & de gauche par deux armons ou pièces de bois cintrées, lefquelles, pareillement logées de leur épaiffeur dans le corps de l'effieu, s'alloient, après l'avoir traverfé, emmancher fur la partie de derrière à une entre-toife de fix pieds de long à laquelle fe réuniffoient auffi les deux jumelles : tout ce corps tournoit à volonté fur la cheville ouvrière, & l'entre-toife ci-deffus décrite en tenoit & dirigeoit la bafcule. Une plate-bande de fer mife à la tête de cet avant-train, à l'endroit où les armons fe joignoient aux jumelles, en fortifioit l'affemblage.

Sur cet avant-train devoit être logé le timon, dans le vuide que laiffoient entre elles les deux jumelles ; & pour qu'il pût faire aifément bafcule, fuivant l'exigence des cas, il y rouloit fur un boulon de fer qui le traverfoit horizontalement, ainfi que les deux jumelles. Quand il ceffoit de mouvoir, il repofoit alors fur une accolade d'étriers de fer appliquée à la tête defdites jumelles, en même tems qu'un autre étrier de fer placé plus près de l'effieu le retenoit en fens contraire ; & tous deux s'oppofant ainfi à ce qu'il fortît de fon affiette, ne lui permettoient que les mouvemens néceffaires.

Mm

Le train du chariot étant préparé de la forte , & les deux lifoirs fe trouvant fuffifamment retenus fur l'un & l'autre effieux , & ne faifant qu'un feul & même corps avec eux au moyen des brides & des ancres de fer qui , en plufieurs endroits , les lioient fermement enfemble , on plaça fur les côtés & aux deux extrémités de ces lifoirs deux fommiers qui , s'étendant dans toute la longueur que devoit avoir le chariot , portoient chacun dix-huit pieds de long fur douze à treize pouces de gros. On les fixa , en continuant d'employer des étriers de fer qui les lioient avec les lifoirs , & fur ces fommiers l'on mit en travers & l'on retint , toujours avec des étriers de fer , deux nouvelles pièces de bois de quatorze pieds de long & de près d'un pied d'équarriffage , appellées patins , & qui fervirent de bafe à toute la charpente dont fe forma l'enceinte du chariot. L'un de ces patins fut pofé d'aplomb fur le corps d'effieu de derrière , mais celui de devant fut porté en arrière & tenu éloigné d'un pied du corps de l'effieu de devant , pour diminuer d'autant la charge & ne point trop gêner le roulage de l'avant-train.

On planta debout fur ces patins , dans des mortaifes , quatre poteaux cormiers de dix pieds & demi de haut & de neuf pouces d'équarriffage , qui , diftans l'un de l'autre de fix pieds huit pouces fur la largeur & de neuf pieds neuf pouces fur la longueur du chariot , en formèrent les quatre encoignures. Pour les empêcher de s'écarter & les maintenir dans leur aplomb , deux entre-toifes placées au haut defdits poteaux cormiers , relativement à la longueur du chariot , emmanchées & boulonnées avec eux , les retenoient dans un fens ; dans l'autre fens , l'écart étoit retenu par en bas par des contrefiches , appliquées d'un bout fur le poteau cormier & de l'autre fur le patin , & par de doubles moifes qui , après avoir parcouru la largeur du chariot , recevoient dans des entailles & les poteaux cormiers & les contrefiches , les embraffoient , s'y emmanchoient & leur donnoient toute la ftabilité qu'on pouvoit defirer.

C'étoit dans l'efpace formé par cette efpèce d'enceinte qu'on fe propofoit de placer & de tranfporter la Figure Équeftre ; elle y devoit être fufpendue , & pour cet effet l'on plaça en dedans des feconds fommiers , un de chaque côté , qui , portés fur les patins en même direction que les premiers fommiers , étoient adoffés au plus près poffible contre les poteaux cormiers & y étoient même entaillés d'environ un pouce pour les mieux affujétir en place. Des troifièmes fommiers à l'aplomb des précédens , & moins épais d'un bon pouce , furent établis fur les moifes qui embraffoient les poteaux cormiers , & ces troifièmes fommiers reçurent immédiatement un dernier étage de fourrures , c'eft-à-dire , des pièces de bois dont la groffeur ne pouvoit être bien déterminée que par les hauteurs auxquelles arriveroit la Figure Équeftre lorfque le chariot qui devoit la contenir feroit tout-à-fait monté. Ces fourrures étoient mifes en effet à deffein de porter de bout en bout les deux entre-toifes mobiles , qui , traverfant le chariot dans fa largeur , & longues de neuf pieds six pouces, servirent à asseoir & à y établir les chantignoles sur lesquelles vint dans la suite poser la Figure. Plus ou moins fortes & chantournées relativement aux contours que leur présentoit la Figure, ces chantignoles la saisirent par dessous le ventre du cheval en deux endroits, & la tinrent ainsi suspendue pendant tout le tems de la marche à une hauteur convenable; cela fait, on l'étrésillonna de toutes parts, on mit des coins bien chevillés sur les côtés des chantignoles, on en garnit tous les endroits où il en pouvoit entrer, sans oublier d'y apposer des coussinets remplis de bourre dont on a déjà fait sentir la nécessité, & pour lors on put faire marcher sûrement le chariot qui pouvoit peser avec sa charge, comme on l'a dit, environ soixante milliers, & qui, à compter du dessous des roues jusqu'au sommet des poteaux cormiers, s'élevoit à la hauteur de seize pieds, & s'étendoit, non compris le timon, à une longueur de dix-neuf.

On n'auroit pas eu en quelque façon besoin, ni de timon, ni d'avant-train, si le chariot n'eût eu à parcourir en marchant qu'une ligne droite, des cables amarrés à l'essieu de devant eussent suffi pour l'entraîner; mais comme les sinuosités de la route demandoient qu'il prît divers mouvemens, & qu'il se portât tantôt sur la gauche & tantôt sur la droite, un timon joint à un avant-train devenoit d'une nécessité indispensable. Celui qu'on employa fut fait d'une pièce de bois de seize pieds de long, portant huit pouces d'équarrissage dans la partie qui, comme on l'a vû, étoit retenue entre les jumelles dans l'avant-train; le surplus étoit arrondi & cerclé de fer à son extrémité.

Un tel levier avoit infiniment de force, mais pourtant pas encore assez pour faire tourner bien librement l'avant-train chargé d'une masse aussi lourde que l'étoit celle qui pesoit dessus. Il fallut donc avoir recours à quelque expédient qui rendît l'opération facile, & il s'en présenta un fort simple: il ne fut besoin que d'ajouter à la tête du timon une pièce de bois cintrée, qui faisoit l'office de talonnier, & à laquelle nous croyons pouvoir donner le nom de directeur, puisque ce fut véritablement cette pièce de bois qui dirigea la marche du chariot. Elle avoit environ huit pieds de long, six pouces de large & trois pouces d'épaisseur; elle passoit à travers une ouverture en forme de mortaise qui étoit pratiquée dans le corps & à la tête du timon, & elle y étoit retenue à son milieu par un boulon de fer; elle étoit percée de plusieurs trous sur son plat, chacun desquels étoit destiné à recevoir alternativement, & selon le besoin, la tige d'une poulie de cuivre qui, tournant horizontalement sur son plat quand elle agissoit, s'y trouvoit ainsi fichée: tantôt elle se plaçoit plus près & tantôt plus loin du timon, soit à sa droite, soit à sa gauche. Vouloit-on faire tourner le chariot, par exemple, sur sa droite, on plaçoit la poulie dans un des trous de la pièce cintrée, sur la gauche du timon, & faisant passer dans son canal le cable qui de ce côté étoit amarré à l'avant-train, on lui faisoit gagner un vindas établi à la droite; il attiroit à lui le cable qui se dévidoit sur fa fufée, & lui faifoit former un angle; plus cet angle étoit ouvert, plus l'avant-train étoit contraint de fe plier & de fe porter vers l'endroit où il étoit attiré: l'effort étoit tel qu'on eût pu, s'il l'eût fallu, & en s'y prenant à diverfes reprifes, faire décrire à tout le chariot un cercle parfait.

EXPLICATION

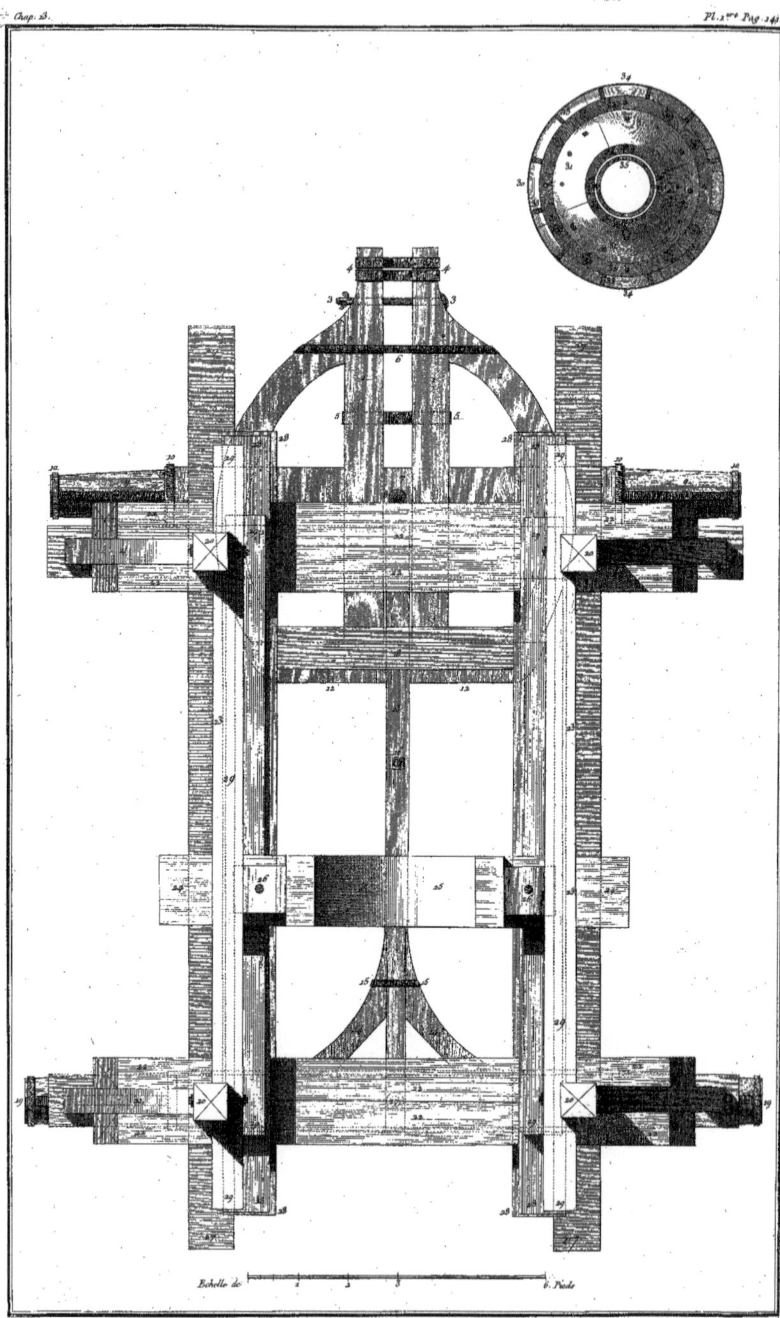
Echelle de   6. Pieds

EXPLICATION

DES PLANCHES DEPENDANTES DU CHAPITRE XIII.

PLANCHE I.

Plan du chariot qui a servi au transport de la Figure Équestre.

1   *Les jumelles laissant entre elles un espace pour y loger le timon.*

2   *Les armons à droite & à gauche des jumelles.*

3   *Boulon de fer qui, traversant horizontalement les jumelles, passe pareillement à travers le timon, & sert à le fixer en place & à le faire rouler, tant en montant qu'en descendant.*

4   *Double étrier de fer dont la tête des jumelles est garnie, & sur lequel porte le timon lorsqu'il repose.*

5   *Autre étrier de fer, posé dans un sens contraire, à l'effet de retenir le bout du timon quand il fait bascule.*

6   *Plate-bande de fer qui lie les jumelles & les armons, & en empêche l'écartement.*

7   *Corps d'essieu sur le devant du chariot, qui, de même que celui de derrière, porte un lisoir dont il est entièrement recouvert.*

8   *Cheville ouvrière traversant perpendiculairement le corps d'essieu de devant, & sur laquelle roule l'avant-train.*

9   *Les deux bras dudit essieu, ayant la forme d'un cône tronqué, & prêts à recevoir les deux roues de devant.*

10   *Frette de fer à chaque extrémité des bras des essieux pour les fortifier, & empêcher le bois de se fendre.*

11   *Aiguillons de fer plat appliqués en long & embrevés sur chacun des bras des essieux, l'un en dessus & l'autre en dessous, qu'on ne peut appercevoir dans ce plan.*

12   *Entre-toise emmanchée avec les armons & les jumelles, & servant à retenir la bascule de l'avant-train.*

13   *La flèche qui lie le train de devant avec celui de derrière, & qui est assemblée sur l'un & sur l'autre à tenon & mortaise.*

14   *Deux goussets de bois posés de part & d'autre de la flèche à sa jonction avec le train de derrière.*

15   *Étrier de fer qui embrasse la flèche & les deux goussets au point où ils font assemblage, & qui entretient cet assemblage.*

16   *Tête de boulon en manière d'étrier de fer qui, descendant en contre-bas, est destiné à soûtenir par le milieu un tiran de fer qui retient l'écart des deux essieux.*

17   *Lieu qu'occupe un autre boulon qui traverse de haut en bas le corps de l'essieu de derrière, & qui, le débordant par dessous, accroche ledit tiran de fer par une de ses extrémités.*

18   *Lierne transversale servant en contre-haut de point d'appui à la flèche, & qui l'assujétit en même tems sur l'avant-train.*

19   *Les extrémités des deux bras de l'essieu de derrière.*

20   *Poteaux cormiers s'élevant d'aplomb aux quatre encoignures du chariot.*

21   *Contre-fiches buttant contre lesdits poteaux cormiers, & les empêchant de déverser.*

22   *Moises de deux pièces de bois chacune, qui, mises dans le travers du chariot, embrassent par le pied les poteaux cormiers & les contre-fiches, & en retiennent l'écart.*

23   *Deux entre-toises couchées suivant la longueur du chariot, & qui, liées avec les poteaux cormiers à leur sommet, au moyen de boulons de fer, les contiennent & s'opposent à ce qu'ils sortent de leur aplomb.*

24   *Deux entre-toises mobiles portant chacune des chantignoles qui, taillées suivant le contour que prenoit en cet endroit le dessous du ventre du cheval, l'embrassoient, & servoient à supporter la Figure Équestre ; elles étoient posées en travers sur des fourrures que recevoit le troisième & dernier rang de sommiers.*

25   *Les susdites chantignoles composées de deux pièces chacune, afin de pouvoir les faire glisser & les ajuster avec plus de facilité.*

26   *Coins de bois attachés de droite & de gauche avec des chevilles de fer sur les entre-toises, & qui roidissant contre les chantignoles, les empêchent de mouvoir & de sortir de place.*

27   *Premier rang de sommiers s'étendant sur toute la longueur du chariot, & portant des deux bouts sur les lisoirs qui couronnent le corps des essieux : des liens de fer les tiennent assemblés.*

Nn

142

28 *Les deuxième & troisième rangs de sommiers, posés à différens étages, un peu en retraite, & toujours sur les côtés du chariot.*

29 *Fourrures posant sur le troisième rang de sommiers.*

30 *Une des roues du chariot, qui toutes quatre sont de même construction, avec cette seule différence, que celles du devant, un peu moins épaisses que celles de derrière, ont encore six pouces de diamètre de moins.*

31 *Les quatre chanteaux de bois de chêne qui, triplés, joints, croisés & emmanchés à pointe de diamant, composent trois tourtes dont la réunion forme une épaisseur de dix-huit pouces au centre, laquelle sur les bords se réduit à quinze.*

32 *Rondelles de fer, appliquées sur l'une & l'autre face de la roue, l'une près de l'ouverture par où passe l'essieu, & l'autre vers l'extrémité opposée, toutes deux embrevées de leur épaisseur dans le bois, & retenues par des boulons de fer à écrous qui traversent la roue de part en part.*

33 *Étriers de fer au nombre de douze, qui, distribués à égale distance sur la tranche de la roue, y sont embrevés de leur épaisseur, & servent à contenir ensemble les trois tourtes de quatre chanteaux de bois chacune, dont sont formées les roues.*

34 *Cercles de fer servant de bandages aux susdites roues.*

35 *Frette de fer tapissant l'intérieur de l'ouverture par où passe l'essieu.*

36 *Écrous retenant les boulons de fer,*

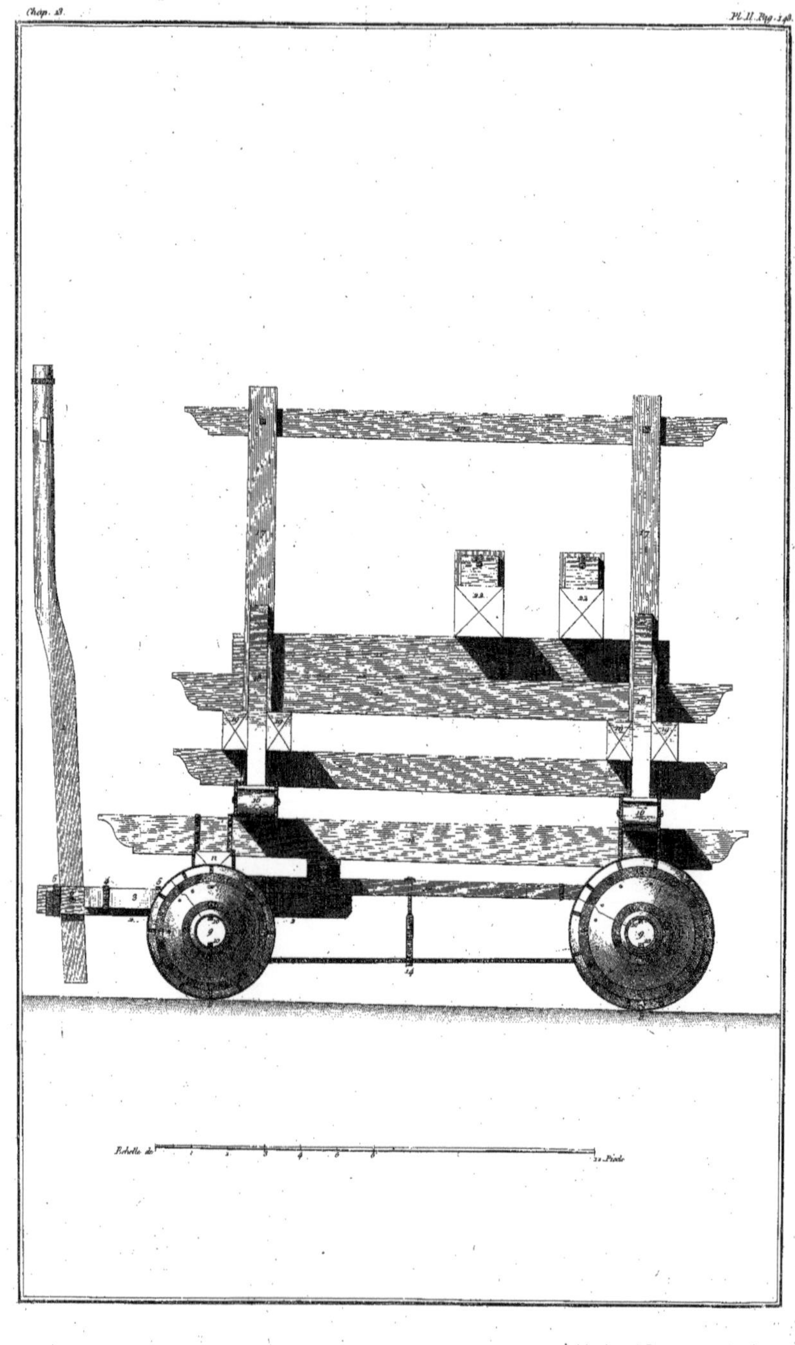
Echelle de   10 Pieds.

143

PLANCHE II.

Élévation du chariot prise sur le flanc dans sa longueur.

1   *Le timon.*
2   *Une des jumelles dont est formé l'avant-train.*
3   *Un des deux armons du susdit avant-train.*
4   *Plate-bande de fer qui lie les jumelles & les armons.*
5   *Étriers de fer, deux en avant & un troisième en arrière, servant à maintenir le timon & à en régler la bascule.*
6   *Boulon de fer traversant horizontalement les jumelles & le timon, & sur lequel roule ledit timon.*
7   *Entre-toise emmanchée avec les armons, & qui retient la bascule de l'avant-train.*
8   *Une des roues de devant & une de celles de derrière, mises en place.*
9   *L'extrémité de chaque essieu.*
10 *Le bout, replié sur la tête de chaque bras d'essieu, des deux aiguillons qui, comme on l'a vû dans la planche précédente, sous le n°. 11, sont appliqués en long sur lesdits bras.*
11 *Les lisoirs dont est couronné chaque corps d'essieu, & qui y sont fermement attachés avec des liens de fer, lesquels viennent s'accrocher par en haut, d'un côté aux sommiers n°. 15, & de l'autre aux patins du train de derrière, n°. 16.*
12 *La flèche.*
13 *L'extrémité de la lierne transversale, servant de point d'appui à la flèche, au droit de la bascule de l'avant-train.*
14 *Tiran de fer supporté dans son milieu par un étrier aussi de fer, & qui est mis pour s'opposer à l'écartement du devant au derrière des deux essieux.*
15 *Premier rang de sommiers posés de longueur sur les lisoirs n°. 11, & assemblés avec eux au moyen de liens de fer qui les y tiennent assujétis.*
16 *Extrémités des patins dont un sur le devant & l'autre sur le derrière du chariot, reçoivent le pied des quatre poteaux cormiers, & sont través sur le premier rang de sommiers.*
17 *Deux des poteaux cormiers.*
18 *Contre-fiches qui leur servent d'arc-boutans.*
19 *Moises transversales s'opposant, dans un sens, à l'écart des poteaux cormiers & des contre-fiches.*
20 *Une des entre-toises qui, étant posée au sommet desdits poteaux cormiers, en retient l'écart dans l'autre sens.*
21 *Les trois rangs de sommiers ou fourrures allant par étages.*
22 *Le bout des deux entre-toises qui, posées sur les fourrures au dernier rang des sommiers, ont servi à soûtenir la Figure dans le transport en l'embrassant par dessous le ventre du cheval.*
23 *Chantignoles & l'un des coins qui appuyent de chaque côté la susdite entre-toise.*

PLANCHE III.

Le chariot coupé par le milieu dans sa longueur.

1   Le timon.
2   Ouverture pratiquée à l'extrémité du timon pour le passage du palonier ou directeur, dont on trouvera la représentation planche IV , figure 2.
3   Le bout du timon taillé quarrément, & qui se loge dans le vuide entre les deux jumelles.
4   Boulon sur lequel roule ledit timon.
5   Étriers de fer qui retiennent la bascule du timon par devant & par derrière.
6   Entre-toise qui est emmanchée avec les armons & sert à retenir la bascule de l'avant-train ; on la voit ici coupée par son milieu.
7   Deux des roues , l'une de devant & l'autre de derrière.
8   Les deux corps d'essieux coupés par leur travers.
9   Les lisoirs dont sont couronnés lesdits corps d'essieux , coupés de même.
10   Le boulon ou cheville ouvrière sur laquelle roule l'avant-train , & qui à cet effet le traverse perpendiculairement, ainsi que le corps d'essieu & le lisoir y joint.
11   Tiran de fer retenu avec vis & écrous , d'un bout sur l'extrémité de la cheville ouvrière , & de l'autre sur celle d'un boulon qui traverse le corps d'essieu de derrière ; ce tiran est mis à dessein d'empêcher l'écart des deux trains du devant au derrière.
12   Étrier de fer qui , prenant la forme d'un boulon à l'endroit où il traverse la flèche , soûtient à l'autre extrémité ledit tiran de fer & l'empêche de fléchir.
13   La flèche emmanchée à sa tête dans le lisoir qui couronne le corps d'essieu de devant , & à sa queue dans l'autre lisoir du train de derrière.
14   Mortaise préparée pour recevoir le tenon d'un des goussets qui entretiennent la flèche au droit de sa jonction avec le train de derrière.
15   Lierne qui sert d'appui à la flèche , coupée transversalement.
16   Un des deux premiers sommiers.
17   Patins coupés par leur travers , dans lesquels les poteaux cormiers entrent par le pied.
18   Deux des poteaux cormiers.
19   Coupes, par le travers, des moises qui embrassant lesdits poteaux cormiers par le pied , les empêchent de s'écarter & de vaciller.
20   Entre-toise qui , placée au sommet des poteaux cormiers , en retient l'écart dans le sens contraire à celui auquel s'opposent les susdites moises.
21   Les trois rangs de sommiers ou fourrures.
22   Les deux entre-toises & chantignoles qui , posées en travers sur les fourrures , ont servi à asseoir la Figure ; elles sont représentées ici coupées par le milieu.

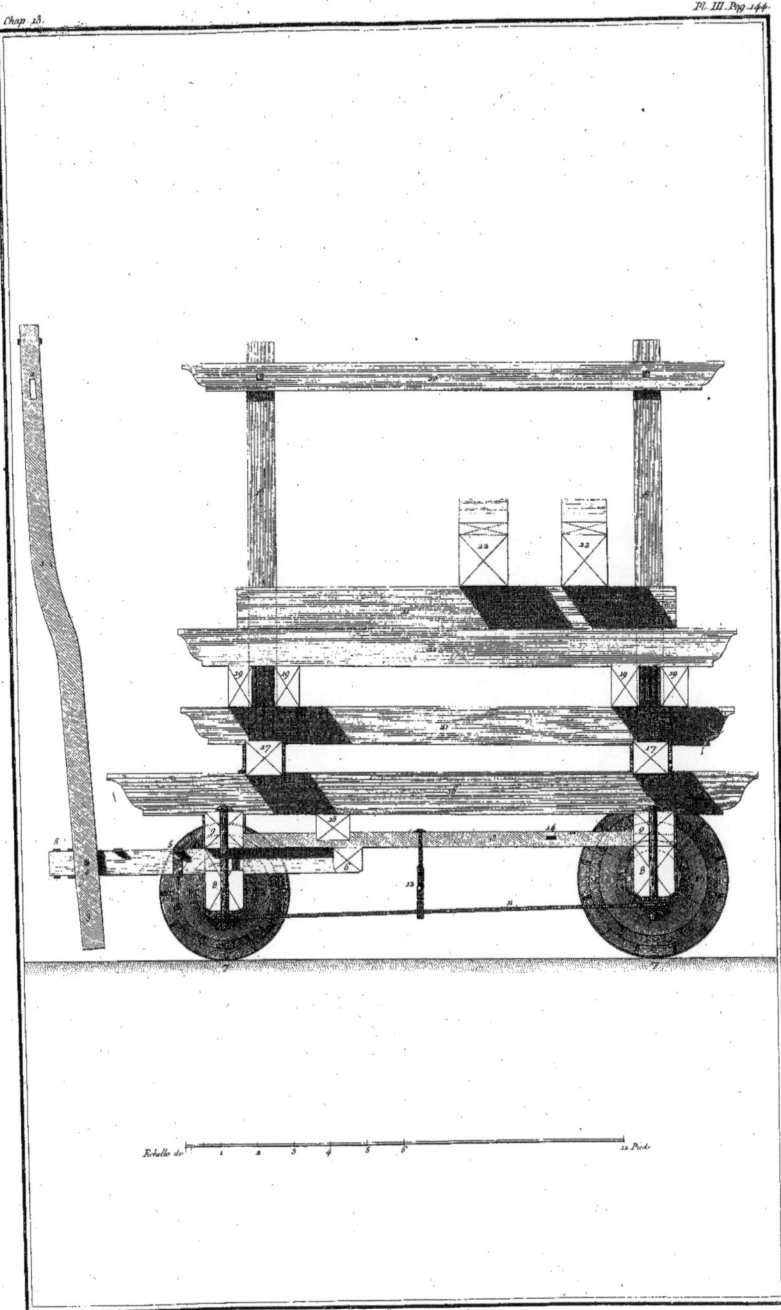
Echelle de   1   2   3   4   5   6   12 Pieds

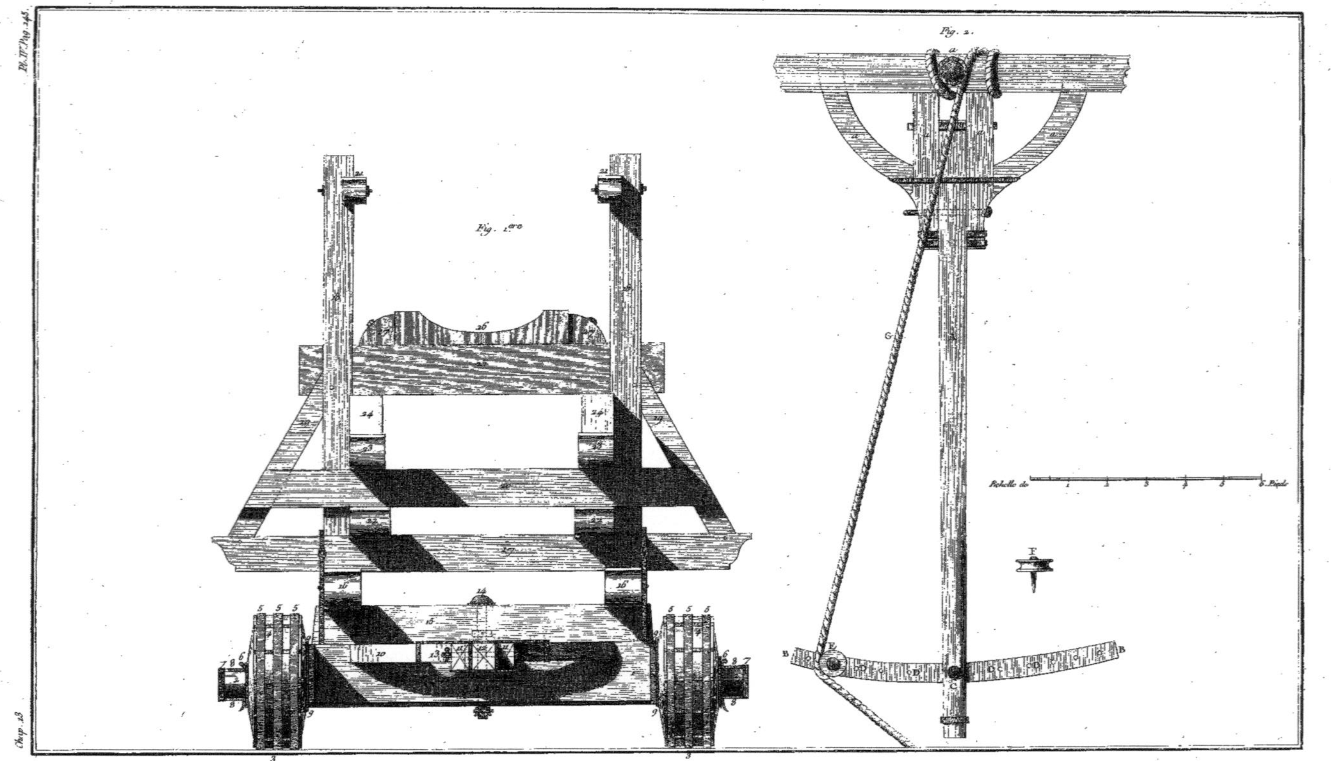
Fig. 1.re
Fig. 2.
Echelle de

PLANCHE IV, *Figure première.*

Le chariot vû de face par devant.

1   *Le corps d'essieu de devant.*
2   *Les deux bras ou bouts arrondis de l'essieu, sur lequel sont montées les roues.*
3   *Les deux roues de devant vûes de profil.*
4   *Étriers de fer qui, à distances égales, embrassent sur la tranche les trois tourtes de bois dont chaque roue est composée, & ne leur permettent pas de se désunir.*
5   *Trois cercles de fer servant de bandages auxdites roues.*
6   *Chevilles de fer qui retiennent les roues & les empêchent de sortir de leur essieu.*
7   *Frette de fer sur l'extrémité de chaque bras d'essieu.*
8   *Aiguillons de fer mis en opposition l'un de l'autre, & appliqués en long sur les bras de chaque essieu.*
9   *Rondelles de fer mobiles pour obvier au frottement & en diminuer l'action.*
10   *Deux armons, l'un à droite & l'autre à gauche.*
11   *Deux jumelles qu'on ne voit ici que par la coupe, laquelle fait voir aussi comment elles entroient de toute leur épaisseur dans le corps de l'essieu.*
12   *Le timon coupé transversalement.*
13   *Boulon qui traverse les jumelles & le timon, & sur lequel ce dernier roule.*
14   *Cheville ouvrière servant à donner le mouvement à tout l'avant-train.*
15   *Lisoir retenu quarrément & à ses deux extrémités sur le corps d'essieu qu'il couronne par des brides de fer qui, en remontant, lient ensemble tant le lisoir que les premiers sommiers & les patins servant de base aux poteaux cormiers, & les entretiennent dans un parfait équilibre.*
16   *Les deux premiers sommiers vûs par la tête.*
17   *L'un des patins travé sur les premiers sommiers, & sur lequel sont plantés deux des poteaux cormiers.*
18   *Poteaux cormiers s'élevant à la hauteur de près de onze pieds.*
19   *Contre-fiches leur servant d'arc-boutans.*
20   *Moise mise en travers à l'effet d'empêcher l'écart desdits poteaux cormiers & contre-fiches.*
21   *Têtes des deux entre-toises qui, dans la partie supérieure, empêchent les poteaux cormiers de sortir de place.*
22   *Têtes du second rang de sommiers portant des deux bouts sur les patins n°. 17.*
23   *Têtes du troisième rang de sommiers portant des deux bouts sur les moises n°. 20.*
24   *Têtes des deux fourrures portant à plat sur le troisième rang de sommiers, & qui, de même que les sommiers, sont retenues par le moyen d'entailles & de chevilles de fer sur le montant des poteaux cormiers.*
25   *Entre-toise mobile travée sur les fourrures ci-dessus.*
26   *Chantignoles établies sur la susdite entre-toise, & taillées suivant le contour du ventre du cheval, qu'elles doivent embrasser.*
27   *Deux coins chevillés sur l'entre-toise, & qui, appuyés de droite & de gauche contre les chantignoles, les tiennent en état.*

Figure seconde.

Le timon garni du directeur au moyen duquel on faisoit tourner le chariot.

A   *Le timon & partie de l'avant-train.*
B   *Pièce de bois cintrée sur son plan, à laquelle on est libre de donner le nom de directeur ou de palonnier.*
C   *Boulon de fer qui la retient dans l'ouverture qu'elle traverse à la tête du timon.*
D   *Plusieurs trous dont étoit percée ladite pièce de bois cintrée.*
E   *Poulie de cuivre montée sur une tige de fer, qui, logée à volonté dans un des trous dont il vient d'être fait mention, tantôt à gauche, tantôt à droite, & plus ou moins éloignée du timon, tourne horizontalement*

& dirige, au moyen du cable qu'on fait passer dans son canal, la marche du chariot, ainsi qu'il sera
expliqué sous le n°. G.

F La même poulie hors de son trou & vûe de profil.

G Cable qui dans cette opération est amarré d'un bout sur l'avant-train, & qui, amené de là sur le
canal de la poulie tournante & y glissant, va ensuite chercher à une distance donnée un vindas sur le
treuil duquel ce cable se dévide & oblige le chariot, en l'attirant, de prendre l'inflexion qui lui est
indiquée, & qui est plus ou moins grande, suivant que le cable, en passant sur la poulie, forme un
angle plus ou moins ouvert.

CHAPITRE QUATORZIEME.

De la pofe de la Figure Equeftre fur fon piédeftal.

LORSQUE la Figure Équeftre fut arrivée dans la place, l'échafaud, le chaffis auquel nous donnerons l'épithète de mouvant, & les différens équipages qu'on avoit jugés néceffaires pour l'élever & l'arrêter fur fon piédeftal, fe trouvèrent déjà tout dreffés & en état d'agir. Le fieur Lherbette conduifit cette nouvelle & dernière opération, dans laquelle il continua de montrer la plus parfaite connoiffance de fon art, jointe à une grande préfence d'efprit. Nous en fuivrons le cours, après avoir averti que nous en uferons pour ce qui concerne la conftruction de l'échafaud & du chaffis mouvant, comme nous l'avons fait ci-devant par rapport au chariot de tranfport; nous donnerons une defcription détaillée de toutes les pièces qui entrèrent dans leur compofition, nous en déterminerons l'ufage & la deftination particulière, & nous en formerons un article féparé qui aura fa place à la fuite de ce Chapitre. Nous confeillons d'en faire une lecture préliminaire, qui méditée, jettera plus de clarté fur l'expofition des procédés dans laquelle nous allons nous engager.

La Figure Équeftre, toujours montée fur le chariot qui l'avoit amenée, fut introduite dans l'enceinte de l'échafaud par le côté qui regardoit les Champs Élifées; elle y entra par un vuide ou efpèce de baie qu'on y avoit ménagée, & qui avoit dix-huit pieds de large par le bas fur environ vingt pieds de hauteur. Elle refta en la même place jufqu'au furlendemain matin, 23 Février 1763, que la pofe en étoit ordonnée; & profitant de cet intervalle, on y appliqua les cordages, & l'on difpofa les écharpes & les moufles dans le même ordre & de la même manière qu'il avoit été pratiqué ci-devant, & qu'il a été décrit dans le Chapitre onzième, qui traite de l'extraction de la Figure Équeftre hors de la foffe; mais pourtant avec cette différence, qu'ayant reconnu par expérience l'inutilité des moufles de bois, on fe contenta de quatre moufles de fer à fix poulies, qui furent placées, deux fur chacun des flancs du cheval : ces moufles, ainfi que les deux écharpes, étoient accrochées dans les parties inférieures à des cordages qui, faifant plufieurs tours, embraffoient le cheval par deffous le ventre, & toutes étoient en correfpondance avec un pareil nombre de moufles & d'écharpes fupérieures attachées à des cordages particuliers qui, paffés & repaffés fur de forts fommiers de charpente, les tenoient fufpendues en l'air. Ces moufles & ces écharpes ainfi mifes en place, on y paffa les cables qui, roulant fur les différentes poulies & attirés par autant de treuils qu'il y avoit de moufles & d'écharpes, devoient fervir, quand il en feroit tems, au guindage de la Statue.

Pour la mettre plus que jamais à l'abri de tout dommage, on redoubla de foins dans l'application des couffins de cuir remplis de bourre à toutes les places où les cordages, joignant de trop près la surface du bronze, pouvoient y laisser des impressions de frottement dont les suites auroient été très-fâcheuses. On voulut aussi n'employer que des cables neufs, on ne les diminua ni on ne les augmenta de grosseur, mais on se rendit très-difficile sur le choix, & l'on n'en reçut aucun qu'on n'eût auparavant fait passer à l'épreuve, & sur l'effet duquel on ne pût compter. On avoit tenu suspendu aux plus gros de ces cordages jusqu'à vingt-cinq milliers de poids pendant trente heures, & ils n'avoient pas souffert la moindre altération. Assuré de la bonté des cordages, l'Entrepreneur eut raison de penser que le nombre auquel ils étoient réduits par la suppression des moufles de bois, étoit suffisant; & en effet la Statue Équestre étant demeurée pendant toute la nuit suspendue à ces cordages, il arriva ce qu'il avoit prédit, elle ne baissa que de trois lignes.

On voit par-là que dès la veille de la grande opération la Figure Équestre, à l'aide des machines qu'on avoit mises en mouvement dans la vûe de les essayer, étoit sortie de quelques pieds hors du chariot qui l'avoit amenée. S'il n'eût été question que de l'en déloger, il n'eût pas été besoin d'avoir recours à d'autres moyens que ceux dont on avoit fait usage quand il avoit fallu la tirer hors de la fosse; mais la route n'étoit plus la même : dans la précédente opération, il ne s'agissoit que de soûlever la Figure & de la faire descendre tout de suite, sans s'écarter en rien du point d'où elle étoit partie; dans celle-ci, non-seulement il falloit, après l'avoir fait monter à une certaine hauteur, l'y tenir suspendue, mais dans cette situation elle devoit être conduite en avant, sans gêne & en ligne directe, dans une longueur d'environ quatre toises, jusqu'à ce qu'elle fût arrivée au droit du piédestal sur lequel elle devoit être érigée. Cette marche ne se pouvoit faire avec trop de précision & de justesse. Il falloit s'attendre encore à la nécessité de faire mouvoir la Figure sur les côtés, & de l'amener de droite & de gauche, lors de la pose, pour la faire tomber juste dans les trous de scellement. Que d'objets importans à remplir!

On fournit à tous ces besoins en imaginant un chassis mouvant dont la construction fut aussi simple qu'elle étoit ingénieuse. Nous en donnerons ci-après, ainsi que nous nous y sommes engagés, une description particulière & très-détaillée; mais la suite des procédés, qu'il ne faut pas interrompre, nous met dans l'obligation d'exposer au moins l'usage qu'on en fit. Ce chassis fut établi au faîte de l'échafaud, environ à quarante-cinq pieds du sol de la place, & surmontoit ledit échafaud de près de quinze pieds; il portoit à son sommet deux forts sommiers auxquels étoient suspendues avec des cordages les écharpes & les moufles supérieures, & tandis qu'il marchoit, les cables qui passoient tant dans les écharpes que sur toutes les moufles manœuvroient au moyen des treuils, dont il y en avoit deux pour les écharpes, lesquels étoient placés sur de petits échafauds au haut du chassis, l'un en avant & l'autre en arrière; les quatre autres pour le service des moufles étoient appliqués plus bas sur les deux faces latérales du même chassis, deux sur chacune.

Ce

Ce qu'il y avoit de plus particulier dans la difpofition dudit chaffis confiftoit en ce qu'il étoit monté fur deux rouleaux fans fin, placés au devant & au derrière du chaffis, lefquels étant mis en mouvement à main d'homme avec des leviers, le faifoient promener le long de deux liffes dont étoient couronnées les deux dernières fablières qui, fur la droite & fur la gauche, terminoient l'échafaud. Des rondelles de fer poli, mifes à l'extrémité de ces rouleaux & faifant l'office de heurtoirs, les y affujétiffoient, ainfi qu'elles affujétiffoient le chaffis mouvant en heurtant contre les pièces de bois qui fur les côtés en formoient la bafe, & par ce moyen il ne fut pas permis au chaffis de s'éloigner dans fa marche de la ligne droite qui lui étoit tracée.

Mais afin que cette marche fe fît avec plus de célérité, & le plus directement qu'il étoit poffible, au moment que la Figure Équeftre fe trouva montée affez haut pour que les fers de fcellement, dont les plus courts débordoient de quatre pieds en contre-bas le deffous des fabots du cheval, puffent paffer librement par deffus la feconde fablière tranfverfale de l'échafaud, c'eft-à-dire, à une diftance d'environ trois pieds & demi plus haut que le deffus du piédeftal ; pour lors on attacha au pied des deux poteaux cormiers antérieurs du chaffis mouvant, des cables auxquels on fit pareillement embraffer l'entre-toife inférieure du même chaffis, on appliqua fur chacun une poulie dont la chape à cet effet portoit en avant un crochet, on amarra vis-à-vis à la dernière fablière de l'échafaud de longs cables de trois pouces de gros qu'on fit paffer fur les poulies qu'on venoit d'attacher au chaffis mouvant, & de là fur les deux treuils qui étoient placés en face fur la même ligne, & fur un petit échafaud faillant couvert de planches au fommet du grand échafaud du côté des Tuileries ; ce qui étant exécuté, des ouvriers manœuvrèrent à ces treuils, & de concert avec ceux qui faifoient marcher d'un pas égal les rouleaux fans fin, ils amenèrent en affez peu de tems la Figure Équeftre, toujours fufpendue, jufque fur le piédeftal.

Quelque folide que fût le grand échafaud & quelques précautions qu'on eût prifes pour le rendre ftable, il ne pouvoit guère manquer, vû fa très-grande hauteur & les efforts que devoit faire fur lui la pefanteur du poids qu'il portoit, ainfi que les fecouffes qu'il avoit à effuyer, que les parties fupérieures ne fortiffent de leur aplomb, ne fe raprochaffent, & ne laiffaffent pas un paffage également ouvert dans toute la route pour la marche du chaffis mouvant ; la moindre ligne de plus ou de moins y mettoit obftacle : pour peu que les rondelles biaifaffent, elles couroient rifque de pénétrer dans la pièce de bois qu'elles parcouroient, elles pouvoient s'y engager, & le chaffis fe feroit arrêté tout court. Pour obvier à cet inconvénient, on eut recours à des entre-toifes volantes, que des ouvriers tranfportoient de place en place, mettoient en avant du chaffis, & enlevoient à mefure qu'il avançoit. Ce moyen réuffit, il fut fuffifant pour contenir la charpente & l'empêcher de fe refferrer & de rentrer en dedans par le haut.

La Figure Équeftre ne tarda pas à arriver en ligne perpendiculaire, tant fur le devant que fur le derrière, précifément à l'endroit où il avoit fallu l'amener ; il ne reftoit plus que de la faire marcher de droite & de gauche fur les côtés, pour faire defcendre d'aplomb dans leurs trous les fers de fcellement, au cas qu'on s'apperçût qu'ils ne s'y portaffent pas d'eux-mêmes avec affez de jufteffe : on fit agir dans cette intention les deux pièces de bois appellées couliffeaux, qui dans la planche troifième de ce Chapitre font exprimées fous le n°. 5. Deux cylindres de fer fur lefquels pofoit à plat le deffous de ces couliffeaux, qui lui-même étoit revêtu d'une plate-bande de fer, les faifoient mouvoir : on pouvoit les amener au point qu'on vouloit & les y maintenir avec des coins de fer, qui, placés à chacune de leurs extrémités & chaffés avec difcrétion, les rendoient invariables. Or comme les fommiers auxquels étoient attachés les cables qui tenoient la Statue fufpendue, étoient immédiatement portés par ces couliffeaux, ils étoient forcés de fuivre les mouvemens que prenoient ceux-ci, & de fe porter, ainfi que la Figure Équeftre, fur la droite ou fur la gauche, toutes les fois que le cas l'exigeoit.

Ayant achevé de bien prendre fes aplombs, & s'étant pleinement affuré que la Statue étoit parvenue à fa véritable place, on lâcha doucement les cables, fe contentant de faire travailler ceux qui paffoient fur les quatre moufles, & laiffant dans le repos ceux des écharpes. On eut alors la fatisfaction de voir les fers de fcellement entrer fans difficulté dans les trous qu'on leur avoit préparés, & la Figure Équeftre y étant defcendue à environ quatre pouces du deffus du piédeftal, le travail fut fufpendu ; on mit fous chacun des trois fabots des pieds du cheval qui pofent à terre une cale de plomb de trois pouces d'épaiffeur, après quoi, fans toucher aux cordages, on laiffa la Figure Équeftre ainfi calée repofer fur elle-même jufqu'au lendemain. Ce jour-là on vint la fceller en plomb, ce qui fut précédé de la vérification la plus fcrupuleufe du travail de la veille, on s'affura de nouveau qu'elle étoit exactement dreffée & mife d'aplomb dans tous les fens ; tout de fuite on la débarraffa des cordages & de tout ce qui l'enveloppoit, on démonta l'échafaud & l'on enleva généralement tous les équipages qu'on avoit employés dans l'opération. Il y régna un ordre admirable : les Perfonnes diftinguées qui l'honorèrent de leur préfence en furent remplies d'étonnement. Un peuple innombrable, que la nouveauté & la fingularité du fpectacle avoient attiré fur la place, éprouva le même fentiment, & jamais entreprife n'obtint une approbation plus complette.

La joie ne fut pas moins univerfelle & ne parut pas avec moins d'éclat le jour où fe fit l'inauguration du Monument qui venoit d'être érigé à la gloire du Roi. On attendit pour célébrer dignement cette Fête que l'hiver eût fait place à de plus beaux jours, on la fixa au lundi, vingtième du mois de Juin fuivant, & dans cet intervalle de tems on prépara le piédeftal qui étoit demeuré tout nud ; on lui fit imiter en plâtre ce qu'il avoit à devenir par la fuite, lorfque les figures de Vertus, les bas-reliefs, les infcriptions & les autres accompagnemens dont il devoit être enrichi feroient terminés, & qu'étant exécutés en bronze & en marbre, ils feroient acquérir à l'ouvrage fon entière perfection.

Au jour marqué la Fête fut annoncée à cinq heures du matin par une falve générale de l'artillerie de la Ville, & le Corps de Ville s'étant affemblé & étant allé prendre en grand cortège Monfieur le Gouverneur de Paris en fon Hôtel, la cavalcade, auffi lefte qu'elle étoit nombreufe, marcha dans le plus bel ordre, & arriva vers l'heure de midi fur le lieu où étoit érigée la Statue Équeftre du Roi. On en fit trois fois le tour, & autant de fois elle fut faluée au bruit des fanfares & d'une infinité d'inftrumens qui de toutes parts fe faifoient entendre.

On obferva le même cérémonial que lorfque s'étoit faite en 1699 de la façon la plus folemnelle l'inauguration de la Statue Équeftre de LOUIS XIV. On avoit jetté dans la marche une grande quantité d'argent au peuple, le foir la place fut illuminée dans tout fon pourtour, des fontaines de vin y coulèrent, & l'on y diftribua avec abondance des viandes & du pain.

Deux jours après, l'on tira fur la rivière, vis-à-vis la Place, un fuperbe feu d'artifice, précédé de joûtes & d'autres jeux, & la Place, ainfi que les façades des deux grands édifices qui la décorent, ayant été illuminées avec un art infini, on vit naître un des fpectacles les plus brillans qu'il foit poffible d'imaginer. L'allégreffe & la magnificence préfidèrent à cette augufte Fête; & le Prince, pour en témoigner à la Ville fon entière fatisfaction, fit l'honneur à MM. Mercier & de Babile, alors premier & fecond Échevins, de les créer Chevaliers de l'Ordre de Saint-Michel.

DESCRIPTION DU GRAND ÉCHAFAUD.

Avant que de travailler à l'établiffement de cet échafaud, on conftruifit autour du piédeftal deftiné à recevoir la Figure Équeftre, & dans toutes les places où devoient fe trouver par la fuite des poteaux cormiers & des contre-fiches ou arc-boutans, une fondation ou maffif de maçonnerie en moëllons & en pierres, qui, fuffifamment profonde, fortoit de terre d'environ deux pieds & formoit un cours d'affife abfolument de niveau. Cet embafement ayant pris confiftance, on y établit, fur chacun des flancs, à la diftance de dix-huit pieds & dans une longueur d'environ dix toifes, un premier rang de fablières de bois de chêne de dix-huit pouces d'équarriffage, puis tranfverfalement dans le milieu, en ligne parallèle avec la face d'un des petits côtés du piédeftal, comme auffi, à l'extrémité qui regardoit le jardin des Tuileries, l'on coucha de pareilles fablières; celles-ci, compofées chacune de trois pièces affemblées à bout l'une de l'autre, s'étendoient jufqu'à la longueur de quarante-huit pieds, afin de pouvoir élever fur ce qui excédoit les fablières des côtés, les contre-fiches ou arc-boutans deftinés, comme on le verra dans la fuite, à tenir en état la charpente de l'échafaud & l'empêcher de déverfer. Il ne fut point mis par le bas de fablière tranfverfale dans la partie qui faifoit face aux Champs Elifées, il étoit néceffaire de laiffer de ce côté-là une entrée libre au chariot qui ameneroit la Statue, & qu'il falloit introduire dans l'enceinte de l'échafaud; mais comme il étoit important qu'il y eût en cet endroit des contre-fiches qui roidiſſent contre le corps de la charpente, on mit pour les recevoir par le pied, ſur des maſſifs de maçonnerie qui avoient été préparés à cet effet de droite & de gauche, des ſablières d'environ douze pieds de long : elles étoient aſſemblées par un bout à tenons & mortaiſes ſur les ſablières des côtés avec leſquelles elles faiſoient l'équerre, & l'on en ajoûta dans la même intention & de la même manière aux intervalles que laiſſoient entre elles les deux ſablières tranſverſales dont il a été fait mention ci-deſſus.

Au moyen de cette diſpoſition, l'échafaud prit par le plan la forme d'un parallélipipède rectangle, long du double de ſa largeur ; & l'aſſiette en ayant été rendue ſolide, on dreſſa aux quatre encoignures & au droit de toutes les ſablières qui, à l'effet de recevoir des contre-fiches, ſailloient en dehors, ainſi que dans le milieu de la travée qui regardoit le jardin des Tuileries, autant de poteaux cormiers, qui tous élevés d'aplomb dans un ſens, s'inclinoient en dedans de vingt-un pouces environ ſur la hauteur, laquelle étoit de dix-huit bons pieds. Un ſeul, & ce fut celui qui occupoit une place ſur le petit côté de l'échafaud en face du jardin des Tuileries, s'élevoit perpendiculairement en tous ſens. On en comptoit onze, ils avoient treize pouces d'équarriſſage, étoient emmanchés à tenons & mortaiſes, & retenus par le pied ſur le rang des ſablières inférieures, & ſe joignoient par la tête à un ſecond rang de ſablières de quinze pouces d'équarriſſage : celui-ci, à peu près à la moitié de la hauteur que devoit avoir l'échafaud, en parcouroit toutes les quatre faces ; une pièce de bois le traverſoit dans le milieu & ſuivoit la même direction qu'une pareille traverſe qu'on y avoit miſe, comme on l'a vû, par le bas ; & dans les endroits où les ſablières inférieures ſailloient en dehors, les ſecondes portoient pareillement une ſaillie, mais ſeulement de ſept pieds & demi, ce qui étoit ſuffiſant pour y établir les contre-fiches du ſecond étage.

Le ſecond rang de ſablières reçut de nouveaux poteaux cormiers, hauts d'environ dix-neuf pieds, qui, dans le même nombre, la même force & la même diſpoſition que ceux d'en bas, furent mis un d'aplomb & les autres inclinés en dedans, ainſi qu'il avoit été pratiqué à l'étage inférieur ; de ſorte que par cet arrangement les troiſièmes & dernières ſablières qui terminoient l'échafaud dans tout le pourtour à la hauteur de quarante-un pieds, ne ſe trouvèrent plus diſtantes l'une de l'autre dans la largeur de l'échafaud que de douze pieds ; & l'on comprend aiſément qu'une charpente qui ſe dirigeoit ainſi de droite & de gauche vers un centre commun, devoit acquérir une ſolidité inébranlable, que fortifioient encore les diverſes pièces de décharge qu'on y ajoûta en différens endroits.

On mit à cette intention dans chacun des intervalles que laiſſoient entre eux les poteaux cormiers ſur les deux parties latérales de l'échafaud, tant au premier qu'au ſecond étage, deux pièces de bois de remplage de ſept pouces d'équarriſſage, qui, montant à la même hauteur que les poteaux cormiers, étoient poſées en guette, c'eſt-à-dire qu'elles ſuivoient la ligne oblique, & qu'elles roidiſſoient les
unes

unes de droite & les autres de gauche contre le principal poteau cormier du milieu.

Mais cela ne paroiſſant pas ſuffiſant encore pour retenir l'écart de l'échafaud dans ſa longueur, on appliqua en dehors ſur leſdites faces latérales deux liernes compoſées de deux pièces de bois chacune, entées au bout l'une de l'autre, qui, partant du pied du poteau cormier du milieu, alloient en ligne diagonale gagner la tête de chaque poteau cormier des encoignures ; & dans tous les endroits où elles rencontroient des pièces de bois, elles y étoient attachées & retenues avec des boulons de fer à écrou.

Il n'y eut pas moyen de poſer en guette de pareilles liernes dans la partie du bout de l'échafaud qui regardoit les Tuileries ; ſon peu de largeur s'oppoſoit à cette conſtruction : on ſe contenta, pour éviter l'écart, d'y ajoûter en dehors deux liernes de même force que les précédentes, mais dans une diſpoſition différente ; celles-ci prirent la forme d'une croix de Saint André ; elles furent pareillement retenues avec des boulons de fer à écrou ſur les pièces de bois contre leſquelles elles étoient appliquées, & ſingulièrement à l'endroit où ſe croiſant, elles rencontroient le poteau cormier montant du milieu de la travée.

Nous avons déjà fait obſerver que dans la néceſſité où l'on étoit de laiſſer un paſſage libre au chariot qui ameneroit la Figure Équeſtre, & qui devoit être introduit par le côté faiſant face aux Champs Éliſées dans l'enceinte intérieure de l'échafaud, il n'avoit pas été permis de placer ni ſablière baſſe ni poteau cormier en cet endroit de l'échafaud, ainſi qu'il avoit été pratiqué ſur le côté oppoſé : ce n'étoit pas cependant le lieu où ſe devoient faire les moindres efforts, & par conſéquent il falloit le mettre encore hors de péril par rapport aux écartemens. On y pourvut en ajoûtant deux rangs de liernes boulonnées comme les précédentes, l'un ſur la droite & l'autre ſur la gauche, qui faiſant le zig-zag, embraſſoient tant les ſablières que les poteaux cormiers d'encoignures de ce côté-là, & liant le tout enſemble, en faiſoient en quelque manière un corps indiviſible.

Enfin, pour achever d'affermir l'échafaud & l'empêcher de vaciller dans aucun ſens, l'on dreſſa ſur toutes les extrémités ſaillantes des ſablières que portoient les dés de pierre, des contre-fiches faiſant l'office d'arc-boutans : elles étoient au nombre de douze, & il y en avoit de deux eſpèces. Les quatre des encoignures & les deux du milieu dans les parties latérales, étoient de deux pièces, dont la première appuyée par le pied & retenue à tenon & mortaiſe ſur la ſablière baſſe, à huit pieds de diſtance du poteau cormier qui étoit en face, ſe logeoit par le haut ſous la ſablière du ſecond étage dans une mortaiſe qui la tenoit éloignée du même poteau cormier de trois pieds & demi ſeulement ; & de cette diſtance partoit de deſſus la ſeconde ſablière, la deuxième partie de la contre-fiche, qui, montant en contre-haut, alloit en s'inclinant s'appuyer contre le poteau cormier du ſecond étage, qu'elle retenoit en état. Telle étoit la conſtruction des ſix contre-

Qq

fiches qui servirent non-seulement à buter l'échafaud , mais encore de décharge aux portions saillantes des sablières transversales. Les six autres contre-fiches , quatre sur les grands côtés de l'échafaud & deux sur le petit côté qui faisoit face au Jardin des Tuileries, n'étoient que d'une seule pièce de bois de brin ; & partant du même point que les autres , tenant la même direction , elles s'élevoient à environ trente-six pieds de hauteur, là elles trouvoient le haut d'un poteau cormier, & elles s'y emmanchoient à tenon & mortaise.

Celles de ces contre-fiches qui furent appliquées sur le petit côté de l'échafaud & scellées par le pied sur un dé de maçonnerie à sept ou huit pieds de distance dudit échafaud , ne furent employées que par un effet de prévoyance ; elles ne furent même posées qu'après que l'échafaud eût été entièrement dressé. On craignit que les deux treuils qui devoient manœuvrer en cet endroit au haut de l'échafaud, à l'effet de tirer en avant le chassis mouvant & la Figure qui y étoit suspendue, n'y causassent, en faisant leur effort de ce côté-là, quelque déversement. La précaution étoit sage, & l'on n'eut point à se repentir de l'avoir prise.

Il restoit à établir divers planchers couverts de madriers aux différens étages de l'échafaud, pour la facilité du service : les principaux & les plus nécessaires furent placés au haut de l'échafaud ; deux s'étendoient sur les côtés dans toute sa longueur ; un troisième , fait pour recevoir les deux treuils qui devoient amener à eux le chassis mouvant , & pour porter les ouvriers qui y manœuvreroient , surmontoit l'échafaud à l'une de ses extrémités. On les fit de six pieds & demi de largeur, ce qui étoit bien suffisant pour pouvoir faire commodément & sans confusion le travail , & ils furent établis sur des soliveaux portés de bout en bout par ce qui excédoit en dehors des dernières sablières , auxquelles on ajoûta par dessous des liernes en manière de potences, qui rendoient les planchers d'une fermeté inébranlable, quel que fût le poids dont on les eût chargés.

DESCRIPTION DU CHASSIS MOUVANT.

On croit avoir suffisamment expliqué dans quelle vûe avoit été construit le chassis mouvant dont on entreprend de faire ici la description, & comment il avoit été gouverné. Cela n'empêchera pas cependant qu'on n'y revienne encore, & qu'en donnant dans le plus grand détail les mesures & la disposition de chacune des pièces qui entrèrent dans la composition de cette machine , on n'en détermine de nouveau la destination & l'usage. On ne doit point craindre, quand on traite ces sortes de matières de pécher par trop de prolixité, plus l'on entre dans le détail, plus l'on se rend intelligible. Une forte charpente de quatorze pieds de large sur treize pieds de longueur, & qui s'élevoit à une hauteur à peu près pareille, composoit la carcasse du chassis dont il est question. Deux fortes sablières d'un pied d'équarrissage & de dix-huit pieds & demi de longueur, couchées sur les côtés, en formoient la base , & recevoient chacune dans des mortaises les tenons de trois poteaux de même équarriffage qui, pofés à quatre pieds neuf pouces de diftance l'un de l'autre, montoient, un peu inclinés en dedans pour leur donner plus de force, à une hauteur de fept pieds fix pouces.

Quatre de ces poteaux, contre lefquels butoient par le pied en dehors autant de contre-fiches, formoient les encoignures du chaffis. Entretenus par le haut fur la longueur du chaffis par une entre-toife qui les embraffoit & les couronnoit, ainfi que le poteau du milieu, ils étoient retenus fur les deux faces de devant & de derrière par d'autres entre-toifes, l'une inférieure & l'autre fupérieure, emmanchées dans leur milieu avec un poteau debout & deux décharges pofées en guette ou de biais, pour mettre le chaffis plus en état de réfifter à la charge; car ce fut fur les plus éminentes de ces dernières entre-toifes que furent mifes en même direction les pièces de bois mouvantes, appellées couliffeaux, dont l'ufage a été expliqué ci-devant, & qu'on pofa fur ces couliffeaux les fablières & les fommiers de bois d'orme auxquels furent fufpendues, avec des cordages mis en plufieurs doubles, les moufles & les écharpes dont on fe fervit pour attirer & fufpendre la Figure Équeftre en l'air. Ces fablières & ces fommiers, liés enfemble avec de forts cordages, portoient dix-huit pouces d'équarriffage; les deux premières, longues de vingt-fix pieds & diftantes de fix pieds l'une de l'autre, s'étendoient dans toute la longueur du chaffis & l'outre-paffoient de beaucoup; les deux fommiers plus courts, & diftans feulement de quatre pieds l'un de l'autre, pofoient en fens contraires fur les fablières, & rien ne les furmontoit.

Les treuils, au nombre de fix, fur lefquels fe devoient dévider les différens cordages qui guinderoient la Figure, étoient adhérens au chaffis & devoient marcher de compagnie. Deux de ces treuils qui étoient deftinés pour les cordages des écharpes furent placés au fommet du chaffis, l'un au devant & l'autre au derrière, fur des plateformes couvertes de madriers de trois pouces d'épaiffeur, que portoient à leurs extrémités les fablières les plus allongées, & ils y rouloient chacun fur un chaffis particulier mis à plat. Les quatre autres treuils, répondans aux cordages qui paffoient dans les moufles, avoient leur place plus bas; ils étoient logés au pied & fur les flancs du chaffis mouvant, y étant retenus par des chan-tignoles qui recevoient leurs tourillons & leur fervoient à rouler, & qui étoient attachées fur les faces extérieures des poteaux montans avec de forts boulons de fer à écrou.

De femblables boulons de fer traverfoient & fixoient en place quatre fortes chantignoles, qui avoient été ajoûtées fur les entre-toifes au droit de chacun des quatre poteaux d'encoignure du chaffis; elles faifoient face aux têtes de l'un & de l'autre couliffeaux, qui fe promenoient fur les mêmes entre-toifes fupérieures du devant & du derrière du chaffis, & qui, revêtus en deffous de plate-bandes de fer, rouloient fur deux cylindres auffi de fer de dix-huit lignes de diamètre, & diftans l'un de l'autre d'environ fept pieds. Ces couliffeaux étoient faits pour manœuvrer de droite & de gauche fuivant le befoin, & c'étoit pour appuyer les coins de fer qui

Q q ij

devoient les retenir au point où l'on auroit voulu les amener, & ne leur plus permettre d'en fortir, que les chantignoles étoient deſtinées.

Mais ce n'étoit pas aſſez que ce chaſſis fût conſtruit de façon à pouvoir, étant placé au ſommet de l'échafaud, attirer la Figure Équeſtre ; il falloit encore qu'il pût y marcher aiſément & conduire ladite Figure par la ligne la plus droite à l'endroit où l'on deſiroit qu'elle arrivât. Pour remplir cet objet, avant que de raſſembler toutes les pièces du chaſſis, de le conſtruire & de le mettre en place, on coucha ſur les deux dernières ſablières qui terminoient l'échafaud & qui le parcouroient dans toute ſa longueur, des liſſes de même calibre & de même étendue que les ſablières ; on les y coutura, après avoir pris la précaution de les dreſſer quarrément & de les mettre tout-à-fait de niveau, & ſur ces liſſes on poſa en travers à une diſtance parallèle de onze pieds, deux rouleaux ſans fin de bois d'orme de dix pouces de diamètre & de près de dix-huit pieds de long, leſquels par cette diſpoſition ſe trouvèrent dans la ſuite préciſément à l'aplomb de ce qui faiſoit le devant & le derrière du chaſſis, lorſque celui-ci fut en place, & qu'on le fit poſer ſur leſdits rouleaux. On fixa ſur chacune de leurs extrémités des rondelles de fer poli de vingt pouces de diamètre & d'un bon pouce d'épaiſſeur, & s'en ſervant comme de heurtoirs, on fit embraſſer étroitement à ces rondelles, d'une part les liſſes, & d'autre part les deux ſablières inférieures qui, ſur les côtés, formoient la baſe du chaſſis mouvant, lequel après cette opération vint occuper la place qui lui étoit préparée au ſommet de l'échafaud. Non-ſeulement cela le rendit mobile, mais fit prendre encore à ſa marche la ligne la plus droite qu'il étoit poſſible. Les leviers de bois qui lui donnoient le mouvement ſe logeoient dans des ouvertures quarrées, pratiquées dans ce qui excédoit au dehors des deux rouleaux ſans fin, qui, pour plus de réſiſtance, étoient armés en cet endroit de collets de fer ; les ouvertures à chaque extrémité du rouleau étoient doubles & ſe croiſoient, afin qu'après avoir abbatu un levier & fait tourner le rouleau, la même opération ſe pût renouveller ſans interruption. Le grand point étoit de la conduire avec une telle uniformité, que le chaſſis ne fît pas plus de chemin d'un côté que de l'autre. C'eſt ce qui fut recommandé expreſſément aux ouvriers, & ce qu'ils exécutèrent avec une préciſion qui leur fit honneur.

EXPLICATION

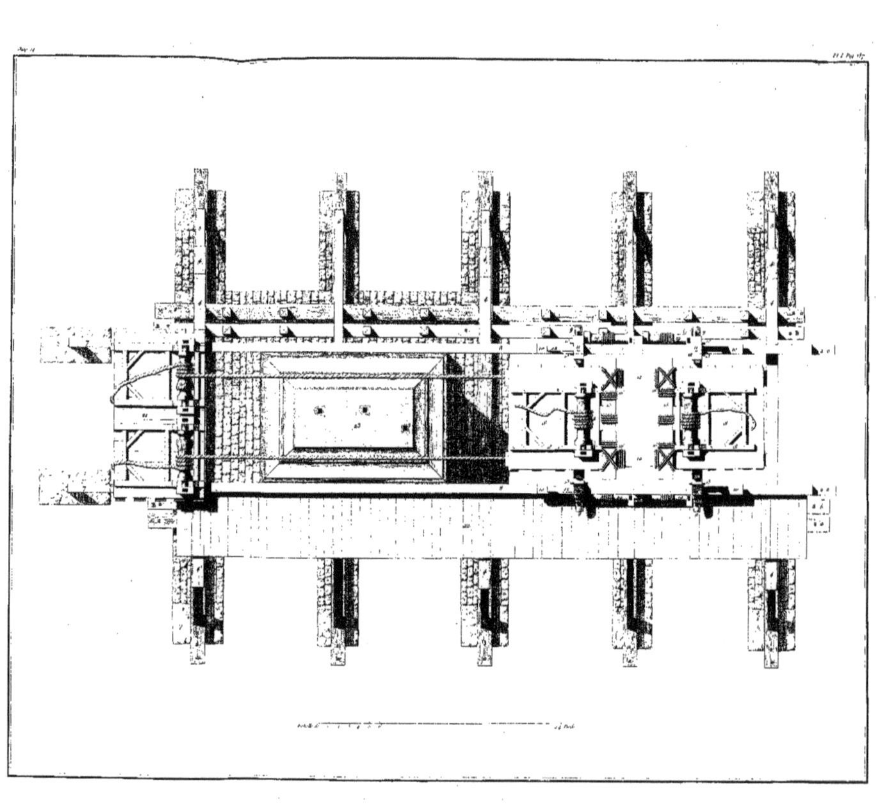

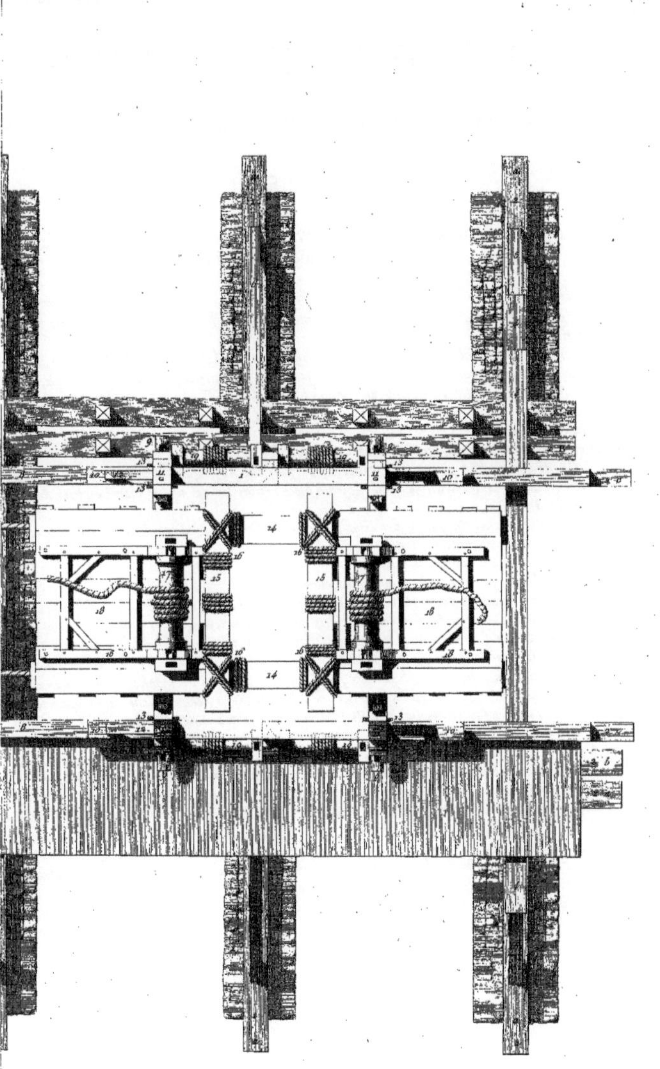
24 Pieds.

EXPLICATION

DES PLANCHES QUI DEPENDENT DU CHAPITRE XIV.

PLANCHE I.

Plan de l'échafaud & du chaffis mouvant au moyen defquels s'eft faite la pofe
de la Figure Équeftre fur fon piédeftal.

1 *Les maffifs de maçonnerie & les dés de pierre fur lefquels furent établies les fablières baffes du grand échafaud.*

2 *Les trois rangs de fablières, favoir, les plus baffes marquées (a), les fecondes (b) & les troifièmes (c).*

3 *Celle qui traverfoit par le bas l'échafaud dans fon milieu parallélement à un des petits côtés du piédeftal, & qui avoit fa pareille au fecond rang de fablières feulement.*

4 *Celles qui au fecond rang, ainfi qu'au dernier étage, traverfoient l'échafaud fur le côté oppofé aux Champs Élifées.*

5 *Les grandes contre-fiches en deux parties chacune.*

6 *Celles de bois de brin en une feule partie fur les flancs de l'échafaud.*

7 *Deux autres grandes contre-fiches d'une feule pièce portées fur des dés de pierre au bout de l'échafaud du côté des Tuileries.*

8 *Les deux lifes couturées fur les dernières fablières, & fur lefquelles marchoient les rouleaux fans fin qui donnèrent le mouvement au chaffis.*

9 *Les extrémités des rouleaux fans fin.*

10 *Deux fablières fervant de bafe au chaffis mouvant.*

11 *Les quatre poteaux cormiers formant les encoignures du chaffis.*

12 *Contre-fiches butant par le pied contre lefdits poteaux cormiers.*

13 *Les rondelles de fer en manière de heurtoirs fervant à diriger la marche du chaffis.*

14 *Deux fortes fablières portant les fommiers.*

15 *Les fommiers entourés des cordages auxquels étoient fufpendues les moufles & les écharpes.*

16 *Cordages qui embraffoient lefdits fommiers & fablières, & les empêchoient de s'écarter de leur place.*

17 *Les deux treuils fupérieurs fur lefquels fe dévidoient les cables des écharpes.*

18 *Les chaffis & les échafauds en manière de plateforme fur lefquels les précédens treuils furent établis, & où les ouvriers qu'on y avoit diftribués faifoient leur fervice.*

19 *Les quatre treuils inférieurs, logés dans des chantignoles fur les flancs du chaffis mouvant, lefquels attiroient à eux les cables qui paffoient dans les moufles.*

20 *Deux autres treuils placés au bout de l'échafaud du côté des Tuileries, & dont on fe fervit pour attirer le chaffis & le faire marcher en avant.*

21 *Échafaud volant couvert de planches, fur lequel les treuils précédens étoient affis.*

22 *Un des deux échafauds de planches dreffés tant fur l'une que fur l'autre partie latérale du grand échafaud, au droit des deux lifes, pour faire le fervice.*

23 *Le piédeftal préparé pour recevoir la Figure Équeftre.*

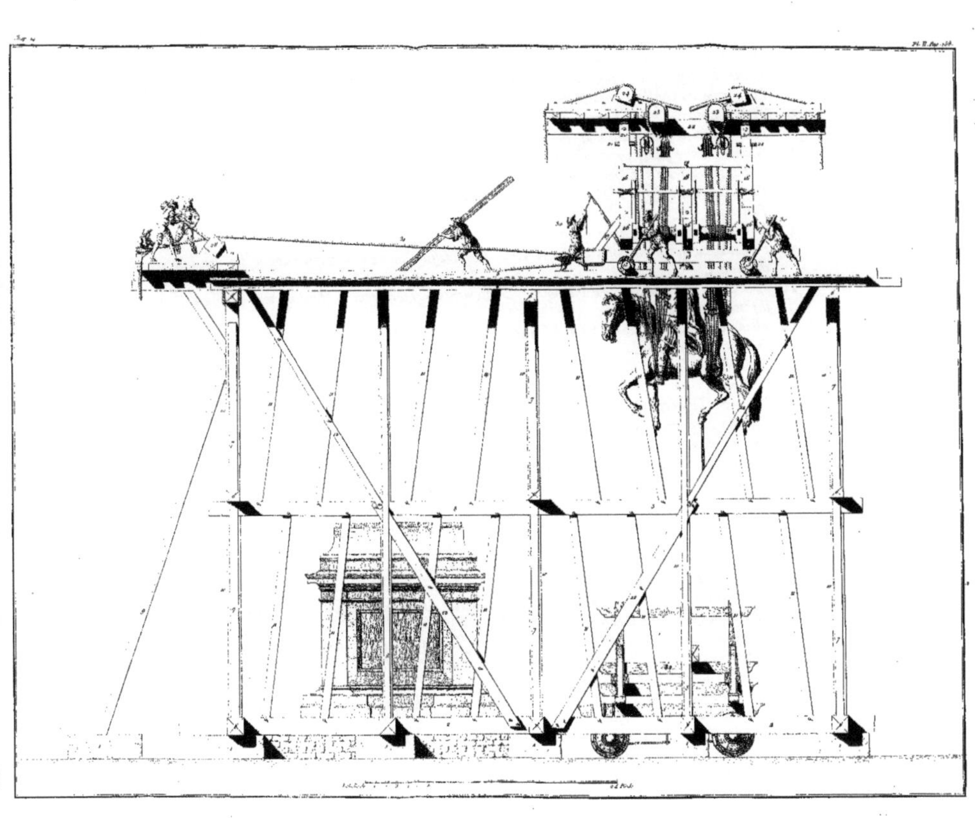

PLANCHE II.

L'échafaud & le chaſſis mouvant vûs de profil dans la longueur.

1 *Dés de pierre & maſſifs de maçonnerie conſtruits à l'effet de porter les ſablières baſſes du grand échafaud & les contre-fiches qui le contenoient.*

2 *Grande & forte ſablière baſſe ſervant de baſe au grand échafaud & s'étendant en longueur.*

3 *Second rang de ſablières.*

4 *Hautes & dernières ſablières.*

5 *L'une des liſſes qui, couturées ſur les dernières ſablières & dreſſées parfaitement de niveau, dirigèrent la marche du chaſſis & des rouleaux ſans fin ſur leſquels il étoit aſſis.*

6 *Têtes des abouts des différentes ſablières qui, ſaillant en dehors aux divers étages au droit de chaque poteau cormier, ſervoient d'appui aux contre-fiches.*

7 *Grandes contre-fiches en deux parties aux encoignures & au milieu de l'échafaud.*

8 *Autres grandes contre-fiches d'une ſeule pièce de bois de brin dans les intervalles des précédentes contre-fiches.*

9 *Pareilles contre-fiches ajoûtées après coup, à l'effet d'empêcher le dévers de l'échafaud du côté des Tuileries.*

10 *Poteaux cormiers au droit des contre-fiches.*

11 *Poteaux ou guettrons poſés en contre-vent, & roidiſſant de part & d'autre contre les poteaux cormiers du milieu.*

12 *Liernes de deux pièces chacune poſées pareillement en contre-vent & dans un ſens contraire à celui des ſuſdits guettrons.*

13 *Têtes des rouleaux ſans fin ſur leſquels étoit monté le chaſſis mouvant, & qui l'amenèrent où l'on deſiroit qu'il parvînt.*

14 *Rondelles de fer poli faiſant l'office de heurtoirs, & qui contenoient quarrément ſur les liſſes les rouleaux ſans fin.*

15 *L'une des ſablières latérales ſervant de baſe au chaſſis mouvant.*

16 *Poteaux cormiers aux encoignures dudit chaſſis.*

17 *Contre-fiches butant par le pied contre les ſuſdits poteaux cormiers.*

18 *Poteau cormier du milieu dans la partie latérale du chaſſis.*

19 *Entre-toiſe embraſſant les têtes deſdits poteaux & les tenant en état.*

20 *Chantignoles retenues ſur les précédentes entre-toiſes avec des boulons de fer qui les traverſent.*

21 *Les têtes ſaillantes des cylindres de fer ſur leſquels poſoient les couliſſeaux.*

22 *Une des deux fortes ſablières qui, portées ſur les couliſſeaux, ſervoient à un double uſage, à porter les ſommiers auxquels étoient ſuſpendues les moufles & les écharpes, & à ſoûtenir les deux plateformes où étoient établis les deux treuils ſupérieurs.*

23 *Les abouts des deux forts ſommiers auxquels étoient attachées & ſuſpendues les moufles & les écharpes à l'aide deſquelles la Figure fut attirée en l'air.*

24 *Les deux treuils ſupérieurs montés ſur leurs chaſſis & faiſant agir les cables paſſés dans les écharpes. Ils étoient conſtruits de façon que le cable qui ſe dévidoit autour, s'échappoit de lui-même ſans qu'il fût beſoin de perſonne pour le filer.*

25 *Deux des treuils qui, au nombre de quatre & placés en dehors ſur les côtés du chaſſis mouvant, attiroient à eux les cables des moufles.*

26 *Chantignoles arrêtées avec des boulons de fer ſur les poteaux cormiers latéraux du chaſſis, & dans leſquelles rouloient les tourillons des ſuſdits treuils.*

27 *La Figure Equeſtre ſuſpendue ſur ſes cables.*

28 *L'un des deux treuils qui, placés ſur une plateforme au ſommet de l'échafaud du côté des Tuileries, attirerent à eux la Statue & le chaſſis mouvant, au moyen des cables qui, fortement attachés à la ſablière haute de l'échafaud du même côté, & paſſant ſur les deux poulies des écharpes miſes à la baſe du chaſſis mouvant, revenoient ſe dévider ſur leſdits treuils.*

29 *Deux ouvriers manœuvrant à un deſdits treuils, & un troiſième tirant à lui la fuſée.*

30 *Autres ouvriers faiſant tourner à force de leviers les rouleaux ſans fin.*

31 *Un ouvrier portant une entre-toiſe volante pour la mettre en place ſuivant le beſoin.*

32 *Le chariot de transport vuide continuant d'occuper la place à laquelle on le fit arriver lorſqu'il fut introduit dans l'enceinte de l'échafaud.*

33 *Le piédeſtal où doit être érigée la Figure Equeſtre.*

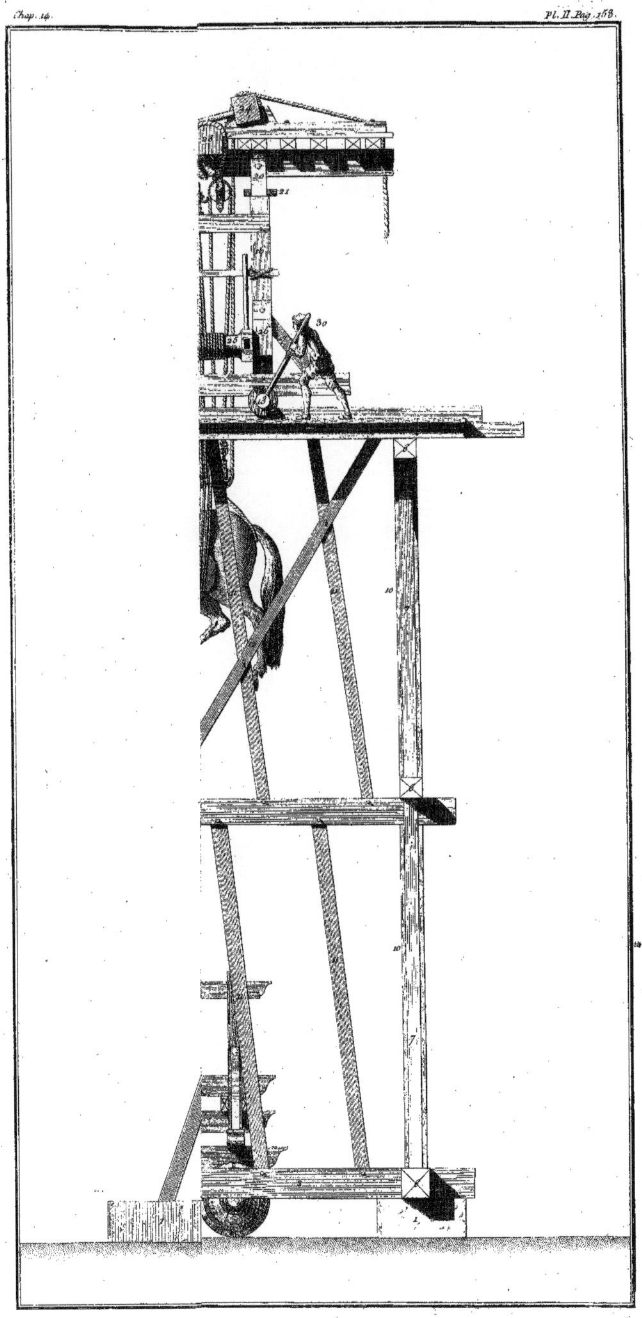

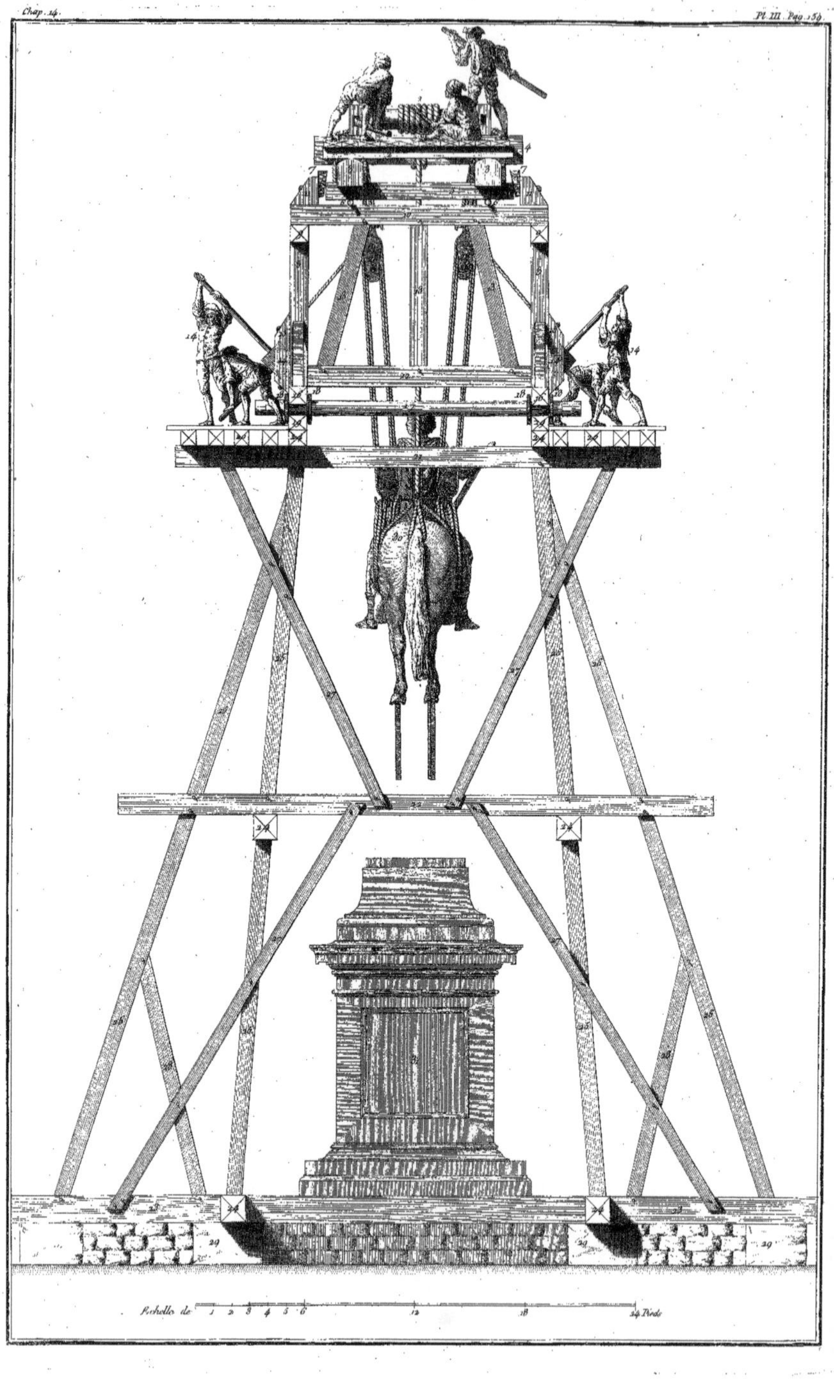

Echelle de 1 2 3 4 5 6 12 18 24 Pieds

PLANCHE III.

L'échafaud & le chassis mouvant vûs par un des bouts du côté des Champs Élisées.

1. Un des deux treuils supérieurs tirant à lui le cable qui, du côté de la croupe du cheval, passoit dans une écharpe.
2. Échafaud en manière de plateforme, sur lequel ledit treuil étoit établi.
3. Abouts des deux fortes sablières portant les sommiers.
4. L'un des deux sommiers garnis des cordages nécessaires pour y tenir suspendues les écharpes & les moufles supérieures.
5. Coulisseau doublé en dessous d'une plate-bande de fer, pour rendre plus aisé le mouvement de droite & de gauche que lui faisoient prendre deux cylindres de fer sur lesquels ce coulisseau posoit, & pour amener en même tems & au même point les susdits sommiers & sablières.
6. Les deux cylindres de fer.
7. Coins de fer qui, appuyés d'un côté sur les têtes du coulisseau & de l'autre contre une chantignole placée vis-à-vis, entretenoient le coulisseau au point où l'on desiroit qu'il demeurât.
8. Poteaux cormiers d'encoignures du chassis mouvant.
9. Abouts des deux entre-toises qui s'étendent sur les deux flancs.
10. Entre-toise passée en travers sur les précédentes dans la partie antérieure du chassis : une semblable sur le derrière du même chassis y correspondoit.
11. Chantignoles boulonnées sur les précédentes entre-toises à dessein de roidir contre le coulisseau, & de le faire arriver de droite & de gauche.
12. Entre-toises inférieures, l'une sur le derrière, & l'autre, qu'on ne voit point, sur le devant du chassis.
13. Poteau cormier au milieu de deux guettes mises en décharge pour rendre plus inébranlable l'entre-toise supérieure.
14. Deux des treuils inférieurs vûs par un des bouts, & les ouvriers qui manœuvrent & font filer autour les cables des moufles.
15. Chantignoles appliquées en dehors dans les parties latérales du chassis contre les poteaux cormiers, dans lesquelles roulent les tourillons des susdits treuils.
16. Abouts des deux sablières qui forment la base du chassis.
17. L'un des rouleaux sans fin servant à faire mouvoir le chassis.
18. Rondelles de fer, l'une en dedans & l'autre en dehors, qui, appliquées à chaque extrémité du rouleau sans fin, embrassoient les susdites sablières & les lisses ci-après mentionnées, & faisoient marcher le chassis quarrément.
19. Abouts des deux lisses que le chassis parcouroit en marchant, & qui étoient couturées sur les sablières hautes & dernières de l'échafaud, dans les deux parties latérales.
20. Les deux échafauds couverts de madriers, sur lesquels se faisoit le service à droite & à gauche.
21. Sablière haute & transversale portant à ses extrémités les susdits échafauds.
22. Sablière transversale au premier étage.
23. Deux bouts de sablières établis par bas sur deux dés de pierre aux deux côtés des poteaux cormiers d'encoignure dans la partie qui regardoit les Champs Élisées, à l'effet de recevoir le pied des deux contre-fiches qui en cet endroit buttoient contre l'échafaud.
24. Abouts des sablières qui, dans les trois étages, parcouroient l'échafaud dans sa longueur.
25. Poteaux cormiers.
26. Contre-fiches faisant l'office d'arc-boutans.
27. Liernes posées en contre-vent & liant la charpente dans cette partie.
28. Petites contre-fiches.
29. Dés de pierre & massifs de maçonnerie.
30. La Figure Équestre vûe par derrière & suspendue sur ses cordages.
31. Le petit côté du piédestal vû à travers l'ouverture qui fut laissée pour faciliter l'introduction du chariot de transport dans l'enceinte de l'échafaud.

PLANCHE IV.

L'échafaud tel qu'il se présentoit par une de ses extrémités du côté des Tuileries.

1 *Dés de pierre & massifs de maçonnerie.*
2 *Les trois rangs de sablières transversales, savoir, les plus basses (a), les secondes (b), & les troisièmes & dernières (c).*
3 *Abouts des différentes sablières qui, à chaque étage, s'étendoient en longueur sur les flancs de l'échafaud.*
4 *Abouts des deux lisses couturées sur les sablières hautes.*
5 *Poteaux cormiers qui, pour acquérir plus de force, s'inclinoient en dedans.*
6 *Grandes contre-fiches en deux parties, butant contre les susdits poteaux cormiers.*
7 *Deux autres grandes contre-fiches d'une seule pièce de bois de brin, établies par le pied sur des dés de pierre, & qui appliquées sur chaque poteau cormier d'encoignure, s'opposoient dans cette partie au dévers de l'échafaud.*
8 *Liernes de deux pièces chacune disposées en croix de S. André, & retenues avec des boulons de fer sur toutes les pièces de charpente qu'elles rencontroient, ce qui les tenoit liées toutes ensemble.*
9 *Liernes en manière de potences pour le soûtien des échafauds couverts de madriers.*
10 *Les susdits échafauds portés par des soliveaux passés en travers sur les sablières saillantes du troisième & dernier rang.*
11 *Les deux treuils qui ont amené jusque sur le piédestal le châssis mouvant & la Figure Équestre qui s'y trouvoit suspendue.*

CHAPITRE

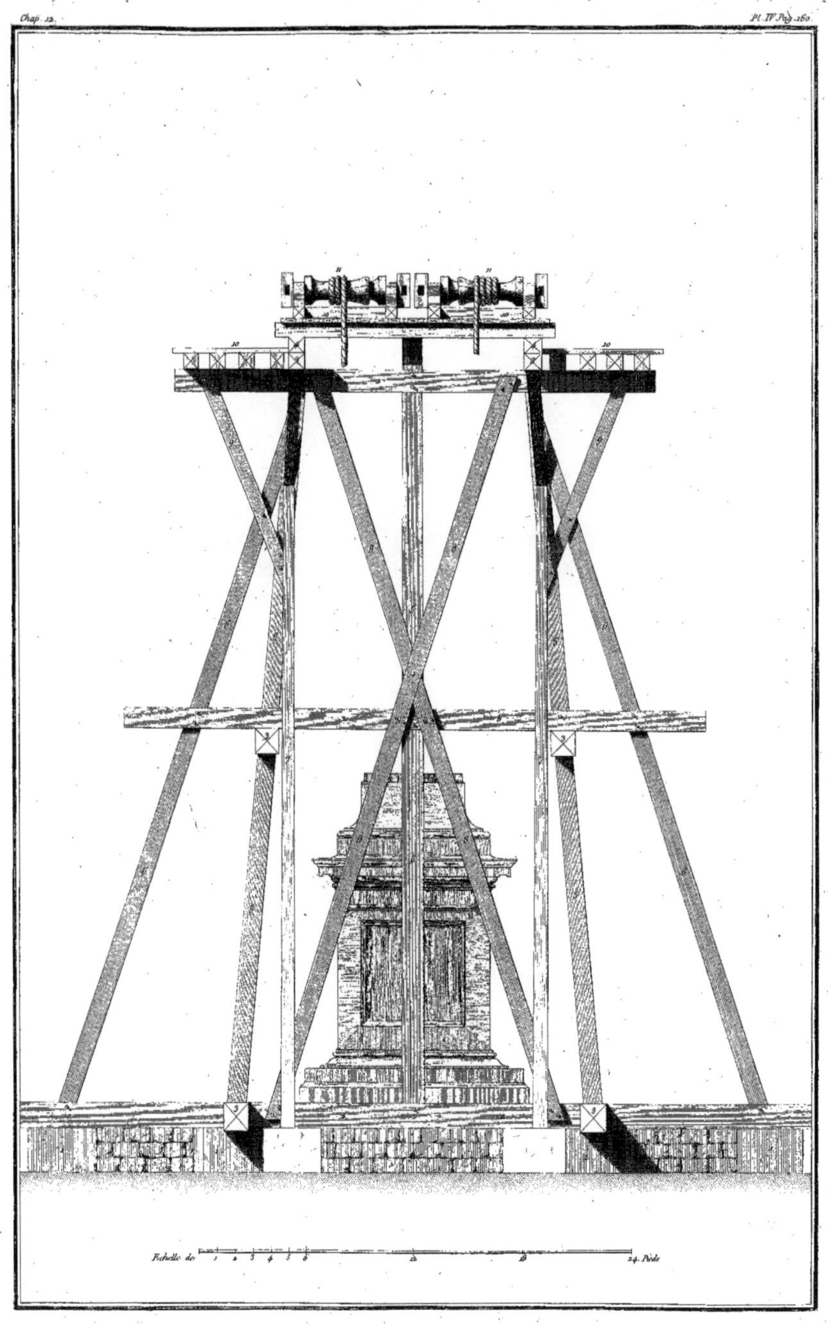
Echelle de 1 2 3 4 5 6   12   18   24. Pieds

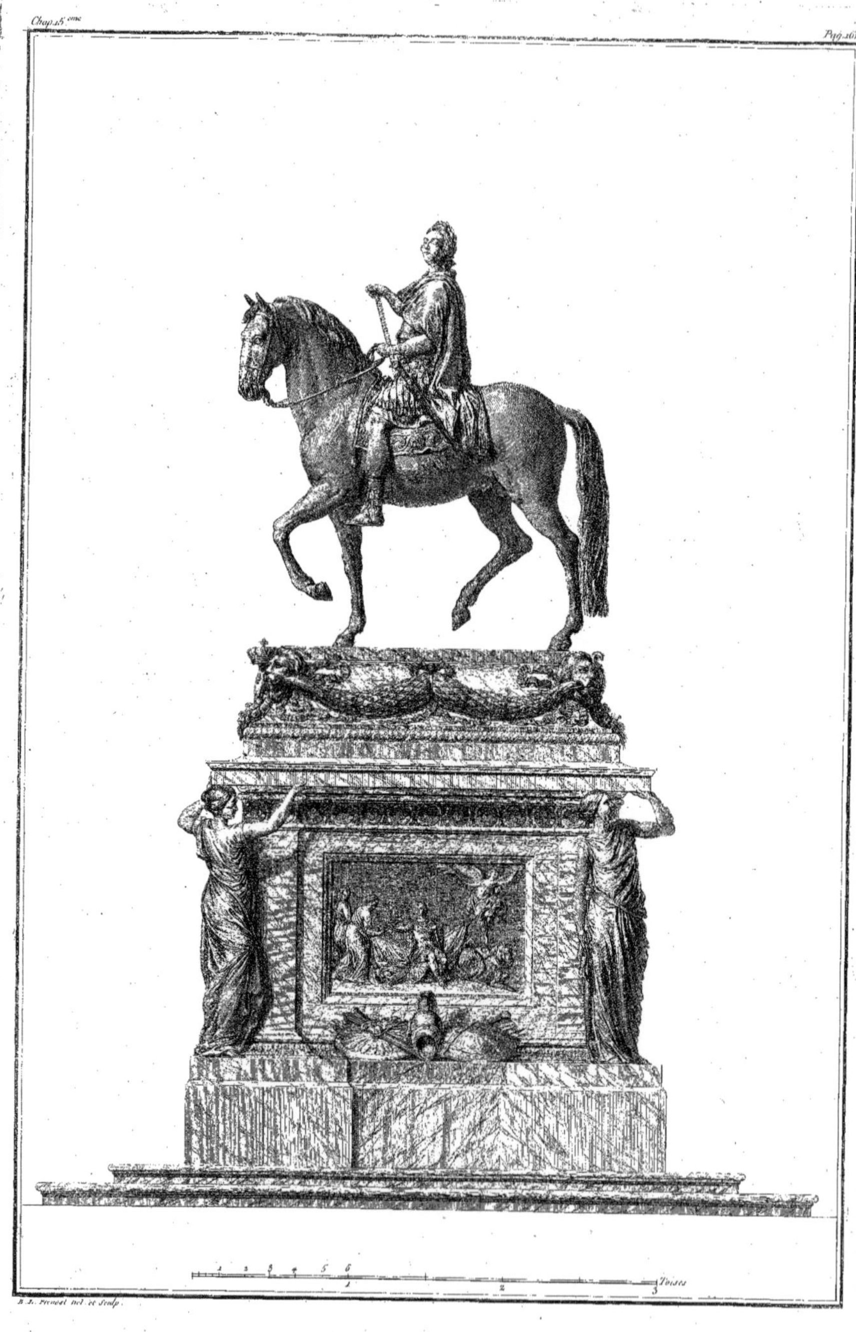

B. L. Prevost del. et Sculp.

CHAPITRE QUINZIEME.

*Description du Monument que la Ville de Paris a fait ériger
à la gloire de LOUIS le Bien-Aimé.*

APRÈS avoir épuifé, autant que nos foibles connoiffances ont pu le permettre,
tout ce qui étoit du reffort de la fonte ou qui concernoit l'érection de la Statue
Équeftre du Roi fur fon piédeftal, dans la nouvelle & magnifique place qui a été
conftruite à ce deffein & dont elle fait le principal ornement, il nous a paru que
ce traité refteroit incomplet, fi nous n'y ajoûtions une repréfentation fidèle & la
defcription du Monument tel qu'il a été conçu par M. Bouchardon, & qu'il doit
être exécuté, pour ce qui en refte à faire, par M. Pigalle, auquel la Ville de
Paris en a remis le foin, & c'eft à quoi nous deftinons ce dernier Chapitre.

En confacrant à la gloire du Roi le Monument dont on a ici l'eftampe, la Ville
a voulu qu'il répondît au caractère du Prince qui fait l'objet de fes vœux, qu'il fût
une image de cette douceur & de cette modération qui lui font propres, & dont
il étoit fi beau de perpétuer le fouvenir ; & il faut avouer que l'habile Artifte
dont elle a emprunté le cifeau, l'a parfaitement fecondée dans fes vûes. Il a tenu
le cheval que montoit le Roi, dans une pofition noble & tranquille : il a vêtu le
Monarque à la Romaine, parce que nous ne connoiffons rien de fi augufte ni de
fi impofant que tout ce qui tient à l'ancienne Rome, & aux ufages d'une Nation
qui fut affujétir à fes loix l'Univers entier ; mais, en l'habillant de la forte, il a eu
l'attention de choifir une attitude qui annonce le Pacificateur plutôt que le
Conquérant : le Héros arrive paifiblement dans fa Capitale, il fe fait voir à fon
peuple avec cet air affable & plein de bonté qui lui captive tous les cœurs.

La hauteur totale de la Statue Équeftre eft de feize pieds, & celle de la Figure
du Roi prife féparément eft de douze ; proportion dont le Sculpteur, après y avoir
murement réfléchi, n'a pas cru devoir fortir : il eft demeuré perfuadé qu'un tel
groupe marqueroit fuffifamment dans une place auffi vafte & auffi ouverte que
celle qui lui étoit deftinée. Le vice de pefanteur, qui n'eft que trop fouvent celui
des Statues coloffales, l'a d'autant plus effrayé, qu'il n'eft point de défaut plus
choquant : il s'eft efforcé de l'éviter, & fon ouvrage fait affez fentir qu'en penfant
comme il a fait, il étoit dans les bons principes.

La Statue, fi bien ordonnée, fe trouve placée au fommet d'un piédeftal revêtu
de marbre blanc-veiné, dont le plan eft un parallélipipède ou carré-long, de dix-huit
pieds & demi de longueur fur douze pieds & demi de largeur, & dont la hauteur
eft de vingt-un pieds à compter du fol de la Place. Il eft décoré avec goût ; les
ornemens, fans y être prodigués, y font convenablement diftribués ; il naît de leur

affemblage le balancement le plus heureux, & le même efprit qui règne dans la Figure fe fait auffi remarquer dans la compofition des acceffoires ; tous font allufion aux qualités bienfaifantes du Roi, & au defir de lui plaire.

On trouve premièrement deux marches qui , débordant le piédeftal d'environ une toife fur tous les côtés, lui fervent d'empatement , & commencent dès le pied à lui faire prendre la forme pyramidale, fi amie de l'œil. Un focle tout uni, joint à une plinthe qui en eft féparée par une moulure , pofe immédiatement fur cette double marche , & monte à la hauteur de quatre pieds. Il fait reffaut à chaque encoignure du piédeftal, & fuit le profil que lui indique un pilaftre dont il eft la bafe ; ce qui non-feulement contribue à nourrir les angles du piédeftal, mais fert auffi à rompre la trop grande continuité de la ligne droite qu'il parcourroit fans cela. On a fait avoir à ce focle affez de retraite pour y pouvoir loger commodément, aux quatre coins du piédeftal , des figures de femme en pied, qui faifant l'office de Caryatides, & dans des attitudes fimples & naturelles, expriment, au moyen des attributs & des fymboles dont elles font accompagnées, les vertus qui ont mérité au Prince le titre fans prix de LOUIS LE BIEN-AIMÉ.

L'une, caractérifée par une balance qu'elle tient d'une main, repréfente la Juftice; la Prudence fe fait reconnoître au miroir entouré d'un ferpent qui pofe à fes pieds ; une maffue jointe à une branche de chêne forme l'emblême de la Force & de la Grandeur d'ame du Roi ; fon amour pour la Paix eft exprimé par la quatrième figure qui a dans fes mains une branche d'olivier , & près d'elle une corne d'abondance. Ces quatre figures s'exécutent en bronze , elles ont dix pieds de haut ; & comme on les doit tenir dans des proportions très-fveltes , elles ne peuvent manquer de devenir très-élégantes & très-agréables : il ne faut pas croire non plus qu'elles ayent été mifes fans deffein aux places qu'elles occupent , elles aident à corriger la féchereffe du trait dont les encoignures d'un piédeftal carré ne peuvent guere fe défendre.

Deux grands bas-reliefs de bronze occupent le milieu des deux faces latérales du piédeftal, & font placés au-deffus de deux trophées d'armes antiques qui pofent fur la retraite que forme le premier focle. L'un de ces bas-reliefs, dont M. Bou-chardon n'a fourni que la penfée, doit repréfenter le Roi dans un char de triomphe ; il fera couronné par la Victoire & précédé par la Renommée , & il recevra les hommages des Provinces dont il a fait la conquête. Dans le fecond bas-relief on verra le même Prince qui, n'écoutant que fa modération & ne voulant tirer d'autres fruits de fes victoires que l'avantage de procurer la Paix à l'Europe, lui en fait le préfent qu'elle reçoit avec reconnoiffance.

Les infcriptions qui indiquent le fujet du Monument, & qui apprennent à quelle occafion & par qui il a été érigé, fe lifent fur les deux faces les plus étroites du piédeftal, l'une fur le devant du côté qui regarde le Jardin des Tuileries, & l'autre fur la face oppofée. Toutes deux font gravées fur des tables de marbre bleu-turquin ;

la première, renfermée dans un enlacement de feuilles de laurier, est entièrement
à la gloire du Roi, & est ainsi conçue :

LUDOVICO XV.

OPTIMO PRINCIPI

QUOD

AD SCALDIM MOSAM RHENUM

VICTOR

PACEM ARMIS

PACE

ET SUORUM ET EUROPÆ

FELICITATEM

QUÆSIVIT.

La seconde inscription , environnée de branches d'olivier, fixe l'époque de
l'érection du Monument en ces termes :

HOC

PIETATIS PUBLICÆ

MONUMENTUM

PRÆFECTUS

ET

ÆDILES

DECREVERUNT

ANNO MDCCXLVIII

POSUERUNT

ANNO MDCCLXIII.

Telle est la décoration du corps du piédestal, que couronne une corniche dont
la frise est enrichie d'un entrelacs à jour, semé de rosons de bronze, imité de
l'Antique & de fort bon goût, & cette corniche se lie avec un socle en amortisse-
ment, qui est établi dessus, & qui, prenant la figure d'une manière de piédouche,
fait paroître la Statue Équestre avec plus d'avantage & la rend moins adhérente au
nud du piédestal fait pour la porter. De quatre mufles de lion, placés aux quatre
encoignures de ce socle, sortent des festons de laurier qui se réunissent au milieu
de la gorge, sur laquelle ils roulent dans les parties latérales, & ils s'y attachent avec
des bandelettes, tandis que sur les deux autres côtés du socle les mêmes mufles de
lion servent d'accompagnement aux armes de France & à celles de la Ville de Paris,
renfermées dans des cartouches dont la richesse est relevée par des festons de fruits
& d'autres ornemens, symboles de l'abondance & de la félicité publique. La hauteur
totale de ce socle est de quatre pieds , & c'est sur sa plateforme qu'est scellée la
Statue Équestre du Roi, qui, étant le principal objet du Monument, domine sur
tout ce qui l'environne & qui lui est subordonné.

F I N.

TABLE.

AVANT-PROPOS.   page j

CHAPITRE I. Des Atteliers, & en particulier de la Fonderie.   I

Planches qui accompagnent le Chapitre I. & leur explication.

Planche I. *Plan général du terrain où se sont exécutés le Modèle, la Fonte & les autres travaux.*

Pl. II. *Plan de l'attelier dans lequel la Fonte s'est faite.*   11

Pl. III. *Élévation de l'une des façades extérieures de l'attelier sur sa longueur.*   12

Pl. IV. *Élévation du pignon de l'attelier, tant du côté qui regarde le Levant que de celui qui fait face au Couchant.*   13

Pl. V. *Premier plan du fourneau, pris au droit de la fondation.*   ibid.

Pl. VI. *Second & troisième plans du fourneau pris, l'un au droit du premier rang des armatures de fer, & l'autre au droit de l'âtre.*   14

Pl. VII. *Quatrième, cinquième & sixième plans du fourneau, pris à différentes hauteurs.*   15

Pl. VIII. *Coupe de l'attelier sur sa longueur & par le travers de la fosse.*   16

Pl. IX. *Élévation du fourneau & de la chauffe sur une des faces latérales.*   17

Pl. X. *Coupe de l'attelier prise dans sa largeur au droit & par le milieu du fourneau.*   18

Pl. XI. *Coupe de l'attelier prise dans sa longueur & par le travers de la fosse, du fourneau & de la chauffe.*   19

Pl. XII. *Coupe de l'attelier prise dans sa largeur au droit & par le milieu de la chauffe.*   20 22

CHAP. II. Du Modèle.   23

CHAP. III. Du Moule de plâtre & comment les cires y ont été appliquées.   27

Planches qui vont à la suite du Chapitre III, & leur explication.

Pl. I. *Plan du moule de plâtre, pris au droit de la première assise.*

Pl. II. *Plan du moule de plâtre coupé horizontalement à la hauteur du ventre du cheval.*   36

Pl. III. *Élévation & coupe en partie du moule de plâtre prises sur une de ses faces latérales.*   37 ibid.

Pl. IV. *Représentation particulière d'une chape & des différentes pièces du moule qu'elle embrasse.*   38

CHAP. IV. De l'Armature, & comment le Moule de plâtre garni de cires a été remonté.   39

Planches qui dépendent du Chapitre IV, accompagnées de leur explication.

Pl. I. *Plan de la fosse où sont marquées par des lignes ponctuées toutes les opérations qui s'y sont faites, à l'effet de s'assurer, par des mesures justes & invariables, des places que doivent occuper les principales pièces de l'armature du noyau de la Statue Équestre.*

Pl. II. *Plan des tréteaux & traverses en bois de charpente dont on s'est servi pour mettre en place & sceller d'aplomb les trois pointals en fer de l'armature.*   49

Pl. III. *Plan de la charpente qui, après avoir été employée au scellement des trois pointals, a continué de subsister, tandis qu'on mettoit en place la grande traverse de fer, qu'on garnissoit d'équerres les pointals & qu'on établissoit la grille du balcon.*   50

Pl. IV. *Élévation de face d'un des trois pointals & de la charpente qui servit à le mettre en place.*   ibid.

Pl. V. *Élévation de côté des trois pointals dans le tems qu'on les mettoit en place.*   51

Pl. VI. *Plan des principales pièces qui forment ensemble le corps de l'armature, & le plan des dés de pierre faits pour recevoir le chassis de charpente qui doit servir de base, tant au moule de plâtre, garni de cires, qu'au moule de potée.*   52

Pl. VII. *Plan du chassis de charpente prêt à recevoir les pièces du moule de plâtre.*   53

Pl. VIII. *Coupe du moule de plâtre, depuis que revêtu de ses cires il a été remonté dans la fosse, & que soûtenu par les quatre grandes traverses il a été garni des différentes pièces de fer qui en complettent l'armature.*   54

Pl. IX. *Coupe & profil de la Statue Équestre formée en cire, pris dans sa longueur du côté du montoir, & de toutes les pièces de fer de l'armature qu'elle renferme & qui se montrent dans cette position.*   55

Pl. X. *Coupe & profil du cheval par le travers au droit de la première des quatre traverses, & les pièces de l'armature qui se trouvent logées dans la tête, le col & le poitrail du cheval.*   56

   58

Pl. XI.

Pl. XI. *Autres pareils coupe & profil au droit de la seconde des quatre traverses, mettant à découvert les pièces de l'armature au milieu du corps du cheval & de la Figure Équestre.* 59

Pl. XII. *Coupe & profil au droit de la quatrième & dernière traverse, qui laissent voir l'intérieur de la croupe du cheval & la façon dont les fers de l'armature y sont arrangés.* 60

CHAP. V. Du coulage du Noyau. 61

Planches relatives au Chapitre V, & leur explication.

Pl. I. *Plan de l'attelier dans lequel sont figurées les places qu'occupoit tout l'attirail nécessaire pour le coulage du noyau, la disposition des augets & des couloirs & la distribution de la charpente du chassis qui, à cette occasion, fut dressé dans la fosse au pourtour du moule de plâtre.* 65

Pl. II. *Le moule de plâtre dans son chassis de charpente, vû par un des flancs, tandis qu'on en couloit le noyau.* 66

Pl. III. *Le même moule de plâtre, vû du côté de la croupe du cheval.* 67

CHAP. VI. Du réparage des cires, de la pose des jets & des évents, & de la manière dont s'est fait l'essai du métal. 69

Planches qui dépendent du Chapitre VI, & leur explication.

Pl. I. *La Figure Équestre formée en cire, avec la ramification entière de ses jets & de ses évents du côté du montoir.* 77

Pl. II. *La même Figure en cire du côté hors du montoir.* 78

Pl. III. *La même accompagnée de ses jets & de ses évents, & vûe de face.* ibid.

Pl. IV. *La Figure Équestre en cire avec ses jets & ses évents, vûe du côté de la croupe du cheval.* ibid.

CHAP. VII. Du Moule de potée. 79

Planches qui vont à la suite du Chapitre VII, & leur explication.

Pl. I. *Plan des grilles qui servent de base au moule de potée.... Du moule de potée pris à la hauteur des jarrêts du cheval.... Et les plan, coupe & élévation de l'un des fourneaux où l'on fit sécher les briques ou gâteaux de potée.* 85

Pl. II. *Coupe du moule de potée prise dans sa longueur, & qui montre comment la Figure en cire & les différentes conduites des jets, des évents & des égouts des cires en étoient enveloppées.* 87

Pl. III. *Élévation d'une des faces extérieures & latérales du moule de potée avant que les bandages de fer y eussent été appliqués.* ibid.

Pl. IV. *Élévation du moule de potée prise dans sa longueur, au moment où il étoit armé de ses bandages de fer.... Plan dudit moule à l'endroit où il finissoit & où aboutissoient les embouchures des jets.* 88

CHAP. VIII. De l'écoulement des cires & du recuit du Moule de potée. 89

Planches qui accompagnent le Chap. VIII, & l'explication de ce qui y est représenté.

Pl. I. *Plan de la fosse pris à la hauteur des grilles qui couvrent les galeries & où le moule de potée, garni de ses bandages de fer, se montre en vûe d'oiseau.* 97

Pl. II. *Plan de la fosse pris au niveau du dessus des voûtes des galeries.* ibid.

Pl. III. *Plan de la fosse pris à la hauteur où finissoit le mur de recuit, & celui de la plate-forme dont ce mur faisoit le circuit.* 98

Pl. IV. *Coupe & profil de la fosse immédiatement avant qu'elle fût remplie de briquaillons, & dans le sens où le moule de potée se présente de face.* 99

Pl. V. *Coupe & profil de la fosse prise dans toute sa longueur; le moule de potée s'y présente par un des flancs,* 100

CHAP. IX. De l'enterrage du Moule, & de la construction de l'écheno. 101

La Planche qui se rapporte à ce qui est traité dans ce Chapitre, donne le plan de l'écheno, l'explication y est jointe. 104

CHAP. X. De la fusion du métal, & de son introduction dans le Moule. 105

La Planche qui se trouve à la fin du Chapitre X, représente une vûe de l'intérieur de l'attelier, la disposition de l'écheno & le Fondeur en action, poussant le périer & chassant le tampon qui bouche le trou du fourneau. 110

CHAP. XI. Du déterrage, de l'enlèvement de la Figure Équestre hors de la fosse, & de sa sortie de l'attelier où elle a été fondue. 112

Tt

Planches qui dépendent du Chapitre XI, accompagnées de leur explication.

Pl. I. *La Figure Équestre sur ses cables sortant de la fosse.*   120
Pl. II. *La Figure Équestre presque descendue sur le chariot.*   121
Pl. III. *La Figure Équestre établie sur le chariot.*   122
Description particulière des moufles & des écharpes dont on a fait usage pour l'enlèvement de la Figure Équestre.   123
Représentation en grand des moufles & des écharpes.   126

CHAP. XII. Du réparage de la Figure Équestre.   127

CHAP. XIII. De la marche de la Figure Équestre montée sur son chariot, depuis l'attelier dans lequel elle avoit été réparée, jusqu'à la place pour laquelle elle étoit destinée.   134
Description du chariot.   135

Planches qui vont à la suite du Chapitre XIII, & leur explication.

Pl. I. *Plan du chariot qui a servi au transport de la Figure Équestre.*   141
Pl. II. *Élévation du chariot prise sur le flanc dans sa longueur.*   143
Pl. III. *Le chariot coupé par le milieu dans sa longueur.*   144
Pl. IV. *Le chariot vû de face pardevant, & le timon garni du directeur au moyen duquel on faisoit tourner le chariot.*   145

CHAP. XIV. De la pose de la Figure Équestre sur son piédestal.   147
Description du grand échafaud qui fut dressé pour parvenir à la pose de la Figure Équestre.   151
Description du châssis mouvant qui fut employé dans la susdite opération.   154

Planches qui dépendent du Chapitre XIV, accompagnées de leur explication.

Pl. I. *Plan de l'échafaud & du châssis mouvant à l'aide desquels s'est faite la pose de la Figure Équestre.*   157
Pl. II. *L'échafaud & le châssis mouvant vûs de profil dans la longueur.*   158
Pl. III. *Les mêmes vûs par un des bouts du côté des Champs Élisées.*   159
Pl. IV. *L'échafaud tel qu'il se présentoit du côté des Tuileries.*   160

CHAP. XV. Description du Monument que la Ville de Paris a fait ériger à la gloire de LOUIS LE BIEN-AIMÉ.   161

FIN DE LA TABLE.

E R R A T A.

PAge 4, ligne 15, Parallélogramme, *lisez* carré-long.
Pag. 12, lig. 14, d'épaisseur de quatre pieds, *lisez* de quatre pieds d'épaisseur.
Pag. 26, lig. 7, considérer, *lisez* le considérer.
Pag. 86, lig. 12, lequels, *lisez* lesquels.
Pag. 130, lig. 1, Il s'est fait en cet endroit une transposition de mots qui altère le sens, il faut arranger ainsi la phrase, Cette maçonnerie fut achevée en peu de temps, & tandis qu'on la faisoit sécher à feu &c.